Addendum

Gerloff: Das Asylbewerberleistungsgesetz für die Soziale Arbeit
Nomos, 2023, 341 Seiten, ISBN 978-3-8487-6718-2

Aufgrund der Entscheidung des Bundesverfassungsgerichts zur Zwangsverpartnerung im AsylbLG im November 2022, welche nach Drucklegung des Buchs erfolgte, stellen wir einen Nachtrag für die im Buch davon betroffenen Abschnitte zur Verfügung.

Teil I – Allgemeines; VII. Der Nachranggrundsatz; S. 45

Ergänzung bei der vertiefenden Literatur:

Classen, Georg (Flüchtlingsrat Berlin / Pro Asyl): Das Asylbewerberleistungsgesetz – Einschränkungen des Grundrechts auf ein menschenwürdiges Existenzminimum für Geflüchtete; Bedarfsdeckung und Regelsätze nach Asylbewerberleistungsgesetz, Hartz IV und Bürgergeldgesetz.

Teil II – Die Grundbedarfsdeckung; III. Verfassungsrechtliche Bedenken gegen die §§ 3, 3a AsylbLG; III.4 Verfassungswidrigkeit der Zwangsverpartnerung; S. 79

Aktualisierung von Abschnitt b):

Der Grundbedarf 2b wird oft auch als Zwangsverpartnerung bezeichnet, da fremde Alleinstehende und Alleinerziehende gezwungen werden sollen, wie Ehepartner gemeinsam zu wirtschaften. Das BSG wird (hoffentlich) Anfang 2023 darüber entscheiden, ob diese Zwangsverpartnerung im Bereich der Grundbedarfe Bestand haben kann (anhängige Revision: B 8 AY 1/22 R).

Zu der Parallelvorschrift bei den Analogleistungen hat bereits das BVerfG entschieden, dass die Zwangsverpartnerung verfassungswidrig ist (Beschluss vom 19.10.2022 – 1 BvL 3/21; → Teil III, IV.). Daher darf gehofft werden, dass das BSG die Frage zur Zwangsverpartnerung bei den Grundbedarfen auch dem BVerfG vorlegen wird und das BVerfG dann auch recht schnell für Grundbedarfe feststellen wird, dass die Zwangsverpartnerung verfassungswidrig ist.

Wichtig bleibt daher: Alle(!) Bescheide nach §§ 3, 3a AsylbLG für Alleinstehende oder Alleinerziehende in Sammelunterkünften müssen mit Widerspruch und Klage angegriffen werden!

Teil III – Analogleistungen; IV Zwangsverpartnerung; S. 98

Aktualisierung des Abschnitts:

Über § 2 Abs. 1 S. 4 Nr. 1 AsylbLG wurde auch hier eine Zwangsverpartnerung in Sammelunterkünften vollzogen (→ Teil II Grundbedarfsdeckung, II.6.c). Hier galt das Gleiche, wie bei der Zwangsverpartnerung bei Leistungsbezug nach §§ 3, 3a AsylbLG – nur wurde hier der Regelsatz von 449 EUR um 10 % auf 404 EUR gekürzt (Stand: 2022).

Das BVerfG hat am 24.11.2022 seinen Beschluss vom 19.10.2022 (1 BvL 3/21) veröffentlicht, wonach die Zwangsverpartnerung bei Analogleistungsbezug verfassungswidrig ist. Es wurde eine Übergangslösung verordnet:

- Für den Zeitraum vom 1.9.2019 bis zum 23.11.2022 müssen Nachzahlungen erbracht werden, soweit die entsprechenden Bescheide nicht bestandskräftig geworden sind (also nicht mit Widerspruch oder Klage angegriffen wurden).
- Sind Bescheide für die Vergangenheit bereits bestandskräftig geworden, bleibt es bei den verfassungswidrig zu niedrigen Leistungen – es gibt keine Nachzahlung.
- Ab dem 24.11.2022 sind alle laufenden Analogleistungen für Alleinstehende und Alleinerziehende in Sammelunterkünften auf den Regelbedarfssatz 1 umzustellen.

Beispiel: A, B und C sind jeweils alleinstehende Erwachsene in einer Gemeinschaftsunterkunft und beziehen Analogleistungen nach § 2 AsylbLG. Sie treffen sich am 24.11.2022 und tauschen sich aus:

A hatte gegen alle Bescheide seit dem 1.9.2019 immer Widerspruch und Klage erhoben.

B hatte erst im September 2022 erfahren, dass er Anspruch auf höhere Leistungen haben könnte. Sein aktueller Leistungsbescheid war zu diesem Zeitpunkt schon älter als 1 Monat und umfasste den Zeitraum August bis Dezember 2022. B beantragte – weil er alle Widerspruchsfristen verpasst hatte) die Überprüfung aller Leistungsbescheide ab dem 1.1.2021.

C hat erst am 24.11.2022 (durch die BVerfG-Entscheidung) erfahren, dass sie höhere Leistungen beanspruchen kann. Ihr letzter Leistungsbescheid ist vom 25.10.2022 für den Zeitraum September bis Dezember 2022.

A wird eine Nachzahlung für den Zeitraum 1.9.2019 bis 23.11.2022 erhalten, weil seine Leistungsbescheide für diesen gesamten Zeitraum nicht bestandskräftig geworden sind. Widerspruch und Klage haben die Bestandskraft verhindert. Ab dem 24.11.2022 muss die Leistungsbehörde die Leistungen von amtswegen auf den Regelbedarfssatz 1 umstellen.

B wird leider keine Nachzahlungen für die Vergangenheit erhalten, weil seine Leistungsbescheide alle bestandskräftig geworden sind. Der Überprüfungsantrag ändert nichts an der Bestandskraft der Bescheide. Daran würde sich auch nichts ändern, wenn B bereits gegen den Überprüfungsbescheid Widerspruch und Klage erhoben hätte – ein Überprüfungsverfahren bleibt auch während des Widerspruchs- und Klageverfahrens ein Überprüfungsverfahren. Erst ab dem 24.11.2022 muss die Leistungsbehörde die Leistungen von amtswegen auf den Regelbedarfssatz 1 umstellen.

C kann noch wirksam Widerspruch gegen den Bescheid vom 25.10.2022 erheben und so eine Nachzahlung für den Zeitraum 1.9.2022 bis 23.11.2022 erhalten. Auch für sie muss die Leistungsbehörde die Leistungen ab 24.11.2022 von amtswegen auf den Regelbedarfssatz 1 umstellen.

KOMPENDIEN DER SOZIALEN ARBEIT

Sie arbeiten sich in ein neues Sachgebiet ein und benötigen rasch zuverlässige und umfassende Informationen? Sie möchten die wesentlichen Fakten zu Konzepten, Fällen, Arbeitsfeldern und Anwendungsgebieten der Sozialen Arbeit wissen, Good Practice-Beispiele kennenlernen und Handlungsempfehlungen für die Praxis erhalten? In der Reihe erscheinen Werke mit direktem Praxisbezug. Die Bände richten sich an Professionals, Berufs-einsteiger:innen und -umsteiger:innen sowie an Studierende, gerade auch mit Blick auf Praxissemester und Anerkennungsjahr.

Volker Gerloff

Das Asylbewerberleistungsgesetz für die Soziale Arbeit

Unter Mitarbeit von Prof. i.R. Dr. Dorothee Frings

 **Nomos**

Onlineversion
Nomos eLibrary

Die Deutsche Nationalbibliothek verzeichnet diese Publikation in
der Deutschen Nationalbibliografie; detaillierte bibliografische
Daten sind im Internet über http://dnb.d-nb.de abrufbar.

ISBN 978-3-8487-6718-2 (Print)
ISBN 978-3-7489-0839-5 (ePDF)

Inhalt

Einleitung   11
   I.   Überblick zur Historie   11
   II.   Was könnte ein Asylbewerberleistungsgesetz leisten?   14
   III.   Zum Charakter des real existierenden Asylbewerberleistungsgesetzes   15
   IV.   Das menschenwürdige Existenzminimum   16
     IV.1   Regelbedarf/Regelsatz   16
     IV.2   Kosten der Unterkunft und Heizung   18
     IV.3   Mehrbedarfe   19
     IV.4   Gesundheitsversorgung inklusive Pflege   19
   V.   Juristisches Einmaleins   19
     V.1   Tatbestand der Norm   20
     V.2   Rechtsfolge   20

Teil I   – Allgemeines   25
   I.   Anwendungsbereich des AsylbLG   25
     I.1   Betroffene während des (Erst-)Asylverfahrens (Nummern 1 und 1a)   26
     I.2   Betroffene mit Duldung (Nummern 4 und 7)   26
     I.3   Betroffene, die (ohne Duldung) vollziehbar ausreisepflichtig sind (Nummer 5)   27
     I.4   Betroffene mit bestimmten Aufenthaltserlaubnissen (Nummer 3)   28
     I.5   Regelung für Geflüchtete aus der Ukraine (Nummer 8)   30
     I.6   Betroffene im Flughafenverfahren (Nummer 2)   30
     I.7   Ehegatten, Lebenspartner:innen oder minderjährige Kinder (Nummer 6)   30
   II.   Ende der Leistungsberechtigung – Rechtskreiswechsel   31
     II.1   Wegfall der Leistungsvoraussetzungen bei erfolgreichem Asylbescheid   31
     II.2   Wegfall der Leistungsvoraussetzungen bei erfolgreicher Asylklage   31
     II.3   Wegfall der Leistungsvoraussetzungen bei „gespaltener Entscheidung"   32
     II.4   Wegfall der Leistungsvoraussetzungen bei Anerkennung eines Abschiebungsverbotes   33
     II.5   Sonderregelung für Kinder mit Aufenthaltserlaubnis nach § 25 Abs. 5 AufenthG   33
     II.6   Wegfall der Leistungsvoraussetzungen durch Erteilung einer Aufenthaltserlaubnis   33
     II.7   Wegfall der Leistungsvoraussetzungen durch Ausreise   33
     II.8   Geflüchtete aus der Ukraine   34
     II.9   Antragserfordernis bei „Rechtskreiswechsel" zum SGB II   34
     II.10   „Rechtskreiswechsel" zum SGB XII   35
   III.   Unterbringung der Leistungsbeziehenden   35
     III.1   Aufnahmeeinrichtung   35
     III.2   Gemeinschaftsunterkünfte   36
     III.3   Wohnung   37

IV. Geld-, Sachleistungen und Gutscheine   37
   IV.1 Bei Unterbringung in Aufnahmeeinrichtungen   37
   IV.2 bei Unterbringung in Gemeinschaftsunterkunft   40
   IV.3 Bei Unterbringung in Wohnung   40
V. Kenntnisgrundsatz statt Antragserfordernis   41
VI. (Teil-)Verzicht auf Leistungen   41
VII. Der Nachranggrundsatz   42

Teil II – Die Grundbedarfsdeckung   47

I. Was ist der Grundbedarf?   47
II. Die Entwicklung des Grundbedarfs seit 1993   51
   II.1 Die Entscheidung des BVerfG vom 18.7.2012   53
   II.2 Die AsylbLG-Novelle zum 1.3.2015   53
   II.3 Fortschreibungen der Leistungshöhe zum 24.10.2015 und zum 1.1.2016 54
   II.4 Weitere Leistungskürzung zum 17.3.2016   54
   II.5 Fehlende Leistungsanpassung für die Jahre 2017 bis 2019   55
   II.6 Die Neufestsetzung seit dem 1.9.2019 im §§ 3, 3a AsylbLG   56
III. Verfassungsrechtliche Bedenken gegen die §§ 3, 3a AsylbLG   70
   III.1 Unbestimmtheit des notwendigen persönlichen Bedarfs   70
   III.2 Unbestimmtheit des notwendigen Bedarfs   71
   III.3 Verfassungswidrigkeit der Grundbedarfssätze 1–6   71
   III.4 Verfassungswidrigkeit der Zwangsverpartnerung   78
   III.5 Verfassungswidrigkeit des Grundbedarfssatzes 3a   79
   III.6 Verfassungswidrigkeit des Erfordernisses, Bedarfe per Antrag geltend
       machen zu müssen   80
IV. Grundsatz der persönlichen Leistungsaushändigung   81
V. Leistungszeitraum   81

Teil III – Analogleistungen   87

I. Was sind Analogleistungen   87
II. Voraussetzungen   88
   II.1 Wartezeit von 18 Monaten   88
   II.2 Ausschluss bei Rechtsmissbrauch   89
III. Dauerhafte Absenkung der Leistungen   96
IV. Zwangsverpartnerung   98
V. Abzug für Sachleistungen   100
   V.1 Gewährung von Sach- statt Geldleistungen   100

Teil IV – Anspruchseinschränkungen   105

I. Allgemeines   105
   I.1 Grundsätzliches   105
   I.2 Historie   107
II. Die Rechtsfolgen des § 1a AsylbLG   108
   II.1 Anspruchsausschlüsse   108
   II.2 Leistungsanspruch nur zur Erhaltung des Kernbereichs der physischen
       Existenz   109
   II.3 Im Regelfall Sachleistungen   112
   II.4 Weitere Bedarfe im Einzelfall   116

III.   Die Tatbestände des § 1a AsylbLG   118
   III.1   § 1a Abs. 1 AsylbLG   118
   III.2   § 1a Abs. 2 AsylbLG   122
   III.3   § 1a Abs. 3 S. 1, 2 AsylbLG   124
   III.4   § 1a Abs. 3 S. 3 AsylbLG   135
   III.5   § 1a Abs. 4 S. 1 AsylbLG   136
   III.6   § 1a Abs. 4 S. 2 Nr. 1 und 2 AsylbLG   139
   III.7   § 1a Abs. 5 AsylbLG   140
   III.8   § 1a Abs. 6 AsylbLG   148
   III.9   § 1a Abs. 7 AsylbLG   149
IV.   Befristung nach § 14 AsylbLG   151
   IV.1   Erstanwendung von § 1a AsylbLG   151
   IV.2   Verlängerung   151
V.   Weitere Leistungsminderungen   154
   V.1   Bis zur Ausstellung eines Ankunftsnachweises, § 11 Abs. 2a S. 1 AsylbLG   154
   V.2   Bei Verstoß gegen eine räumliche Beschränkung, § 11 Abs. 2 S. 1, 3 AsylbLG   155
   V.3   Bei Verstoß gegen Wohnsitzauflage, § 11 Abs. 2 S. 2, 3 AsylbLG   159
   V.4   §§ 5–5b AsylbLG   159
   V.5   Überbrückungsleistungen bei Schutzstatus in anderem EU-Staat, § 1 Abs. 4 AsylbLG   159

Teil V – Bildung und Teilhabe   171

I.   Allgemeine Voraussetzungen   172
   I.1   Personeller Anwendungsbereich   172
   I.2   Leistungsberechtigung nach dem AsylbLG   172
   I.3   Antragserfordernis   173
II.   Die Leistungen zur Bildung und Teilhabe   173
III.   Berechtigte Selbsthilfe   173

Teil VI – Medizinische Versorgung   177

I.   Gesundheitsversorgung bei Leistungen nach § 3 AsylbLG   178
   I.1   Bedarfe der medizinischen Versorgung, § 4 AsylbLG   178
   I.2   Ergänzende Gesundheitsleistungen, § 6 AsylbLG   181
   I.3.   Schwerbehinderung   188
   I.4   Notfallversorgung, § 6a AsylbLG   189
   I.5.   Die elektronische Gesundheitskarte   192
   I.6   Verfassungsrechtliche, europarechtliche und völkerrechtliche Bedenken   193
II.   Gesundheitsversorgung bei Leistungen nach § 2 AsylbLG   199
III.   Gesundheitsversorgung bei Leistungsbezug nach § 1a AsylbLG   200

Teil VII – Sonstige Leistungen   205

I.   Die sonstigen Leistungen   205
   I.1   Zur Sicherung des Lebensunterhalts   205
   I.2   Zur Sicherung der Gesundheit   208
   I.3   Besondere Bedürfnisse von Kindern   208

I.4	Verwaltungsrechtliche Mitwirkungspflichten	209
II.	Rechtsfolgen	213
II.1	Ermessen	213
II.2	Ermessensreduzierung auf Null	213
II.3	Sachleistungen vor Geldleistungen	215

Teil VIII – Anrechnung von Einkommen und Vermögen/Nachranggrundsatz — 219

I.	Einkommensanrechnung	219
I.1.	Leistungsberechtigung nach § 3 oder § 1a AsylbLG	219
I.2.	Die gemischte Bedarfsgemeinschaft	228
I.3.	Leistungsberechtigung nach § 2 AsylbLG	231
II.	Vermögensanrechnung	231
II.1.	Leistungsberechtigung nach § 3 und § 1a AsylbLG	231
II.2.	Anspruchsüberleitung auf die Behörde	234
II.3.	Leistungsberechtigung nach § 2 AsylbLG	235
III.	Erstattungen für Sachleistungen	235
III.1.	Wer kann betroffen sein?	235
III.2.	Erstattungsumfang	235
IV.	Der Nachranggrundsatz	237
IV.1.	Kirchenasyl	238
IV.2.	Verpflichtungserklärung	239
IV.3.	Unterhaltsansprüche	240

Teil IX – Sicherheitsleistungen — 243

I.	Anwendungsbereich	243
II.	Zuständige Behörde	243
III.	Bei wem darf sichergestellt werden?	244
IV.	Was wird gesichert?	244
V.	Womit wird gesichert?	245
VI.	Verfahren	246
VI.1	Verwaltungsakt	246
VI.2	Ermessen	246
VI.3	Aufschiebende Wirkung von Widerspruch und Klage	246
VII.	Vollstreckung	246
VII.1	Sofortige Vollstreckung	247
VII.2	Unmittelbarer Zwang	248
VIII.	Verwahrung des Vermögens	249

Teil X – AsylbLG und Ausbildung — 251

I.	Leistungsbezug nach § 3 AsylbLG	251
II.	Leistungsbezug nach § 2 AsylbLG	252
II.1	Rechtslage bis zum 31.8.2019	252
II.2	Rechtslage seit 1.9.2019	252

Teil XI – Arbeits- und Integrationsmaßnahmen — 257

I.	Arbeitsgelegenheiten	257
I.1	In Aufnahmeeinrichtungen und vergleichbaren Einrichtungen	257
II.	Sonstige Maßnahmen zur Integration	263

Teil XII – Verfahrensregeln 267

I. Beratung und Aufklärung 267
   I.1 Allgemeine Beratungs- und Aufklärungspflichten 267
   I.2 Besondere Beratungs- und Aufklärungspflichten während dem Asylverfahren 268
II. Kenntnisnahmegrundsatz statt Antragsgrundsatz 268
   II.1 Kenntnis 268
   II.2 Leistungsträger 270
   II.3 Europarecht 270
III. Meldepflicht bei Aufnahme einer Erwerbstätigkeit 272
IV. Mitwirkungspflichten 272
V. Überprüfung von bestandskräftigen rechtswidrigen, belastenden Verwaltungsakten 275
   V.1 Zeitliche Begrenzung der rückwirkenden Korrektur 276
   V.2 Nachzahlungen nach Wegfall der Hilfebedürftigkeit? 278
   V.3 Zuständige Behörde 279
VI. Rücknahme eines bestandskräftigen rechtswidrigen, begünstigenden Verwaltungsaktes 279
VII. Aufhebung eines bestandskräftigen Dauer-Verwaltungsaktes bei Änderung der Verhältnisse 279
VIII. Auskunftspflichten von Angehörigen, Unterhaltspflichtigen oder sonstigen Personen 281
   VIII.1 § 99 SGB X 281
   VIII.2 § 117 SGB XII 281
IX. Erstattungsansprüche von Leistungsbehörden untereinander 282
X. Automatisierter Datenabgleich 283
XI. Landesrechtliche Regelungen für die Durchführung des AsylbLG 284
XII. Örtliche Zuständigkeit 285
   XII.1 Zuständigkeit nach Verteilung oder Zuweisung 285
   XII.2 Zuständigkeit nach tatsächlichem Aufenthaltsort 286
   XII.3 Zuständigkeit bei Aufenthalt in Einrichtungen 286
   XII.4 Kostenerstattung zwischen zuständiger und unzuständiger Behörde 289
XIII. Ergänzende Bestimmungen 289
   XIII.1 Rückführungs- und Weiterwanderungsprogramme 289
   XIII.2 Datenabgleich mit der Ausländerbehörde und dem Ausländerzentralregister 290
   XIII.3 Keine aufschiebende Wirkung von Widerspruch und Klage 290
XIV. Ausgewählte sozialrechtliche Regeln, die im AsylbLG nicht gelten 291
   XIV.1 Vorläufige Leistungsbewilligung 291
   XIV.2 Verzinsung von Nachzahlungen 292
   XIV.3 Verzicht 292
   XIV.4 Aufrechnung 293
   XIV.5 Verrechnung 295

Teil XIII – Rechtsschutz 301

I. Ausgangsverfahren 301
   I.1 Anhörung 302
   I.2 Bekanntgabe 302

I.3   Rechtsbehelfsbelehrung   303
II.   Widerspruchsverfahren   305
       II.1   Widerspruchsfrist   305
       II.2   Richtige Form   307
       II.3   Begründung und Streitgegenstand   308
       II.4   Abhilfe- oder Widerspruchsbescheid   309
III.   Überprüfungsverfahren   310
IV.   Untätigkeitsklage   311
V.   Klageverfahren   312
       V.1   Klagefrist   312
       V.2.   Wo muss geklagt werden?   312
       V.3   Klageform   312
       V.4   Inhalte der Klageschrift   313
       V.5   Kein Wegfall von Ansprüchen durch Wegfall der Bedürftigkeit   313
       V.6   Schriftliches Verfahren   314
       V.7   Erörterungstermin und/oder mündliche Verhandlung   314
       V.8   Entscheidung des Gerichts   314
       V.9   Berufung   315
       V.10   Revision   319
VI.   Eilrechtsschutzverfahren   320
       VI.1   Anordnung oder Wiederherstellung der aufschiebenden Wirkung   320
       VI.2   Einstweilige Anordnung   321
       VI.3   Beschwerde   325
VII.   Verzögerungsentschädigung   325
VIII. Strategische Prozessführung   328
IX.   Verfassungsbeschwerdeverfahren   329
X.   Kosten des Rechtsschutzes   329
       X.1   Beratungshilfe   331
       X.2   Prozesskostenhilfe   331

Stichwortverzeichnis   337

Bereits erschienen in der Reihe KOMPENDIEN DER SOZIALEN ARBEIT   341

Einleitung

Ich bin Rechtsanwalt in Berlin und Fachanwalt für Sozialrecht. 2004 begann meine Berufstätigkeit in der Geschäftsführung des Deutschen Anwaltvereins, wo ich unter anderem für Migrationsrecht und Sozialrecht zuständig war. Anfang 2005 habe ich mich dann als Rechtsanwalt selbstständig gemacht und im Schwerpunkt Migrationsrecht betrieben sowie „nebenbei" Sozialrecht. Schrittweise hat sich dann der Schwerpunkt zum Sozialrecht verschoben, welches ich aktuell fast ausschließlich betreibe. Während meiner gesamten Berufstätigkeit war und bin ich vor allem mit den Schnittstellen des Migrations- und Sozialrechts befasst. Das Asylbewerberleistungsgesetz (AsylbLG) steht dabei im Mittelpunkt.

Wenn man als Rechtsanwalt AsylbLG-Fälle bearbeitet, hat man zwangsläufig viel mit Sozialarbeiter:innen zu tun. Aus der Zusammenarbeit mit vielen engagierten Sozialarbeiter:innen und aus Seminaren, die ich für Sozialarbeiter:innen gegeben habe, entstand der Antrieb, ein Lehrbuch für die Soziale Arbeit zu schreiben. Der Bedarf, das AsylbLG und die darauf beruhenden Bescheide besser zu verstehen, scheint groß zu sein. Ich hoffe sehr, dass dieses Buch dazu beitragen kann, diesen Bedarf so gut wie möglich abzudecken.

Da es darum geht, juristische Sachverhalte für die Soziale Arbeit aufzubereiten, bemühe ich mich, die Dinge möglichst „unjuristisch" zu erklären. Ich weiß, dass beispielsweise die Nennung und Zitierung von Paragrafen außerhalb der Juristerei nahezu als Tabu gilt. Behörden, Sozialverbände, Beratungsvereine etc. vermeiden es meist tunlich, Paragrafen zu nennen, wenn sie juristische Sachverhalte erklären. Dadurch bleibt aber, meiner Ansicht nach, der Zugang zum Recht teilweise verschlossen. Viele Paragrafen sind zwar durchaus so kompliziert verfasst, dass selbst die Expert:innen des entsprechenden Rechtsgebietes kaum verstehen, was da eigentlich geschrieben steht – sehr viele Paragrafen sind aber auch sehr einfach und gut lesbar. Und vor allem das AsylbLG ist doch ein eher schlichtes Gesetz.

Kurz: Ich werde immer wieder auch Paragrafen nennen und zitieren (zurückhaltend!) und es wird auch viele Verweise auf Rechtsprechung geben. Ich finde es wichtig, dass auch Sozialarbeiter:innen wissen, wo etwas geregelt ist, um selbst nachlesen zu können. Da ich als Kind lange Mathematik-Physik-Lehrer werden wollte, hier ein Vergleich: Wenn man die spektakuläre Astrophysik erklären will, kann man das zwar ohne Mathematik einigermaßen veranschaulichen – um sie aber wirklich verstehen zu können, muss ein Minimum an Mathematik auch dabei sein und wenn es nur die berühmte Formel $E = mc^2$ ist. Ähnlich ist es hier: Ohne Paragrafen, Rechtsprechung und ein Minimum an „Jurist:innen-Sprache" kann man einiges veranschaulichen, wirkliches Verständnis kann aber nur aufkommen, wenn man zumindest einmal das Gesetz, um das es geht, gelesen hat.

I. Überblick zur Historie

Das Asylbewerberleistungsgesetz trat am 1. November 1993 in Kraft. Es war Teil des sogenannten Asylkompromisses, mit dem vor allem erhebliche Einschränkungen des Asylrechts vollzogen wurden. Hintergrund waren Spitzenwerte der Zuwanderung von Geflüchteten[1] und die massive Zunahme rechtsextremer Gewalt[2] gegen Geflüchtete.

Das damals neue AsylbLG setzte die Leistungen für einen alleinstehenden Erwachsenen auf monatlich 360 DM[3] (physisches Existenzminimum) bzw. 80 DM[4] (soziokulturelles Existenzminimum) fest (später insgesamt 225 EUR).[5] Trotz einer gesetzlichen Vorgabe, dass dieser Leistungssatz jährlich anzupassen sei, erfolgte bis 2012 zur Entscheidung des Bundesverfassungsgerichts (BVerfG) nie eine Anpassung. Dadurch wuchs die Differenz der Leistungen nach dem AsylbLG zu den Leistungen des „Existenzsicherungsrechts" immer dramatischer an (BVerfG vom 18.7.2012 – 1 BvL 10/10, Rn. 26ff. und 87ff.).

Seit dem 1. September 1998 konnten die ohnehin schon sehr niedrigen Leistungen weiter gemindert werden, da der § 1a AsylbLG eingeführt wurde. Bis zum 23. Oktober 2015 bestand diese Möglichkeit für zwei Tatbestände: a) wenn der Vorwurf erhoben werden konnte, dass die Einreise zum Zweck des Bezugs von Leistungen nach AsylbLG erfolgte; b) dass aufenthaltsbeendende Maßnahmen aus vom Ausländer zu vertretenden Gründen nicht vollzogen werden konnten. Mittlerweile wurden die Möglichkeiten der Leistungsminderung auf über 20 Tatbestände ausgeweitet (→ Teil IV Anspruchseinschränkungen).

Mit Urteil vom 18. Juli 2012 stellte das BVerfG fest, dass die regulären Leistungen des AsylbLG (225 EUR monatlich) verfassungswidrig waren (BVerfG vom 18.7.2012 – 1 BvL 10/10). Das BVerfG verpflichtete den Gesetzgeber, unverzüglich eine Neuregelung zu schaffen und ordnete bis dahin eine Übergangsregelung an (BVerfG vom 18.7.2012 – 1 BvL 10/10, Rn. 98ff.). Wäre diese Übergangsregelung bis zum Jahr 2022 fortgeschrieben worden, entspräche dies monatlichen Leistungen für einen alleinstehenden Erwachsenen in Höhe von ca. 416 EUR. Tatsächlich ist es dem Gesetzgeber jedoch gelungen, die Leistungshöhe auf monatlich 367 EUR (Stand 2022) bzw. für in Sammelunterkünften Untergebrachte auf 330 EUR (Stand 2022) herunterzurechnen.

Die vom BVerfG angemahnte Neuregelung des Gesetzes erfolgte zum 1. März 2015. Schon zum 24. Oktober 2015 folgte die nächste Änderung durch das Asylverfahrensbeschleunigungsgesetz (BGBl I 2015, Nr. 40, S. 1722–1735), mit der vor allem die Möglichkeiten für Leistungsminderungen ausgeweitet wurden. Keine 5 Monate später folgte das Gesetz zur Einführung beschleunigter Asylverfahren (BGBl I 2016, Nr. 12, S. 390–393), das zum 17. März 2016 wirksam wurde und die Grundleistungen absenkte. Das Integrationsgesetz (BGBl I 2016, Nr. 39, S. 1939–1949) trat zum 6. August 2016 in Kraft und brachte vor allem Änderungen und Neuerungen zu verschiedenen

---

[1] Asylanträge in Deutschland (Quelle: Bundesamt für Migration und Flüchtlinge): 1990: 193.063; 1991: 256.112; 192: 438.191; 1993: 322.599; größte Gruppe der Geflüchteten kam aus dem ehemaligen Jugoslawien.
[2] Schlimmste/bekannteste rechtsextreme Anschläge: Hoyerswerda, September 1991; Rostock-Lichtenhagen, August 1992; Mölln, November 1992; Solingen, Mai 1993.
[3] Entspricht 184,07 EUR
[4] Entspricht 40,90 EUR
[5] Wenn nichts anderes angegeben wird, handelt es sich bei Bedarfssätzen stets um solche für erwachsene Alleinstehende/Alleinerziehende.

Integrationsmaßnahmen in das AsylbLG ein. Schließlich kam es 2019 zu zwei sehr kurz hintereinander in Kraft tretenden wesentlichen Änderungen durch das Zweite Gesetz zur besseren Durchsetzung der Ausreisepflicht (in Kraft: 21.8.2019; BGBl I 2019, Nr. 31, S. 1294–1306) und das Dritte Gesetz zur Änderung des Asylbewerberleistungsgesetzes (in Kraft: 1.9.2019; 2019, Nr. 31, S. 129–1293). Diese beiden Gesetze ordneten vor allem die Grundbedarfe grundlegend neu (→ Teil II Grundbedarfsdeckung) und schufen weitgehende neue Möglichkeiten zur Leistungsminderung (→ Teil IV Anspruchseinschränkungen, III.). Schließlich wurden mit dem Regelbedarfsermittlungsgesetz 2021 (BGBl I 2020, Nr. 61, S. 2855–2862) die Beträge für die Grundbedarfe in § 3a AsylbLG zum 1. Januar 2021 fortgeschrieben und mit der Regelbedarfsstufen-Fortschreibungsverordnung 2022 (BGBl I 2021, Nr. 68, S. 4389–4390) wurden die Leistungen zum 1. Januar 2022 um 0,76 % angehoben.

Übersicht zur Entwicklung der Grundbedarfe:

	Grundbedarf § 3 AsylbLG	Regelsatz SGB II/XII
1.11.1993 – 31.12.2010	225,00	252,58 bis 359,00
1.1.2011 – 31.12.2011	336,00	364,00
1.1.2012 – 31.12.2012	345,00	374,00
1.1.2013 – 31.12.2013	354,00	382,00
1.1.2014 – 31.12.2014	362,00	391,00
1.1.2015 – 28.2.2015	370,00	399,00
1.3.2015 – 23.10.2015	352,00	399,00
24.10.2015 – 31.12.2015	359,00	399,00
1.1.2016 – 16.3.2016	364,00	404,00
17.3.2016 – 31.12.2016	354,00	404,00
1.1.2017 – 31.12.2017	354,00 (358,00*)	409,00
1.1.2018 – 31.12.2018	354,00 (364,00*)	416,00
1.1.2019 – 31.8.2019	354,00 (371,00*)	424,00
1.9.2019 – 31.12.2019	344,00	424,00
1.1.2020 – 31.12.2020	351,00	432,00
1.1.2021 – 31.12.2021	364,00	446,00
1.1.2022 – 31.12.2022	367,00	449,00
ab 1.1.2023	410,00	502,00

* Erklärung → Teil II Grundbedarfsdeckung, II.5

II. Was könnte ein Asylbewerberleistungsgesetz leisten?

„Falls der Gesetzgeber bei der Festlegung des menschenwürdigen Existenzminimums die Besonderheiten bestimmter Personengruppen berücksichtigen will, darf er bei der konkreten Ausgestaltung existenzsichernder Leistungen nicht pauschal nach dem Aufenthaltsstatus differenzieren. Eine Differenzierung ist nur möglich, sofern deren Bedarf an existenznotwendigen Leistungen von dem anderer Bedürftiger signifikant abweicht und dies folgerichtig in einem inhaltlich transparenten Verfahren anhand des tatsächlichen Bedarfs gerade dieser Gruppe belegt werden kann." (BVerfG vom 18.7.2012 – 1 BvL 10/10, Leitsatz 3).

Das BVerfG verbietet es nicht, ein Sondergesetz zur Regelung von Sozialleistungen für eine Gruppe bestimmter Ausländer zu schaffen. Die Vorgabe ist jedoch, dass ein solches Gesetz ausschließlich an den Bedarfen für existenznotwendige Leistungen orientiert sein muss und dass die Menschenwürde nicht migrationspolitisch relativiert werden darf (BVerfG vom 18.7.2012 – 1 BvL 10/10, Rn. 95).

Das AsylbLG rechtfertigt sich vor allem aus dem vermeintlichen Umstand, dass die Leistungsberechtigten nur vorübergehend in Deutschland verbleiben bzw. ihr Aufenthaltsstatus in Deutschland noch nicht ausreichend verfestigt sei. Wenn für diese Gruppe von Ausländern[6] unbedingt ein Sondergesetz für soziale Leistungen gelten soll, dann sollte sich ein solches Gesetz auf den Abbau von Barrieren zur Teilhabe am Leben in Deutschland konzentrieren.

Die zentrale Aufgabe des Sozialrechts ist es schließlich, allen Menschen, die sich in Deutschland aufhalten, einen möglichst barrierefreien Zugang zur Teilhabe am Leben zu ermöglichen. Die typischen Barrieren, die sich für Leistungsbezieher nach dem AsylbLG ergeben, sind die nicht ausreichenden Sprachkenntnisse; die nicht ausreichenden Kenntnisse „gesellschaftlicher Werte" und der Rechtsordnung; unzureichende soziale Kontakte; Rassismus und Hürden beim Zugang zu Bildung und Arbeit. Zur Überwindung all dieser Barrieren gibt es zahlreiche mehr oder weniger gut geeignete Regelungen, vor allem im Aufenthaltsgesetz und im SGB III. Kernaufgabe des AsylbLG sollte es daher sein, den Zugang zur Sicherung des menschenwürdigen Existenzminimums zu regeln. Ohne eine gesicherte menschenwürdige Existenz ist eine adäquate und selbstbestimmte Teilhabe am Leben schließlich nicht denkbar.

Es wäre also zunächst umfassend zu ermitteln, welche Bedarfe für die Leistungsberechtigten nach AsylbLG tatsächlich typischerweise bestehen, um ein menschenwürdiges Leben zu ermöglichen. Ausgangspunkt kann dabei nur § 5 RBEG sein, der die grundsätzlichen Bedarfe für eine menschenwürdige Existenz benennt (→ siehe IV.1). Eine solche Ermittlung kann durchaus ergeben, dass die Bedarfssätze für Leistungsberechtigte nach AsylbLG unterschiedlich zu denen im SGB II/XII sind. Einige Bedarfe aus dem Regelsatz von SGB II/XII können objektiv für Leistungsberechtigte nach dem AsylbLG nicht anfallen (beispielsweise Kosten für Personalausweis), andere Bedarfe fallen nur bei Leistungsberechtigten nach dem AsylbLG an und wieder andere Bedarfe müssen höher oder niedriger bemessen

---

6 Vgl. § 1 Abs. 1 AsylbLG

werden usw. Das BVerfG betont beispielsweise, dass der Mensch notwendigerweise in sozialen Bezügen lebt (BVerfG, 9.2.2010 – 1 BvL 1/09, Rn. 135). Wenn aber die Leistungsberechtigten nach AsylbLG typischerweise (noch) keine sozialen Bezüge in Deutschland haben, spricht viel dafür, dass die notwendigen Bedarfe zum soziokulturellen Existenzminimum deutlich höher ausfallen, als bei Leistungsberechtigten nach SGB II/XII.

Die notwendigen Ermittlungen zur Festsetzung der konkreten Leistungen zur Sicherung des menschenwürdigen Existenzminimums im AsylbLG müssen sich eines transparenten und sachgerechten Verfahrens bedienen. Es müssen realitätsgerechte, tatsächliche Bedarfe ermittelt werden (BVerfG, 9.2.2010 – 1 BvL 1/09, Rn. 139; BVerfG, 18.7.2012 – 1 BVL 10/10, Rn. 69). Bis heute erfolgt eine solche Bedarfsermittlung leider nicht (vgl. Kanalan 2018: 247, 255; Frerichs 2022: § 3 Rn. 50ff.; Oppermann 2016: Anm. 1.; Siefert 2016: 329, 331; LSG NRW vom 11.7.2017 – L 20 AY 4/17 B ER, Rn. 28f.).

III. Zum Charakter des real existierenden Asylbewerberleistungsgesetzes

Da eine Bedarfsermittlung nach den Vorgaben des BVerfG bis heute nicht stattgefunden hat, steht das gesamte AsylbLG verfassungsrechtlich auf wackeligen Füßen. Am 26. Januar 2021 hat deshalb das Landessozialgericht (LSG) Niedersachsen-Bremen einen Vorlagebeschluss (L 8 AY 21/19) zum BVerfG gemacht, um klären zu lassen, ob die Grundbedarfe des AsylbLG verfassungskonform ermittelt wurden. Dazu wird das BVerfG voraussichtlich Ende 2022 / Anfang 2023 entscheiden.

Zum Verständnis des AsylbLG ist es wichtig, zu wissen, dass es sich bei diesem Gesetz nicht um „reines Sozialrecht" handelt. Das Gesetz stützt sich ausdrücklich auf die Gesetzgebungskompetenzen für das Migrationsrecht und das Sozialrecht[7]. Das AsylbLG hat also den Anspruch, sowohl Migrationsrecht als auch Sozialrecht zu sein. Vereinfacht kann gesagt werden, dass das AsylbLG weitgehend Migrationsrecht mit sozialrechtlichen Rechtsfolgen darstellt. Das ist durchaus problematisch, da das BVerfG sehr deutlich erklärt hat:

> „Migrationspolitische Erwägungen, die Leistungen an Asylbewerber und Flüchtlinge niedrig zu halten, um Anreize für Wanderungsbewegungen durch ein im internationalen Vergleich eventuell hohes Leistungsniveau zu vermeiden, können von vornherein kein Absenken des Leistungsstandards unter das physische und soziokulturelle Existenzminimum rechtfertigen [...] Die in Art. 1 Abs. 1 GG garantierte Menschenwürde ist migrationspolitisch nicht zu relativieren." (BVerfG vom 18.7.2012 – 1 BvL 10/10, Rn. 121).

---

7 Art. 74 Abs. 1 Nr. 4 GG (Aufenthalts- und Niederlassungsrecht der Ausländer), Art. 74 Abs. 1 Nr. 6 GG (Angelegenheiten der Flüchtlinge und Vertriebenen), Art. 74 Abs. 1 Nr. 7 GG (öffentliche Fürsorge)

IV. Das menschenwürdige Existenzminimum

Der Anspruch des AsylbLG ist es – neben migrationspolitischen Steuerungen –, das menschenwürdige Existenzminimum für die Leistungsberechtigten zu sichern. Es ist also wichtig, zu verstehen, was eigentlich unter diesem menschenwürdigen Existenzminimum zu verstehen ist.

Im Wesentlichen wird unter dem menschenwürdigen Existenzminimum die Deckung von Bedarfen verstanden, die unbedingt notwendig sind, um als Mensch in Würde leben zu können. Zu diesen Bedarfen zählen die Regelbedarfe, die Kosten für Unterkunft und Heizung und die Mehrbedarfe.

IV.1 Regelbedarf/Regelsatz

Die Regelbedarfe sind vor allem in § 5 Regelbedarfsermittlungsgesetz (RBEG) geregelt und in folgende Abteilungen unterteilt:

Abteilung 1 und 2	Nahrungsmittel, Getränke, Tabakwaren
Abteilung 3	Bekleidung und Schuhe
Abteilung 4	Wohnen, Energie und Wohnungsinstandhaltung
Abteilung 5	Innenausstattung, Haushaltsgeräte und -gegenstände, laufende Haushaltsführung
Abteilung 6	Gesundheitspflege
Abteilung 7	Verkehr
Abteilung 8	Nachrichtenübermittlung
Abteilung 9	Freizeit, Unterhaltung, Kultur
Abteilung 10	Bildungswesen
Abteilung 11	Beherbergungs- und Gaststättendienstleistungen
Abteilung 12	Andere Waren und Dienstleistungen

Diese Abteilungen wiederum sind in weitere Einzelbedarfspositionen unterteilt (dazu detailliert: Schwabe 2022: 25ff.). Die Abteilung 7 (Verkehr) enthält beispielsweise folgende Einzelbedarfspositionen:

- Kauf oder Leasing von Fahrrädern,
- Zubehör, Einzel- und Ersatzteile für Fahrräder,
- Wartungen und Reparaturen,
- Fremde Verkehrsdienstleistungen (ohne Übernachtungen und ohne Luftverkehr),
- Fremde Verkehrsdienstleistungen (mit Übernachtungen, ohne Luftverkehr).

Den Einzelbedarfspositionen sind Geldbeträge zugeordnet und aus der Summe der jeweiligen Positionen ergeben sich die Geldbeträge für die jeweilige Abteilung und aus der Summe der Abteilungen ergibt sich der Geldbetrag für den Regelbedarf (oft auch Regelsatz genannt). Für die Jahre 2022/2023 gelten folgende Beträge:

EVS-Abteilung	2022	2023
Abteilung 1	155,96 EUR	174,18 EUR
Abteilung 3	37,29 EUR	41,65 EUR
Abteilung 4	38,61 EUR	42,54 EUR
Abteilung 5	27,38 EUR	30,57 EUR
Abteilung 6	17,15 EUR	19,15 EUR
Abteilung 7	40,31 EUR	45,02 EUR
Abteilung 8	40,18 EUR	44,88 EUR
Abteilung 9	43,85 EUR	48,97 EUR
Abteilung 10	1,62 EUR	1,81 EUR
Abteilung 11	11,74 EUR	13,11 EUR
Abteilung 12	35,80 EUR	40,73 EUR
Regelsatz	449,00 EUR	502,00 EUR

Den Geldbeträgen der Abteilungen und deren Einzelbedarfspositionen liegen Ergebnisse der Einkommens- und Verbrauchsstichprobe (EVS) zugrunde[8]. Die EVS wird alle fünf Jahre durchgeführt und beruht auf einer Befragung von ca. 60.000 Haushalten.[9] Die aktuelle EVS wurde 2018 erhoben. In den Jahren, in denen keine aktuellen EVS-Daten vorliegen, werden die Regelsätze durch Verordnung[10] fortgeschrieben. Bei der Fortschreibung ist die Veränderungsrate des Mischindexes[11] maßgeblich. Der Mischindex ergibt sich aus der bundesdurchschnittlichen Preisentwicklung für regelbedarfsrelevante Güter und Dienstleistungen und der bundesdurchschnittlichen Entwicklung der Nettolöhne und -gehälter. Die Veränderungsrate ist das, was sich aus dem Vergleich des zurückliegenden Jahres (betrachtet wird jeweils der Zeitraum vom 1.7. bis zum 30.6.) mit dem Vorvorjahr ergibt. Dabei werden die Entwicklung der Preise mit 70 % und die Entwicklung der Nettolöhne und -gehälter mit 30 % angesetzt. Das BVerfG hat diese Methode im Grundsatz für zulässig erklärt (BVerfG vom 23.7.2014 – 1 BvL 10/12, 12/12, 1691/13). Für die Fortschreibung der Regelsätze ab 1. Januar 2022 ergab sich so eine Veränderungsrate von 0,76 %. Angesichts dieser sehr niedrigen Rate haben sich Zweifel an der Verfassungsmäßigkeit der Fortschreibung ergeben (Lenze 2021; Sell 2021).

---

8 § 28 SGB XII
9 Details: https://www.destatis.de/DE/Themen/Gesellschaft-Umwelt/Einkommen-Konsum-Lebensbedingungen/Einkommen-Einnahmen-Ausgaben/Methoden/einkommens-verbrauchsstichprobe.html (zuletzt abgerufen am: 19.05.2022)
10 §§ 28 Abs. 1; 40 SGB XII
11 § 28a Abs. 2 SGB XII

Im AsylbLG gilt der Regelbedarf und der Regelsatz in der hier dargestellten Form nicht. Nach §§ 3, 3a AsylbLG wird lediglich ein Grundbedarf gewährt (→ Teil II Grundbedarfsdeckung) und nach § 1a AsylbLG wird lediglich ein unabweisbarer Bedarf für Ernährung, Unterkunft, Heizung sowie Körper- und Gesundheitspflege („Bett-Brot-Seife") gewährt (→ Teil IV Anspruchseinschränkungen, II.).

IV.2 Kosten der Unterkunft und Heizung

Das menschenwürdige Wohnen bzw. das Recht auf eine angemessene Unterkunft ist Bestandteil des menschenwürdigen Existenzminimums (BVerfG vom 10.10.2017 – 1 BvR 617/14, Rn. 19). in menschenwürdiges Wohnen ist ein existenzielles Grundbedürfnis (BSG vom 4.9.1979 – 7 RAr 115/78; BSG vom 25.3.1999 – B 7 AL 28/98 R; BSG vom 5.6.2003 – B 11 AL 55/02 R, Rn. 14). Dass die angemessene Wohnung zum Existenzminimum gehören muss, ergibt sich auch aus den Abteilungen 4 und 5 (Wohnen, Energie und Wohnungsinstandhaltung/Innenausstattung, Haushaltsgeräte und -gegenstände, laufende Haushaltsführung). Diese Abteilungen setzen voraus, dass die Leistungsberechtigten in einer Wohnung leben.

Was ist nun aber eine Wohnung im Sinne des Bedarfs im Rahmen des menschenwürdigen Existenzminimums? Verfassungsrechtlich charakterisiert nach Art. 13 GG eine Wohnung vor allem die räumliche Abschottung nach außen und das Ermöglichen eines Raumes, in dem das private Leben und Wirken stattfinden kann. Verfassungsrechtlich ist der Wohnungsbegriff weit gefasst und kann auch Garagen, Geschäftsräume usw. umfassen. Baurechtlich wird der Begriff der Wohnung dagegen sehr viel enger gefasst. Hier geht es um Räume, die ausschließlich der Verfügung der Berechtigten unterliegen – wer dort wohnt, bestimmt, wer diese Räume betreten darf und wer nicht und bestimmt auch und vor allem, wie die Räume eingerichtet werden. Die Wohnung ist der nach außen abgeschottete Bereich der Privat- und Intimsphäre. Eine Wohnung enthält demnach auch zwingend Wohnräume, einen Küchenbereich und ein Bad/eine Toilette.

Da der Regelsatz Bedarfe für die Innenausstattung, Schönheitsreparaturen, kleinere Instandhaltungsarbeiten, Möbel, Heimtextilien, Haushaltsgeräte etc. enthält, muss daraus geschlossen werden, dass es im Rahmen des Existenzminimums um den engen Wohnungsbegriff geht. Der Gesetzgeber geht schließlich davon aus, dass die Leistungsberechtigten allein die Befugnis haben, in ihrer Wohnung kleinere Arbeiten vorzunehmen und sich individuell einzurichten.

Das alles vorausgesetzt, wird kaum bestritten, dass Flüchtlingsunterkünfte – nach dem engen Wohnungsbegriff – keine Wohngebäude sind (beispielsweise: Oberverwaltungsgericht [OVG] Hamburg, Beschluss vom 28.5.2015 – 2 Bs 23/15). Noch nicht geklärt ist dagegen, ob Flüchtlingsunterkünfte überhaupt als angemessene Wohnungen im Sinne des menschenwürdigen Existenzminimums gelten können (verneinend: VG Stuttgart 27.2.2019 – 8 K 4413/17 Rn. 25). In der Praxis finden sich extrem unterschiedliche Qualitäten der Unterkünfte – von abgetrennten Wohneinheiten in sehr gutem Zustand bis hin zu schimmligen Containern, die im Sommer kochend heiß und im Winter eiskalt werden, ist alles vorhanden. Die

Frage, ob solche Unterkünfte gegen das Recht auf ein menschenwürdiges Wohnen im Rahmen des Existenzminimums verstoßen, wurde bisher in Rechtsprechung und Literatur kaum behandelt. In der Regel wird es ohne weitere Erörterung einfach hingenommen, dass Geflüchtete für lange Zeit in Sammelunterkünften untergebracht sind.

Aus praktischer Erfahrung kann gesagt werden, dass es extrem schwierig ist, für gerichtliche Auseinandersetzungen zu diesem Thema Kläger:innen zu finden. Entscheiden sich Betroffene zur Klage, werden sie nicht selten mit Repressionen[12] bedacht und halten sie dennoch an der Klage fest, wird oft im Einzelfall ein Umzug in eine Wohnung gewährt, um ein Urteil zu vermeiden. Hier liegt also ein sehr grundrechtsrelevantes Thema noch nahezu unbearbeitet brach und es bleibt abzuwarten, ob sich daran etwas ändern wird.

IV.3 Mehrbedarfe

Der Regelsatz und die Kosten der Unterkunft und Heizung allein würden das menschenwürdige Existenzminimum noch nicht vollständig sichern. Es müssen Mehrbedarfe für bestimmte Lebenssituationen vorgesehen werden, in denen der Regelsatz nicht ausreicht (BVerfG vom 9.2.2010 – 1 BvL 1/09, Rn. 148; BVerfG vom 23.7.2014 – 1 BvL 10/12, Rn. 90).

Für das „normale" Sozialrecht finden sich die Ansprüche auf Mehrbedarfe in § 21 SGB II und § 30 SGB XII. Im AsylbLG gibt es dazu keine entsprechenden Regelungen (→ Teil VII Sonstige Leistungen, I.1.a).

IV.4 Gesundheitsversorgung inklusive Pflege

Auch die Gesundheitsversorgung inklusive der Pflege ist Teil des menschenwürdigen Existenzminimums (vgl. BVerfG vom 23.7.2014 – 1 BvL 10/12, Rn. 90; BVerfG vom 6.12.2005 – 1 BvR 347/98: zum Grundrecht auf eine menschenwürdige Gesundheitsversorgung). Im „normalen" Existenzsicherungsrecht wird dieser Bereich im Wesentlichen durch das SGB V und XI und die Kapitel 5 und 7 im SGB XII abgedeckt.

Für Leistungsberechtigte nach AsylbLG werden die umfangreichen Regeln des SGB V und XI und der Kapitel 5 und 7 SGB XII durch zwei Paragrafen ersetzt: §§ 4, 6 Abs. 1 AsylbLG (→ Teil VI Medizinische Versorgung).

V. Juristisches Einmaleins

In diesem Lehrbuch ist es unvermeidlich, immer wieder auch juristisch zu werden. Dabei wird es sehr oft um die Darstellung von Rechtsgrundlagen und Anspruchsgrundlagen gehen. Der Grundsatz des Vorbehaltes des Gesetzes[13] verlangt, dass jedes staatliche Handeln auf einem Gesetz beruhen muss. Wenn also vom Staat

---

12 Beispielsweise Verlängerung der Duldung nur noch wochenweise mit der Ansage, dass die Duldung wieder für sechs Monate erteilt werden wird, sobald die Klage zurückgenommen wird oder Verlegung in eine andere Unterkunft, die noch schlechter ist, weit abgelegen ist usw.

13 Art. 20 Abs. 3 GG

etwas verlangt wird oder der Staat etwas seinerseits verlangt, dann ist die erste Frage immer: auf welche Rechtsgrundlage soll der Staat bzw. die Behörde das Handeln stützen. Wenn die Norm dann gefunden ist, die als Rechtsgrundlage infrage kommt, gilt es, diese Norm zu prüfen. Dabei ist stets zuerst der Tatbestand der Norm zu prüfen und danach ist zu prüfen, welche Rechtsfolge sich daraus ergibt.

V.1 Tatbestand der Norm

Der Tatbestand einer Norm ist nichts anderes, als die Voraussetzungen, die von der Norm aufgestellt werden. In der Regel besteht also der Tatbestand aus einzelnen Tatbestandsmerkmalen (Voraussetzungen). Hat man es also mit einer Norm als Rechtsgrundlage zu tun, müssen die relevanten einzelnen Tatbestandsmerkmale herausgearbeitet werden.

> Beispiel: Ein Leistungsberechtigter nach AsylbLG möchte gern zusätzliche Leistungen haben, weil er einen Pass beschaffen möchte und dafür Kosten von 500 EUR anfallen, die er nicht hat.
>
> Hier muss § 6 Abs. 1 AsylbLG als Anspruchsgrundlage/Rechtsgrundlage gefunden werden. Die relevanten Tatbestandsmerkmale sind hier: a) Leistung zur Erfüllung einer verwaltungsrechtlichen Mitwirkungspflicht; b) im Einzelfall; c) erforderlich.
>
> Es muss also dargelegt werden, dass a) die Passbeschaffung zur Erfüllung der verwaltungsrechtlichen Pflicht zur Passbeschaffung erfolgen soll; b) die Passbeschaffungskosten ein Einzelfall sind, also diese Kosten nicht typisch und regelhaft anfallen; c) die 500 EUR auch erforderlich sind (Gebühren der Botschaft; Reisekosten; Übersetzungskosten etc.).

Bevor ein Tatbestand geprüft wird, sollte immer vorab überprüft werden, ob die besagte Gesetzesnorm auf die Betroffenen überhaupt anwendbar ist. In der Regel ist das einfach und klar, gerade im AsylbLG kann aber schon diese Frage durchaus entscheidend werden. Viele Normen richten sich in der Anwendung danach, ob der:die Betroffene Leistungen nach §§ 3, 3a AsylbLG, nach § 1a AsylbLG oder nach § 2 AsylbLG bezieht. Insbesondere bei den Tatbeständen des § 1a AsylbLG findet sich für jeden einzelnen Tatbestand am Anfang immer eine Aufzählung, für wen dieser Tatbestand überhaupt gelten soll[14].

V.2 Rechtsfolge

Wenn der Tatbestand einer Norm vollständig erfüllt ist, dann wird dadurch eine Rechtsfolge ausgelöst. Hier wird vor allem zwischen Ermessen und zwingenden Rechtsfolgen unterschieden.

> Beispiel.: § 3 Abs. 1 S. 1 AsylbLG besagt: „Leistungsberechtigte nach § 1 erhalten Leistungen [...]." Wer also Leistungsberechtigt nach § 1 AsylbLG

---

14 Beispielsweise nur für Duldungsinhaber:innen, sodass Inhaber:innen von Aufenthaltsgestattungen u.a. schon nicht unter den Anwendungsbereich der Norm fallen.

ist, erhält zwingend Leistungen nach § 3 AsylbLG[15] – es handelt sich also um eine zwingende Rechtsfolge.

§ 6 Abs. 1 AsylbLG besagt: „Sonstige Leistungen können [...] gewährt werden [...]." Hier wird ein Ermessen eröffnet.

Bei zwingenden Rechtsfolgen wird auch von „Ist-Regelungen" und bei Ermessensnormen von „Kann-Regelungen" gesprochen. Da eine so klare Abgrenzung in der Juristerei natürlich zu einfach wäre, gibt es auch noch die „Soll-Regelungen". § 1a Abs. 1 S. 4 AsylbLG besagt zum Beispiel: „Die Leistungen sollen als Sachleistungen erbracht werden." Das bedeutet, dass in der Regel Sachleistungen zu erbringen sind – in atypischen Ausnahmefällen aber dennoch Geldleistungen erbracht werden dürfen.

An dem letzten Beispiel zeigt sich, dass sich die Rechtsfolgenregelungen nicht nur auf das „Ob" sondern auch auf das „Wie" des staatlichen Handelns beziehen können. Sowohl das „Ob" als auch das „Wie" können jeweils als zwingende Rechtsfolge oder als Ermessen ausgestaltet sein. So kann es beispielsweise zwingend sein, dass Leistungen zu gewähren sind – wie diese Leistungen zu gewähren sind[16], liegt aber im Ermessen der Behörde.

Um ein Ermessen pflichtgemäß auszuüben, muss die Behörde alle Umstände des Einzelfalls ermitteln und abwägen. Wenn es also beispielsweise um die Frage geht, ob Geld- oder Sachleistungen gewährt werden sollen, sind die Umstände des Einzelfalls dahingehend abzuwägen, was für und gegen die beiden Leistungsformen spricht. Wichtig ist dabei vor allem, dass die Ermessenserwägungen im jeweiligen Bescheid dargelegt werden müssen. Es muss also transparent nachvollziehbar sein, welche Ermessenserwägungen zu der konkreten Entscheidung geführt haben.

Eine Besonderheit ist die Ermessensreduzierung auf null. Davon spricht man, wenn die Behörde zwar Ermessen hat, im Ergebnis aber nur eine einzige richtige Entscheidung übrigbleibt. Üblicherweise hat die Behörde mehrere Umstände, die teilweise für und teilweise gegen eine Leistungsgewährung sprechen – es ergeben sich also mehrere zulässige Entscheidungsmöglichkeiten. Wenn aber alle Umstände des Einzelfalls für die Leistungsgewährung sprechen oder die befürwortenden Gründe so erdrückend überwiegen, dass nur die Leistungsgewährung als zulässiges Ergebnis angesehen werden kann und eine Leistungsablehnung sachlich nicht begründbar wäre, dann liegt eine Ermessensreduktion auf null vor.

Fragen zur Vertiefung/Diskussion:

1. Was rechtfertigt die Existenz des AsylbLG?
2. Welche Bedarfe sind vom menschenwürdigen Existenzminimum umfasst, müssen also durch das AsylbLG abgedeckt werden?
3. Können Ermessensleistungen das menschenwürdige Existenzminimum sichern?

---

15 Wenn nicht die Voraussetzungen der §§ 1a, 2 AsylbLG erfüllt sein sollten.
16 Geld, geldwerte Leistungen (z.B. Gutscheine) oder Sachleistungen

Antworten/Diskussionsanregungen:

Zu 1.

Die wesentliche Rechtfertigung für das AsylbLG ist es, dass Personen betroffen sind, die entweder nur vorübergehend in Deutschland bleiben werden oder die noch keinen verfestigten Aufenthalt in Deutschland haben. Es wird unterstellt, dass solche Personen keine langfristigen Bedarfe haben können, sondern nur die Bedarfe des (Über-)Lebens im Hier und Jetzt haben könnten.

Damit stellen sich zahlreiche Folgefragen:

- Wie gelingt es dem Gesetzgeber, Geduldete und Inhaber:innen einer Aufenthaltserlaubnis, die sich teilweise seit Jahren in Deutschland aufhalten, als vorübergehend oder nicht verfestigt einzustufen?
- Ist nicht vielleicht die fehlende Integration in das deutsche Sozialleistungssystem die Ursache für die fehlende Aufenthaltsverfestigung, sodass die Begründung der Nichtintegration mit der fehlenden Verfestigung mindestens fragwürdig ist?
- Dürften Fragen zum menschenwürdigen Existenzminimum nicht ausschließlich von Fragen konkreter Bedarfe abhängig gemacht werden – ist also das Abstellen auf Aufenthaltsdauer und -verfestigung nicht eine unzulässige Anknüpfung an den Aufenthaltsstaus, statt an Bedarfslagen?
- Wie ist die schnelle Überleitung von Geflüchteten aus der Ukraine in das SGB II zu bewerten? Diese Praxis widerspricht der gesamten Konstruktion des AsylbLG, da die Ukraine-Geflüchteten in der Regel bekunden, nur möglichst kurzzeitig in Deutschland bleiben zu wollen.
- Welche Rolle spielen Rassismus und Nationalismus? Und warum bleiben solche Fragestellungen in Deutschland nahezu unbehandelt?

Zu 2.

Den Kern des menschenwürdigen Existenzminimums bilden sicher die Regelbedarfe mit den Abteilungen 1–12. Daneben steht die wichtige Frage der menschenwürdigen Unterkunft. Da die Regelbedarfe nicht alle Eventualitäten abdecken können, wurden die Mehrbedarfe geschaffen (beispielsweise für Alleinerziehende oder Schwangere). Und nicht zuletzt gehört auch eine menschenwürdige Gesundheitsversorgung zum Existenzminimum, die neben der Hilfe bei Krankheit auch Pflege- und Eingliederungshilfeleistungen umfasst.

Zu 3.

Im AsylbLG sind weitgehen die Mehrbedarfe und die Gesundheitsversorgung über Ermessensansprüche abgedeckt. Das BVerfG sagt aber, dass Bedarfe des menschenwürdigen Existenzminimums zwingend durch konkrete Ansprüche zu sichern sind (BVerfG vom 18.7.2012 – 1 BvL 10/10, Rn. 89). Das erscheint auch sinnvoll, denn ein Ermessen von Behörden ist durch Gerichte nur eingeschränkt überprüfbar, sodass Ermessensansprüche sehr schwer gerichtlich durchsetzbar sind. Zudem bilden sich meist regional sehr unterschiedliche Praktiken heraus. Es darf aber nicht sein, dass es vom Ort der Zuweisung abhängt, ob bestimmte Leistungen gewährt werden oder nicht.

Die sozialgerichtliche Rechtsprechung hat bisher aber kein Problem damit, Mehrbedarfe und Gesundheitsversorgung über Ermessensansprüche abzudecken (zu Mehrbedarfen: BSG, Urteil vom 25.10.2018 – B 7 AY 1/18 R; zur Gesundheitsversorgung: LSG Nds.-Bremen vom 1.2.2018 – L 8 AY 16/17 B ER; → Teil VII Sonstige Leistungen, I.1.a, und Teil VI Medizinische Versorgung, I.2.b).

Zitierte Literatur:

Kanalan, Ibrahim: Sanktionen im Sozialleistungsrecht – Zur Verfassungswidrigkeit der Leistungseinschränkungen nach dem Asylbewerberleistungsgesetz, Zeitschrift für die sozialrechtliche Praxis (ZfSH SGB) 2018, S. 247–256.

Frerichs, Konrad In: Schlegel/Voelzke, juris-Praxiskommentar SGB XII, 3. Auflage, § 3 AsylbLG (Stand: 23.8.2022).

Oppermann, Dagmar: Änderungen im Asylbewerberleistungsrecht durch das Asylpaket II., juris-PraxisReport Sozialrecht (jurisPR-SozR) 16/2016, Anm. 1.

Siefert, Jutta: Leistungen für Asylbewerber nach dem Asylpaket II, juris Die Monatszeitschrift (jM) 2016, S. 329–334.

Schwabe, Bernd-Günter: Einzelbeträge aus den Leistungssätzen für Grundleistungen nach dem AsylbLG ab 1.1.2022, Zeitschrift für das Fürsorgewesen (ZfF) 2022, S. 25–40.

Lenze, Anne: Verfassungsrechtliches Kurzgutachten zur Fortschreibung der Regelbedarfsstufen nach § 28a SGB XII zum 1.1.2022, für den Paritätischen Gesamtverband, 30.9.2021.

Sell, Stefan: Aktuelle Sozialpolitik, Eine „versteckte" Kürzung? Zur Kritik an der Regelbedarfsanpassung in der Grundsicherung und eine juristische Lanze in Richtung verfassungswidrige Unterdeckung des menschenwürdigen Existenzminimums, 11.10.2021

Vertiefende Literatur:

Deibel, Klaus/Hohm, Karl-Heinz: AsylbLG aktuell, 2016, S. 1–6.

Dibrani, Bajram: Der „Asylkompromiss" von 1993 und seine Auswirkungen – Studienarbeit. 2019,

Gerloff, Volker: Reformimpulse für die Integration Geflüchteter im Arbeit- und Sozialrecht und darüber hinaus – Kommentar aus Sicht der Anwaltschaft. In: Brecht-Heitzmann, Holger: Die Integration Geflüchteter als Herausforderung für das Sozialrecht, 2017, S. 139–150.

Horrer, Stefan: Das Asylbewerberleistungsgesetz, die Verfassung und das Existenzminimum, 2001, S. 22–30.

Teil I – Allgemeines

Zusammenfassung

In diesem Teil werden Grundlagen des AsylbLG dargestellt: wer ist eigentlich leistungsberechtigt und wann endet der Leistungsbezug nach AsylbLG; was bedeutet der Nachranggrundsatz; welche Rolle spielt die Unterbringungsart; in welcher Form werden die Leistungen erbracht (Geld, Sachleistungen, Gutscheine) und kann auf Leistungen nach AsylbLG verzichtet werden?

I. Anwendungsbereich des AsylbLG

Wenn in der Sozialen Arbeit die Frage auftaucht, welche Sozialleistungen für Ausländer:innen in Betracht kommen, dann ist der erste Schritt stets, den genauen Aufenthaltsstatus zu ermitteln. Erst wenn dieser Status konkret bekannt ist, kann gesagt werden, welche Weichenstellungen sich daraus für die Sozialleistungen ergeben. Hier soll nun dargestellt werden, worauf beim Aufenthaltsstatus zu achten ist, um zu klären, ob jemand in den Anwendungsbereich des AsylbLG fällt.

Maßgeblich ist dafür der Katalog in § 1 Abs. 1 AsylbLG. Dieser Katalog hat 8 Nummern. Die richtige Einordnung der Betroffenen zur richtigen Nummer ist vor allem wichtig, wenn es um die Anwendung von §§ 1a; 11 AsylbLG geht. Dort wird für verschiedene Tatbestände bestimmt, für welche Betroffenen diese Tatbestände gelten sollen. Ohne geklärt zu haben, unter welche Nummer des § 1 Abs. 1 AsylbLG Betroffene fallen, kann dann nicht gesagt werden, ob der jeweilige Tatbestand überhaupt greift.

> Beispiel: A legt einen Bescheid vor, wonach für ihn nur noch Leistungen nach § 1a Abs. 3 AsylbLG gewährt werden. § 1a Abs. 3 S. 1 AsylbLG besagt: „Leistungsberechtigte nach § 1 Absatz 1 Nummer 4 und 5 [...]" erhalten nur noch Leistungen nach § 1a AsylbLG.
>
> Da zunächst der Aufenthaltsstatus geklärt werden muss, muss also zuerst nach dem Aufenthaltsdokument gefragt werden. A legt daraufhin eine Aufenthaltsgestattung vor.
>
> Nach einem Blick in § 1 Abs. 1 AsylbLG wird klar, dass A unter die Nummer 1 fällt. Diese Nummer wird aber in § 1a Abs. 3 AsylbLG nicht benannt (dort sind nur die Nummern 4 und 5 angegeben). Mit der Aufenthaltsgestattung kann also für A § 1a Abs. 3 AsylbLG gar nicht greifen – der Bescheid ist damit offensichtlich falsch.

Wenn im Folgenden von „Nummern" die Rede ist, geht es jeweils um die Nummern des Katalogs des § 1 Abs. 1 AsylbLG.

I.1 Betroffene während des (Erst-)Asylverfahrens (Nummern 1 und 1a)

Wer sich im Asyl(erst)verfahren befindet, hat entweder eine Aufenthaltsgestattung oder einen Ankunftsnachweis, der rechtlich auch als Aufenthaltsgestattung gilt[17] (Nummer 1). Da es von der Äußerung des Asylgesuchs[18] bis zur Ausstellung eines Ankunftsnachweises einige Zeit dauern kann, aber auch für diese Zeit das menschenwürdige Existenzminimum gesichert sein muss, greift das AsylbLG auch für diesen Zeitraum (Nummer 1a).

Aus Nummer 1 ergibt sich gut verständlich, dass Inhaber:innen einer Aufenthaltsgestattung darunter fallen. Der Ankunftsnachweis ist hier mit umfasst, da er rechtlich als Aufenthaltsgestattung gilt.

Der Wortlaut von Nummer 1a ist dagegen nicht so leicht verständlich: „[...] ein Asylgesuch geäußert haben und nicht die in den Nummern 1, 2 bis 5 und 7 genannten Voraussetzungen erfüllen". Es muss also ein Asylgesuch geäußert worden sein – das führt aber zwingend zur Ausstellung eines Ankunftsnachweises[19], der ja eine Aufenthaltsgestattung darstellt. Dann greift doch aber Nummer 1?! In der Praxis kommt es aber immer wieder zu zeitlichen Lücken zwischen dem Asylgesuch und der Ausstellung des Ankunftsnachweises – Nummer 1a soll daher allein diesem praktischen Problem Rechnung tragen: Nummer 1a gilt für den kurzen Zeitraum zwischen Asylgesuch und Ausstellung des Ankunftsnachweises.

I.2 Betroffene mit Duldung (Nummern 4 und 7)

Die zweite große Gruppe der vom AsylbLG Betroffenen sind die Duldungsinhaber:innen.

Zentral ist hier die Nummer 4, wo von „Duldungen nach § 60a AufenthG" die Rede ist. Dabei treten in der Praxis gelegentlich Irritationen auf, wenn Duldungen bestehen, die sich auf andere Gesetzesnormen beziehen:

- § 60b AufenthG – „Duldung light" bei ungeklärter Identität,
- § 60c AufenthG – Ausbildungsduldung,
- § 60d AufenthG – Beschäftigungsduldung,
- § 72 Abs. 4 S. 1 AufenthG – Duldung bei anhängiger strafrechtlicher Anklage oder strafrechtlichem Ermittlungsverfahren,
- § 81 Abs. 3 S. 2 AufenthG – Duldung per Fiktionswirkung bei verspäteter Antragstellung zur Erteilung oder Verlängerung einer Aufenthaltserlaubnis,
- § 43 Abs. 3 AsylG – Duldung bei Asylantragstellung von Familienangehörigen.

All diese Duldungen sind aber im rechtlichen Sinne „Duldungen nach § 60a AufenthG". § 60a AufenthG regelt die generellen Voraussetzungen für jede Duldung: tatsächliche oder rechtliche Abschiebungshindernisse und dringende humanitäre oder persönliche Gründe oder erhebliche öffentliche Interessen. Wenn eine

---

17 § 55 Abs. 1 S. 1 AsylG
18 § 13 Abs. 1 AsylG
19 § 63a Abs. 1 S. 1 AsylG

dieser Voraussetzungen vorliegt, wird die Abschiebung ausgesetzt und eine Duldung ausgestellt – Duldung heißt nichts anderes als „Aussetzung der Abschiebung". Die zuvor benannten speziellen Normen konkretisieren lediglich die genannten generellen Voraussetzungen für die Duldung.

Beispiel: A hat eine Duldung, weil sein erst später eingereister minderjähriger Sohn einen Asylantrag gestellt hat (§ 43 Abs. 3 AsylG). Das Sozialamt erklärt ihm, er habe keinen Anspruch auf Leistungen nach dem AsylbLG, weil nur Duldungen nach § 60a AufenthG den Zugang zum AsylbLG eröffnen würden.

Der Widerspruch dagegen hat Erfolg, weil § 60a AufenthG unter anderem sagt, dass persönliche Gründe zur Aussetzung der Abschiebung (Duldung) führen. Hier ist der Umstand, dass der minderjährige Sohn von A eine Aufenthaltsgestattung hat und die Abschiebung von A eine Verletzung des Rechts auf Einheit der Familie darstellen würde, ein solcher persönlicher Grund. Dass dieser besondere Grund speziell in § 43 Abs. 3 AsylG geregelt ist, ändert nichts daran, dass eine Duldung nach § 60a AufenthG besteht.

Eine weitere Besonderheit, die in der Praxis zu Verwirrung führen kann, ist die Nummer 7. Von der Nummer 7 sind Betroffene erfasst, die einen Asylfolgeantrag oder einen Zweitantrag auf Asyl gestellt haben. Diese Betroffenen haben aber jeweils auch eine Duldung.[20] Für die Praxis bedeutet das, dass bei Vorlage einer Duldung immer auch gefragt werden muss, ob ein Asylfolgeantrag oder Zweitantrag gestellt wurde, denn dann greift Nummer 7 statt Nummer 4. Eigentlich greifen natürlich beide Nummern, aber Nummer 7 ist spezieller und verdrängt deshalb Nummer 4.

Beispiel: A hat eine Duldung und legt einen Bescheid vor, mit dem ihm nur Leistungen nach § 1a Abs. 3 AsylbLG bewilligt werden. § 1a Abs. 3 S. 1 AsylbLG besagt: „Leistungsberechtigte nach § 1 Absatz 1 Nummer 4 und 5 […]" erhalten nur noch Leistungen nach § 1a AsylbLG.

A legt den Bescheid Sozialarbeiterin S vor, die erst kürzlich mit ihm zusammen den Asylfolgeantrag geschrieben und abgeschickt hatte. Nach einem Blick ins Gesetz weiß S also, dass A unter Nummer 7 und nicht unter Nummer 4 fällt und der Bescheid schon deshalb offensichtlich falsch ist.

I.3 Betroffene, die (ohne Duldung) vollziehbar ausreisepflichtig sind (Nummer 5)

Wenn Ausländer:innen vollziehbar ausreisepflichtig sind, werden sie grundsätzlich abgeschoben. Wenn sie nicht abgeschoben werden können, dann wird die Abschiebung ausgesetzt, was bekanntlich bedeutet, dass eine Duldung zu erteilen ist. In der Regel haben also vollziehbar Ausreisepflichtige eine Duldung und fallen damit unter Nummer 4.

---

20 Für Asylfolgeantrag: § 71 Abs. 5 S. 2 AsylG; für Zweitantrag: § 71a Abs. 3 AsylG

Nur wenn keine Duldung (mehr) besteht, kommt Nummer 5 zur Anwendung. Folgende Konstellationen sind für vollziehbar Ausreisepflichtige beispielsweise denkbar:

- Betroffene, die „illegal" nach Deutschland eingereist sind, bis zur Stellung eines Asylgesuchs;
- Betroffene, die nach der Einreise kein Asylgesuch geäußert haben und auch kein Aufenthaltsrecht haben und für die keine Duldung erteilt wird (also die Abschiebung nicht ausgesetzt wird);
- Betroffene, deren Duldung erloschen ist;
- Betroffene in Abschiebungshaft.

In der Praxis werden für solche Betroffene oft „Fantasiebescheinigungen", wie Grenzübertrittsbescheinigungen oder Ähnliches ausgestellt. Über die Frage, ob und wann solche Bescheinigungen zulässig sind und wann sie eventuell materiell als Duldung anzusehen sind, kann viel geschrieben werden – hier ist aber allein entscheidend, wie die Ausländerbehörde entschieden hat.

> Beispiel: A Hat schon lange eine Duldung. Bei Vorsprache bei der Ausländerbehörde zur Duldungsverlängerung wird ihm nur eine Grenzübertrittsbescheinigung ausgestellt, die für 3 Monate gelten soll. Mangels Reisedokument kann A nach wie vor nicht abgeschoben werden.
>
> Materiell besteht hier eine Duldung, denn „Duldung" ist gleichzusetzen mit „Aussetzung der Abschiebung". Hier ist aber die Abschiebung erkennbar weiter ausgesetzt. Die Nichtverlängerung der Duldungsbescheinigung ist also rechtswidrig.
>
> Für das AsylbLG bleibt trotzdem die (rechtswidrige) Entscheidung der Ausländerbehörde maßgeblich. A unterfällt damit Nummer 5. Wenn A wieder unter Nummer 4 fallen möchte, kann das nur durch eine migrationsrechtliche Intervention gegen die Ausländerbehörde gelingen (Wiedererteilung der Duldung), aber nicht durch ein Vorgehen gegen das Sozialamt.

I.4 Betroffene mit bestimmten Aufenthaltserlaubnissen (Nummer 3)

Die Nummer 3 macht stutzig, da eigentlich gilt: Wer einen Aufenthaltstitel hat, der oder die hat es geschafft und der Zugang zu „normalen Sozialleistungen" steht offen. Aber der Gesetzgeber meint, einige Aufenthaltserlaubnisse würden keine soziale Integration in Deutschland rechtfertigen (vgl.: LSG Baden-Württemberg, Beschluss vom 8.1.2007 – L 12 AS 5604/06 ER-B, Rn. 19: niedrige Leistungen des AsylbLG sollen Zuzug nach Deutschland unattraktiv machen; kein Bedarf an sozialer Integration). Hintergrund dieser Auffassung des Gesetzgebers ist die Annahme, dass sich die Betroffenen nur vorübergehend in Deutschland aufhalten und daher kein Anlass bestünde, sie in das deutsche Sozialsystem zu integrieren.

Und so kommt es, dass Aufenthaltserlaubnisse

- nach § 23 Abs. 1 AufenthG (Aufenthalt aus besonderen politischen/humanitären Gründen) und
- nach § 25 Abs. 4 AufenthG (Aufenthalt aus dringenden humanitären oder persönlichen Gründen)

immer zur Anwendung des AsylbLG führen. Auch hier gilt: Die Aufenthaltserlaubnis ist entscheidend und es kommt nicht darauf an, ob eventuell Anspruch auf eine andere („bessere") Aufenthaltserlaubnis besteht. Das macht es in der Praxis einfach, da nach Vorlage der Aufenthaltserlaubnis die Frage nach der Anwendbarkeit des AsylbLG eindeutig beantwortet werden kann.

Kompliziert wird es oft mit Aufenthaltserlaubnissen nach § 25 Abs. 5 AufenthG. Auch diese sind im Katalog der Nummer 3 enthalten, aber mit einer wichtigen Einschränkung: Wenn die Aussetzung der Abschiebung schon länger als 18 Monate zurückliegt, dann besteht keine Anwendbarkeit des AsylbLG mehr. Dann ist der Zugang zum SGB II eröffnet.

> Beispiel: A ist mit seinem Asylverfahren gescheitert und hatte 15 Monate lang eine Duldung, bis ihr eine Aufenthaltserlaubnis nach § 25 Abs. 5 AufenthG ausgestellt wurde. Weitere 3 Monate später stellt sie einen Leistungsantrag beim Jobcenter, obwohl das Sozialamt keine Anstalten macht, die Leistungen nach AsylbLG einzustellen.

> Im Ablehnungsbescheid des Jobcenters heißt es: „Sie beziehen Leistungen nach AsylbLG und sind nach § 1 Abs. 1 Nr. 3 Bst. c) AsylbLG auch leistungsberechtigt nach AsylbLG."

> Der Widerspruch hat Erfolg, da die Aussetzung der Abschiebung schon länger als 18 Monate andauert (15 Monate Duldung + 3 Monate Aufenthaltserlaubnis). Dass das Sozialamt weiter Leistungen gewährt, ist unschädlich, da es bei dem Ausschluss vom SGB II[21] nicht auf den tatsächlichen Bezug von AsylbLG-Leistungen ankommt, sondern auf die Leistungsberechtigung.

> Erweiterung: A bekommt nun ein Kind und das Kind erhält auch eine Aufenthaltserlaubnis nach § 25 Abs. 5 AufenthG. Das Jobcenter lehnt Leistungen für das Kind ab, da es erst nach 18 Monaten Zugang zum SGB II habe.

> Auch hier wird der Widerspruch Erfolg haben, da § 1 Abs. 3 S. 2 AsylbLG die Situation eindeutig dahingehend klärt, dass minderjährige Kinder von Inhaber:innen einer Aufenthaltserlaubnis nach § 25 Abs. 5 AufenthG nicht der 18-Monate-Wartefrist unterfallen.

---

21 § 7 Abs. 1 S. 3 Nr. 3 SGB II

I.5 Regelung für Geflüchtete aus der Ukraine (Nummer 8)

Bis zum 31. Mai 2022 waren Aufenthaltserlaubnisse nach § 24 AufenthG (Aufenthalt zum vorübergehenden Schutz nach der sogenannten Massenzustrom-Richtlinie) noch Bestandteil von § 1 Abs. 1 Nr. 3 AsylbLG (→ siehe I.4). Seit dem 1. Juni 2022 gibt es nun die etwas kompliziert geratene Nummer 8[22] des § 1 Abs. 1 AsylbLG, die speziell für Geflüchtete aus der Ukraine eingeführt wurde. Folgende Betroffene fallen darunter:

■ Inhaber:innen einer Aufenthaltserlaubnis nach § 24 AufenthG, wenn die Aufenthaltserlaubnis nach dem 24. Februar 2022 und vor dem 1. Juni 2022 erteilt wurde;

■ Inhaber:innen einer Fiktionsbescheinigung, wenn diese aufgrund eines Antrags auf Erteilung einer Aufenthaltserlaubnis nach § 24 AufenthG nach dem 24. Februar 2022 und vor dem 1. Juni 2022 erteilt wurde.

Außerdem müssen zusätzlich folgende Voraussetzungen vorliegen:

■ Es ist noch keine erkennungsdienstliche Behandlung[23] durchgeführt worden, es sei denn, eine erkennungsdienstliche Behandlung[24] ist gar nicht vorgesehen;

■ Es wurden noch keine Daten im Ausländerzentralregister gespeichert.

Im Wesentlichen sollen diese Regelungen sicherstellen, dass die ganz große Masse der Geflüchteten aus der Ukraine ab dem 1. Juni 2022 in den Leistungsbereich des SGB II wechseln konnten (Hessisches LSG vom 2.11.2022 – L 4 SO 124/22 B ER).

Dem Gesetzgeber war es offenbar unangenehm, dass Geflüchtete aus der Ukraine im AsylbLG landeten. Ohne hier in zu politische Wertungen verfallen zu wollen, zeigt sich hier jedoch sehr deutlich der hochpolitische Charakter des AsylbLG. Pro Asyl hat sich dazu geäußert und im Ergebnis die Abschaffung des AsylbLG gefordert, um Doppelstandards zu vermeiden.[25]

I.6 Betroffene im Flughafenverfahren (Nummer 2)

Unter die Nummer 2 fallen Betroffene, die über einen Flughafen einreisen wollen und denen die Einreise nicht oder noch nicht gestattet ist. Der Anwendungsbereich ist also sehr eingeschränkt, sodass darauf mangels Praxisrelevanz hier nicht weiter eingegangen werden soll.

I.7 Ehegatten, Lebenspartner:innen oder minderjährige Kinder (Nummer 6)

Familienangehörige von Leistungsberechtigten nach den Nummern 1–5, die selbst keine dieser Nummern erfüllen, sollen auch Leistungen nach AsylbLG beziehen. Gemeint sind solche Familienangehörigen, die selbst keinen Asylantrag gestellt

---

22 Ergänzend ist die Übergangsregelung des § 18 AsylbLG zu beachten.
23 § 49 AufenthG oder § 16 AsylG
24 Hier ist nur § 49 AufenthG gemeint.
25 https://www.proasyl.de/news/oeffnung-des-sozialhilfesystems-fuer-ukrainische-gefluechtete-verdeutlicht-asylblg-abschaffen/ (zuletzt abgerufen am: 19.5.2022)

haben (Nummern 1, 1a greifen nicht) und die auch nicht vollziehbar ausreise-pflichtig sind (Nummer 5 scheidet aus), und die außerdem weder dem Flughafen-verfahren unterfallen (Nummer 2) oder eine Aufenthaltserlaubnis im Sinne der Nummer 3 haben oder die eine Duldung haben (Nummer 4).

Einschränkend gilt auf jeden Fall, dass nur ausländische Familienangehörige ge-meint sein können.

> Beispiel: A ist alleinerziehend mit ihrer Tochter B im Asylverfahren. B hat einen deutschen Vater und ist daher deutsch.

> B hat ohne Weiteres Zugang zu Leistungen nach SGB II[26] (Dollinger, in: Siefert 2020: § 1, Rn. 106), während A im Bezug nach AsylbLG bleibt.

Schließlich müssen die Familienangehörigen in einem gemeinsamen Haushalt zu-sammenleben.

II. Ende der Leistungsberechtigung – Rechtskreiswechsel

Seit dem 1. September 2019 heißt es: Die Leistungsberechtigung endet mit der Ausreise oder mit Ablauf des Monats, in dem die Leistungsvoraussetzung entfällt.

Im Regelfall geht es also um die Frage, wann das Asylverfahren erfolgreich beendet ist und die Aufenthaltsgestattung entfällt oder ab wann durch eine Auf-enthaltserlaubnis die Duldung und/oder die vollziehbare Ausreisepflicht entfällt (vgl. auch: Bundesagentur für- Arbeit, Fachliche Weisungen § 7 SGB II [Stand: 02.01.2020], Rn. 7.58).

II.1 Wegfall der Leistungsvoraussetzungen bei erfolgreichem Asylbescheid

Wann eine Aufenthaltsgestattung nach erfolgreichem Asylverfahren erlischt, kann durchaus schwierig zu beantworten sein.[27] Grundsätzlich erlischt die Aufenthalts-gestattung, wenn im Asylverfahren der Flüchtlingsstatus oder der subsidiäre Schutz anerkannt werden mit Erteilung des Asylbescheides.

> Beispiel: A erhält am 15. März den Asylbescheid mit der Flüchtlingsaner-kennung. Damit erlischt die Aufenthaltsgestattung. Die Leistungsvorausset-zung nach § 1 Abs. 1 Nr. 1 AsylbLG entfällt und die Leistungsberechtigung nach AsylbLG endet zum 31. März. Ab 1. April besteht Zugang zum SGB II.

II.2 Wegfall der Leistungsvoraussetzungen bei erfolgreicher Asylklage

Wenn der Asylbescheid zunächst negativ war und erst durch ein Gericht die Flüchtlingseigenschaft oder der subsidiäre Schutz anerkannt wird, dann erlischt die Aufenthaltsgestattung erst mit der Rechtskraft des Urteils. Legt also das Bundesamt für Migration und Flüchtlinge (BAMF) keine Rechtsmittel gegen das Urteil ein, dann tritt die Rechtskraft einen Monat nach Zustellung des Urteils ein.

---

26 §§ 7 Abs. 2 S. 1 SGB II analog
27 § 67 Abs. 1 S. 1 Nr. 6 AsylG

Wenn Rechtsmittel eingelegt werden, dann bleibt die Leistungsberechtigung nach AsylbLG so lange bestehen, bis das Rechtsmittelverfahren endgültig beendet ist. Es kommt also immer auf den Zeitpunkt an, ab dem die Gerichtsentscheidung nicht mehr anfechtbar ist.

> Beispiel: A erhielt zunächst einen ablehnenden Asylbescheid. Die Klage war erfolgreich. Am 15. März erhält A das Urteil mit der Anerkennung subsidiären Schutzes. Das BAMF legt keine Rechtsmittel ein, sodass das Urteil am 15. April rechtskräftig wird. Die Aufenthaltsgestattung erlischt also am 15. April und ab 1. Mai ist der Zugang zum SGB II eröffnet.

II.3 Wegfall der Leistungsvoraussetzungen bei „gespaltener Entscheidung"

Bei sogenannten „gespaltenen Entscheidungen" des BAMF[28] gilt die Aufenthaltsgestattung so lange weiter, bis über die Klage entschieden wurde. Die Leistungsvoraussetzungen bestehen also streng genommen fort. Es wird daher vertreten, dass trotz eines subsidiären Schutzes das AsylbLG maßgeblich für die Leistungen bleibt (Frerichs 2022: § 1 AsylbLG, Rn. 166). In der Praxis werden jedoch in dieser Konstellation zum 1. des Folgemonats nach der BAMF-Entscheidung Leistungen nach SGB II gewährt (Fachliche Hinweise der BA zu § 7 SGB II, Stand: 02.1.2020, 7.58f.).

> Beispiel: A erhält seinen Asylbescheid am 15. März mit der Anerkennung von subsidiärem Schutz. Er klagt gegen den Bescheid mit dem Ziel, die Flüchtlingsanerkennung durchzusetzen.
>
> Hier können sich Jurist:innen trefflich streiten, ob die Leistungsvoraussetzungen des AsylbLG bereits mit dem Asylbescheid entfallen sind, oder erst mit der Rechtskraft des Urteils über die Klage entfallen werden. Da aber die Bundesagentur für Arbeit die günstigste Auffassung vertritt, kann A ab 1. April Leistungen nach SGB II beziehen.

Wird gegen den Asylbescheid nicht geklagt, der subsidiäre Schutzstatus also als zutreffend akzeptiert, dann wird der Bescheid streng genommen einen Monat nach der Bekanntgabe bestandskräftig. Aber auch hier greift die zuvor beschriebene Praxis, dass von den Jobcentern der Asylbescheid als Wegfall der AsylbLG-Leistungsberechtigung angesehen wird.

Im Ergebnis klingt also bei „gespaltenen Entscheidungen" alles furchtbar kompliziert – letztendlich ist es aber ganz einfach: Mit Bekanntgabe des Asylbescheides entfallen die Leistungsvoraussetzungen des AsylbLG und zum 1. des Folgemonats besteht Zugang zum SGB II.

---

28 Beispielsweise: Eine Flüchtlingsanerkennung wird abgelehnt aber subsidiärer Schutz wird gewährt und der:die Betroffene führt ein Klageverfahren zur Durchsetzung der Flüchtlingseigenschaft.

II.4 Wegfall der Leistungsvoraussetzungen bei Anerkennung eines Abschiebungsverbotes

Wird im Asylverfahren nur ein Abschiebungsverbot anerkannt, so ist weder der Bescheid des BAMF noch dessen Bestandskraft noch eine Rechtskraft eines Urteils entscheidend – hier richtet sich der „Rechtskreiswechsel" nach dem Zeitpunkt der Erteilung der Aufenthaltserlaubnis nach § 25 Abs. 3 AufenthG.

II.5 Sonderregelung für Kinder mit Aufenthaltserlaubnis nach § 25 Abs. 5 AufenthG

Für minderjährige Kinder, die eine Aufenthaltserlaubnis nach § 25 Abs. 5 AufenthG besitzen und die mit ihren Eltern in einer Haushaltsgemeinschaft leben, endet die Leistungsberechtigung auch dann, wenn die Leistungsberechtigung eines Elternteils, der eine Aufenthaltserlaubnis nach § 25 Abs. 5 AufenthG besitzt, entfallen ist (§ 1 Abs. 3 S. 2 AsylbLG).

> Beispiel: Für A ist die Abschiebung schon weit mehr als 18 Monate ausgesetzt und sie hat eine Aufenthaltserlaubnis nach § 25 Abs. 5 AufenthG. Damit bezieht sie Leistungen nach SGB II. Nun wird ihr Kind B geboren und erhält ebenfalls eine Aufenthaltserlaubnis nach § 25 Abs. 5 AufenthG. Das Jobcenter verweigert Leistungen für B und verweist an das Sozialamt, da für B die Abschiebung noch nicht länger als 18 Monate ausgesetzt ist und daher § 1 Abs. 1 Nr. 3c AsylbLG greifen würde.

> Ein Widerspruch von B gegen die Leistungsablehnung des Jobcenters hat Erfolg, da § 1 Abs. 3 S. 2 AsylbLG eindeutig vorschreibt, dass die 18-Monats-Regel des § 1 Abs. 1 Nr. 3c AsylbLG bei Kindern nicht greift.

II.6 Wegfall der Leistungsvoraussetzungen durch Erteilung einer Aufenthaltserlaubnis

Wenn eine Aufenthaltserlaubnis erteilt wird, entfallen in der Regel die Leistungsvoraussetzungen, sodass unproblematisch zum 1. des Folgemonats der Zugang zum SGB II besteht. Natürlich ist zu beachten, dass die in § 1 Abs. 1 Nr. 3 AsylbLG enthaltenen Aufenthaltserlaubnisse keinen Weg aus dem AsylbLG heraus eröffnen.

II.7 Wegfall der Leistungsvoraussetzungen durch Ausreise

Schließlich endet gegebenenfalls die Leistungsberechtigung nach AsylbLG auch mit dem Tag der Ausreise.

Ausreise in diesem Sinne ist die Beendigung des Aufenthalts im Bundesgebiet. Eine kurze Auslandsreise (beispielsweise eine Klassenfahrt), soweit das überhaupt rechtlich möglich ist, beendet den Aufenthalt nicht und stellt damit auch keine Ausreise dar.

Wer ausgereist ist und zurückkehrt (egal, wie lange oder kurz die Abwesenheit war), fängt wieder mit Leistungen nach § 3 AsylbLG an. Ein Anknüpfen an einen früheren Bezug von Leistungen nach § 2 AsylbLG scheidet aus – alle Fristen fangen wieder von null an.

II.8 Geflüchtete aus der Ukraine

Seit dem 1. Juni 2022 gilt speziell für Geflüchtete aus der Ukraine der § 1 Abs. 3a AsylbLG. Es handelt sich um eine Ergänzung zur Regelung des § 1 Abs. 1 Nr. 8 AsylbLG (→ siehe I.5).

Alle Geflüchteten aus der Ukraine, die nicht bereits durch die Regelung des § 1 Abs. 1 Nr. 8 AsylbLG aus dem AsylbLG fallen und somit Zugang zum SGB II haben, erhalten hier eine weitere Chance, dem AsylbLG zu entkommen, wenn folgende Voraussetzungen vorliegen:

- Erkennungsdienstliche Behandlung[29] ist erfolgt, es sei denn, es ist gar keine erkennungsdienstliche Behandlung vorgesehen;
- Antrag auf Erteilung einer Aufenthaltserlaubnis nach § 24 AufenthG wurde gestellt;
- Es wurde eine entsprechende Fiktionsbescheinigung ausgestellt.

II.9 Antragserfordernis bei „Rechtskreiswechsel" zum SGB II

Beim Übergang zum SGB II ist zu beachten, dass Leistungen nach dem SGB II nur auf Antrag erbracht werden. Um einen nahtlosen Übergang zu gewährleisten, ist eine rechtzeitige Antragstellung also zwingend. Die Antragstellung wirkt auf den ersten Tag des Monats zurück, wenn der Antrag erst nach Ablauf der Leistungsberechtigung nach AsylbLG gestellt wird.

Irrelevant ist, ob das Sozialamt bereits die Leistungen nach AsylbLG eingestellt hat. Entscheidend ist, ob die Leistungsvoraussetzungen des AsylbLG entfallen sind, und nicht, ob das Sozialamt die AsylbLG-Leistungen bereits beendet hat.

> Beispiel: A erhält am 15. März seinen positiven Asylbescheid. Das Sozialamt gewährt weiter Leistungen nach AsylbLG. Erst Ende April erfährt A in einer Rechtsberatung, dass er schon Anspruch auf Leistungen nach SGB II hat. A stellt also am 30. April den Antrag beim Jobcenter. Das Jobcenter lehnt ab, weil noch Leistungen nach AsylbLG bezogen werden. A bezieht deswegen weiter AsylbLG-Leistungen.
>
> Der Widerspruch wird Erfolg haben, weil ein eindeutiger Anspruch auf SGB II-Leistungen ab dem 1. April besteht. Der Antrag vom 30. April wirkt auf den 1. April zurück, sodass auch der Antrag rechtzeitig gestellt wurde. A wird also ab dem 1. April Leistungen nach SGB II erhalten. Die bezogenen Leistungen nach AsylbLG werden natürlich angerechnet – die Verrechnung werden Sozialamt und Jobcenter untereinander klären.

---

29 § 49 AufenthG

Verzögert sich die Leistungsbewilligung durch das Jobcenter und kommt es deswegen zu einer Notsituation, ist an die Möglichkeit des Leistungsvorschusses nach § 42 SGB I zu denken.

II.10 „Rechtskreiswechsel" zum SGB XII

Die Weichenstellung, ob jemand Zugang zum SGB II oder zum SGB XII hat, richtet sich grundsätzlich danach, ob jemand erwerbsfähig ist oder nicht. Erwerbsfähige haben Zugang zum SGB II und Erwerbsunfähige zum SGB XII. Aber: Sozialrechtlich gelten alle Personen solange als erwerbsfähig, bis die Rentenversicherung das Gegenteil festgestellt hat. Allein die Rentenversicherung kann verbindlich feststellen, ob jemand erwerbsfähig oder -unfähig ist. Da die AsylbLG-Leistungsbeziehenden keinen Zugang zu irgendwelchen Feststellungen der Rentenversicherung haben, sind alle Betroffenen beim „Rechtskreiswechsel" stets als erwerbsfähig anzusehen. Gegebenenfalls hat das Jobcenter dann unverzüglich das Verfahren zur Feststellung der Erwerbsunfähigkeit[30] einzuleiten.

Ein „Rechtskreiswechsel" zum SGB XII kommt daher nur für Betroffene in Betracht, die die Regelaltersgrenze bereits überschritten haben.[31]

III. Unterbringung der Leistungsbeziehenden

Die Frage der Unterbringung ist für das AsylbLG relevant, da sich in einigen Fällen die Art der Leistungen danach richtet, wie jemand untergebracht ist. Hier ein paar Beispiele:

- § 3 Abs. 2 S. 1 und Abs. 3 S. 1 AsylbLG: ob überwiegend Geld- oder Sachleistungen gewährt werden, hängt davon ab, ob eine Unterbringung in einer Aufnahmeeinrichtung besteht oder nicht;
- § 3a Abs. 1 und 2, Nr. 2b und § 2 Abs. 1 S. 4 Nr. 1 AsylbLG: Alleinstehende und Alleinerziehende in Aufnahmeeinrichtungen oder Gemeinschaftsunterkünften erhalten geringere Leistungen, als Alleinstehende und Alleinerziehende in Wohnungen;
- § 5 Abs. 1 S. 1 AsylbLG: insbesondere in Aufnahmeeinrichtungen können Arbeitsgelegenheiten angeboten werden.

Daher lohnt es sich, kurz darzustellen, was unter den Begriffen Aufnahmeeinrichtung, Gemeinschaftsunterkunft und Wohnung zu verstehen ist.

III.1 Aufnahmeeinrichtung

Nach der Meldung als Asylsuchende werden die Betroffenen nach dem Königsteiner Schlüssel auf die Bundesländer verteilt. Im jeweiligen Bundesland erfolgt dann die Unterbringung in einer Aufnahmeeinrichtung. Die Bundesländer sind verpflichtet, solche Aufnahmeeinrichtungen zu errichten und zu betreiben.[32]

---

30 § 44a SGB II
31 § 19 Abs. 2 S. 1 iVm § 41 Abs. 2 SGB XII
32 § 44 AsylG

Es bestand bis zum 20.8.2019 die Pflicht, bis zu 6 Wochen und maximal bis zu 6 Monaten in einer Aufnahmeeinrichtung zu wohnen. Diese Regelung[33] wurde zum 21.8.2019 massiv verschärft. Nun gilt eine maximale Dauer von 18 Monaten als Verpflichtung, in einer Aufnahmeeinrichtung zu wohnen. Für minderjährige Kinder und ihre Eltern sowie volljährige unverheiratete Geschwister bleibt es jedoch bei den maximal 6 Monaten. Zudem gilt eine Ausnahme für folgende Personengruppen, die eine dauerhafte verpflichtende Unterbringung in der Aufnahmeeinrichtung vorsieht: a) Mitwirkungsverweigerung bzgl. bestimmter Pflichten im Asylverfahren; b) Täuschung über die Identität oder die Staatsangehörigkeit oder fortgesetzt falsche Angaben; c) Weigerung der Mitwirkung bei der Abschiebung.

Solange eine Verpflichtung besteht, in einer Aufnahmeeinrichtung zu wohnen, besteht grundsätzlich ein striktes Arbeitsverbot, von dem aber auch Ausnahmen vorgesehen sind.[34]

Die Bundesländer können auch besondere Aufnahmeeinrichtungen schaffen.[35] Solche Einrichtungen werden dann AnkER[36]-Zentren o.ä. genannt. Insbesondere, wenn besonders viele Menschen nach Deutschland kommen, um hier Schutz zu suchen, werden Notunterkünfte u.ä. geschaffen. Wenn im AsylbLG von „Aufnahmeeinrichtung" die Rede ist, dann sind all diese Unterkunftsarten damit gemeint.

Die Verpflichtung, in einer Aufnahmeeinrichtung zu wohnen, endet, sobald die Fristen aus § 47 AsylG enden. Darüber hinaus sieht § 48 AsylG auch weitere Möglichkeiten vor:

- die Betroffenen werden verpflichtet, woanders zu wohnen;
- die Betroffenen werden als Flüchtling anerkannt oder erhalten subsidiären Schutz;
- die Betroffenen heiraten und erlangen dadurch einen Rechtsanspruch auf eine Aufenthaltserlaubnis.

III.2 Gemeinschaftsunterkünfte

Wenn die Verpflichtung endet, in einer Aufnahmeeinrichtung zu wohnen, das Asylverfahren aber noch läuft oder eine Duldung besteht und keine eigene Wohnung zur Verfügung steht, dann erfolgt die landesinterne Verteilung auf die Gemeinschaftsunterkünfte.[37] Grundsätzlich ist die Unterbringung in einer Gemeinschaftsunterkunft verpflichtend. Hier gibt es aber die Möglichkeit, die Verpflichtung aus individuellen Gründen zu beenden. Beispielsweise für psychisch Kranke oder für Familien mit kleinen Kindern oder Schulkindern oder für Personen, die eine Ausbildung absolvieren, kann es unzumutbar sein, in einer Gemeinschaftsunterkunft wohnen zu müssen. Hier kommt es auf alle Umstände des Einzelfalls an.

---

33 § 47 AsylG
34 § 61 AsylG
35 § 5 Abs. 5 AsylG
36 AnkER steht für Ankunft, kommunale Verteilung, Entscheidung bzw. Rückführung.
37 § 53 AsylG

Außerdem endet die Verpflichtung zum Wohnen in einer Gemeinschaftsunterkunft, wenn das Asylverfahren erfolgreich war und eine andere Unterkunft nachgewiesen werden kann, die für die öffentliche Hand keine Mehrkosten verursacht.

> Beispiel: A hatte einen Asylantrag gestellt und wurde zunächst in einer Aufnahmeeinrichtung in Berlin untergebracht. Nach Ablauf von 18 Monaten wurde sie in eine Gemeinschaftsunterkunft in Berlin-Lichtenberg verteilt. Nun erging der Asylbescheid mit einer Flüchtlingsanerkennung. Wegen des sehr angespannten Wohnungsmarktes in Berlin kann A keine eigene Wohnung finden.

> Nach § 53 Abs. 2 AsylG ist A also nach wie vor verpflichtet, in der Gemeinschaftsunterkunft zu bleiben, da sie keine „anderweitige Unterkunft" nachweisen kann.

Die Bundesländer können auch Ausreisezentren[38] schaffen, wo „die Bereitschaft zur freiwilligen Ausreise gefördert" werden soll. Auch diese Ausreisezentren gelten rechtlich als Gemeinschaftsunterkünfte.

III.3 Wohnung

Der Wohnungsbegriff ist durchaus vielfältig. Der verfassungsrechtliche Wohnungsbegriff[39] umfasst beispielsweise alle Räume, die der allgemeinen Zugänglichkeit durch eine räumliche Abschottung entzogen sind und zur Stätte privaten Lebens und Wirkens gemacht wurden. Daher fallen auch die Räume in Aufnahmeeinrichtungen und Gemeinschaftsunterkünften unter diesen Wohnungsbegriff (beispielsweise: VGH Baden-Württemberg, Urteil vom 2.2.2022 – 12 S 4089/20).

Hier ist der sozialrechtliche Wohnungsbegriff maßgeblich[40]: „Wohnung ist die Zusammenfassung mehrerer Räume, die von anderen Wohnungen oder Wohnräumen baulich getrennt sind und die in ihrer Gesamtheit alle für die Führung eines Haushalts notwendigen Einrichtungen, Ausstattungen und Räumlichkeiten umfassen." Wer also nach außen abgeschlossene Räume bewohnt, die mindestens Wohnbereich, Küche, Bad umfassen, der oder die bewohnt eine Wohnung im sozialrechtlichen Sinn.

IV. Geld-, Sachleistungen und Gutscheine

IV.1 Bei Unterbringung in Aufnahmeeinrichtungen

a) Sachleistungen

Bei einer Unterbringung in Aufnahmeeinrichtungen sind zwingend folgende Bedarfe durch Sachleistungen zu erbringen: Ernährung, Unterkunft, Heizung, Kleidung, Gesundheitspflege und Gebrauchs- und Verbrauchsgüter des Haushalts (notwendiger Bedarf).[41]

---

38 § 61 Abs. 2 AufenthG
39 Art. 13 GG
40 § 42a Abs. 2 S. 2 SGB XII
41 § 3 Abs. 2 S. 1 iVm Abs. 1 S. 1 AsylbLG

Das heißt vor allem, dass es in Aufnahmeeinrichtungen keine Kochmöglichkeiten für die Betroffenen gibt, da das Essen und die Getränke ausschließlich von dem zuständigen Sozialleistungsträger gestellt werden. Hier muss vor allem beobachtet werden, ob mit dem angebotenen Essen tatsächlich der Bedarf an Ernährung gedeckt wird. Sollte das nicht der Fall sein, weil beispielsweise Vegetarier:innen kein adäquates Essensangebot erhalten oder weil einzelne Betroffene aus kulturellen, geschmacklichen oder anderen Gründen mit dem angebotenen Essen nichts anfangen können oder weil der groß gewachsene, pubertierende Jugendliche einfach nicht satt wird, dann muss das gerügt werden und sofortige Abhilfe verlangt werden. Im Notfall steht hier auch gerichtlicher Eil-Rechtsschutz zur Durchsetzung des Anspruchs auf zumutbares und ausreichendes Essen zur Verfügung.

Für die Bekleidung bedeutet das Sachleistungsprinzip, dass den Betroffenen Kleidung aus Kleiderkammern oder Ähnliches angeboten wird. Auch hier ist im Einzelfall darauf zu achten, dass der Bekleidungsbedarf adäquat gedeckt wird. Wenn keine adäquate Kleidung vorhanden ist, ist die Ausstattung mit ausreichender Bekleidung zu beantragen und notfalls auch gerichtlich durchzusetzen.

Zu den Gebrauchsgütern des Haushalts gehören elektrische Geräte (beispielsweise Waschmaschine) und Möbel usw., also alles, was üblicherweise zu einem Haushalt gehört. Verbrauchsgüter des Haushalts sind dagegen (wie der Name schon sagt) alle Güter, die verbraucht werden, also nicht mehrmals genutzt werden können (beispielsweise Wasser, Seife). Wenn also die Ausstattung der Unterkunft unzureichend ist, dann sind diese Bedarfe nicht gedeckt, wenn die Möbel defekt sind, dann ist der Bedarf nicht adäquat gedeckt und auch hier müssen solche Zustände gerügt werden und im Notfall müssen gerichtliche Schritte eingeleitet werden.

Die Bedarfe für Unterkunft, Heizung und Hausrat sowie für die Wohnungsinstandhaltung und Haushaltsenergie werden in Aufnahmeeinrichtungen ebenfalls regelmäßig durch Sachleistungen erbracht. Das bedeutet auch, dass ein Anspruch auf eine ausreichende Instandhaltung der Unterkunft besteht – ist eine Unterkunft nicht ordentlich instandgesetzt, ist dieser Bedarf nicht adäquat gedeckt und das sollte gerügt werden und bei Nichtabhilfe sollte ein gerichtlicher Eil-Rechtsschutz bemüht werden.

Darüber hinaus kann das Sozialamt auch die Bedarfe des notwendigen persönlichen Bedarfs durch Sachleistungen erbringen: Verkehr, Nachrichtenübermittlung, Freizeit, Unterhaltung, Kultur, andere Waren und Dienstleistungen.

Wenn der Bedarf für Verkehr durch Sachleistungen gedeckt wird, dann geschieht dies oft dadurch, dass die Aufenthaltsgestattung oder der Ankunftsnachweis als Ticket für den örtlichen ÖPNV gilt. Da die Betroffenen aber auch Reisen über den örtlichen ÖPNV hinaus machen dürfen, deckt der örtliche ÖPNV auf keinen Fall den gesamten Bedarf für Verkehr. Wenn also ein Sozialamt behauptet, den gesamten Bedarf für Verkehr durch Sachleistungen zu gewähren, so müssten sich Betroffene auch wegen Tickets für den Fernverkehr an das Sozialamt wenden können.

Theoretisch kann eine Unterkunft auch die Nachrichtenübermittlung durch Sachleistungen abdecken. Dafür müssten ausreichend internetfähige Computer und kostenfreie Telefone zur Verfügung gestellt werden.

Einige Unterkünfte versuchen auch, die Bedarfe für Freizeit, Unterhalt, Kultur durch Sachleistungen abzudecken, indem sie entsprechende Freizeit-, Unterhaltungs- und Kulturangebote in der Unterkunft machen. Wieder ist im Einzelfall zu prüfen, ob diese Angebote den Bedarf wirklich adäquat decken.

Zu den anderen Waren und Dienstleistungen gehören insbesondere: Uhren, Körperpflege-Dienstleistungen und Geräte zur Körperpflege, Toilettenpapier, Taschentücher, Hygieneartikel. Hier werden die Bedarfe meist zumindest zum Teil durch Sachleistungen erbracht – theoretisch kann eine Unterkunft auch hier versuchen, alle Bedarfe durch Sachleistungen zu decken, sodass den Betroffenen dann im Ergebnis kein Cent ausgezahlt würde. Und wieder ist im Einzelfall darauf zu achten, dass auch tatsächlich alle Bedarfe, die durch Sachleistungen gedeckt werden sollen, adäquat durch tatsächliche Sachleistungen gedeckt werden.

b) Geldleistungen

Als Geldleistungen werden hier nur die Bedarfe gedeckt, die nicht durch Sachleistungen gedeckt werden. Umgangssprachlich wird dieses Geld oft als „Taschengeld" bezeichnet. Da es also auf die Sachleistungen ankommt, ist es so wichtig, im Einzelfall genau hinzusehen, welche Bedarfe tatsächlich durch welche Sachleistungen adäquat gedeckt werden. Im Zweifelsfall ist zu verlangen, dass das Sozialamt im Bewilligungsbescheid genau bezeichnet, welche Bedarfe durch welche Sachleistungen gedeckt sein sollen, damit überhaupt eine Prüfung erfolgen kann.

c) Gutscheine

Wenn der Bedarf für Bekleidung nicht durch Sachleistungen gedeckt werden kann, dann können Gutscheine für Bekleidungsgeschäfte ausgegeben werden.[42] Gleiches gilt für alle Bedarfe des notwendigen persönlichen Bedarfs.[43]

Die Ausgabe von Gutscheinen erfordert immer eine Ermessensentscheidung der Behörde. Es muss also ein Bescheid ergehen, aus dem erkennbar wird, welche Erwägungen die Behörde angestellt hat und warum sie sich für Gutscheine statt Bargeld entschieden hat. Fehlt es an einer erkennbaren Ermessensentscheidung, ist die Gewährung von Gutscheinen statt Bargeld schon deshalb angreifbar.

Bei der Ermessensausübung sollte auch der diskriminierende Charakter von Gutscheinen bedacht werden. Wer mit einem Gutschein einkaufen gehen muss, wird zwangsläufig stigmatisiert. Zum einen wird offenbart, dass die Person im Asylverfahren ist, zum anderen dauert die Abrechnung von Gutscheinen an der Kasse oft deutlich länger als Bargeld- oder Kartenzahlung und es ist für die Kassierer:innen komplizierter, sodass sie nicht selten genervt reagieren. Nicht zu unterschätzen ist auch, dass Gutscheine im „normalen Sozialrecht" als Sanktion fungieren oder als

---

42 § 3 Abs. 2 S. 2 AsylbLG
43 § 3 Abs. 2 S. 5 AsylbLG

Hilfe für Alkohol- und Drogenabhängige, um keinen Alkohol oder Drogen kaufen zu können. Zu den ohnehin unbestreitbaren rassistischen Ressentiments kommen dann also an der Kasse weitere hinzu: Wer mit Gutscheinen bezahlen muss, wird sich wohl pflichtwidrig verhalten haben oder drogenabhängig sein.

IV.2 bei Unterbringung in Gemeinschaftsunterkunft

a) Geldleistungen

Anders als bei Aufnahmeeinrichtungen gilt hier der Vorrang der Geldleistungen.[44] Grundsätzlich sind also alle Bedarfe durch Geldleistungen zu decken, mit Ausnahme der unterkunftsbezogenen Bedarfe: Unterkunft, Heizung und Hausrat sowie für Wohnungsinstandhaltung und Haushaltsenergie.

b) Sachleistungen

Wie schon gesagt, die Bedarfe für Unterkunft, Heizung und Hausrat sowie für Wohnungsinstandhaltung und Haushaltsenergie werden auch in der Gemeinschaftsunterkunft (logischerweise) durch Sachleistungen gedeckt.

Ausnahmsweise können auch hier Bedarfe des notwendigen Bedarfs als Sachleistungen erbracht werden, „soweit es nach den Umständen erforderlich ist".[45] Die Erforderlichkeit und die Ermessenserwägungen sind im Bescheid detailliert darzulegen.

Und schließlich besteht auch die Möglichkeit, die Bedarfe des notwendigen persönlichen Bedarfs „soweit wie möglich" durch Sachleistungen zu decken.[46] Auch hier müssen die Ermessenserwägungen im Bescheid erkennbar werden.

c) Gutscheine

Eine Gewährung von Gutscheinen statt Bargeld kommt hier nur für Bedarfe des notwendigen Bedarfs in Betracht.[47] Wieder muss die Behörde im Bescheid ihre Ermessenserwägungen detailliert darlegen.

IV.3 Bei Unterbringung in Wohnung

Bei einer Wohnungsunterbringung kommen Sachleistungen für Unterkunft, Heizung und Hausrat sowie für Wohnungsinstandhaltung und Haushaltsenergie nicht mehr infrage.

Im Übrigen gelten die gleichen Regelungen, wie für die Gemeinschaftsunterkunft dargestellt.

---

44 § 3 Abs. 3 S. 1 AsylbLG
45 § 3 Abs. 3 S. 2 AsylbLG
46 § 3 Abs. 3 S. 6 AsylbLG
47 § 3 Abs. 3 S. 2 AsylbLG

V. Kenntnisgrundsatz statt Antragserfordernis

Im AsylbLG gilt der Kenntnisgrundsatz.[48] Es bedarf also keines Antrags, um ein Verfahren beim Sozialamt auszulösen – es genügt, dass der Träger der Sozialhilfe Kenntnis von der Hilfebedürftigkeit einer Person erlangt. In der Praxis wird natürlich in der Regel ein Antrag die Kenntnis auslösen. Wenn aber beispielsweise ein Landkreis Träger der Sozialhilfe ist und die Ausländerbehörde dieses Landkreises Kenntnis von der Anwesenheit und Hilfebedürftigkeit einer Ausländerin oder eines Ausländers erlangt, dann hat der Träger der Sozialhilfe ab diesem Zeitpunkt Kenntnis im Sinne des Gesetzes.

Erlangt ein anderer Leistungsträger oder eine andere Gemeinde Kenntnis von der Hilfebedürftigkeit einer Person, so sind diese Kenntnisse unverzüglich an das zuständige Sozialamt weiterzuleiten.

VI. (Teil-)Verzicht auf Leistungen

Im „normalen Sozialrecht" ist der Verzicht im § 46 SGB I geregelt. Da diese Norm für das AsylbLG nicht anwendbar ist und das Verwaltungsverfahrensgesetz (VwVfG) keine entsprechende Norm enthält, ist jedenfalls keine gesetzliche Grundlage für einen Verzicht erkennbar. Aufgrund des Kenntnisgrundsatzes kann der:die Hilfebedürftige auch nicht durch Antragsrücknahme oder Nichtantragstellung intervenieren.

Dennoch ist anerkannt, dass ein „materiell-rechtlicher Verzicht" grundsätzlich möglich ist. Es geht hier um die Frage, ob auf die Menschenwürde verzichtet werden kann. Bezüglich des menschenwürdigen Existenzminimums scheint dies jedoch möglich. Schließlich gilt vor allem im SGB II der Antragsgrundsatz und § 46 SGB I lässt den Verzicht auf Sozialleistungen ausdrücklich zu – der Gesetzgeber will also offensichtlich nicht jeden Hilfebedürftigen „zwingen", Leistungen zu beziehen. Einzige Einschränkung: Es kann nie auf bereits erbrachte Leistungen verzichtet werden – der Verzicht ist also immer nur in die Zukunft gerichtet.

Eine Verzichtserklärung muss eindeutig und absolut klar sein! Es darf kein Zweifel daran bestehen, dass die Erklärung in Kenntnis der Folgen dieser Erklärung in vollem Bewusstsein erfolgte. Im Zweifel ist aufzuklären, ob diese Voraussetzungen vorliegen. Insbesondere muss sicher sein, dass der:die Betroffene überhaupt konkret weiß, worauf verzichtet wird – gegebenenfalls muss also zunächst zu den tatsächlich bestehenden Ansprüchen beraten werden. Analog § 46 SGB I muss die Erklärung schriftlich erfolgen.

Der Verzicht kann ausschließlich für den:die Erklärende:n selbst gelten! Weitere volljährige Mitglieder der Haushaltsgemeinschaft müssen selbst eine Verzichtserklärung abgeben und für minderjährige Hilfebedürftige kann kein wirksamer Verzicht erklärt werden.

Die Erklärung eines Verzichts auf einen Teilanspruch ist grundsätzlich möglich, es muss sich aber um einen abgrenzbaren Teil handeln. Daher wäre es beispiels-

---

48   § 6b AsylbLG iVm § 18 SGB XII

weise denkbar, auf die Ansprüche aus §§ 3 und 6 AsylbLG zu verzichten, aber die Ansprüche aus § 4 AsylbLG geltend zu machen. Auch ein betragsmäßiger Verzicht wäre denkbar, beispielsweise: „Ich verzichte auf alle Zahlungsansprüche, die 400 EUR im Monat übersteigen."

Der Verzicht auf AsylbLG-Leistungen betrifft nur die einzelnen Auszahlungsansprüche, nicht aber das sogenannte Stammrecht. Das Stammrecht ist die Rechtsposition aus dem Anspruch auf Leistungen nach AsylbLG. Damit bleiben vor allem alle Ausschlusstatbestände in anderen Gesetzen wirksam, die Leistungen ausschließen, wenn die Leistungsvoraussetzungen des AsylbLG bestehen.

Der Verzicht kann jederzeit für die Zukunft widerrufen werden. Letztlich führt der Verzicht also zu einem Ruhen des Auszahlungsanspruchs und dieses Ruhen kann durch eine einseitige Erklärung beendet werden.

VII. Der Nachranggrundsatz

Der Nachranggrundsatz besagt, dass Leistungen nach AsylbLG nur dann geleistet werden, wenn die Bedarfe nicht irgendwie anders gedeckt sind. Im Gesetz findet sich dieser Grundsatz in § 8 Abs. 1 AsylbLG.

Hier ist vor allem die Verpflichtungserklärung nach § 68 Abs. 1 S. 1 AufenthG im Fokus. Besteht eine solche Verpflichtungserklärung und deckt der Verpflichtungsgeber tatsächlich die existenziellen Bedarfe, so sind Leistungen nach AsylbLG ausgeschlossen.

Falsch ist es aber – wie in der Praxis oft erlebt –, das bloße Bestehen einer Verpflichtungserklärung als Ausschlussgrund zu bewerten. Besteht zwar eine Verpflichtungserklärung, deckt der Verpflichtungsgeber aber (aus welchen Gründen auch immer) die Bedarfe nicht, so besteht ein Anspruch auf Leistungen nach AsylbLG. Es entsteht dann aber ein Erstattungsanspruch der Behörde gegen den Verpflichtungsgeber. Erst in diesem Verfahren geht es dann um die Gründe, warum der Verpflichtungsgeber nicht geleistet hat.

Oft müssen auch vermeintliche Unterhaltsansprüche gegen Familienangehörige herhalten, um einen Ausschluss von Leistungen nach dem AsylbLG zu begründen. Die Behörde behauptet also Unterhaltsansprüche und lehnt damit Leistungen ab. Auch hier gilt aber, dass Unterhaltsansprüche nur dann AsylbLG-Leistungen ausschließen, wenn sie tatsächlich erfüllt werden. Bei Grundleistungen im Rahmen des AsylbLG sind zudem nur Einkommen und Vermögen der Personen leistungsmindernd zu berücksichtigen, deren Einkommen und Vermögen auch im Sozialhilferecht zu berücksichtigen wären (BSG, Urteil vom 26.6.2013 – B 7 AY 6/11; LSG Berlin-Brandenburg vom 10.4.2018 – L 15 AY 5/18 B ER: Unterhaltspflichten erwachsener Kinder sind irrelevant).

Nur wenn tatsächlich Zahlungen von Dritten erfolgen oder Bedarfe auf sonstige Weise durch Dritte gedeckt werden, schließt diese tatsächliche Bedarfsdeckung die Leistungen nach AsylbLG (teilweise) aus.

1. Warum wurde für Geflüchtete aus der Ukraine zunächst das AsylbLG angewendet, bevor sie eine Aufenthaltserlaubnis nach § 24 AufenthG erlangt hatten?
2. Warum scheidet ein Rechtskreiswechsel vom AsylbLG ins SGB XII stets aus (wenn die Regelaltersgrenze der Rente noch nicht erreicht ist)?
3. Ist die dauerhafte Deckung des Bedarfs „Ernährung" durch Sachleistungen mit dem Grundrecht auf ein menschenwürdiges Existenzminimum vereinbar?

Antworten:

Zu 1.
Geflüchtete aus der Ukraine durften seit Kriegsbeginn (24.2.2022) legal nach Deutschland einreisen und sie waren vom Erfordernis eines Aufenthaltstitels befreit. Sie durften sich also legal ohne Aufenthaltstitel in Deutschland aufhalten (vgl. Ukraine-Aufenthalts-Übergangsverordnung). Sobald sie einen Antrag auf Erteilung einer Aufenthaltserlaubnis nach § 24 AufenthG gestellt haben, entstand eine Fiktionswirkung nach § 81 Abs. 3 S. 1 AufenthG (der Aufenthalt war dann wegen des laufenden Antragsverfahrens bis zur Aufenthaltserteilung legal), über die eine Fiktionsbescheinigung auszustellen war (§ 81 Abs. 5 AufenthG).
Für eine Anwendung des AsylbLG gab es eigentlich keinen Raum – erst wenn der Aufenthaltstitel nach § 24 AufenthG erteilt wurde, hätte § 1 Abs. 1 Nr. 3 a) AsylbLG gegriffen. Das hatte auch die Politik erkannt und fand es unangenehm, dass die Ukraine-Geflüchteten zunächst Zugang zum „normalen" Existenzminimum gehabt hätten und dann, wenn sie einen Aufenthaltstitel haben, ins AsylbLG abgestürzt wären.
Warum war für eine Anwendung des AsylbLG kein Raum:

- mangels Asylantrag bestand keine Aufenthaltsgestattung (§ 1 Abs. 1 Nr. 1 AsylbLG);
- ein Asylgesuch, also die Äußerung, man suche Schutz, gab es auch nicht, da der legale Aufenthalt ohne Aufenthaltstitel schon Schutz genug bot und weiterer Schutz von den Betroffenen auch ausdrücklich nicht gewünscht war (§ 1 Abs. 1 Nr. 1a AsylbLG);
- es gab auch keine nicht gestattete Einreise über einen Flughafen (§ 1 Abs. 1 Nr. 2 AufenthG) und es gab auch (noch) keine Aufenthaltserlaubnis aus dem Katalog des § 1 Abs. 1 Nr. 3 AsylbLG;
- schon gar nicht bestand eine Duldung (§ 1 Abs. 1 Nr. 4 AsylbLG), eine vollziehbare Ausreisepflicht (§ 1 Abs. 1 Nr. 5 AsylbLG), ein Asylfolge- oder -zweitantrag (§ 1 Abs. 1 Nr. 7 AsylbLG) und es lagen auch keine familiären Gründe für eine Einbeziehung ins AsylbLG vor (§ 1 Abs. 1 Nr. 6 AsylbLG).

Die Politik wollte aber unbedingt die Anwendbarkeit des AsylbLG erzwingen, sodass postuliert wurde: Jeder Antrag auf Sozialleistungen sei als Asylgesuch auszulegen. Ob dieses Konstrukt rechtmäßig war, darf bezweifelt werden – da sich aber alle Landesregierungen und Sozialämter daran beteiligt haben, wurden zunächst alle Ukraine-Geflüchteten ins AsylbLG gedrängt, das eigentlich nicht anwendbar war.

Immerhin wurde ab dem 1.6.2022 der Zugang zum SGB II/XII durch die Aussetzung von § 1a Abs. 1 Nr. 3a) AsylbLG eröffnet (vgl. § 74 SGB II/§ 146 SGB XII).

Zu 2.

Hier geht es um die Frage der Erwerbsfähigkeit. § 8 Abs. 1 SGB II besagt, dass Leistungen nach SGB II nur erhält, wer erwerbsfähig ist, und § 21 SGB XII besagt, dass Personen, die als Erwerbsfähige nach dem SGB II leistungsberechtigt sind, keine Leistungen nach SGB XII beziehen können. Erwerbsfähige gehören also ins SGB II und Erwerbsunfähige ins SGB XII.

Daher kommt oft die Frage auf, ob ein:e schwer kranke:r Geflüchtete:r, der:die offensichtlich nicht mehr arbeiten kann, nicht vom AsylbLG direkt ins SGB XII überführt werden muss.

Wichtig: Erwerbsfähig im Sinne von § 8 Abs. 1 SGB II ist man solange, bis die Deutsche Rentenversicherung (DRV) feststellt, dass man es nicht ist. Daher fordert das Jobcenter die Betroffenen in der Regel auf, einen Antrag bei der DRV auf eine Rente wegen Erwerbsminderung zu stellen. Wenn eine Rente wegen (voller) Erwerbsminderung (EM-Rente) bewilligt würde, wäre damit die fehlende Erwerbsfähigkeit festgestellt.

Geflüchtete haben aber regelmäßig nicht (ausreichend) in die DRV eingezahlt (mindestens 3 Jahre Rentenbeitragszahlung innerhalb der letzten 5 Jahre), um überhaupt einen Rentenanspruch haben zu können. Würde also ein:e Geflüchtete:r eine EM-Rente beantragen, würde die DRV diesen Antrag schon wegen der fehlenden versicherungsrechtlichen Voraussetzungen ablehnen und gar keine Prüfung der Erwerbsfähigkeit vornehmen.

Daher werden auch offensichtlich Erwerbsunfähige (die das Regelalter für die Rente noch nicht erreicht haben) stets vom AsylbLG ins SGB II übergeleitet. Das Jobcenter muss dann bei der DRV die Prüfung der Erwerbsfähigkeit beantragen. Das Verfahren dafür ist in § 44a SGB II geregelt.

Zu 3.

Diese Frage ist in der Praxis nahezu unbearbeitet, obwohl sie so zentral für die Betroffenen ist. Hier liegt also noch viel Potenzial für strategische Prozessführung[49].

Die Fragen, die hier diskutiert werden müssen, sind vor allem:

- Kann Ernährung durch Sachleistungen (in der Regel also abgepacktes Essen aus Großküchen) eine gesunde Vollkost gewährleisten, wenn berücksichtigt wird, dass für Hunderte oder gar Tausende Menschen identische Nahrung geliefert werden muss, die Menschen aber sehr unterschiedliche Ernährungsgewohnheiten (Religion, Herkunft, Kultur, Vegetarismus/Veganismus, krankheitsbedingte Diäten, Mehrbedarf in Wachstumsphase etc.) haben?

   Ein Unterkunftsbetreiber meinte mal: „Wenn wir eine arabische Großküche beauftragen, sind die Araber glücklich und die Asiaten beschweren sich – wenn wir eine deutsche Großküche beauftragen, beschweren sich alle – irgendjemand ist immer unzufrieden." Leider wird es ganz selbstverständlich hingenommen, dass eben nicht jede:r satt werden kann.

- Wie lange kann Ernährung durch Sachleistungen zumutbar sein?

---

49 Kurzerklärung zum Begriff: https://www.ecchr.eu/glossar/strategische-prozessfuehrung/ (zuletzt abgerufen am: 19.10.2022)

Das Gesetz sieht 18 Monate als die Regel vor, denn die Sachleistungen für Ernährung sind an die Unterbringung in einer Aufnahmeeinrichtung geknüpft. Kann es aber zumutbar sein, 18 Monate lang nicht das essen zu können, was man gerne möchte?

- Was ist mit dem Recht auf Selbstbestimmung, wenn gegessen werden muss, was vom Amt geliefert wird?

→ Teil II Grundbedarfsdeckung, III.3.b

Das Recht auf Selbstbestimmung besagt, dass jeder Mensch selbst bestimmen können muss, wie er oder sie leben möchte – jeder Mensch soll seine Angelegenheiten frei und ohne Einmischung gestalten können, solange dadurch nicht die Rechte anderer beeinträchtigt werden (Art. 2 Abs. 1 GG).

Die Vorgabe, was Menschen zu essen haben, ist also ein ganz erheblicher Eingriff in dieses Recht auf Selbstbestimmung. In den ersten Wochen/Monaten mag eine Rechtfertigung noch darin liegen, dass die Geflüchteten erst einmal ankommen müssen, und daher Sachleistungen tatsächlich sinnvoller sein können als Geldleistungen. Spätestens aber nach wenigen Wochen sind die Geflüchteten soweit angekommen, dass sie ohne Weiteres mit Geldleistungen und Kochmöglichkeiten besser klarkommen würden, als mit Fertigessen. Eine rechtlich tragfähige Rechtfertigung für diesen drastischen Eingriff in ein Menschenrecht ist sehr schwer zu konstruieren. Ohne Rechtfertigung handelt es sich aber um eine Menschenrechtsverletzung.

Zitierte Literatur:

Dollinger, Franz Wilhelm. In: Siefert, Asylbewerberleistungsgesetz, 2. Auflage, 2020, § 1.

Frerichs. Konrad In: Schlegel/Voelzke, juris-Praxiskommentar SGB XII, 3. Auflage, § 1 AsylbLG (Stand: 30.8.2022).

Vertiefende Literatur:

Born, Manuela: Europa- und verfassungsrechtliche Anforderungen an die Leistungen für Asylbewerber, 2014.

Gerlach, Stefan: Das AsylbLG – Ein Überblick zum aktuell geltenden Asylbewerberleistungsgesetz Teil 1, Die Sozialgerichtsbarkeit (SGb) 2018, S. 333–339.

González Méndez de Vigo, Nerea: Sozialleistungen für Kinder und Jugendliche in Flüchtlingsunterkünften und für unbegleitete Minderjährige, Recht der Jugend und des Bildungswesens (RdJB) 2021, S. 447–470.

Graser, Alexander/Helmrich, Christian: Strategic Litigation – Begriff und Praxis, 2019.

Spitzlei, Thomas: Grundstrukturen des Asylbewerberleistungsrechts, Neue Zeitschrift für Sozialrecht (NZS) 2022, S. 1–5.

Teil II – Die Grundbedarfsdeckung

Zusammenfassung

Die Grundbedarfe sind ein wichtiger Kernbestandteil des AsylbLG. Sie unterscheiden sich einerseits deutlich von den Regelbedarfen aus dem SGB II/XII, leiten sich aber andererseits überwiegend genau aus diesen Regelbedarfen ab. Dieser Abschnitt stellt dar, wie sich die Grundbedarfe herleiten, zusammensetzen und welche grundsätzlichen Fragen dieses spezielle Existenzsicherungssystem schafft.

I. Was ist der Grundbedarf?

§ 3 AsylbLG spricht von Grundleistungen, die den Grundbedarf decken sollen. Damit wird schon sprachlich ein Abweichen von dem Existenzsicherungssystem der SGB II/XII signalisiert und damit die Sonderstellung des AsylbLG im sozialen System der Sicherung des Existenzminimums ausgedrückt.

Das menschenwürdige Existenzminimum wird in Deutschland durch die Gewährung eines einheitlichen Regelsatzes für die typischen Bedarfe des Menschen gesichert. Hinzukommen die Kosten für Unterkunft und Heizung, die je nach Region extrem unterschiedlich hoch sein können und die Beiträge für die Krankenversicherung, die direkt an eine Krankenkasse gezahlt werden. In Einzelfällen können verschiedene Mehrbedarfe hinzutreten. § 3 AsylbLG setzt nun anstelle des Regelsatzes (→ siehe Einleitung, IV.1) und der Kosten der Unterkunft und Heizung (→ siehe Einleitung, IV.2) die Grundleistungen.

Im Unterschied zum Regelbedarf setzen sich die Grundleistungen nach §§ 3, 3a AsylbLG aus folgenden Bedarfsposten zusammen:

Notwendiger Bedarf (§ 3 Abs. 1 S. 1 AsylbLG)

- Ernährung,
- Kleidung,
- Gesundheitspflege,
- Gebrauchs- und Verbrauchsgüter des Haushalts.

Notwendiger persönlicher Bedarf (§ 3 Abs. 1 S. 2 AsylbLG)

- Verkehr,
- Nachrichtenübermittlung,
- Freizeit, Unterhaltung, Kultur,
- Beherbergungs- und Gaststättendienstleistungen,
- andere Waren und Dienstleistungen.

Gesondert zu gewährende Bedarfe nach § 3 Abs. 3 S. 3 AsylbLG

- Unterkunft,
- Heizung,

- Hausrat,
- Wohnungsinstandhaltung,
- Haushaltsenergie.

Die hier erfolgte Aufzählung von Einzelbedarfen zum notwendigen persönlichen Bedarf ergibt sich aus der Praxis und aus Gesetzgebungsmaterialien. Das Gesetz selbst definiert die Bedarfe des notwendigen persönlichen Bedarfs nicht. In § 3 Abs. 1 S. 2 AsylbLG wird der notwendige persönliche Bedarf als „persönliche Bedürfnisse des täglichen Lebens" definiert. Es bleibt damit unklar, welche Bedarfe nach dem Gesetz tatsächlich gemeint sein sollen, sodass die Regelung des notwendigen persönlichen Bedarfs schon als zu unbestimmt angesehen werden kann (Cantzler 2019: § 3 Rn. 39).

Werden die einzelnen Positionen des monatlichen notwendigen persönlichen Bedarfs genauer betrachtet, so ergibt sich folgendes Bild (Stand 2022):

Abteilung 7

Bedarfsposition	Betrag in EUR
Kauf oder Leasing von Fahrrädern	1,35
Zubehör, Einzel- und Ersatzteile für Fahrräder	1,66
Wartungen/Reparaturen	0,96
Fremde Verkehrsdienstleistungen	36,30
Summe der Einzelbedarfe	40,27

Herausgerechnet wurde ursprünglich der Einzelbedarf „Kauf oder Leasing von Fahrrädern", der aber (ohne Begründung) seit 1.1.2020 wieder aufgenommen wurde.

Abteilung 8

Bedarfsposition	Betrag in EUR
Kauf und Reparatur von Festnetz und Mobilfunktelefonen sowie anderen Kommunikationsgeräten	2,98
Brief- und Paketdienstleistungen, Gebühren und Entgelte	2,64
Kommunikationsdienstleistungen	34,54
Summe der Einzelbedarfe	40,16

Hier wurde kein Einzelbedarf herausgerechnet.

Abteilung 9

Bedarfsposition	Betrag in EUR
Tonempfangs-, -aufnahme- und -wiedergabegeräte	0,61
Bild-, Daten- und Tonträger (einschl. Downloads von Filmen, Musik, Fotos und entsprechenden Apps)	2,03
Spielwaren (auch Computer- und Onlinespiele, Downloads und Apps)	2,34
Sportartikel	1,48
Miete/Leihgebühren für Sport- und Campingartikel	0,17
Eintrittsgelder, Nutzungsentgelte beim Besuch von Sport- und Freizeitveranstaltungen bzw. -einrichtungen	5,56
Dienstleistungen von Fotografen, Fotolabors, Fotoservices u.ä.	0,56
Eintrittsgelder, Nutzungsentgelte beim Besuch von Kulturveranstaltungen bzw. -einrichtungen	5,03
sonstige Freizeit- und Kulturdienstleistungen	1,91
Bücher und Broschüren (einschließlich Downloads und Apps)	3,80
Miete/Leihgebühr für Bücher, Zeitschriften	0,82
Zeitungen und Zeitschriften, Landkarten und Globen (einschl. Downloads und Apps)	5,53
sonstige Gebrauchsgüter für Schule, Büro, Unterhaltung und Freizeit	2,60
sonstige Verbrauchsgüter (Schreibwaren, Zeichenmaterial i.A.)	2,85
Reparaturen von Geräten für Empfang, Aufnahme und Wiedergabe von Ton und Bild, von Foto- und Filmausrüstungen und von optischen und Datenverarbeitungsgeräten	0,23
Summe der Einzelbedarfe	35,52

Hier wurden folgende Einzelbedarfe herausgerechnet:

▪ Fernseh- und Videogeräte, TV-Antennen,

▪ Datenverarbeitungsgeräte sowie System- und Anwendungssoftware (einschl. Downloads und Apps),

- langlebige Gebrauchsgüter und Ausrüstungen für Sport, Camping und Erholung, Musikinstrumente,
- außerschulische Sport- und Musikunterrichte, Hobbykurse.

Die Abteilung 10 (Bildung) wurde vollständig herausgerechnet.

Abteilung 11

Bedarfsposition	Betrag in EUR
Speisen und Getränke in Restaurants, Cafés, Eisdielen, an Imbissständen und vom Lieferservice	10,22
Speisen und Getränke in Kantinen und Mensen	1,52
Summe der Einzelbedarfe	11,74

Hier wurde kein Einzelbedarf herausgerechnet.

Abteilung 12

Bedarfsposition	Betrag in EUR
Uhren (auch Reparaturen)	0,87
andere Dienstleistungen für die Körperpflege	3,08
Friseurdienstleistungen für Herren (Kosten einschl. Trinkgelder)	2,00
Friseurdienstleistungen für Damen (Kosten einschl. Trinkgelder)	6,13
elektrische Geräte für die Körperpflege (einschl. Reparaturen)	0,40
nichtelektrische Gebrauchsgüter für die Körperpflege	1,28
Toilettenpapier, Papiertaschentücher und ähnliche Hygieneartikel	4,86
Körperpflegemittel, Duft- und Schönheitserzeugnisse	9,62
Finanzdienstleistungen	2,56
Mitgliedsbeiträge für Vereine, Parteien u.ä.	4,73
Summe der Einzelbedarfe	35,53

Hier wurde folgender Einzelbedarf herausgerechnet:

- Anschaffung eines Personalausweises

Daraus ergibt sich der Zahlbetrag für den notwendigen persönlichen Bedarf (Stand 2022) in Höhe von (gerundet) monatlich 163 EUR (ab 1.1.2023:

182 EUR). Um dieses Ergebnis nachvollziehen zu können, müssen die jeweiligen Regelbedarfsstufen-Fortschreibungsverordnungen und die Gesetzesbegründung für die Änderungen zum 1.9.2019 (BT-Drs. 178/19, 18) gelesen werden, die wiederum auf diverse andere Drucksachen (BT-Drs. 19/10052, 21f.; BT-Drs. 18/9984, 42–50, 55–60, 65–69, 75–80; BT-Drs. 18/2592, 22; BT-Drs. 18/7538, 21ff.) Bezug nimmt. Insgesamt sind also umfassende Recherchen notwendig, die bereits ein fundiertes Wissen erfordern, um all die Daten und Informationen überhaupt richtig ein- und zuordnen zu können. Schließlich können ohne weitere Literatur keine sinnvollen Ergebnisse gefunden werden. Ein Gesetz, das von den Betroffenen verlangt, solche Recherchen anzustellen, um eine Vorstellung davon zu erhalten, was mit dem Begriff „notwendiger persönlicher Bedarf" konkret gemeint ist, ist zu unbestimmt – zumal sich das Gesetz an Personen richtet, die regelmäßig mangels Sprach- und Rechtskenntnissen keine Chance haben, die hier vollführten Ermittlungen auch nur ansatzweise nachzuvollziehen.

Der Vollständigkeit halber hier noch die Zusammensetzung des notwendigen Bedarfs (Stand: 2022):

Abtei-lung	Bedarfsposition	Betrag in EUR
1	Nahrungsmittel, Getränke und Tabakwaren	155,91
3	Bekleidung und Schuhe	37,28
6	Gesundheitspflege	10,34
Summe notwendiger Bedarf		203,53

Gerundet ergibt sich also ein Betrag von 204 EUR monatlich (ab 1.1.2023: 228 EUR), wobei hier bei dem Bedarf für Gesundheitspflege folgende Bedarfe aus dem Regelsatz herausgerechnet wurden (BT-Drs. 19/10052, 26; BT-Drs. 18/9984, 41), die anderweitig zu gewähren seien:

- pharmazeutische Erzeugnisse – für gesetzlich Krankenversicherte – mit Rezept (nur Eigenanteil/ Zuzahlung),
- andere medizinische Erzeugnisse – für gesetzlich Krankenversicherte – mit Rezept (nur Eigenanteil/Zuzahlung),
- therapeutische Mittel und Geräte (einschl. Eigenanteile).

Nachdem nun geklärt ist, was unter dem Grundbedarf konkret zu verstehen ist, ist es sinnvoll, die Entwicklung bis hierhin zu betrachten. Letztlich zeigt sich, dass der heutige Grundbedarf vor allem aus dem Bedürfnis resultiert, möglichst wenig Geld für Geflüchtete auszugeben und dabei die Vorgaben des Grundgesetzes und des Bundesverfassungsgerichts (BVerfG) nicht allzu offensichtlich zu verletzen.

II. Die Entwicklung des Grundbedarfs seit 1993

Die Einteilung der Grundleistungen in Leistungen für den notwendigen Bedarf und den notwendigen persönlichen Bedarf bestand im Wesentlichen bereits seit

1993. Es gab Veränderungen in der Zuteilung von Einzelbedarfspositionen. Das ursprüngliche AsylbLG konnte insbesondere die Orientierung an den Abteilungen aus § 5 RBEG noch nicht kennen.[50] Trotz dieser Verschiebungen von Bedarfs- und Leistungspositionen in der Entwicklung seit 1993 kann folgende Darstellung einen Eindruck von der Entwicklung der tatsächlichen Leistungsbeträge (jeweils für alleinstehende Erwachsene) liefern:

	Grundbedarf	Regelsatz
1.11.1993 – 31.12.2010	225,00 (440 DM)	252,58[1] bis 359,00 ([1] 494,00 DM)
1.1.2011 – 31.12.2011	336,00	364,00
1.1.2012 – 31.12.2012	345,00	374,00
1.1.2013 – 31.12.2013	354,00	382,00
1.1.2014 – 31.12.2014	362,00	391,00
1.1.2015 – 28.2.2015	370,00	399,00
1.3.2015 – 23.10.2015	352,00	399,00
24.10.2015 – 31.12.2015	359,00	399,00
1.1.2016 – 16.3.2016	364,00	404,00
17.3.2016 – 31.12.2016	354,00	404,00
1.1.2017 – 31.12.2017	354,00 (358,00*)	409,00
1.1.2018 – 31.12.2018	354,00 (364,00*)	416,00
1.1.2019 – 31.8.2019	354,00 (371,00*)	424,00
1.9.2019 – 31.12.2019	344,00	424,00
1.1.2020 – 31.12.2020	351,00	432,00
1.1.2021 – 31.12.2021	364,00	446,00
1.1.2022 – 31.12.2022	367,00	449,00
ab 1.1.2023	410,00	502,00

* Erklärung → II.5. (am Ende)
vom 1.1.2011 bis 28.2.2015 galt die vom BVerfG verfügte Übergangsregelung (→ siehe II.1)

---

50 Geltung erst ab 01.01.2005

II.1 Die Entscheidung des BVerfG vom 18.7.2012

Am 18.7.2012 erklärte das BVerfG die damalige Höhe der Grundleistungen nach § 3 AsylbLG für verfassungswidrig (BVerfG vom 18.7.2012 – 1 BvL 10/10, Rn. 102). Die Leistungen wurden als evident unzureichend und nicht realitätsgerecht begründbar eingestuft. Das BVerfG verpflichtete den Gesetzgeber, unverzüglich für den Anwendungsbereich des AsylbLG eine Neuregelung zur Sicherung des menschenwürdigen Existenzminimums zu treffen und ordnete bis zum Inkrafttreten einer Neuregelung eine Übergangsregelung ab dem 1. Januar 2011 an (BVerfG vom 18.7.2012 – 1 BvL 10/10, Rn. 102). Die Übergangsregelung orientierte sich im Wesentlichen an den Regelbedarfen nach dem SGB II/XII. Wäre diese Übergangsregelung fortgeschrieben worden, läge der Leistungssatz 2022 für Grundleistungen bei ca. 413 EUR monatlich für Alleinstehende. Das wären immerhin 46 EUR bzw. ca. 13 % mehr, als nach der gesetzlichen Regelung.

II.2 Die AsylbLG-Novelle zum 1.3.2015

Zum 1.3.2015 novellierte der Gesetzgeber das AsylbLG[51] mit dem Anspruch, die Vorgaben des BVerfG umzusetzen. Obwohl das BVerfG vorgegeben hatte, dass Leistungssenkungen unzulässig sind, wenn ein geringerer Bedarf nicht empirisch belegbare ist, gelang es dem Gesetzgeber, die Grundleistungen von 370 EUR monatlich (nach der Übergangsregelung des BVerfG) auf nur noch 352 EUR monatlich abzusenken.

Zumindest folgte der Gesetzgeber insoweit dem BVerfG, als er die Einkommens- und Verbrauchsstichprobe (EVS) 2013 und die Regelbedarfe des SGB XII als Maßstab für die Festsetzung der Grundleistungen heranzog (BT-Drs.. 18/2592, S. 20). Die weitere wichtige Vorgabe des BVerfG, dass der Gesetzgeber eine gesonderte Bedarfsermittlung durchzuführen habe, wenn er im AsylbLG Leistungen festsetzen will, die von den existenzsichernden Leistungen des SGB II/XII abweichen (BVerfG vom 18.07.2012 – 1 BvL 10/10, Rn. 69), ignorierte der Gesetzgeber aber. Stattdessen wurden die Regelbedarfe genommen und auf Einzelbedarfe abgeklopft, die für Leistungsberechtigte nach dem AsylbLG regelmäßig nicht anfallen. Dabei wurden folgende Bedarfe „herausgerechnet":

Abteilung 5 (Hausrat)

Dieser Bedarf wurde vollständig herausgerechnet, da die dort enthaltenen Bedarfe nach dem Konzept des AsylbLG gesondert erbracht würden.[52]

Abteilung 6 (Gesundheitspflege)

Hier blieben Teilbedarfe unberücksichtigt, weil diese Bedarfe in anderer Weise gesondert gedeckt würden.

---

51 Gesetz zur Änderung des Asylbewerberleistungsgesetzes und des Sozialgerichtsgesetzes, vom 18.12.2014 (BGBl I, 2187)
52 § 3 Abs. 3 S. 3 AsylbLG

Abteilung 12 (andere Waren und Dienstleistungen)

Hier wurde der Bedarf für die Beschaffung eines Personalausweises herausgerechnet, da dieser Bedarf unmöglich für Ausländer:innen entstehen kann (vgl. BT-Drs.. 18/2592, S. 21).

Diese Konstruktion des „Menschenwürdiges-Existenzminimum-Minus" wurde in der Folge fortgeführt – weitere herausgerechnete Bedarfe kamen hinzu (→ siehe I.)

II.3 Fortschreibungen der Leistungshöhe zum 24.10.2015 und zum 1.1.2016

Zum 24.10.2015[53] wurden die Grundleistungen fortgeschrieben, sodass alleinstehende Erwachsene 359 Euro Grundleistungen erhielten.

Zum 1.1.2016 wurden die Grundleistungen durch die jeweils zum 1. des Jahres erfolgende Fortschreibung angepasst[54], sodass die Leistungshöhe auf 364 EUR monatlich anstieg.

II.4 Weitere Leistungskürzung zum 17.3.2016

Mit Wirkung zum 17.3.2016 wurde der notwendige persönliche Bedarf für Alleinstehende um 10 Euro gekürzt. Gerechtfertigt wurde diese Kürzung mit der Herausrechnung folgender Einzelbedarfe:

Abteilung 9 (Freizeit, Unterhaltung und Kultur)

- Fernseh- und Videogeräte, TV-Antennen,
- Datenverarbeitungsgeräte und Software,
- langlebige Gebrauchsgüter und Ausrüstung für Kultur, Sport, Camping und Erholung,
- Reparaturen und Installation von langlebigen Gebrauchsgütern und Ausrüstung für Kultur, Sport, Camping und Erholung,
- außerschulischer Unterricht und Hobbykurse.

Abteilung 10 (Bildungswesen)

- Ausgaben für Gebühren und Kurse u.ä.

Der Gesetzgeber meinte, dass die Betroffenen ohnehin keine langfristigen Anschaffungen oder Ansparungen benötigen, da ihr Aufenthalt vorübergehend bzw. noch nicht verfestigt sei (BT-Drs.. 18/7538, S. 21). So galt also die gerade erst erfolgte Leistungsanpassung zum 1.1.2016 von 359 EUR auf 364 EUR ganze zweieinhalb Monate, da zum 17.3.2016 die „Korrektur" auf 354 EUR erfolgte.

Eine Leistungskürzung um 10 EUR – ausgehend von einer Leistungshöhe, die schon deutlich unterhalb des „normalen" menschenwürdigen Existenzminimums liegt – ist keine Bagatelle. Schon im „normalen Leistungsrecht" gilt ein Betrag von

---

53 Asylverfahrensbeschleunigungsgesetz vom 20.10.2015 (BGBl I 1722)
54 Bekanntmachung des Bundesministeriums für Arbeit und Soziales vom 26.10.2015 (BGBl I 1793)

10 EUR monatlich als bedeutend (vgl.: BSG, 1.7.2009 – B 4 AS 21/09 R). Im AsylbLG hat ein solcher Betrag damit eine sehr hohe Bedeutung.

II.5 Fehlende Leistungsanpassung für die Jahre 2017 bis 2019

Für die Jahre 2017, 2018 und 2019 wurde die Höhe der Regelbedarfe entgegen der nach § 3 Abs. 4 AsylbLG alte Fassung (aF) bestehenden Pflicht nicht angepasst, sodass die Abweichungen von den Sätzen des SGB XII weiter zunahmen. In der vorhergehenden Tabelle sind die Beträge, die sich aus einer gesetzmäßigen Anpassung ergeben würden, in Klammern angegeben.

Aus § 3a Abs. 4 und 5 AsylbLG (§ 3 Abs. 4 und 5 AsylbLG aF) ergibt sich im Wesentlichen, dass die Grundleistungen entsprechend der jährlichen Fortschreibung der Regelsätze für das SGB II/XII anzupassen sind. Eine ähnliche Regelung gab es auch schon seit 1993. Von 1993 bis 2012 ignorierte der Gesetzgeber[55] die frühere Regelung, sodass über 19 Jahre keine Anpassung erfolgte. Erst durch die Entscheidung des BVerfG im Jahr 2012 (BVerfG vom 18.7.2012 – 1 BvL 10/10) erfolgte eine Anpassung rückwirkend ab dem 1.1.2011. Die neue Regelung seit dem 1.3.2015 sieht jedoch nicht mehr vor, dass der Gesetzgeber aktiv eine Anpassung beschließen muss – vielmehr ist die Anpassung an die Fortschreibung der Regelsätze gebunden, sodass die Sozialleistungsbehörden die Anpassung von Amts wegen vorzunehmen haben. Die Sozialämter und die nach Landesrecht zuständigen Behörden für das AsylbLG haben diese Vorgabe aber schlicht ignoriert, auch weil es dazu keinerlei Dienstanweisungen oder Anwendungshinweise gibt. Nur wer gegen diese rechtswidrige Praxis vor den Sozialgerichten klagte, erhielt die ihm:ihr zustehende Leistungsanpassung (vgl.: Der Paritätische Gesamtverband 2019; SG Stade vom 13.11.2018 – S 19 AY 15/18; SG Bremen vom 20.3.2019 – S 39 AY 95/18 ER; LSG Nds.-Bremen vom 23.5.2019 – L 8 AY 49/18; SG Oldenburg vom 12.7.2019 – S 26 AY 18/19 ER; SG Düsseldorf vom 15.7.2019 – S 22 AY 23/19 ER; SG Dresden vom 2.8.2019 – S 20 AY 55/19 ER; SG Lüneburg vom 28.8.2019 – S 26 AY 12/19 ER; LSG Meck.-Pomm. vom 24.9.2019 – L 9 AY 3/19 B ER; a.A.: Hohm 2019: 68ff.; SG Chemnitz vom 5.7.2019 – S 21 AY 4/19 ER).

Die Erhöhung für *2017* musste nach der Regelbedarfsstufen-Fortschreibungsverordnung 2016 erfolgen und hätte *monatlich 358 EUR* Grundleistungen für eine:n alleinstehende:n Erwachsene:n bedeutet (Veränderungsrate: 1,24 %). Es war auf die Fortschreibungsverordnung 2016 zurückzugreifen, da es für das Jahr 2017 keine gesonderte Fortschreibungsverordnung gab.

Für das Jahr 2018 gab es eine Regelbedarfsstufen-Fortschreibungsverordnung mit einer Veränderungsrate von 1,63 %. Daher hätten für *2018* die Leistungen für Betroffene *364 EUR monatlich* betragen müssen.

Für das Jahr 2019 richtet sich die Fortschreibung der Grundleistungen nach der Regelbedarfsstufen-Fortschreibungsverordnung *2019*, sodass eine Erhöhung um 2,02 % zu erfolgen hatte. Daraus ergibt sich ein *monatlicher Betrag von 371 EUR*.

---

55 Regierungsbeteiligungen von 1993–2012: CDU/CSU, FDP, SPD, Grüne

II.6 Die Neufestsetzung seit dem 1.9.2019 im §§ 3, 3a AsylbLG

Seit dem 1.9.2019 gelten die §§ 3, 3a AsylbLG, die die Grundleistungen vollständig neu sortieren und teilweise auch echte Neuregelungen schaffen. Die Zusammensetzung des notwendigen Bedarfs und des notwendigen persönlichen Bedarfs wurde bereits dargestellt (→ siehe I.).

a) Neuregelung gesondert zu erbringender Bedarfe

Eine echte Neuregelung enthält § 3 Abs. 3 S. 3 AsylbLG. Bisher waren lediglich die Bedarfe für a) Unterkunft; b) Heizung; c) Hausrat gesondert zu erbringen. Nun wurden weitere Bedarfe aus den Grundleistungen herausgenommen: d) Wohnungsinstandhaltung; e) Haushaltsenergie.

Die Bedarfsdeckung muss sich seit der Neuregelung auf das notwendige und angemessene Maß beschränken. Was das genau bedeuten mag, ist nicht geklärt.

Die herausgerechneten Bedarfe werden, soweit notwendig und angemessen, gesondert als Geld- oder Sachleistung erbracht. Für Betroffene in Sammelunterkünften ändert sich dadurch wenig. Viele Behörden haben die Bedarfssätze für Wohnungsinstandsetzung und Haushaltsenergie stets in Abzug gebracht, da sie in den Kosten der Unterbringung enthalten sind. Ob die frühere Praxis und die jetzige gesetzliche Regelung zulässig bzw. verfassungskonform sind, ist noch offen.

Es ist in der Praxis darauf zu achten, dass insbesondere der Hausrat und die Haushaltsenergie tatsächlich im notwendigen Umfang erbracht werden und dass notwendige Instandhaltungsarbeiten auch regelmäßig durchgeführt werden, die Unterkunft also stets in einem guten Zustand ist.

Zum Hausrat gehören die Gebrauchs- und die Verbrauchsgüter des Haushalts (BT-Drs. 18/2592, 23). Da diese Bedarfe im notwendigen Bedarf enthalten sind (§ 3 Abs. 1 S. 1 AsylbLG), aber keine Berücksichtigung im Geldbetrag des § 3a Abs. 2 AsylbLG erfolgt, muss der Begriff „Hausrat" hier so verstanden werden, dass davon sämtliche Einzelbedarfe der Abteilung 5 erfasst sind:

- Möbel und Einrichtungsgegenstände,
- Teppiche und elastische Bodenbelage,
- Heimtextilien,
- Kühlschrank, Gefrierschrank und -truhe,
- Waschmaschinen, Wäschetrockner, Geschirrspül- und Bügelmaschinen,
- sonstige größere Haushaltsgeräte,
- kleine elektrische Haushaltsgeräte,
- Glaswaren, Geschirr und andere Haushaltsgegenstande,
- elektrische Werkzeuge (inkl. Reparaturen, Miete),
- andere (Gebrauchsgüter fürs Haus (Metallwaren, Elektroartikel),
- nichtelektrische Werkzeuge (inkl. Reparaturen, Miete),

- Verbrauchsgüter für die Haushaltsführung,
- Reparaturen an Haushaltsgeräten (einschl. Mieten).

Ebenfalls gesondert zu erbringen sind nun die Bedarfe der Abteilung 4 (Instandhaltung und Haushaltsenergie):

- Strom,
- Ausgaben für Instandhaltung und Schönheitsreparaturen – Material,
- Ausgaben für Instandhaltung und Schönheitsreparaturen – Handwerker.

Mit der Neuregelung der gesondert zu erbringenden Bedarfsdeckungen mutet der Gesetzgeber nicht nur den Leistungsbezieher:innen, sondern auch den Behörden einiges zu. Es bedeutet schließlich, dass die Leistungsbezieher:innen, die eine eigene Wohnung bewohnen, nun jede Rechnung für Hausrat, Wohnungsinstandhaltungen und Haushaltsenergie bei der Behörde einreichen müssen und diese jeweils eine Notwendigkeits- und Angemessenheitsprüfung durchzuführen hat, um dann die angemessenen Sätze individuell zu bescheiden.

Wer beispielsweise in einer Wohnung wohnt und dort Energie spart oder beispielsweise keine Schönheitsreparaturen zu leisten hat, der kann seine Einsparungen nicht mehr – wie vom Regelbedarfsmodell vorgesehen – für andere Bedarfe einsetzen. Da aber das Regelsatzmodell unter anderem nur deshalb für verfassungsmäßig angesehen wird, weil diese Einspareffekte aufgrund des Pauschalen-Modells genutzt werden können (BVerfG vom 5.11.2019 – 1 BvL 7/16, Rn. 190), ist diese Neuregelung ein Baustein für die Verfassungswidrigkeit des nun bestehenden Grundbedarfs-Modells.

Allerdings gewähren viele Sozialämter die im Regelsatz enthaltenen Pauschalen für die gesonderten Bedarfe nach § 3 Abs. 3 S. 3 AsylbLG ohne Notwendigkeits- und Angemessenheitsprüfung:

Wohnungsinstandhaltung und Haushaltsenergie	38,08 EUR
	(davon 36,49 EUR für Strom)
Hausrat (Abteilung 5)	27,39 EUR

Diese Praxis spart erhebliche Verwaltungskosten und ist deshalb nicht nur für die Betroffenen, sondern auch für die Ämter sinnvoll, wenn auch nicht ganz gesetzeskonform.

b) Neufestsetzung der Geldbeträge im § 3a AsylbLG

Einschneidende Veränderungen finden sich in § 3a AsylbLG. Es gelten folgende Geldbeträge zur Sicherung des Grundbedarfs:

	notw. pers. Bedarf in EUR		notw. Bedarf in EUR		gesamt in EUR	
	2022	2023	2022	2023	2022	2023
Abs. 1, 2 Nr. 1: Erwachsene in Wohnung / Jugendliche ohne mind. ein Elternteil in Wohnung	163	182	204	228	367	410
Abs. 1, 2 Nr. 2a: Erwachsene mit Partner in Wohnung	147	164	183	205	330	369
Abs. 1, 2 Nr. 2b: Erwachsene in Sammel-unterkunft	147	164	183	205	330	369
Abs. 1, 2 Nr. 3a: 18–24-Jährige, unverhei-ratete, mit mind. einem Elternteil in Woh-nung	131	146	163	182	294	328
Abs. 1, 2 Nr. 3b: Erwachsene in stationärer Einrichtung	131	146	163	182	294	328
Abs. 1, 2 Nr. 4: 15–17-Jährige	111	124	215	240	326	364
Abs. 1, 2 Nr. 5: 6–14-Jährige	109	122	174	182	283	304
Abs. 1, 2 Nr. 6: bis 5-Jährige	105	117	144	161	249	278

Nicht vergessen! Zusätzlich zu erbringen sind: Unterkunft, Heizung, Hausrat, Gebrauchs- und Verbrauchsgüter des Haushalts, Kosten der Wohnungsinstandhaltung, Haushaltsenergie (Strom), Warmwasser, Bildungs- und Teilhabeleistungen.

Die einzelnen Grundbedarfsstufen 1–6[56] sind überwiegend selbsterklärend. Zu den Grundbedarfsstufen 2b und 3a siehe II.6.c und d.

c) Absenkung des Grundbedarfs in Sammelunterkünften (Zwangsverpartnerung)

Zuvor wurde dargelegt, wie sich der Grundbedarf für alleinstehende Erwachsene[57] zusammensetzt. Bereits daraus zeigt sich, dass die Bedarfe stark zusammengestrichen wurden und keine Möglichkeiten mehr zum Ansparen bleiben – alle ausgezahlten Leistungen müssen letztlich für das Nötigste zum Leben ausgegeben werden.

Die große Mehrheit der alleinstehenden und alleinerziehenden Erwachsenen sind aber in von den Bundesländern betriebenen Aufnahmeeinrichtungen oder von den Kommunen betriebenen Gemeinschaftsunterkünften untergebracht. Und für diese

---

56   § 3a Abs. 1 und 2, Nr. 1–6 AsylbLG
57   Dazu zählen auch Alleinerziehende.

große Gruppe sieht das Gesetz nun eine weitere Leistungskürzung um pauschal 10 % vor. § 3a Abs. 1 und 2, Nr. 2b AsylbLG besagt, dass alle, die „nicht in einer Wohnung leben, weil sie in einer Aufnahmeeinrichtung oder in einer Gemeinschaftsunterkunft untergebracht sind", nur noch 90 % der Leistungen erhalten.

Im Ergebnis geht der Gesetzgeber davon aus, dass durch das Leben in einer Sammelunterkunft Einsparungen bei folgenden Bedarfen erzielt werden können:

- Ernährung,
- Nachrichtenübermittlung,
- Freizeit, Unterhaltung, Kultur.

Es wird aber ein Abzug von pauschal 10 % sowohl beim notwendigen Bedarf als auch beim notwendigen persönlichen Bedarf vorgenommen. Da aber nur bei drei Bedarfsabteilungen Einsparungen erwartet werden, werden in diesen drei Abteilungen im Ergebnis Einsparungen von mehr als 10 % erwartet. In Zahlen stellt sich das ungefähr so dar (Stand 2022):

	Betrag 100 % in EUR	„Einsparung" in EUR	Ergebnis in EUR
Notwendiger Bedarf			
Nahrungsmittel, Getränke und Tabakwaren	155,91	21,00	134,91
Bekleidung und Schuhe	37,28	---	37,28
Gesundheitspflege	10,34	---	10,34
Summe notwendiger Bedarf (gerundet)	204,00	21,00	183,00
Notwendiger persönlicher Bedarf			
Verkehr	40,27	---	40,27
Nachrichtenübermittlung	40,16	8,46	31,70
Freizeit, Unterhaltung, Kultur	35,52	7,54	27,98
Beherbergungs- und Gaststättendienstleistungen	11,74	---	11,74
andere Waren und Dienstleistungen	35,53	---	35,53
Summe notwendiger persönlicher Bedarf (gerundet)	163,00	16,00	147,00
Gesamt	367,00	37,00	330,00

Insbesondere für Ernährung ergibt sich somit ein täglich zugestandener Bedarf von 4,50 EUR. Jede:r möge sich selbst überprüfen, ob mit diesem Betrag eine menschenwürdige und gesunde Ernährung bewerkstelligt werden könnte.

Schon beim „normalen" Regelsatz wird seit Jahren eingewendet, dass eine gesunde Ernährung damit unmöglich ist. Eine Studie für das Bundesministerium für Ernährung und Landwirtschaft[58] stellt beispielsweise schon 2020 fest, dass der Regelsatz den Bedarf für eine vollwertige, gesunde Ernährung[59] um bis zu 44 % unterdeckt.

Selbst wenn zurückhaltend eine Unterdeckung von 40 % angenommen würde, wäre ein Regelbedarfsanteil für Ernährung von ca. 258 EUR monatlich erforderlich (Stand: 2022), um eine vollwertige, gesunde Ernährung zu sichern, wobei die starken Teuerungen aus 2022 noch nicht einmal berücksichtigt sind. Bewilligt werden hier aber insgesamt nur 330 EUR, sodass ganze 72 EUR für die übrigen Bedarfe verbleiben. Unabhängig von den konkreten Berechnungen wird jedenfalls klar: Alleinstehende und Alleinerziehende in Sammelunterkünften müssen zwangsläufig alle Geldleistungen für das bloße physische Überleben einsetzen. Das ist das Ergebnis der gesetzgeberischen Kürzungsakrobatik.

Die Begründung der neuen Regelbedarfsstufe dürfte wohl in den finanziellen Auswirkungen des Gesetzes zu finden sein. Denn eine Modellrechnung zu den Auswirkungen der Neuordnung der Bedarfsstufen und der Erhöhung der Leistungen hat ergeben, dass die Einsparungen durch die Neuordnung der Bedarfsstufen[60] eine Größenordnung von rund 40 Mio. Euro jährlich umfassen. Die Mehrausgaben durch die ohnehin verfassungsrechtlich und gesetzlich gebotene[61] Anpassung der Grundleistungen liegen ebenfalls in der Größenordnung von rund 40 Mio. Euro jährlich (BT-Drs. 19/10052, S. 15f.). Insbesondere durch die neue Grundbedarfsstufe für Alleinstehende in Sammelunterkünften soll also offenbar die Anpassung der Grundleistungen finanziert werden. Dabei ist zu bedenken, dass schon für die Zeit 2017 bis August 2019 gesetzeswidrig keine Fortschreibung der Leistungen erfolgte und so erhebliche (rechtswidrige) Einsparungen für die Staatskasse realisiert wurden.

Der Tatbestand der Norm

Aus dem Wortlaut des § 3a Abs. 1 und 2, Nr. 2b AsylbLG ergibt sich ein recht übersichtlicher Tatbestand:

- Leistungsempfänger:in ist erwachsen;
- Leistungsempfänger:in lebt nicht in einer Wohnung, weil

---

58 Wissenschaftlicher Beirat für Agrarpolitik, Ernährung und gesundheitlichen Verbraucherschutz beim BMEL, 2020; Politik für eine nachhaltigere Ernährung: Eine integrierte Ernährungspolitik entwickeln und faire Ernährungsumgebungen gestalten. Gutachten, Berlin, 104, Textbox 5.

59 Der Regelsatz hat den Anspruch, eine vollwertige, gesunde Ernährung zu sichern – vgl.: Sächsisches LSG vom 11.8.2016 – L 3 AS 10/12, Rn. 78.

60 Grundbedarfsstufe 2 anstelle von Grundbedarfsstufe 1 für Alleinstehende in Sammelunterkünften sowie die Änderungen bei den Bedarfsstufen für erwachsene Leistungsempfänger:innen ohne eigenen Haushalt.

61 § 3a Abs. 4 und 5 AsylbLG

- Unterbringung in einer Aufnahmeeinrichtung i.S.d. § 44 Abs. 1 AsylG;
- Unterbringung in einer Gemeinschaftsunterkunft i.S.d. § 53 Abs. 1 AsylG;
- nicht nur kurzfristige Unterbringung in einer vergleichbaren sonstigen Unterkunft.

Das Tatbestandsmerkmal der nur kurzfristigen Unterbringung in vergleichbaren Unterkünften betrifft im Wesentlichen die Unterbringung in Frauenhäusern oder Obdachlosenunterkünften. Die Einschränkung „nicht nur kurzfristig" bezieht sich dabei ausschließlich auf diese vergleichbaren Unterkünfte – nicht auf die Aufnahmeeinrichtungen oder Gemeinschaftsunterkünfte.

Aus der Gesetzesbegründung und der bisher ergangenen Rechtsprechung können weitere (ungeschriebene) Tatbestandsmerkmale gefordert werden:

- Aufenthalt in Deutschland ist kürzer als 18 Monate;
- Behörde hat nachgewiesen, dass tatsächlich gemeinsam gewirtschaftet wird und die vermuteten Einsparungen erzielt werden;
- Belehrung über Obliegenheit zur „Solidargemeinschaft" und zum gemeinsamen Wirtschaften, wie Ehegatten.

Die Gesetzesbegründung stellt ganz maßgeblich darauf ab, dass die pauschale Leistungskürzung um 10 % unter anderem deshalb unproblematisch sei, weil die Betroffenen erst kurz in Deutschland sind und sich in einer Übergangsphase befänden (BT-Drs. 19/10052, 24). § 2 Abs. 1 AsylbLG sieht diese Übergangsphase spätestens nach 18 Monaten als beendet an. Ganz streng genommen, müsste sogar an das Ende des Asylverfahrens angeknüpft werden, wenn dieses vor Ablauf der 18 Monate endet. Schließlich hebt die Gesetzesbegründung eindeutig auf das Asylverfahren als Grund für die unterstellte Solidarisierung ab. Jedenfalls lässt sich damit eine Begrenzung der Leistungskürzung auf 18 Monate ableiten.

Einige Gerichte – insbesondere das LSG Mecklenburg-Vorpommern (vom 10.6.2020 – L 9 AY 22/19 B ER) und das Bayerische LSG (vom 29.4.2021 – L 8 AY 122/20) verlangen, dass die Leistungskürzung nur greifen darf, wenn durch die Behörde bewiesen ist, dass der:die betroffene Leistungsberechtigte tatsächlich gemeinsam mit anderen wirtschaftet und dadurch Einsparungen erzielt (dazu ist eine Revision beim Bundessozialgericht [BSG] anhängig: B 8/7 AY 1/21). Das erscheint vor allem deshalb einsichtig, weil im Existenzsicherungsrecht allgemein anerkannt ist, dass es keine fiktiven Einkommens-, Vermögens- oder sonstige Anrechnungen geben darf (beispielsweise: BSG vom 29.11.2012 – B 14 AS 161/11 R).

Schließlich drängt sich auch die Forderung nach einer Belehrung auf. Wenn der Gesetzgeber von umfassenden (gesetzlich nicht geregelten) Obliegenheiten[62] ausgeht, die kein verständiger Mensch ernsthaft von den hier Betroffenen erwarten würde, dann muss verlangt werden, dass die Betroffenen umfassend über diese

---

62 Sich zu „Solidargemeinschaft" zusammenschließen; gemeinsames Küchenmanagement; gemeinsame Gestaltung von Freizeit, Unterhaltung, Kultur; Verzicht auf eigenes Mobilfunkgerät usw.

Obliegenheiten belehrt werden und dass ihnen konkret erklärt wird, wie sie Einsparungen erzielen können.

Vertretbar ist es sicher, solche ungeschriebenen Tatbestandsmerkmale zu verlangen. Es spricht aber auch viel dafür, dass angesichts des klaren Wortlauts der Norm und des eindeutigen Willens des Gesetzgebers eine Auslegung des Gesetzes in dieser Weise nicht möglich ist. Letztlich müssten diese ungeschriebenen Tatbestandsmerkmale schließlich durch die Rechtsprechung eingeführt werden. Gerichte dürfen sich aber nicht an die Stelle des Gesetzgebers setzen und Gesetze, die sie für „falsch" halten, in ihrem Sinne abändern. Das wäre eine unzulässige Rechtsfortbildung (näheres dazu: BVerfG vom 25.1.2011 – 1 BvR 918/10, Rn. 52; BSG vom 3.12.2015 – B 4 AS 55/15 R, Rn. 20; Flint 2016: 82).

Die vorgeschlagenen ungeschriebenen Tatbestandsmerkmale zeigen aber zumindest nochmals die Schwächen des Gesetzes. Sie liefern zumindest Argumente für die Begründung von Rechtsmitteln gegen die entsprechenden Leistungsbescheide. In einer mündlichen Verhandlung am 11.8.2022 deutete das BSG an, dass es die Norm für verfassungswidrig hält und damit nicht mehr für verfassungskonform auslegbar. Das würde bedeuten, dass die beschriebenen ungeschriebenen Tatbestandsmerkmale „nur" aufzeigen, dass die Norm nicht zu retten ist und vom BVerfG für nichtig erklärt werden muss. Leider kam es in dem vor dem BSG verhandelten Fall nicht zu einer Entscheidung (B 8/7 AY 1/21 R).

Die Gesetzesbegründung (BT-Drs. 19/10052, 23ff.) rechtfertigt das Konstrukt des Grundbedarfs 2b wie folgt:

> „Mit der Begrenzung des Leistungssatzes für diese Leistungsberechtigten auf das Niveau der Bedarfsstufe 2 (90 Prozent der Bedarfsstufe 1) wird dabei der besonderen Bedarfslage von Leistungsberechtigten in Sammelunterkünften Rechnung getragen. Denn es ist davon auszugehen, dass eine Gemeinschaftsunterbringung für die Bewohner solcher Unterkünfte Einspareffekte zur Folge hat, die denen in Paarhaushalten im Ergebnis vergleichbar sind.
>
> [...]
>
> Der in der Bedarfsstufe 2 für Paarhaushalte zum Ausdruck kommende Gedanke der Einsparungen durch gemeinsames Wirtschaften „aus einem Topf" (vgl. hierzu näher die Gesetzesbegründung zum RBEG, BT-Drs. 18/9984, S. 85 bis 86) lässt sich auf Leistungsberechtigte übertragen, die in Sammelunterkünften bestimmte Räumlichkeiten (Küche, Sanitär- und Aufenthaltsräume etc.) gemeinsam nutzen. Auch hier ermöglicht die gemeinschaftliche Nutzung von Wohnraum Synergieeffekte, da bestimmte haushaltsbezogene Aufwendungen nicht von jedem Leistungsberechtigten alleine zu tragen sind, sondern auf die Gemeinschaft der Bewohner aufgeteilt bzw. von ihnen gemeinsam getragen werden. Dies betrifft etwa die persönlichen Bedarfe an Mediennutzung, da Festnetz- oder Internetanschlüsse in Sammelunterkünften regelmäßig zur gemeinschaftlichen Nutzung bereitgestellt werden. Weitere Einsparungen ergeben sich unter den genannten

Voraussetzungen durch die Möglichkeit zur gemeinsamen Nutzung oder zum Austausch bei den Bedarfen an Freizeit, Unterhaltung und Kultur (Abteilung 9 der EVS 2013). Bei einer Unterbringung in Sammelunterkünften bestehen zudem Einspareffekte beim notwendigen Bedarf an Nahrung (Abteilung 1 der EVS 2013), etwa indem Lebensmittel oder zumindest der Küchengrundbedarf in größeren Mengen gemeinsam eingekauft und in den Gemeinschaftsküchen gemeinsam genutzt werden. Die sich hieraus für die erwachsenen Bewohner von Sammelunterkünften erzielbaren Ersparnisse sind mit den Einspareffekten in Paarhaushalten im Ergebnis vergleichbar. Das Absenken der Regelleistung aufgrund des gemeinsamen Wirtschaftens in häuslicher Gemeinschaft kann als Orientierung von Sozialleistungen an der Bedürftigkeit auch im Sinne des sozialen Rechtsstaats gerechtfertigt werden (BVerfG, Beschluss des Ersten Senats vom 27. Juli 2016 – 1 BvR 371/11 – juris, Rn. 53).

[...]

Ein Zusammenwirtschaften über die bloße Teilung von unterkunftsbezogenen Leistungen hinaus kann von den Leistungsberechtigten nach dem AsylbLG, die in Sammelunterkünften untergebracht sind, erwartet werden. Die Leistungsberechtigten befinden sich im Asylverfahren ungeachtet ihrer Herkunft in derselben Lebenssituation und bilden der Sache nach eine Schicksalsgemeinschaft. Ihr Aufenthaltsrecht in Deutschland ist noch nicht abschließend geklärt. Sie nehmen an Sprachkursen und Integrationsmaßnahmen teil und sind als neu Angekommene mit Fluchthintergrund in einer vergleichbaren Übergangssituation, die sie verbindet. Die während dieses überschaubaren Zeitraums gemeinsame Unterbringung mit anderen Leistungsempfängern unterstützt dabei die zügige Verfahrensdurchführung. In dieser zeitlichen und räumlichen Sondersituation haben sie die Obliegenheit, alle zumutbaren Anstrengungen zu unternehmen, um miteinander in der Sammelunterkunft auszukommen. Nicht wenige Leistungsberechtigte sind zudem als Familie in der Sammelunterkunft untergebracht, sodass die für Paarhaushalte ermittelten Einspareffekte bei ihnen ohnehin bestehen. Unterstützt wird dies auch dadurch, dass die Zugehörigkeit zu einer Volksgruppe in Sammelunterkünften, um Konflikte zu vermeiden, berücksichtigt werden soll. Sofern die in einer Sammelunterkunft untergebrachten Personen wegen auftretender Konflikte nicht mehr zumutbar zusammen wirtschaften können, ermöglicht die Sammelunterkunft Lösungen innerhalb des Hauses oder gemeinsam mit einer anderen Sammelunterkunft, ohne die grundsätzliche Möglichkeit von Einsparanstrengungen für alle Leistungsberechtigten in Frage zu stellen." (ebd.)

Hinsichtlich des spezifischen Bedarfs von alleinstehenden und alleinerziehenden Leistungsberechtigten in Sammelunterkünften hat der Gesetzgeber keinerlei Ermittlungen angestellt. Es wird einfach unterstellt, dass gemeinsam untergebrachte Personen wie Ehepartner gemeinsam wirtschaften würden. Die Annahmen, die dem zugrunde liegen, sind lebensfremd und fernliegend:

aa) Die Annahme, dass der Regelbedarfssatz 2 gem. § 8 Abs. 1 Nr. 2 RBEG auf Alleinstehende und Alleinerziehende in Sammelunterkünften übertragbar sei

Für Ehepartner, die gemeinsam in einer Wohnung wohnen, ist anerkannt, dass für beide der Regelbedarfssatz 2 gilt (jeweils 90 % des Regelbedarfssatzes für Alleinstehende).

Bei Ehepaaren mit SGB-II/XII-Bezug rechtfertigt sich diese Leistungskürzung, weil der Wohnraum gemeinsam genutzt wird, im Haushalt vorhandene Gebrauchsgüter gemeinsam angeschafft und genutzt werden sowie durch Kostenersparnisse beim gemeinsamen Einkauf von Verbrauchsgütern (BT-Drs. 18/9984, S. 85–86; BT-Drs. 17/14282, S. 25ff.). Nach dem BVerfG (BVerfG vom 23.7.2014 – 1 BvL 10/12, Rn. 100–101) muss ein gemeinsamer Haushalt von zwei Personen bestehen, bei denen zwingend davon ausgegangen werden darf, dass sie füreinander einstehen wollen und gemeinsam wirtschaften (Ehepartner und Lebenspartner). Weiter muss zumindest eine nachvollziehbare, auf statistischen Werten beruhende Begründung vorliegen, warum ein Abschlag von 10 % gerechtfertigt sein soll. Für Ehepaare im Leistungsbezug nach SGB II/XII ist das alles gegeben. Bei Alleinstehenden und Alleinerziehenden in Flüchtlingsunterkünften aber offensichtlich nicht.

Hier hat der Gesetzgeber zunächst vergessen, dass er die Geldbeträge zur Deckung des Bedarfs „Haushalt" (gesamte Abteilung 5) aus dem Grundbedarf herausgerechnet hat. Einsparungen bei der Anschaffung von Haushaltsgegenständen oder aufgrund des gemeinsamen Bewohnens einer Wohnung können unmöglich anfallen.

Es ist auch fernliegend, anzunehmen, dass Betroffene in Sammelunterkünften gemeinsam Verbrauchsgüter einkaufen, wie Ehepaare. Unter anderem der Deutsche Caritasverband (Caritas 2019) bezweifelt auf Grundlage seiner langjährigen Erfahrung in der Flüchtlingsarbeit, dass sich in Sammelunterkünften für die Bewohner Einspareffekte ergeben.

Von Ehepartnern, die in familiärer Gemeinschaft zusammenleben, kann zumutbar erwartet werden, dass sie „aus einem Topf" wirtschaften. Es existieren aber keine empirischen Grundlagen, die Einsparungen belegen würden, die mit der Unterbringung in einer Sammelunterkunft einhergingen. Es erscheint vielmehr fernliegend, dass fremde Menschen derart gemeinsam wirtschaften könnten, dass Einspareffekte entstünden. Die gesetzliche Vermutung ist schlicht nicht nachvollziehbar und offensichtlich von sachfremden Erwägungen geprägt. Die Annahme, dass bei Fremden, deren einzige Verbindung es ist, in der Anonymität von Massenunterkünften leben zu müssen, durch eine vermeintliche „Schicksalsgemeinschaft" eine Solidarisierung erfolge, aus der sich für die Bewohner finanzielle Synergieeffekte ergäben, wird der Realität in Flüchtlingsunterkünften nicht gerecht. Voraussetzung für ein gemeinsames Wirtschaften ist vielmehr ein gefestigtes gegenseitiges Vertrauen. Zwischen Fremden kann sich unter diesen Rahmenbedingungen kein solches Vertrauen entwickeln. Allein die Fluktuation in Flüchtlingsunterkünften verhindert üblicherweise den Aufbau eines solchen Näheverhältnisses. Dass Bewohner regelmäßig aus unterschiedlichen Herkunftsregionen und Kulturen stammen, woraus sich Verständigungsschwierigkeiten und zum Teil sogar Konflikte ergeben, steht als weiterer Faktor einem gemeinsamen Wirtschaften entgegen. Auch davon abgesehen finden sich in Sammelunterkünften extrem verschiedene Lebensentwürfe, die nicht im Sinne eines gemeinsamen Wirtschaftens kompatibel sind – vom „§ 1a Leistungen"-Beziehenden, über Studierende, Schüler:innen, Alg-II-Empfänger:innen, Selbstverdiener:innen etc.

Viele Gerichte folgen dieser Einschätzung. Hier wird beispielhaft verwiesen auf das SG Frankfurt (Oder) (vom 8.5.2020 – S 34 AY 19/20 ER):

> „So erscheint auch dem erkennenden Gericht die Annahme des Gesetzgebers (BT-Drs. 19/10052, S. 24), dass Ausländer, die auf diese Weise untergebracht sich in einer Schicksalsgemeinschaft befänden, aus der eine Solidarisierung erfolge, aus der sich für die Bewohner(innen) finanzielle Synergie-Effekte ergäben, nicht nur nicht empirisch belegt, sondern sogar fernliegend.
>
> [Wiedergabe der Gesetzesbegründung]
>
> Dies erscheint auch dem hiesigen Gericht nicht tragfähig, geht an der Lebenswirklichkeit vorbei und erscheint eher beseelt von dem Willen, Einsparungen zu erzielen. Alleine bei Familien oder Geschwistern, die zusammen untergebracht sind, käme dies wohl in Betracht, weil bei diesen wohl angenommen werden kann und darf, dass sie füreinander einstehen, und gemeinsam wirtschaften und haushalten wollen. Keinesfalls aber gilt dies bei alleinstehenden Erwachsenen – wie hier – aus den unterschiedlichen Ländern mit unterschiedlichen Kulturen und Sprachen. Die Bestimmung des sozio-kulturellen Existenzminimums wird hierdurch in einer Weise bestimmt, die nach Auffassung auch dieses Gerichts, den Gestaltungsspielraum des Gesetzgebers vermutlich überschritten hat und sich nicht an die verfassungsmäßigen Anforderungen gehalten hat."

Und das LSG Mecklenburg-Vorpommern (vom 10.6.2020 – L 9 AY 22/19 B ER):

> „Es bestehen erhebliche Bedenken, dass der Gesetzgeber die ihm vom Bundesverfassungsgericht aufgegebenen Vorgaben – vgl. Urteile vom 18. Juli 2012, 1 BvL 10/10, 1 BvL 2/11 – zutreffend umgesetzt hat. Danach ist der Gesetzgeber zu einer transparenten und bedarfsgerechten Bemessung der Leistungssätze und deren Fortschreibung verpflichtet. Die Leistungen zur Sicherung einer menschenwürdigen Existenz müssen in einem inhaltlich transparenten, sachgerechten Verfahren nach dem tatsächlichen und jeweils aktuellen Bedarf, d.h. realitätsgerecht bemessen, begründet werden können.
>
> Zwar ist dem Gesetzgeber dieses Anliegen ausweislich der ausführlichen Begründung des Dritten Gesetzes zur Änderung des Asylbewerberleistungsgesetzes (vgl. BT-Drs. 19/10052) durchaus bewusst gewesen, gleichwohl lässt die gesetzgeberische Begründung jegliche empirische Grundlagen zur Feststellung der tatsächlichen Bedarfe alleinstehender Erwachsener in Sammelunterkünften und ähnlichen Unterkünften vermissen. Der Gesetzgeber

stellt schlicht die Behauptung auf, der Gedanke des gemeinsamen Wirtschaftens aus „einem Topf" für Paarhaushalte könne auch auf Leistungsberechtigte übertragen werden, die lediglich bestimmte Räumlichkeiten in Sammelunterkünften (wie Küche, Sanitär- und Aufenthaltsräume) gemeinsam nutzen. Für die behaupteten konkreten Synergieeffekte fehlt jedoch jeder Nachweis. Die gemeinsame Beschaffung von Lebensmitteln oder Küchengrundbedarf, sowie gemeinsames Kochen werden vom Gesetzgeber pauschal unterstellt. [...] Auch dem Senat erscheint nicht nachvollziehbar, warum Fremde, oftmals aus unterschiedlichen Herkunftsregionen und Kulturkreisen, ähnlich wie Paare gemeinsam wirtschaften sollten. Hier mag sich auch jeder selbst der Nächste sein. Zu Recht weist die Prozessbevollmächtigte des Antragstellers auch darauf hin, dass völlig unklar ist, welche konkreten Leistungen die Mitbewohner überhaupt beziehen, ob sie zum Beispiel abgesenkte Leistungen nach § 3 Asylbewerberleistungsgesetz beziehen oder Anspruchseinschränkungen nach § 1a Asylbewerberleistungsgesetz hinnehmen müssen. Die Annahme von Synergie- und Einspareffekten erscheint jedenfalls spekulativ und ist ausweislich der gesetzgeberischen Begründung durch keinerlei Erhebung belegt."

Einige Gerichte nehmen zumindest während der Corona-Pandemie an, dass der ungekürzte Grundbedarf 1 zu gewähren ist. Es sei schließlich nicht zulässig, einerseits Abstandsregeln und Kontaktverbote vorzugeben und andererseits zu verlangen, dass Fremde, wie Ehepaartner gemeinsam wirtschaften und vor allem auch ihre Freizeit, Unterhaltung und Kultur gemeinsam gestalten (SG Bremen vom 16.12.2020 – S 39 AY 135/20 ER; SG Oldenburg vom 9.6.2020 – S 25 AY 21/20 ER; SG Aurich vom 5.6.2020 – S 23 AY 13/20 ER; SG Berlin vom 18.5.2020 – S 90 AY 57/20 ER; Armbrost/Goldmann 2020, 192ff.).

Viele Gerichte haben aber im Eilverfahren eine Erhöhung der Leistungen abgelehnt. Die Begründungen dafür waren ganz unterschiedlich: Einige Gerichte sagen, dass der Grundbedarf 2b zwar zweifelhaft sei, im Eilverfahren aber keine Fragen zur Verfassungsmäßigkeit einer Norm geklärt werden dürften (LSG Berlin-Brandenburg vom 29.5.2020 – L 15 AY 14/20 ER B; LSG Nds.-Bremen vom 9.7.2020 – L 8 AY 52/20 B ER; dazu kritisch: Werdermann 2020: 179ff.). Andere sehen nicht, warum eine Leistungsminderung um 10 % überhaupt eine eilbedürftige Frage sein soll (SG Berlin vom 13.3.2020 – S 212 AY 22/20 ER), schließlich seien doch bis zu 30 % Leistungskürzungen „verfassungsrechtlich nicht zu beanstanden" (SG Berlin vom 18.5.2020 – S 145 AY 51/20 ER mit Bezug auf: BVerfG vom 5.11.2019 – 1 BvL 7/16). Und wieder andere gehen soweit, dass Eilrechtsschutz für AsylbLG-Leistungsbezieher:innen generell weitgehend ausgeschlossen sei, da Leistungskürzungen bis auf das Niveau des § 1a AsylbLG zumindest vorübergehend hinzunehmen seien (SG Berlin vom 13.12.2019 – S 88 AY 182/19 ER).

Bei den Beschlüssen in Eilverfahren ist zu berücksichtigen, dass solche Entscheidungen immer nur vorläufigen Charakter haben. Daher wiegen Urteile und Gerichtsbescheide schwerer, da diese auf einer umfassenden und abschließenden rechtlichen Bewertung beruhen. Die ersten Urteile zum Grundbedarf 2b haben diese Konstruktion grundsätzlich für unzulässig erklärt (Bayerisches LSG vom 29.4.2021 – L 8 AY 122/20; SG Kassel vom 19.11.2020 – S 12 AY 56/20; SG Landshut vom 14.10.2020 – S 11 AY 39/20; a.a.: SG Heilbronn vom 13.4.2021 – S 2 AY 783/20: Berufung beim LSG Baden-Württemberg anhängig, L 7 AY 2093/21).

bb) Annahme, dass Sammelunterkünfte regelmäßig Festnetz- oder Internetanschlüsse zur Mediennutzung bereitstellen

Auch diese Annahme beruht auf reiner Spekulation und hat keine realitätsbezogene Grundlage. Viele Flüchtlingsunterkünfte bieten kein WLAN an oder das WLAN ist schwach oder instabil oder es funktioniert nur in einigen Gemeinschaftsräumen, nicht aber auf den Zimmern usw.

Vor allem aber muss im 21. Jahrhundert Menschen zugestanden werden, dass sie ein Mobilfunkgerät mit Internetzugang haben. Die Annahme, dass ein WLAN-Anschluss in der Unterkunft ausreicht, setzt schließlich vor allem voraus, dass das Mobilfunkgerät und ein Internetvertrag eingespart werden könnten. Das von Menschen zu verlangen, die in der Regel noch Familie und Freunde im Herkunftsland haben, mit denen sie Kontakt halten wollen, erscheint abermals lebensfremd.

cc) Annahme der gemeinsamen Nutzung oder des Austauschs bei den Bedarfen Freizeit, Unterhaltung und Kultur

Die Absenkung des Ansatzes für Freizeit, Unterhaltung und Kultur wird ernsthaft damit begründet, dass ausnahmslos alle Bewohner:innen einer Sammelunterkunft, die Leistungen nach § 3 AsylbLG beziehen, sich zusammentun und ihre Freizeit, Unterhaltung und Kultur gemeinsam kostensparend organisieren. Offenbar sollen Gruppentarife genutzt werden u.ä. Die Erfahrung aus der Praxis zeigt, dass Menschen, die nach überstandener Flucht in einer Unterkunft zusammen mit Fremden zugewiesen sind und die in der Regel unter dem Stress einer Sammelunterbringung leiden, keine Motivation haben, mit ihren fremden Mitbewohner:innen Freizeit, Unterhaltung und Kultur kostensparend zu organisieren.

dd) Annahme, dass durch den gemeinsamen Einkauf und Verbrauch größerer Mengen an Küchenbedarf und Lebensmitteln Einsparungen erzielt werden

Erwartet wird, dass sich ausnahmslos alle Bewohner:innen einer Sammelunterkunft, die Leistungen nach § 3 AsylbLG beziehen, zusammentun und eine Logistik entwickeln, wie gemeinsam eingekauft wird und wie das gemeinsam gekaufte gemeinsam verbraucht wird – ohne eine gemeinsame Haushaltskasse wird es dabei kaum funktionieren. Unklar bleibt, ob sich stets zwei „Partner:innen" zusammentun sollen oder die gesamte Unterkunft oder jeweils ein Flur oder alle, die eine gemeinsame Sprache sprechen... Es wäre eine Logistik erforderlich, die in der Praxis niemand leisten kann. Langjährige Praktiker:innen (Sachverständige und Verbände) haben zahlreiche Stellungnahmen dazu abgegeben. Keine dieser Stellungnahmen bestätigt, dass der Gesetzgeber die tatsächlichen Verhältnisse zutreffend beurteilt (Frerichs 2021: § 3a Rn. 42).

Schließlich sieht das BSG in Gemeinschaftskassen und gemeinsamen Einkäufen in einer üblichen Wohngemeinschaft keinen Grund, von relevanten Einspareffekten auszugehen (BSG vom 23.8.2012 – B 4 AS 34/12 R). Dann kann das erst recht nicht für Geflüchtete in Unterkünften gelten, wo sie mit Fremden zusammenleben.

ee) Annahme der Schicksalsgemeinschaft

In der Gesetzesbegründung heißt es: „Die Leistungsberechtigten befinden sich im Asylverfahren ungeachtet ihrer Herkunft in derselben Lebenssituation und bilden der Sache nach eine Schicksalsgemeinschaft." Schon § 1 Abs. 1 AsylbLG zeigt, dass sich eben nicht alle Betroffenen im Asylverfahren befinden – es gibt Geduldete und sogar Betroffene mit Aufenthaltstiteln. Die einzige Gemeinsamkeit besteht in der Unterbringung in einer Sammelunterkunft. Ein homosexueller Flüchtling aus Pakistan und ein homophober Dissident aus Venezuela werden sich vielleicht nicht gerade als „Schicksalsgenossen" betrachten.

ff) Annahme, dass Unterkünfte gemeinsames Wirtschaften ermöglichen

Hier heißt es in der Gesetzesbegründung: „Sofern die in einer Sammelunterkunft untergebrachten Personen wegen auftretender Konflikte nicht mehr zumutbar zusammen wirtschaften können, ermöglicht die Sammelunterkunft Lösungen innerhalb des Hauses oder gemeinsam mit einer anderen Sammelunterkunft, ohne die grundsätzliche Möglichkeit von Einsparanstrengungen für alle Leistungsberechtigten in Frage zu stellen."

Aufnahmeeinrichtungen stehen in der Verantwortung der Bundesländer, Gemeinschaftsunterkünfte stehen in der Verantwortung der Kommunen, Betreiber der Unterkünfte sind oft private Träger. Wem also will der Bund hier Anweisungen geben? In keiner Sammelunterkunft ist es Teil des Aufgabenumfangs, das gemeinsame Wirtschaften der Bewohner:innen zu ermöglichen. Dazu würde im Ergebnis gehören:

- Gruppen mit gleichem Einkommen ermitteln (Bezieher:innen von § 1a; § 2 oder § 3 AsylbLG Leistungen, Bezieher:innen von SGB II/XII Leistungen, Erwerbstätige mit eigenem Einkommen);
- Gruppen bilden, die grundsätzlich gemeinsam wirtschaften könnten wie Ehepaare, unter Beachtung von Sprache, Kultur, Religion, Ernährungsgewohnheiten, (psychische) Krankheiten etc.;
- Die Befähigen der Gruppen zum sparsamen gemeinsamen Wirtschaften bzgl. Ernährung, Mediennutzung, Freizeit, Unterthaltung, Kultur;
- Die Möglichkeit der entsprechenden Haushaltskassen gewährleisten – Einrichtung, Kontrolle, Verwaltung der Haushaltskassen;
- Den „solidarischen Verbrauch" der gemeinsam angeschaften Verbrauchsgüter überwachen;
- Die Koordination mit anderen Unterkünften, falls nicht alle Bewohner:innen in entsprechenden Gruppen untergebracht werden können und das Schaffen gemeinsamer Lösungen.

Dieser Aufgabenkatalog wäre die Konsequenz aus der Annahme des Gesetzgebers. Dass dieser Katalog aber ebenso lebensfremd und absurd ist, wie die anderen Annahmen, ist greifbar.

gg) Annahme einer Obliegenheit zum gemeinsamen sparsamen Wirtschaften

Im Gesetz ist keine Obliegenheit geregelt. Die Sozialämter informieren die Betroffenen ebenfalls nicht, dass eine solche Obliegenheit bestehen soll. Die Leistungskürzung um 10 % basiert aber ganz wesentlich darauf, dass die Betroffenen verpflichtet seien, durch gemeinsames Wirtschaften Einsparungen von pauschal 10 % zu erzielen. Für diejenigen, die dieser Obliegenheit nicht nachkommen (also nahezu 100 % der Betroffenen), wirkt die Leistungskürzung als Sanktion wegen der Verletzung der Obliegenheit.

Wenn aber eine Sanktion verhängt werden soll, müssen die Betroffenen zunächst einmal wissen, was eigentlich genau von ihnen erwartet wird. Die Behörden haben also zu informieren und auch zu den Rechtsfolgen zu belehren und vor allem auch Zeit einzuräumen, damit das gemeinsame sparsame Wirtschaften organisiert werden kann.

Solche Obliegenheiten, an die auch Leistungskürzungen anknüpfen, sind durchaus bekannt. Beispielsweise ergibt sich aus § 35 Abs. 2 S. 2 SGB XII ein Verfahren zur Absenkung der Leistungen für Unterkunft und Heizung, wenn Betroffene pflichtwidrig ihre unangemessenen Kosten nicht absenken. Dort muss die Behörde aber ein sehr strenges Verfahren einhalten und vor allem die Betroffenen sehr konkret informieren, was von ihnen verlangt wird und dazu muss auch eine Frist (in der Regel 6 Monate) gesetzt werden. All das gilt schon, wenn die Obliegenheit klar im Gesetz geregelt ist.

Wenn also die Annahme einer gesetzlich nicht geregelten Obliegenheit überhaupt in Betracht kommen soll, muss die Behörde auch hier ein sehr strenges Verfahren einhalten:

- Die Leistungsbehörde hat die Leistungsbeziehenden über ihre konkreten Obliegenheiten zu belehren – es sind dabei Verhaltensweisen aufzuzeigen, mit denen die behaupteten Einsparmöglichkeiten realisiert werden können;
- Die Leistungsbehörde hat eine angemessene Frist zur Umsetzung der geforderten Verhaltensweisen einzuräumen;
- Ist die Frist verstrichen, so hat die Leistungsbehörde zu prüfen,
  - ob die Obliegenheit umgesetzt wurde und
  - ob dadurch tatsächlich Einsparungen in Höhe von 10 % des Grundbedarfssatzes 1 erzielt wurden (ähnlich: Bayerisches LSG vom 29.4.2021 – L 8 AY 122/20, Rn. 50);
- Wird ein Verstoß gegen die Obliegenheit festgestellt, hat die Leistungsbehörde zu prüfen,
  - ob bei einer Befolgung der Obliegenheit tatsächlich Einsparungen in Höhe von 10 % der Grundbedarfsstufe 1 erzielt werden könnten,

– ob die Befolgung der Obliegenheit ganz oder teilweise aus persönlichen oder sonstigen wichtigen Gründen unmöglich oder unzumutbar ist.

Erst wenn dieses Verfahren ergeben würde, dass Leistungsbeziehende rechtsmissbräuchlich die Befolgung einer zumutbaren Obliegenheit verweigern und dadurch eine mögliche und zumutbare Absenkung der Hilfebedürftigkeit vereitelt wird, wäre eine Leistungsabsenkung im Sinne des Grundbedarfs 2b denkbar.

d) Einführung eines Grundbedarfssatzes für junge Erwachsene im Haushalt der Eltern

Es geht hier um § 3a Abs. 1 und 2, Nr. 3a AsylbLG. Betroffen sind erwachsene, unverheiratete Kinder, die mit mindestens einem Elternteil in einer Wohnung leben und das 25. Lebensjahr noch nicht vollendet haben. Für sie soll die Grundbedarfsstufe 3 gelten, was eine Leistungskürzung im Verhältnis zur Grundbedarfsstufe 1 um 20 % bedeutet.

Die Betroffenen müssen zunächst in einer Wohnung leben, sodass Personen, die in einer Sammelunterkunft untergebracht sind, nicht betroffen sein dürfen.

Für das SGB XII ist bereits geklärt, dass die Regelbedarfsstufe 3 nicht auf solche Konstellationen anwendbar ist (BSG vom 23.7.2014 – B 8 SO 31/12 R und B 8 SO 12/13 R). Für das AsylbLG gab es bereits Gerichtsentscheidungen, dass auch hier kein Raum für die Grundbedarfsstufe 3 in dieser Konstellation sei (LSG Nds.-Bremen vom 6.8.2014 – L 8 AY 58/14 B (PKH); SG Stade vom 27.1.2015 – S 33 AY 32 und 33/14 ER).

III. Verfassungsrechtliche Bedenken gegen die §§ 3, 3a AsylbLG

III.1 Unbestimmtheit des notwendigen persönlichen Bedarfs

Wie bereits erwähnt (→ siehe I.), ist der notwendige persönliche Bedarf nicht ausreichend bestimmt. Es ist nur unter hohem Aufwand möglich, herauszufinden, was der notwendige persönliche Bedarf konkret sein soll und welche konkreten Bedarfe dadurch gedeckt werden sollen. Damit verstoßen §§ 3, 3a AsylbLG insoweit gegen das Gebot der Normenklarheit.

Das Gebot der Normenklarheit soll absichern, dass sowohl die Normbetroffenen als auch die Behörden genau erkennen können, was die Norm regelt. Bei existenzsichernden Ansprüchen erscheint es essenziell, dass die Betroffenen ohne Weiteres nachvollziehen können müssen, welche konkreten Ansprüche das Gesetz vermittelt, denn nur so kann ein Leistungsbescheid auch überprüft werden. Nicht zuletzt können die Gerichte die Anwendung einer Norm auch nur dann effektiv kontrollieren, wenn sie sicher verstehen können, welchen Inhalt die Regelung der Norm haben soll.

Liegt ein Verstoß gegen das Gebot der Normenklarheit vor, so gilt die Norm dennoch weiter, bis das BVerfG sie für nichtig erklärt. Würden die Regelungen zum notwendigen persönlichen Bedarf für nichtig erklärt werden, müsste wohl das SGB XII in Verbindung mit RBEG analog Anwendung finden oder das BVerfG müsste eine Übergangsregelung schaffen.

III.2 Unbestimmtheit des notwendigen Bedarfs

Laut Definition im Gesetz[63] umfasst der notwendige Bedarf Folgendes:

- Ernährung,
- *Unterkunft,*
- *Heizung,*
- Kleidung,
- *Gesundheitspflege,*
- *Gebrauchs- und Verbrauchsgüter des Haushalts.*

Aber die Bedarfe für Unterkunft, Heizung und Gebrauchs- und Verbrauchsgüter des Haushalts werden nach § 3 Abs. 3 S. 3 AsylbLG ausdrücklich gesondert erbracht, wobei dort der Begriff „Hausrat" für Gebrauchs- und Verbrauchsgüter des Haushalts gebraucht wird, was zusätzlich für Verwirrung sorgen kann. In dem Geldbetrag nach § 3a Abs. 2 AsylbLG sind daher auch nur die Bedarfe Ernährung, Kleidung und Gesundheitspflege enthalten.

Es wird jedoch nirgends erklärt, welche Einzelbeträge eigentlich auf diese drei Bedarfe entfallen. Die einzige gesetzliche Regelung, die dazu existiert, ist der § 5 RBEG in Verbindung mit der jeweils gültigen Regelsatz-Fortschreibungsverordnung. Addiert man aber die dort angegebenen Beträge, erhält man nicht den Betrag, der nach § 3a Abs. 2 AsylbLG gilt, denn der im „normalen Sozialrecht" geltende Betrag für den Bedarf Gesundheitspflege gilt für das AsylbLG nur mit Abzügen. Das muss man eben wissen, oder mühsam über verschiedene Quellen (BT-Drs. 19/10052, 26; BT-Drs. 18/9984, 41; Schwabe 2022: 25ff.; Fortschreibungsverordnung) ermitteln.

Wie schon für den notwendigen persönlichen Bedarf muss daher auch hier gelten: Wenn die Norm nicht aus sich heraus oder durch sinnvolle Verweisungen zu anderen Normen verstanden werden kann, dann ist die Norm zu unbestimmt. Die Rechtsfolge wäre, dass das BVerfG feststellen könnte, dass die Norm unwirksam ist. Dann müsste entweder das SGB XII analog anwendbar werden oder das BVerfG müsste eine Übergangsregelung schaffen.

III.3 Verfassungswidrigkeit der Grundbedarfssätze 1–6

Wie bereits dargestellt (→ siehe I.; II.6.b), weichen die Grundleistungen deutlich von den Regelleistungen der SGB II/XII ab, weil aus dem Regelsatz verschiedene Bedarfe herausgerechnet wurden und so der Grundbedarf konstruiert wurde. Damit wurde der Regelbedarfssatz 1 von 449 EUR auf einen Grundbedarfssatz 1 von 367 EUR (Stand 2022; ab 1.1.203: 410 EUR) heruntergerechnet. Die Grund-

---

63 § 3 Abs. 1 S. 1 AsylbLG

bedarfssätze 2–6 orientieren sich dabei jeweils am Grundbedarfssatz 1, sodass hier nur der Grundbedarfssatz 1 betrachtet wird.

Die zentrale Frage ist, ob es zulässig ist, einen Grundbedarf zu schaffen, der schlicht Bedarfssätze aus dem Regelbedarf herausrechnet. Problematisch ist dabei, dass das BVerfG vorgibt, dass vom Regelbedarf abweichende Bedarfssätze durch eine wissenschaftliche Bedarfserhebung zu ermitteln seien (dazu im Folgenden unter a) und dass der Grundsatz gelte, dass der Regelsatz pauschal in Geld auszuzahlen sei und eine konkrete Einzelfall-Bedarfsermittlung nicht stattfindet (dazu im Folgenden unter b).

a) Fehlende Bedarfsermittlung

Das BVerfG hat mehrfach erklärt, dass es für die Festsetzung eines Regelbedarfs einer Ermittlung bedarf. Für diese Ermittlung des Anspruchsumfangs hat der Gesetzgeber alle existenznotwendigen Aufwendungen in einem transparenten und sachgerechten Verfahren realitätsgerecht sowie nachvollziehbar auf der Grundlage verlässlicher Zahlen und schlüssiger Berechnungsverfahren zu bemessen (BVerfG vom 9.2.2010 — 1 BvL 1/09). Für den im SGB II/XII geltenden Regelsatz hat der Gesetzgeber diese Vorgabe umgesetzt. Für die Grundbedarfe in §§ 3, 3a AsylbLG fehlt es jedoch an einer Bedarfsermittlung, die diesen Anforderungen genügt.

Nach den Vorgaben des BVerfG darf zwar grundsätzlich ein Grundbedarf im AsylbLG eingeführt werden, der vom Regelbedarf im SGB II/XII abweicht. Das ist aber nur möglich, wenn nachvollziehbar ermittelt wurde, dass der Bedarf an existenznotwendigen Leistungen für Leistungsberechtigte nach AsylbLG von dem anderer Bedürftiger signifikant abweicht und diese abweichenden Bedarfe müssten in einem inhaltlich transparenten Verfahren anhand des tatsächlichen Bedarfs gerade dieser Gruppe belegt werden können (BVerfG vom 18.7.2012 — 1 BvL 10/10).

Hier hat der Gesetzgeber lediglich Bedarfspositionen aus dem Regelsatz herausgerechnet und so den Grundbedarf geschaffen. Das ist nicht nur mit Blick auf die Vorgaben des BVerfG zu den Bedarfsermittlungen nicht ausreichend (dazu: Kanalan 2018: 247, 255; LSG NRW vom 11.7.2017 – L 20 AY 4/17 B, Rn. 28 mit Bezug auf: Frerichs 2021: § 3 Rn. 59ff.; Oppermann 2016: Anm. 1.; Siefert 2016: 329ff.; Kanalan 2018: 247, 255), sondern auch und vor allem mit Blick auf das Menschenbild des Gesetzgebers problematisch. Schließlich ist im „normalen Sozialrecht" unbestritten, dass der Regelbedarf das Bedarfsminimum markiert, das aus dem Menschsein resultiert – jeder Mensch, der in Deutschland lebt, hat also (weil er ein Mensch ist) diesen Regelbedarf. Wenn hier nun Bedarfspositionen abgezogen werden, um einen gesonderten Grundbedarf zu konstruieren, dann wird ein Bedarf geschaffen, der unterhalb dessen liegt, was sich aus dem Menschsein ergibt. Das BVerfG hat sehr deutlich betont, dass es nur eine Menschenwürde gibt und keine verschiedenen Stufen oder Ausprägungen der Menschenwürde je nach Herkunft oder Status. Und weil die Menschenwürde den Staat verpflichtet, das Existenzminimum zu sichern, muss der Umfang dieser Leistung auch unabhängig vom Status bestimmt werden. Genau das ist gemeint, wenn das BVerfG sagt: „Die in Art. 1 Abs. 1 GG garantierte Menschenwürde ist migrationspolitisch nicht zu relativieren" (vom 18.7.2012 – 1 BvL 10/10, Rn. 95).

Bei einer ernsthaften und seriösen Bedarfsermittlung hätten sich vielleicht tatsächlich zu einigen Bedarfspositionen Minderbedarfe ergeben, zu anderen aber sicher auch Mehrbedarfe. So kommen die Betroffenen aufgrund des situationsbedingten Mehrbedarfs an Kommunikation und Mediennutzung (Nachrichten aus der Heimat, Kontakt zu Familie und Freunden in der Heimat etc.) oft nicht mit dem für diese Bedarfe vorgesehenen Betrag aus. Auch bei der Ernährung kann den Betroffenen nicht zugemutet werden, auf kostengünstige „deutsche Ernährungsgewohnheiten" umzusteigen. Wer sich nach gewohnter Ernährungsweise ernähren will, muss oft höhere Preise in Kauf nehmen oder auch zum Einkaufen weite Strecken fahren usw.

Die Zusammensetzung des Grundbedarfs wurde bereits aufgeschlüsselt (siehe I.). Im Ergebnis werden folgende Bedarfe im Grundbedarf nicht berücksichtigt, die tatsächlich in der Regel – in Sammelunterkünften – als Sachleistung erbracht werden:

Aus Abteilung 4 – Wohnen, Energie und Wohnungsinstandhaltung

- Strom,
- Ausgaben für Instandhaltung und Schönheitsreparaturen, Eigenleistungen Mieter- Untermieter*innen für Haupt-, Zweit- und Freizeitwohnungen,
- Ausgaben für Instandhaltung und Schönheitsreparaturen – Fremdleistungen Mieter- /Untermieterinnen für Haupt-, Zweit- und Freizeitwohnungen.

Aus Abteilung 5 – Innenausstattung, Haushaltsgeräte und -gegenstände, laufende Haushaltsführung

- Möbel und Einrichtungsgegenstände,
- Teppiche und elastische Bodenbeläge,
- Heimtextilien,
- Kühlschränke, Gefrierschränke und -truhen,
- Waschmaschinen, Wäschetrockner, Geschirrspül- und Bügelmaschinen,
- sonstige größere Haushaltsgeräte,
- kleine elektrische Haushaltsgeräte,
- Glaswaren, Geschirr und andere Haushaltsgegenstände,
- andere Gebrauchsgüter fürs Haus (Metallwaren, Elektroartikel),
- nicht elektrische Werkzeuge (inkl. Reparaturen, Miete),
- Verbrauchsgüter für die Haushaltsführung.

Aus Abteilung 9 – Freizeit, Unterhaltung, Kultur

■ Fernseh- und Videogeräte, TV-Antennen

Ob diese Bedarfe auch tatsächlich durch Sachleistungen gedeckt sind, wäre in jedem Einzelfall zu prüfen. Leider gibt es hier kaum Forschung dazu, ob die Sammelunterkünfte diese Sachleistungen tatsächlich adäquat erbringen. Die Betroffenen wissen in der Regel mangels Aufklärung und Beratung nicht, dass ihnen diese Sachleistungen überhaupt zustehen. Hier gäbe es also noch einiges zu tun, um bestehende Missstände zunächst aufzudecken und dann zu beseitigen. Schließlich führt jede nicht erbrachte Sachleistung zu einer weiteren Unterdeckung des menschenwürdigen Existenzminimums.

> Beispiel: A ist in einer Gemeinschaftsunterkunft untergebracht. In seinem Zimmer hat er ein Bett, einen Tisch, einen wackeligen Stuhl und einen defekten Schrank (Türscharnier kaputt, Kleiderbügel und Einlegeböden fehlen) zur Verfügung. Reinigungsmittel muss A selbst kaufen. Ein TV- und Videoraum existiert in der Unterkunft, ist aber stets verschlossen – die Nutzung muss in einem sehr komplizierten Verfahren beantragt werden, sodass niemand diesen Aufwand auf sich nimmt. Die Wände in der Unterkunft brauchen dringend einen neuen Anstrich.
>
> A erhält wie alle Leistungsbeziehenden nach § 3 AsylbLG keine Geldleistungen unter anderem für die Bedarfe a) Möbel; b) Verbrauchsgüter für die Haushaltsführung; c) Fernseh- und Videogeräte; d) Instandhaltung/Schönheitsreparaturen. All diese Bedarfe sind schließlich durch Sachleistungen zu decken.
>
> Da die besagten Bedarfe hier nicht adäquat gedeckt werden – a) Stuhl wackelt, Schrank ist weitgehend unbrauchbar; b) Reinigungsmittel stehen nicht zur Verfügung; c) der TV- und Videoraum ist verschlossen; d) die Schönheitsreparaturen werden nicht durchgeführt –, hätte A entweder Anspruch auf die entsprechenden Sachleistungen oder auf Auszahlung der entsprechenden Geldbeträge.
>
> In der Praxis wird dieser Missstand, der oft real so oder ähnlich existiert, fast nie thematisiert. A hat keine Ahnung, welche Ansprüche er eigentlich hat. Die Sozialarbeiter:innen kennen nur dieses real existierende System und halten es für zulässig, weil es schon immer so war. Die Unterkunftsbetreiber:innen und die Sozialämter haben aus Kostengründen meist kein Interesse, Abhilfe zu schaffen. Kommen diese Fragen vor Gericht, zeigen sich leider auch die Gerichte maximal uninteressiert. Den Betroffenen wird die Beweislast auferlegt, nachzuweisen, welche Bedarfe bei ihnen in welchem Umfang unterdeckt seien. Das können und wollen (Angst vor Unannehmlichkeiten) die Betroffenen nicht. Tatsächlich wäre auch die Behörde beweispflichtig, nachzuweisen, welche konkreten Sachleistungen welche konkreten Bedarfe decken sollen; und ganz genau genommen müsste die Behörde im Leistungsbescheid ausweisen, welche konkreten Bedarfe durch

welche konkreten Sachleistungen gedeckt werden. Das passiert aber so gut wie nie.

Im Ergebnis bleibt festzustellen, dass die Betroffenen hier faktisch rechtlos gestellt sind, da sie keinen Zugang zum Recht haben. Dieser Zustand ist ebenso zementiert wie untragbar. Wie gesagt: Hier liegt Potenzial für Veränderungen!

Für folgende herausgerechnete Bedarfe besteht ein Ermessensanspruch auf Gewährung nach § 6 AsylbLG:

Aus Abteilung 6 – Gesundheitspflege

■ pharmazeutische Erzeugnisse – für gesetzlich Krankenversicherte – mit Rezept (nur Eigenanteil/ Zuzahlung),
■ andere medizinische Erzeugnisse – für gesetzlich Krankenversicherte – mit Rezept (nur Eigenanteil/Zuzahlung),
■ therapeutische Mittel und Geräte (einschließlich Eigenanteile).

Und folgende Bedarfe werden als unbeachtlich angesehen:

Aus Abteilung 7 – Verkehr

■ Kauf oder Leasing von Fahrrädern (von 1.9.2019 bis 31.12.2019)

Aus Abteilung 9 – Freizeit, Unterhaltung, Kultur

■ Datenverarbeitungsgeräte sowie System- und Anwendungssoftware (einschließlich Downloads und Apps),
■ langlebige Gebrauchsgüter und Ausrüstungen für Sport, Camping und Erholung, Musikinstrumente,
■ außerschulische Sport- und Musikunterrichte, Hobbykurse.

Aus Abteilung 10 – Bildung

■ Gebühren für Kurse (ohne Erwerb von Bildungsabschlüssen)

Aus Abteilung 12

■ Anschaffung eines Personalausweises

Bei den herausgerechneten Bedarfen, die durch Sachleistungen als abgedeckt gelten, ist im Einzelfall jeweils genau zu ermitteln, ob diese Bedarfe tatsächlich durch adäquate Sachleistungen gedeckt sind. Wenn nicht, ist Abhilfe zu fordern. Wird nicht abgeholfen, ist eine Auszahlung der jeweiligen Bedarfsbeträge in Geld zu fordern.

Bei den herausgerechneten Bedarfen, die über § 6 AsylbLG abgedeckt werden können, ist problematisch, dass damit Bedarfe, die dem menschenwürdigen Existenzminimum zuzurechnen sind, extra geltend gemacht werden müssen und sodann die Gewährung im Ermessen der Behörde steht. Auf diese Weise können Teile des menschenwürdigen Existenzminimums nicht adäquat abgedeckt werden (BVerfG vom 18.7.2012 – 1 BvL 10/10, Rn. 89). Insgesamt geht es hier immerhin um einen monatlichen Betrag von 6,17 EUR (Stand 2022).

Bei den als unbeachtlich herausgerechneten Bedarfen kann nur der Bedarf für die Anschaffung eines Personalausweises als offensichtlich hier nicht anfallend angesehen werden. Alle anderen Bedarfe sind Bedarfe, die nicht ohne Weiteres Leistungsberechtigten nach dem AsylbLG abgesprochen werden können. Hier geht es um einen monatlichen Betrag von 7,62 EUR (Stand 2022).

Im Ergebnis fehlen also (wenn davon ausgegangen wird, dass alle Sachleistungen adäquat erbracht werden) insgesamt 13,79 EUR, die schlicht zum menschenwürdigen Existenzminimum fehlen bzw. die teilweise gesondert geltend gemacht werden müssen.

> Beispiel: A und B leben beide in derselben Gemeinschaftsunterkunft und teilen sich ein Zimmer.
>
> A bezieht Leistungen nach § 3 AsylbLG. Er ist gesund und braucht daher keine Medikamente oder Ähnliches. B bezieht Leistungen nach SGB II und ist auch gesund.
>
> B erhält die besagten 13,79 EUR, während A dieses Geld nicht erhält, sondern sogar noch um weitere 10 % gekürzt wird, weil er mit B gemeinsam wirtschaften könnte (Grundbedarf 2b).
>
> B erhält außerdem ganz selbstverständlich den vollständigen Regelsatz, also auch die Geldleistungen für die Abteilungen 4 (Wohnen, Energie und Wohnungsinstandhaltung) und 5 (Innenausstattung, Haushaltsgeräte und -gegenstände, laufende Haushaltsführung).
>
> Im Ergebnis erhält A monatlich 330 EUR und B monatlich 449 EUR. Beide fragen sich, warum man ihnen erzählt, dass für beide das menschenwürdige Existenzminimum gilt, es aber einen Betragsunterschied von 119 EUR gibt.
>
> Ob diese Ungleichbehandlung gerechtfertigt ist, wird das BVerfG entscheiden.

Hier ist zu beachten, dass der Regelsatz im SGB II/XII bereits so niedrig bemessen ist, dass er gerade noch so als verfassungsgemäß gelten kann. Der Gesetzgeber hat einen weiten Spielraum bei der konkreten Festsetzung des Regelsatzes, solange der gefundene Wert auf eine nachvollziehbare Bedarfsermittlung zurückgeführt werden kann. Der Gesetzgeber hat aber die Werte der Bedarfsermittlung bereits bis zum Rand des verfassungsrechtlich zulässigen heruntergerechnet, sodass der Regelsatz tatsächlich das gerade noch am untersten Rand zulässige Existenzminimum abbildet (vgl.: BVverfG vom 5.11.2019 – 1 BvL 7/16, Rn. 190).[64] Wenn das

---

[64] Durch die geringe Anhebung des Regelsatzes um 0,76 % im Jahr 2022 und die dagegen stehende Inflation von über 7 % steht selbst diese Feststellung infrage; vgl. schon: Lenze 2021; Sell 2021.

aber so ist, dann ist jede Unterschreitung des Regelsatzes nicht mehr verfassungskonform. Und das ist hier der Fall.

b) Abweichen von Grundsätzen zur Erhaltung der Selbstbestimmung

Das BVerfG betont für das SGB II, dass der äußerst knapp berechnete Regelsatz nur deshalb noch gerade so verfassungskonform sein kann, weil die Verfügbarkeit des gesamten Pauschalsatzes in Geld gegeben ist und so gerade noch ein selbstbestimmtes Wirtschaften möglich ist (vgl.: BVerfG vom 5.11.2019 – 1 BvL 7/16, Rn. 190; BVerfG vom 23.7.2014 – 1 BvL 10/12, Rn. 84, 86). Denn durch die Auszahlung des gesamten Regelsatzes in Geld können nicht monatlich entstehende Bedarfe zum Ausgleich bei den tatsächlich bestehenden Bedarfen eingesetzt werden. Wer beispielsweise keine Camping- und Sportsachen kauft, kann den dafür vorgesehenen Betrag für Ernährung ausgeben usw. Das Selbstbestimmungsrecht des Menschen ist zwingend zu berücksichtigen. Durch die Gewährung eines gesamten pauschalen Geldbetrages zur Deckung aller menschenwürdigen Bedarfe kann dieses Selbstbestimmungsrecht gerade noch gewahrt bleiben.

Aus diesen grundsätzlichen Erwägungen kommt es nicht darauf an, ob und in welcher Höhe die Einzelbedarfe tatsächlich anfallen. Eine Prüfung der Einzelfallbedarfe findet nicht statt (BSG, 24.11.2011 – B 14 AS 151/10 R, Rn. 20). Das ist der Witz an einer pauschalen Bedarfsermittlung und einer daraus folgenden pauschalen Leistungsgewährung.

In der Praxis des „normalen Sozialleistungsrechts" wird dieser Grundsatz an verschiedenen Beispielen ganz konkret. Beispielsweise ist es irrelevant, wenn in der Miete auch Möbel und sonstige Haushaltsgegenstände enthalten sind. Bei einem solchen Mietvertrag über möblierte Wohnräume enthalten die Leistungen für die Kosten der Unterkunft ganz eindeutig auch die Bedarfe der Abteilung 5 (Innenausstattung, Haushaltsgeräte und -gegenstände, laufende Haushaltsführung). Trotzdem ist es – wegen des zuvor beschriebenen Grundsatzes – unzulässig, dann die Geldbeträge für die Abteilung 5 aus dem Regelsatz herauszurechnen (LSG Sachsen, 17.3.2011 – L 3 AS 500/09, Rn. 41).

Auch für den Fall, dass ein Pauschalmietvertrag vorliegt, der die Stromkosten, WLAN etc. beinhaltet, ist geklärt, dass dies keine Kürzung des Regelsatzes um den Anteil der pauschalierten Haushaltsenergiebedarfe usw. rechtfertigt (BSG vom 24.11.2011 – B 14 AS 151/10 R, Rn. 15ff.).

Es wäre im „normalen Leistungsrecht" undenkbar, zu postulieren, dass die Gruppe der Mieter, die keine Schönheitsreparaturen zu erbringen hat, künftig nur noch einen Regelsatz abzüglich des Einzelbedarfssatzes für die Wohnungsinstandhaltung erhalten solle oder Ähnliches. Das System des pauschalierten Regelbedarfs setzt eben gerade voraus, dass einzelne Bedarfe nicht bei jedem Leistungsberechtigten anfallen, sodass die Möglichkeit besteht, Einspareffekte zur Deckung anderer Einzelbedarfe zu nutzen. Die Einzelbedarfe sind schließlich derart gering angesetzt[65], dass niemand glauben kann, dass hier realistische Werte vorliegen. Nur

---

65 Beispielsweise: 1,10 EUR für Bildung (Stand 2020)

durch die Gesamtpauschale wird ein Leistungsberechtigter in die Lage versetzt, selbstbestimmt seine tatsächlichen Bedarfe zu decken.

Nun soll aber beim Grundbedarf nach §§ 3, 3a AsylbLG alles anders sein? Beim Grundbedarf werden – wie zuvor gezeigt – Bestandteile des Regelbedarfs gar nicht mehr berücksichtigt und andere Bestandteile werden nicht mehr durch Geldzahlungen gedeckt. Es wird also eine extreme Einzelbedarfsprüfung durchgeführt – orientiert an der Gruppe der in Sammelunterkünften Untergebrachten. Jeder Spielraum für Selbstbestimmung, Ausgleich von Bedarfen und Ansparungen wird unmöglich gemacht (dazu: Gerloff 2020: 49ff.).

Mangels einer tragfähigen Bedarfsermittlung zum Grundbedarf stellt dieses Ergebnis einen Verstoß gegen das Recht auf Selbstbestimmung und auf Gleichbehandlung dar.

c) Der Grundbedarf vor dem BVerfG

Das LSG Niedersachsen-Bremen hat die Grundsatzfrage, ob der Grundbedarf des § 3 AsylbLG verfassungswidrig ist, dem BVerfG zur Entscheidung vorgelegt (vom 26.1.2021 – L 8 AY 21/19; Aktenzeichen beim BVerfG: 1 BvL 5/21). Im September 2022 hat das BVerfG dazu Verbände und Institutionen um Stellungnahmen gebeten. Es wird davon ausgegangen, dass das BVerfG Ende 2022 / Anfang 2023 die Frage der Verfassungsmäßigkeit der Grundbedarfskonstruktion entscheiden wird und eventuell größere Teile dieses Kapitels hinfällig werden.

III.4 Verfassungswidrigkeit der Zwangsverpartnerung

a) Keine ausreichende Rechtfertigung

Wenn schon der Grundbedarfssatz 1 verfassungswidrig zu gering ist, dann muss das für den Grundbedarfssatz 2b[66] erst recht gelten. Schließlich handelt es sich um die Kürzung eines bereits gekürzten Bedarfssatzes.

Die Rechtfertigungsversuche des Gesetzgebers sind untauglich (→ siehe II.6.c). Deshalb haben viele Gerichte schon im Eilverfahren für Alleinstehende und Alleinerziehende in Sammelunterkünften den Grundbedarfssatz 1 zugesprochen (LSG Mecklenburg-Vorpommern vom 10.6.2020 – L 9 AY 22/19 B ER; LSG Sachsen vom 23.2.2020 – L 8 AY 4/20 B ER; SG Kassel vom 13.7.2020 – S 12 AY 20/20 ER; SG Bremen vom 3.7.2020 – S 39 AY 55/20 ER; SG Hannover vom 20.12.2019 – S 53 AY 107/19 ER; SG Freiburg vom 20.1.2020 – S 7 AY 5235/19 ER; SG Frankfurt/Main vom 14.1.2020 – S 30 AY 26/19 ER; SG Leipzig vom 8.1.2020 – S 10 AY 40/19; SG Dresden vom 4.2.2020 – S 20 AY 86/19 ER; Frerichs 2021: § 3a Rn. 44ff.; zumindest während geltender Abstands- und Kontaktregeln während der Corona-Pandemie: SG Oldenburg vom 9.6.2020 – S 25 AY 21/20 ER; SG Aurich vom 5.6.2020 – S 23 AY 13/20 ER; SG Berlin vom 18.5.2020 – S 90 AY 57/20 ER).

---

66 § 3a Abs. 1 und 2, Nr. 2b AsylbLG

Im „normalen Sozialleistungsrecht" gibt es eine ähnliche Konstellation. Dort ist man sich aber ganz überwiegend einig, dass es nicht zulässig sein kann, ein gemeinsames Wirtschaften mit erheblichen Einspareffekten zu unterstellen. Es geht um § 39 SGB XII, wo die Vermutung geregelt ist, dass alle Mitbewohner:innen in einem Haushalt füreinander einstehen wollen. Wenn also ein:e Mitbewohner:in hilfebedürftig werde, so würden die anderen ihr Einkommen und Vermögen einsetzen, um die Hilfebedürftigkeit zu beseitigen oder zu mindern. Die Norm schränkt die Vermutung aber bereits selbst dahingehend ein, dass die Vermutung widerlegt ist, wenn dargelegt ist, dass tatsächlich kein gemeinsames Wirtschaften stattfindet und die anderen ihr Einkommen und Vermögen nicht für den:die eine:n einsetzen. Im Vergleich zum Grundbedarfssatz 2b ist § 39 SGB XII also eher moderat. Dennoch ist schon diese Norm sehr umstritten, da im SGB II eine viel engere Definition der „Einstehensgemeinschaft" besteht. Dort gilt das Konstrukt der Bedarfsgemeinschaft.[67] Danach müssen nur Familien (Eltern und Kinder), Ehepartner und andere Paare, die wie Ehepartner füreinander einstehen, gemeinsam wirtschaften. Da sowohl das SGB XII als auch das SGB II der Existenzsicherung dient, wird gesagt, dass die unterschiedliche Definition der Einstehensgemeinschaft nicht haltbar sein kann (Gebhardt 2019: Rn. 1a). Teilweise wird auch vertreten, dass § 39 SGB XII so ausgelegt werden muss, dass nur zwischen engen Familienangehörigen überhaupt ein gemeinsames Wirtschaften und ein füreinander Einstehen vermutet werden darf (Becker 2020: Rn. 26; Gebhardt 2019: Rn. 4; LSG Nds.-Bremen vom 14.12.2015 – L 8 AY 55/15 B ER). Auch daraus ergibt sich, dass die Konstruktion des Grundbedarfssatzes 2b unmöglich Bestand haben kann.

b) Die Zwangsverpartnerung vor dem BVerfG

Der Grundbedarf 2b wird oft auch als Zwangsverpartnerung bezeichnet, da fremde Alleinstehende und Alleinerziehende gezwungen werden sollen, wie Ehepartner gemeinsam zu wirtschaften. Das SG Düsseldorf hat die Frage, ob dieses Konstrukt verfassungswidrig ist, dem BVerfG zur Entscheidung vorgelegt (vom 13.4.2021 – S 17 AY 21/20; Aktenzeichen beim BVerfG: 1 BvL 3/21).

Das BVerfG hat bereits im Februar 2022 diverse Verbände, die Bundesländer und weitere Expert:innen um Stellungnahmen gebeten und es ist eine Entscheidung noch für Ende 2022 / Anfang 2023 angekündigt.

Auch hier gilt: Alle (!) Bescheide von Alleinstehenden und Alleinerziehenden in Sammelunterkünften sind angreifbar und die Gerichte müssen PKH bewilligen.

III.5 Verfassungswidrigkeit des Grundbedarfssatzes 3a

Wie bereits dargestellt (→ II.6.d), gibt es keine tragfähige Rechtfertigung für die Einführung dieser Grundbedarfsstufe für junge Erwachsene im Haushalt ihrer Eltern. Da es sich auch hier um eine weitere Leistungskürzung handelt, muss

---

67 § 9 Abs. 5 SGB II

auch hier davon ausgegangen werden, dass diese weitere Kürzung des bereits zu niedrigen Grundbedarfs 1 verfassungswidrig ist.

III.6 Verfassungswidrigkeit des Erfordernisses, Bedarfe per Antrag geltend machen zu müssen

Hier sind die gesondert zu erbringenden Bedarfe[68] das Problem, wenn Leistungsberechtigte eine Wohnung bewohnen. Die Leistungen für die Unterkunft und Heizung werden in der Regel problemlos gewährt. Aber die Bedarfe für Hausrat, Wohnungsinstandhaltung und Haushaltsenergie müssen jeweils beantragt werden und stehen unter dem Vorbehalt der Notwendigkeits- und Angemessenheitsprüfung.

Hier wird in der Praxis zu beobachten sein, ob die Leistungsberechtigten auf das Erfordernis der Antragstellung bzw. der Geltendmachung hingewiesen werden und ob und wie Angemessenheitskriterien kommuniziert werden. Oder ob die Behörden überwiegend pragmatisch agieren und schlicht die pauschalen Sätze aus dem Regelsatz für die entsprechenden Bedarfe gewähren.

Ganz grundsätzlich stellt sich aber die Frage, ob es verfassungsrechtlich zulässig ist, Teile des menschenwürdigen Existenzminimums unter ein Antrags- bzw. Geltendmachungserfordernis zu stellen. Schließlich wird damit verlangt, dass Bedarfe konkret geltend gemacht werden müssen, die per Gesetz[69] als Teil des menschenwürdigen Existenzminimums gelten. Diese Bedarfe sind also anzuerkennen, weil sie sich aus dem Menschsein ergeben. Der Nachweis des Menschseins muss also genügen, um die besagten Bedarfe zu begründen. Dadurch, dass die besagten Bedarfe aber nicht mehr Teil des Grundbedarfs sind, muss zwingend eine Geltendmachung erfolgen, denn die Behörde kann nicht wissen, ob und welche konkreten Kosten beispielsweise für Strom in der eigenen Wohnung anfallen. Unter anderem deshalb ist aber auch das Herausrechnen dieser Bedarfe aus dem Grundbedarf generell so bedenklich.

Ob und wie dieses Problem praxisrelevant wird, bleibt abzuwarten. Die größte Relevanz dürfte auftreten, wenn die gesondert zu erbringenden Bedarfe tatsächlich entstehen, von den Betroffenen aber nicht sofort, sondern erst später geltend gemacht werden und die Leistungsbehörde die Bedarfsdeckung zumindest für die Vergangenheit ablehnt, weil die Bedarfe nicht geltend gemacht wurden. Überwiegend scheint sich aber die pragmatische Lösung durchzusetzen, dass für Betroffene in eigenen Wohnungen schlicht die Regelbedarfssätze der Abteilungen 4 (Wohnen, Energie und Wohnungsinstandhaltung) und 5 (Innenausstattung, Haushaltsgeräte und -gegenstände, laufende Haushaltsführung) ausgezahlt werden und sich so alle Beteiligten, die aufwendige Notwendigkeits- und Angemessenheitsprüfung ersparen.

---

68 § 3 Abs. 3 S. 3 AsylbLG
69 RBEG

IV. Grundsatz der persönlichen Leistungsaushändigung

Aus § 3 Abs. 5 S. 1 AsylbLG ergibt sich, dass die Leistungen persönlich ausgehändigt werden sollen. Die Überweisung von Geldleistungen auf ein Konto des:der Leistungsberechtigten soll damit also in der Regel nicht stattfinden.

Sinn und Zweck der Regelung soll es sein, dass die Leistungen nicht „in falsche Hände" geraten (BT-Drs. 12/4451, 9). Zusätzlich soll aber freilich auch Druck ausgeübt werden, wenigstens einmal im Monat bei der Behörde persönlich erscheinen zu müssen, wobei die Aushändigung gegebenenfalls am Ort der Unterkunft zu erfolgen hat, wenn die Entfernung zwischen Unterkunft und Behörde zu groß ist (Cantzler 2019: § 3 Rn. 102). Eine Leistungsgewährung nach Ausreise, Abschiebung, Untertauchen oder Ähnliches des:der Leistungsberechtigten soll vermieden werden.

Ob die Geldleistungen persönlich ausgehändigt werden oder auf das Konto des:der Leistungsempfänger:in überwiesen werden, liegt in analoger Anwendung des § 17 Abs. 2 S. 1 SGB XII im Ermessen der Behörde (Frerichs 2021: § 3 Rn. 198; Korff 2020: § 3 Rn. 30). Aus der Begründung der Norm ergibt sich, dass ein atypischer Fall anzunehmen ist, wenn ein Konto besteht, auf das nur der:die Leistungsberechtigte Zugriff hat und/oder keine Anhaltspunkte dafür vorliegen, dass der Aufenthalt in Deutschland vor Ablauf des bewilligten Leistungszeitraums beendet werden könnte. Außerdem muss ein unzumutbarer Aufwand der persönlichen Aushändigung – sowohl für den:die Leistungsberechtigte:n als auch für die Behörde – als atypischer Fall anerkannt werden. Dann ist also jeweils von der persönlichen Übergabe abzusehen.

Letztlich ist die Regelung der Aushändigung der Leistungen verfehlt. Dass die Leistungen nicht „in falsche Hände" geraten, kann durch ein Aushändigen im Ernstfall nicht verhindert werden. Und dass die Leistungsbehörde Leistungen weiter erbringen würde, obwohl der:die Leistungsberechtigte ausgereist ist, erscheint eher fernliegend. Als die Norm 1993 eingeführt wurde, war es noch die Regel, dass die Leistungsbezieher:innen nach AsylbLG gar keinen Zugang zu einem Bankkonto hatten. Insofern erschien die Norm praxisgerecht. Heute haben aber auch die Leistungsbezieher:innen nach AsylbLG in der Regel Zugang zu einem Bankkonto, sodass die Regelung heute nicht mehr sachgerecht erscheint (Siefert 2020: § 3 Rn. 50). Sowohl für die Betroffenen als auch für die Behörde ist es eine nicht zu rechtfertigende Belastung, trotz Bankkonto an einer Aushändigung festzuhalten. Das Ermessen ist demnach entsprechend weit auszulegen.

V. Leistungszeitraum

Zum Leistungszeitraum sagt das Gesetz wenig. § 3 Abs. 5 S. 2 und 3 AsylbLG sagen aber zumindest Folgendes: a) Stehen die Leistungen nicht für 1 vollen Monat zu, wird die Leistung anteilig erbracht; dabei wird der Monat mit 30 Tagen berechnet; b) Geldleistungen dürfen längstens 1 Monat im Voraus erbracht werden.

Fraglich ist, ob die bei einigen Behörden verbreitete Praxis, „krumme" Leistungszeiträume zu bewilligen, rechtmäßig sein kann. „Krumm" wäre es beispielsweise, wenn die Leistungen ohne Not vom 3. September bis zum 28. Oktober eines Jahres bewilligt würden. Ein Leistungszeitraum sollte stets zum 1. eines Monats beginnen, es sei denn, der Leistungsanspruch beginnt erst im laufenden Monat. Das Ende eines Leistungszeitraums sollte stets der letzte Tag eines Monats sein, es sei denn, der Leistungsanspruch endet davor.

Ein weiteres Phänomen in der Praxis sind extrem kurze Leistungszeiträume, beispielsweise wöchentliche Leistungsgewährungen/-auszahlungen. Solche Verfügungen (Leistungszeitraum von weniger als 1 Monat und/oder wöchentliche Vorsprache zur Auszahlung) stellen eigenständige Verwaltungsakte dar, wogegen also gesondert vorgegangen werden kann. Vor allem sind solche Verfügungen aber in der Regel rechtswidrig (SG Hildesheim vom 23.3.2022 – S 42 AY 4008/22 ER).

Nach hier vertretener Ansicht besteht ein Anspruch auf die Festlegung von sachgerechten Leistungszeiträumen – also Leistungszeiträumen, die ganze Monate umfassen.

Aus § 44 Abs. 3 SGB XII[70] und § 41 Abs. 3 SGB II[71] ergibt sich, dass im „normalen Leistungsrecht" ganz selbstverständlich von einer monatsweisen Leistungsbewilligung ausgegangen wird. § 1 Abs. 3 S. 1 AsylbLG regelt zudem, dass die Leistungen nach AsylbLG erst zum Ende des Monats enden, wenn die Leistungsvoraussetzungen im laufenden Monat entfallen. Auch aus § 3 Abs. 5 S. 2 AsylbLG kann gefolgert werden, dass die monatsweise Bewilligung die Regel sein soll. Gleiches ergibt sich aus § 3a AsylbLG, wo Monatsbeträge und keine Tagessätze aufgeführt werden. Es ist nicht erkennbar, warum im AsylbLG von dem Grundsatz der monatsweisen Leistungsbewilligung abgewichen werden soll.

Nach diesen Grundsätzen kann schließlich auch der bloße Ablauf der Bescheinigung über die Aufenthaltsgestattung, die Duldung oder eine Aufenthaltserlaubnis kein Grund für eine Beendigung des Bewilligungszeitraums am Tag des Ablaufs der jeweiligen Bescheinigung sein. Wie sich aus § 1 Abs. 3 S. 1 AsylbLG ergibt, käme bestenfalls der letzte Tag des Monats als Ende des Leistungszeitraums in Betracht, in dem die Bescheinigung abläuft. Die Befürchtung der Behörde ist schließlich, dass die Leistungsberechtigung nach Ablauf der Bescheinigung nicht mehr gegeben sein könnte. Selbst wenn dem aber so wäre, liefe die Leistungsberechtigung noch bis zum Ende des Monats weiter, in dem die Bescheinigung abläuft. Liegen keine Anhaltspunkte dafür vor, dass der jeweilige Aufenthaltsstatus nicht verlängert werden könnte, erscheint es generell unzulässig, den Leistungszeitraum mit dem Ablauf einer Bescheinigung zu verknüpfen.

Eine weitere – im AsylbLG nicht geregelte – Frage ist, wie lang ein üblicher Leistungszeitraum sein soll. Im SGB II/XII gelten jeweils 12 Monate als Regel-Leistungszeitraum. Nach § 41 Abs. 3 S. 1 SGB II und § 44 Abs. 3 S. 2 SGB XII

---

70 Antragserfordernis, Erbringung von Geldleistungen, Bewilligungszeitraum
71 Berechnung der Leistungen und Bewilligungszeitraum

soll in Fällen der nur vorläufigen oder vorübergehenden Leistungsbewilligung der Leistungszeitraum auf 6 Monate verkürzt werden.

Es erscheint demnach sachgerecht, für das AsylbLG von einem Regel-Leistungszeitraum von 6 Monaten auszugehen, der nach Ermessen jeweils verkürzt oder verlängert werden kann. Schließlich wird auch § 3 AsylbLG damit begründet, dass es sich um vorübergehende Leistungen aufgrund einer Übergangsphase der Betroffen handele. Dieses „Vorübergehend" wird dabei sogar mit 18 Monaten bemessen[72], sodass 6 Monate jedenfalls nicht als zu lang angesehen werden können. Dafür spricht auch, dass § 14 Abs. 1 AsylbLG für die Anwendung von Leistungskürzungen einen Regelzeitraum von 6 Monaten vorsieht. Insofern wäre es nicht verständlich, wenn Leistungskürzungen regelmäßig zu einem 6-Monats-Leistungszeitraum führen – reguläre Leistungen jedoch kürzer bewilligt würden.

Im Ergebnis besteht also ein Anspruch der Leistungsberechtigten auf einen sachgerechten Leistungszeitraum. Sachgerecht ist dabei, jeweils die Leistungen für volle Monate zu bewilligen – der Leistungszeitraum muss also am 1. eines Monats beginnen und am letzten Tag eines Monats enden. Zudem soll in der Regel für 6 Monate bewilligt werden. Wenn von diesen Grundsätzen abgewichen wird, sollte sich aus dem jeweiligen Bescheid ein sachlicher Grund dafür ergeben.

Fragen zur Vertiefung und Diskussion:

1. Warum sind seit 1.3.2015 alle Bescheide nach § 3 AsylbLG juristisch angreifbar?
2. Was ist der „notwendige Bedarf"?
3. Was ist der „notwendige persönliche Bedarf"?

Antworten:

Zu 1.
Ob die Gesamtkonstruktion des Grundbedarfs verfassungswidrig ist, ist umstritten. Dazu ist ein Verfahren beim BVerfG anhängig (1 BvL 5/21).
Wenn eine Norm verfassungswidrig sein könnte und diese Fragen auch schon beim BVerfG anhängig ist, sollte jede:r Betroffene gegen alle Bescheide vorgehen, die sich auf diese Norm stützen. Nur so können die eventuellen Ansprüche gewahrt werden. Wenn das BVerfG eine Norm für nichtig erklärt und damit auch feststellt, dass die Leistungen in der Vergangenheit verfassungswidrig zu niedrig waren, haben in der Regel nur diejenigen Anspruch auf Nachzahlungen, die gegen ihre Bescheide mit Widerspruch und Klage vorgegangen sind.
Erstmalig hatte der Gesetzgeber – nachdem das BVerfG das alte Modell für nichtig erklärt hatte – zum 1.3.2015 den neuen Grundbedarf eingeführt. Die Grundidee: Es werden bestimmte Bedarfe aus dem Regelbedarf herausgerechnet und so unterhalb des Regelbedarfs ein Grundbedarf geschaffen. Diese Idee wurde mit den Jahren immer weiter strapaziert, sodass die Grundbedarfsleistungen (im Verhältnis zu den Regelbedarfsleistungen) immer weiter sanken, statt stiegen.

---

72 § 2 Abs. 1 S. 1 AsylbLG

Zu 2.

Der notwendige Bedarf ist in § 3 Abs. 1 S. 1 AsylbLG geregelt und umfasst die Bedarfe Ernährung, Unterkunft, Heizung, Kleidung, Gesundheitspflege und Gebrauchs- und Verbrauchsgüter des Haushalts. Bei den Geldleistungen nach § 3a Abs. 2 AsylbLG fehlen aber die Bedarfe Unterkunft, Heizung, Hausrat, Wohnungsinstandhaltung und Haushaltsenergie. Diese Bedarfe werden nach § 3 Abs. 3 S. 3 AsylbLG gesondert erbracht.

Zu 3.

In § 3 Abs. 1 S. 2 AsylbLG werden die Leistungen zur Deckung persönlicher Bedürfnisse des täglichen Lebens als notwendiger persönlicher Bedarf definiert. Welche konkreten Bedarfe aus den Regelbedarfsabteilungen dazu zählen, ergibt sich aus dem Gesetz nicht. Im Ergebnis sind aber umfasst:

- Verkehr,

- Nachrichtenübermittlung,

- Freizeit, Unterhaltung, Kultur,

  abzüglich: Fernseh- und Videogeräte, TV-Antennen, Datenverarbeitungsgeräte sowie System- und Anwendungssoftware (einschließlich Downloads und Apps), langlebige Gebrauchsgüter und Ausrüstungen für Sport, Camping und Erholung, Musikinstrumente, außerschulische Sport- und Musikunterrichte, Hobbykurse,

- Beherbergungs- und Gaststättendienstleistungen,

- andere Waren und Dienstleistungen,

  abzüglich: Kosten für Beschaffung eines Personalausweises.

Zitierte Literatur:

Armborst, Christian/Goldmann, Gerd: Regelbedarfsstufe 1 in der Corona-Pandemie – Anmerkung zu SG Berlin vom 19.5.2020 – S 90 AY 57/20 ER, info also 2020, S. 192ff.

Becker, Ralf In: Schlegel/Voelzke, juris-Praxiskommentar SGB XII, § 39 Rn. 26 (Stand: 30.3.2020).

Cantzler, Constantin: Asylbewerberleistungsgesetz – Handkommentar, 2019.

Der Paritätische Gesamtverband, Jetzt Rechtsansprüche zur Erhöhung der Grundleistungen nach dem Asylbewerberleistungsgesetz durchsetzen!, März 2019.

Deutscher Caritasverband, Stellungnahme zum Referentenentwurf eines Dritten Gesetzes zur Änderung des Asylbewerberleistungsgesetzes vom 29.3.2019.

Flint, Thomas: Anforderung an Richter der Sozialgerichtsbarkeit und Selbstverständnis, Neue Zeitschrift für Sozialrecht (NZS) 2016, S. 81ff.

Frerichs, Konrad In: Schlegel/Voelzke, juris-Praxiskommentar SGB XII, § 3 AsylbLG (Stand: 5.7.2021) und § 3a (Stand: 4.11.2021).

Gebhardt, Katrin: Beck-Online-Kommentar Sozialrecht, SGB XII, § 39 Rn. 1a, 53. Ed., 2019.

Gerloff, Volker: Der neue Regelbedarfssatz für alleinstehende Erwachsene in Sammelunterkünften nach dem AsylbLG, Anwalt/Anwältin im Sozialrecht (ASR) 2020, S. 49ff.

Hohm, Karl-Heinz: Anspruch auf höhere Grundleistungen bei unterlassener Bekanntgabe und Neufestsetzung der Leistungssätze nach § 3 Abs. 4 und 5 AsylbLG? – Anmerkung zum Urteil des SG Stade vom 13.11.2018 – S 19 AY 15/18, Zeitschrift für die sozialrechtliche Praxis (ZFSH/SGB) 2019, S. 68ff.

Kanalan, Ibrahim: Sanktionen im Sozialleistungsrecht – Zur Verfassungswidrigkeit der Leistungseinschränkungen nach dem Asylbewerberleistungsgesetz, Zeitschrift für die sozialrechtliche Praxis (ZFSH/SGB) 2018, S. 247ff.

Korff, Karla: Beck-Online-Kommentar Sozialrecht, AsylbLG, § 3 Rn. 30, 57. Ed., 2020.

Oppermann, Dagmar: Änderungen im Asylbewerberleistungsgesetz durch das Asylpaket II, juris-Praxisreport Sozialrecht (jurisPR-SozR) 16/2016, Anm. 1.

Schwabe, Bernd-Günter: Einzelbeträge aus den Leistungssätzen für Grundleistungen nach dem AsylbLG ab 1.1.2022, Zeitschrift für das Fürsorgewesen (ZfF) 2022, S. 25ff.

Siefert, Jutta: Asylbewerberleistungsgesetz – Kommentar, 2. Auflage, 2020.

Siefert, Jutta: Leistungen für Asylbewerber nach dem Asylpaket II, juris Die Monatszeitschrift (jM) 2016, S. 329ff.

Werdermann, David: Anmerkung: Erste LSG-Entscheidungen zum Eilrechtsschutz gegen „Zwangsverpartnerung" nach AsylbLG (nach Änderung der Bedarfsstufe Alleinstehender in Unterkünften), Asylmagazin 2020, S. 179ff.

Teil III – Analogleistungen

Zusammenfassung

In diesem Teil wird erklärt, was Analogleistungen nach § 2 AsylbLG sind. Vor allem wird dargestellt, unter welchen Voraussetzungen diese Leistungen zu erlangen sind und welche Ausschlüsse und Beschränkungen es unter welchen Umständen geben kann.

I. Was sind Analogleistungen

§ 2 AsylbLG regelt, dass anstatt der §§ 3, 4, 6, 6a, 6b, 7 AsylbLG unter bestimmten Umständen die Normen des SGB XII und des Teil 2 SGB IX analog gelten sollen. Das bedeutet im Klartext Folgendes:

Statt der Grundleistungen (§ 3 AsylbLG) gelten die vollen Regelleistungen (§§ 27ff.; 35ff. SGB XII analog).

Statt der analogen Leistungen für Bildung und Teilhabe nach § 3 Abs. 4 AsylbLG besteht der Zugang zu diesen analogen Leistungen (§§ 34ff. SGB XII) nun über § 2 Abs. 1 S. 1 AsylbLG.

Statt der Notversorgung bei Krankheit (§ 4 AsylbLG) besteht Zugang zur vollen Gesundheitsversorgung (§§ 47ff. SGB XII analog).

Statt der schwammigen sonstigen Leistungen (§ 6 AsylbLG) besteht Zugang zu

- zusätzlichen Bedarfen (§§ 30ff. SGB XII analog),
- Hilfe zur Pflege (§§ 61ff. SGB XII analog),
- Hilfe zur Überwindung besonderer sozialer Schwierigkeiten (§§ 67f. SGB XII analog),
- Hilfe in anderen Lebenslagen (§§ 70ff. SGB XII analog),
- Eingliederungshilfe (Teil 2 SGB IX analog).

Die Notwendigkeit für eine Regelung der Erstattung von Aufwendungen Dritter (§ 6a AsylbLG: beispielsweise Krankenhaus leistet Nothilfe für Person ohne Status) entfällt.

Die analoge Anwendung von § 18 SGB XII (Kenntnisgrundsatz statt Antragsgrundsatz) über § 6b AsylbLG entfällt, da nun die analoge Anwendung des gesamten SGB XII besteht.

Und schließlich gelten statt der Einkommensanrechnungsregeln des § 7 AsylbLG die etwas besseren Regeln nach §§ 82ff. SGB XII analog.

Wer also Zugang zu Analogleistungen hat, bekommt nahezu den gleichen Zugang zu „normalen" Sozialleistungen wie Leistungsberechtigte nach SGB XII.

II. Voraussetzungen

II.1 Wartezeit von 18 Monaten

Ein Anspruch auf Analogleistungen nach § 2 AsylbLG besteht nach 18 Monaten Aufenthalt in Deutschland. Es kommt hier nicht auf die Zeiten des Leistungsbezugs nach § 3 AsylbLG an, sondern allein auf die Zeiten des tatsächlichen Aufenthalts in Deutschland.

Diese Wartefrist ist durchaus kritisch zu sehen, da das Konstrukt der §§ 3, 3a AsylbLG u.a. damit gerechtfertigt wird, dass die drastisch zu niedrigen Leistungen nur vorübergehend seien. 18 Monate können aber – insbesondere für Kinder – nicht als „vorübergehend" gelten.

Aus § 51 Abs. 1 Nr. 7 AufenthG ergibt sich, dass der Gesetzgeber davon ausgeht, dass eine Ausreise aus Deutschland von mehr als 6 Monaten dauerhaft sei, denn wer länger als 6 Monate ausreist, dessen Aufenthaltstitel erlischt. Für vorübergehende Aufenthaltserlaubnisse sieht das Gesetz mit § 26 Abs. 1 S. 1 AufenthG eine Geltungsdauer von 6 Monaten vor. Im „normalen" Sozialrecht gilt meist die 6-Monatsgrenze als Abgrenzung zwischen vorübergehend und nicht mehr vorübergehend (vgl. beispielsweise: Anlage zur Versorgungsmedizinverordnung, Teil A, 2.f) S. 1). Das BSG sieht schließlich nach 6 Monaten grundsätzlich einen ausreichend verfestigten Aufenthalt, was ebenfalls die Annahme des dauerhaften Aufenthalts ab 6 Monaten stützt (BSG vom 3.12.2015 – B 4 AS 44/15 R: Aufenthaltsverfestigung für EU-Bürger:innen).

Der Gesetzgeber knüpfte für die Regelung ab 1.3.2015 (15 Monate Wartezeit) an die durchschnittliche Dauer von Asylverfahren an, da erst nach Abschluss des Asylverfahrens überhaupt eine Aufenthaltsverfestigung möglich sei. In den Jahren 2011 bis 2013 dauerten Asylverfahren im Durchschnitt etwa 1 Jahr. Mit einem Aufschlag von 3 Monaten landete der Gesetzgeber dann bei den 15 Monaten (BT-Drs. 18/2592, 19). Die Erhöhung auf 18 Monate zum 21.8.2019 erfolgte dann ohne inhaltliche Begründung. Es wurde lediglich gesagt, dass man einen Gleichlauf mit der Verpflichtung schaffen wollte, bis zu 18 Monate in einer Aufnahmeeinrichtung zu wohnen (§ 47 AsylG) (Krauß 2020: § 2 Rn. 24). Die durchschnittliche Dauer der Asylverfahren lag jedenfalls bis zur Corona-Pandemie bei ca. 6 Monaten (BT-Drs. 19/23630).

Viel spricht also für eine verfassungskonforme Wartezeit von 6 Monaten, wenn das Kriterium „vorübergehend" als Rechtfertigung für die Minderleistungen nach §§ 3, 3a AsylbLG herhalten soll. Aber schon die Entwicklung der Wartefrist über die Jahre zeigt, dass eher der Gesichtspunkt der Kosteneinsparung im Vordergrund steht (Krauß 2020: § 2 Rn. 19), als alles andere:

1.1.1993 – 31.5.1997	12 Monate
1.6.1997 – 27.8.2007	36 Monate
28.8.2007 – 28.2.2015	48 Monate
1.3.2015 – 20.8.2019	15 Monate
Seit 21.8.2019	18 Monate

Die Wartezeiten hatten über die Jahre verschiedene Voraussetzungen (Anknüpfung an Dauer des Asylverfahrens; Anknüpfung an Bezugszeiten nach § 3 AsylbLG; Anknüpfung an tatsächlichen Aufenthalt in Deutschland), was hier aber vernachlässigt werden kann.

Jedenfalls ist eine Beschränkung auf ein Existenzminimum unterhalb des „normalen" Existenzminimums dann nicht mehr gerechtfertigt, wenn der tatsächliche Aufenthalt die Spanne eines Kurzzeitaufenthaltes deutlich überschreitet. Sobald der tatsächliche Aufenthalt also nicht mehr vorübergehend oder kurzzeitig ist, muss ein Zugang zum „normalen" Existenzminimum eröffnet werden (Oppermann/Filges 2021: § 2 Rn. 29 mit Bezug auf BVerfG vom 12.7.2012 – 1 BvL 10/10, 1 BvL 2/11, Rn. 76). In geeigneten Fällen sollten also (beispielsweise nach 6 Monaten Aufenthalt) Leistungen nach § 2 AsylbLG geltend gemacht werden.

II.2 Ausschluss bei Rechtsmissbrauch

Dem Gesetzgeber genügt es nicht, Geflüchtete pauschal für 18 Monate von „normalen" Sozialleistungen auszuschließen. Auch wenn die Wartezeit von 18 Monaten erfüllt ist, können Betroffene von Analogleistungen ausgeschlossen werden, wenn ihnen vorgeworfen wird, dass sie die Dauer ihres Aufenthalts rechtsmissbräuchlich selbst beeinflussen (dazu: Kellmann 2008: 9).

a) Rechtscharakter einer Sanktion

Der Vorwurf der rechtsmissbräuchlichen Beeinflussung der Aufenthaltsdauer entspricht dem Vorwurf einer Pflichtverletzung: Der Aufenthalt soll beendet werden; der:die Betroffene ist verpflichtet, an dieser Aufenthaltsbeendigung mitzuwirken; der:die Betroffene verstößt gegen diese Pflicht.

Wenn aber wegen einer Pflichtverletzung die Leistungen abgesenkt werden, dann ist das eine Sanktion (Sanktionscharakter bejahend: Bayerisches LSG vom 29.4.2021 – L 8 AY 122/20, Rn. 39; LSG NRW vom 27.1.2021 – L 20 AY 1/21 B ER, Rn. 28; Schleswig-Holsteinisches LSG vom 15.7.2020 – L 9 AY 79/20 B ER, Rn. 32; LSG Nds.-Bremen vom 9.7.2020 – L 8 AY 52/20 B ER, Rn. 24; Hessisches LSG vom 4.6.2020 – L 4 AY 5/20 B ER, Rn. 29; Sanktionscharakter verneinend: Krauß 2020: § 2 Rn. 48; Cantzler 2019: § 2 Rn. 28).

Die Frage, ob hier eine Sanktion vorliegt oder nicht, ist ganz wesentlich. Wenn eine Sanktion vorliegt, dann müssen auch die Grundsätze aus dem Sanktionsurteil des BVerfG (vom 5.11.2019 – 1 BvL 7/16) berücksichtigt werden. Das heißt vor allem, die Sanktion muss zeitlich begrenzt bleiben; es muss ein konkretes bedarfsbezogenes Verhalten verlangt werden und es muss auch realistisch erscheinen, dass durch die Sanktion das gewünschte Verhalten erreicht werden kann und es muss eine ausreichende Rechtsfolgenbelehrung erfolgen, bevor sanktioniert werden darf.

b) Rechtsmissbrauch

Rechtsmissbräuchlich ist ein Verhalten (Tun oder Unterlassen), wenn es unter Berücksichtigung des Einzelfalls, der besonderen Situation von Ausländer:innen in Deutschland und der besonderen Eigenheiten des AsylbLG unentschuldbar (Sozialwidrigkeit) und geeignet ist, die Aufenthaltsdauer zu beeinflussen. Die strenge Sanktion des dauerhaften Ausschlusses von Analogleistungen muss zudem in einem angemessenen Verhältnis zum Pflichtverstoß stehen. Bevor ein Rechtsmissbrauch angenommen werden kann, gibt es also einiges zu prüfen: a) um welches konkrete und vorwerfbare Tun oder Unterlassen geht es und kann dieses Verhalten die Aufenthaltsdauer beeinflussen; b) welche Umstände des Einzelfalls liegen vor; c) wann liegt (unter Berücksichtigung der besonderen Situation von Ausländer:innen in Deutschland und der Eigenheiten des AsylbLG) Sozialwidrigkeit vor; d) Verhältnismäßigkeit von Sanktion zu Pflichtverstoß.

aa) Vorwerfbares Verhalten, das die Aufenthaltsdauer verlängern kann

Grundsätzlich kann hier jedes Tun oder Unterlassen relevant werden, wenn es dazu führt, dass sich der Aufenthalt in Deutschland verlängert. Das BSG geht dabei soweit, dass auch ein lange zurückliegendes Verhalten (Vernichten des Passes vor der Einreise) zum Verlust des Analogleistungsanspruchs führen kann (BSG vom 17.6.2008 – B 8/9b AY 1/07 R). Ob diese weitreichende Auslegung heute noch angewendet werden kann, ist umstritten.

Nicht ausreichend ist jedenfalls die bloße Verweigerung einer freiwilligen Ausreise (Schleswig-Holsteinisches LSG vom 15.7.2020 – L 9 AY 79/20 B ER; BSG vom 17.6.2008 – B 8/9b AY 1/07 R; SG Stralsund vom 22.3.2019 – S 5 AY 6/19 ER; Schneider 2022: 115). Auch die Weigerung, eine „Freiwilligkeits-/Ehrenerklärung" bzgl. der Ausreise zum Zweck der Erlangung eines Reisedokuments abzugeben, reicht nicht aus (SG Frankfurt vom 26.4.2022 – S 30 AY 8/22 ER; LSG Nds.-Bremen vom 16.1.2020 – L 8 AY 22/19 ER; SG Osnabrück vom 4.9.2019 – S 44 AY 40/19 ER; BSG vom 30.10.2013 – B 7 AY 7/12 R). Schließlich scheidet auch die Inanspruchnahme von (offenem) Kirchenasyl aus (BSG vom 24.6.2021 – B 7 AY 4/20 R). All diese Verhaltensweisen verlängern zwar den Aufenthalt, werden aber als nicht vorwerfbar eingestuft.

Weitere Beispiele für nicht vorwerfbares Verhalten sind (alle aus LSG Nds.-Bremen vom 19.11.2019 – L 8 AY 1/19 ER und vom 26.9.2019 – L 8 AY 70/15):

- Rücknahme eines Asylgesuchs vor förmlicher Asylantragstellung oder Stellung zulässiger Anträge im Asyl- oder Aufenthaltsverfahren (generell: rechtlich zulässige Verfahrenshandlungen oder das Nutzen von Rechtsbehelfen kann nur in extremen Ausnahmefällen rechtsmissbräuchlich sein);
- Angabe eines falschen Geburtsdatums, bei sonst korrekten Identitätsangaben;

- Unrichtige Angaben zur letzten Heimatanschrift, wenn Absicht der Falschangabe nicht bewiesen ist;
- Nichtvorlage eines vorhandenen Passes, wenn keine Zweifel zur Identität bestanden.

Der Klassiker des aufenthaltsverlängernden Verhaltens ist die Nichtmitwirkung bei der Beschaffung von Reisedokumenten. Dazu gehören beispielsweise folgende Pflichtverstöße:

- Täuschung über die Identität (Name, Geburtsort, Geburtsdatum, Staatsangehörigkeit) bei der Beantragung von Reisedokumenten;
- Weigerung, bei der Botschaft des Herkunftsstaates vorzusprechen;
- Weigerung bei der Botschaft des Herkunftsstaates, mit den Botschaftsvertreter:innen zu kommunizieren;
- Weigerung des Ausfüllens von Passanträgen oder Passersatzanträgen;
- Weigerung, die Dokumente zu beschaffen, die die Botschaft des Herkunftsstaates zur Passausstellung fordert (beispielsweise Geburtsurkunde und sonstige Identitätsdokumente);
- Weigerung, vorhandene Reisedokumente vorzulegen (Auffinden von kürzlich abgelaufenen Pässen bei Wohnungsdurchsuchung).

Eine Täuschung über die Identität kann auch während des Asyl- oder Asylfolgeverfahrens relevant werden. Wenn das Asylverfahren länger dauert, weil beispielsweise über die Staatsangehörigkeit oder die Volkszugehörigkeit getäuscht wurde, dann liegt auch darin ein Verhalten, wodurch die Aufenthaltsdauer verlängert wurde (so jedenfalls LSG Nds.-Bremen vom 20.1.2009 – L 11 AY 2/08 und vom 15.6.2009 – L 11 AY 27/09 B ER).

Es muss jedoch immer auch die Vorwerfbarkeit des Verhaltens hinzukommen und die Aufenthaltsdauer muss ursächlich durch den Pflichtverstoß verlängert werden. In der Praxis spielen vor allem die Fälle eine Rolle, wo zwar ein Pflichtverstoß vorliegt, aber auch aus anderen Gründen die Abschiebung nicht durchgeführt werden kann oder darf (dazu: Bayerisches LSG vom 27.10.2020 – L 8 AY 105/20 B ER).

> Beispiel 1: A ist chinesischer Staatsangehöriger mit einer Duldung. Ihm wird vorgeworfen, trotz konkreter Aufforderung nicht bei der Botschaft der VR China vorgesprochen zu haben. A wendet ein, dass während der Corona-Pandemie die Botschaft geschlossen war und keine Termine vergeben wurden.
>
> Hier kann es offenbleiben, ob A sich wirklich weigert, bei der Botschaft vorzusprechen. Jedenfalls ist es objektiv unmöglich, bei der Botschaft vorzusprechen, sodass ihm die Nichtvorsprache nicht vorgeworfen werden kann bzw. seine Weigerungshaltung nicht (allein) ursächlich für die Nichtvorsprache ist.
>
> Die zuständige Behörde müsste A hier eventuell alternative Wege zu einer Passantragstellung aufzeigen.

Beispiel 2: B ist marokkanische Staatsangehörige mit einer Grenzübertritts-bescheinigung. Sie weigert sich beharrlich, einen Pass bei ihrer Botschaft zu beantragen und sie weigert sich auch, das von der Ausländerbehörde vorgelegte Formular zur Beantragung eines Passersatzes (Laisser-Passer) auszufüllen.

B ist aber psychisch schwer krank und die behandelnden Ärzte attestieren eine Reiseunfähigkeit wegen massiver Suizidgefahr.

Auch hier ist es irrelevant, dass B tatsächlich gegen ihre Pflicht verstößt, bei der Passbeschaffung mitzuwirken, da für sie (neben der Passlosigkeit) der Duldungsgrund der Reiseunfähigkeit besteht. Selbst wenn B also einen Pass beschaffen würde, dürfte sie wegen ihrer Krankheit nicht abgeschoben wer-den. Dass die Ausländerbehörde hier keine Duldung, sondern eine Grenz-übertrittsbescheinigung ausgestellt hat, ist unerheblich. Hier kommt es auf die materielle Rechtslage an und danach bestehen zwei Duldungsgründe.

Die Ausländerbehörde könnte hier die Reiseunfähigkeit durch eine amts-ärztliche Begutachtung überprüfen lassen.

Beispiel 3: C hat eine Duldung und wird immer wieder aufgefordert, einen Pass zu beantragen. C trägt immer wieder vor, dass die Botschaft seines Herkunftsstaates seine Passanträge nicht annimmt, weil C nicht im Ge-burtsregister des Herkunftsstaates zu finden ist. Darüber stellt die Botschaft auch eine Bescheinigung aus, die C der Ausländerbehörde vorlegt. Dennoch wird er weiter zur Passbeschaffung aufgefordert.

Auch hier liegt keine vorwerfbare Pflichtverletzung vor. C hat alles Zumut-bare getan. Nicht der Erfolg der Passbeschaffung ist durch C geschuldet, sondern „nur" das ausreichende Bemühen um einen Pass.

Ähnlicher Fall: LSG Nds.-Bremen vom 19.3.2020 – L 8 AY 4/20 B ER

Viele Gerichte prüfen bezüglich der Vorwerfbarkeit auch sehr genau, ob die Aus-länderbehörde überhaupt die Abschiebung betreibt.

Beispiel: A ist algerischer Staatsangehöriger mit einer Duldung. Er wurde über die letzten 5 Jahre dreimal aufgefordert, bei der Botschaft Algeriens einen Pass zu beantragen. A kam den Aufforderungen nie nach, da er erklärte, es mache keinen Sinn, ohne Geburtsurkunde und ein Identitätsdo-kument einen Passantrag zu stellen.

Aus der Ausländerakte ergibt sich, dass die Ausländerbehörde schon vor 3 Jahren die Information erhalten hatte, dass eine Geburtsurkunde über einen Vertrauensanwalt der Deutschen Botschaft in Algerien beschafft wer-den könnte und dass die Botschaft Algeriens dann bereit wäre, ein Laisser-Passer auszustellen.

Bei dieser Konstellation lehnen viele Gerichte die Vorwerfbarkeit des Ver-haltens ab, da schon kein ernsthafter Abschiebungswille der Ausländer-behörde erkennbar ist. Wenn die Aufenthaltsdauer aber zumindest auch durch die Untätigkeit der Ausländerbehörde verlängert wird, kann das schlecht A vorgeworfen werden.

Solche etwas absurden Konstellationen gibt es durchaus häufig: Die Ausländerbehörde weiß sehr genau, wie die Betroffenen Pässe beschaffen könnten, fordert aber immer nur pauschal zur Passbeschaffung auf. Wenn die Betroffenen dann von der Botschaft des Herkunftsstaates abgewiesen werden, heißt es, es liege ein Pflichtverstoß vor, weil bekannt sei, dass die Passbeschaffung möglich sei. In solchen Fällen braucht es erfahrene Anwält:innen, die sich mit den Passbeschaffungspraktiken auskennen. Dann kann der Behörde nachgewiesen werden, dass sie treuwidrige „Spielchen" betreibt, statt ernsthaft die Abschiebung zu betreiben.

Eine „Sippenhaftung" gibt es nicht. Insbesondere Kinder haben ein rechtsmissbräuchliches Verhalten der Eltern grundsätzlich nicht zu vertreten (SG Dresden vom 6.7.2019 – S 3 AY 29/19 ER).

bb) Umstände des Einzelfalls

Selbst wenn ein Pflichtverstoß vorliegt, der allein ursächlich die Aufenthaltsdauer verlängert, müssen alle Umstände des Einzelfalls berücksichtigt werden. Das heißt vor allem, dass Umstände des Einzelfalls trotz Pflichtverletzung zur Verneinung eines Rechtsmissbrauchs führen können.

Hier kann abstrakt wenig gesagt werden – es kommt auf jeden Einzelfall an. Wenn also der Vorwurf des Rechtsmissbrauchs im Raum steht, ist es ganz entscheidend, die Umstände des Einzelfalls zusammenzutragen und auszuwerten, ob einige dieser Umstände der Annahme eines Rechtsmissbrauchs entgegenstehen könnten.

Beispiel 1: A reiste mithilfe eines Schleusers nach Deutschland ein. Bei der Einreise nahm der Schleuser A ihren Pass gewaltsam ab und verschwand. A gab dann bei ihrem Asylgesuch ihre korrekten Identitätsdaten an.

Hier hat A zwar ihren Pass „vernichtet", aber aus den Umständen des Einzelfalls ergibt sich, dass ihr das nicht vorgeworfen werden kann.

Beispiel 2: B hat eine Duldung und leidet unter einer schweren psychischen Erkrankung. Die behandelnde Psychiaterin attestiert, dass es für sie unmöglich ist, bei der Botschaft ihres Herkunftsstaates vorzusprechen, da sie schon auf dem Weg zur Botschaft einen Nervenzusammenbruch erleiden würde. Schon die Aufforderungen zur Botschaftsvorsprache würden B stets erheblich destabilisieren.

Auch hier liegen offensichtlich Umstände des Einzelfalls vor, die die Nichtvorsprache bei der Botschaft nicht vorwerfbar erscheinen lassen. Generell müssen psychische Beeinträchtigungen, auf denen die zunächst objektiv vorliegende Pflichtverletzung beruht, mehr berücksichtigt werden (LSG Nds. Bremen vom 26.9.2019 – L 8 AY 70/15; SG Marburg vom 28.8.2020 – S 9 AY 20/20 ER).

Beispiel 3: C ist Libanese, 30 Jahre alt, hat eine Duldung und lebt schon seit 20 Jahren in Deutschland. Er hat also in Deutschland seinen Schulabschluss gemacht, spricht fließend Deutsch und ist sozial in Deutschland integriert. Bis auf den Umstand, dass er wirtschaftlich nicht integriert ist, erfüllt C die Voraussetzungen eines sogenannten „faktischen Inländers".

Seit Jahren streitet er sich mit der Ausländerbehörde, die ihn zur Passbeschaffung auffordert. C wendet ein, dass er schon unzählige Male bei der Botschaft des Libanon vorgesprochen habe, dort aber immer wieder hinausgeworfen wurde.

Bei faktischen Inländern gibt es regelmäßig keinen vernünftigen Grund, die Eingliederung in das deutsche Sozialsystem zu blockieren. Selbst wenn also eine Pflichtverletzung vorliegen sollte, weil C sich nicht ausreichend bemüht, doch noch einen Pass zu erlangen, steht die sonstige gute Integration einem Rechtsmissbrauch entgegen (vgl. LSG Nds.-Bremen vom 17.10. 2007 – L 11 AY 15/07 ER).

cc) Sozialwidrigkeit

Sozialwidriges Verhalten liegt vor, wenn ein Tun oder Unterlassen aus Sicht der Solidargemeinschaft zu missbilligen ist (SG Gotha vom 2.6.2008 – S 14 SO 3481/06, Rn. 32). Da AsylbLG-Leistungen steuerfinanziert sind, entspricht die Solidargemeinschaft hier der Gemeinschaft der Steuerzahler:innen. Wenn also ein:e durchschnittliche:r, billig und gerecht denkende:r Steuerzahler:in ein Verhalten für unentschuldbar hält, dann ist das Verhalten sozialwidrig.

Leider herrscht in Behörden und Gerichten teilweise noch immer die Auffassung, dass Geflüchtete dankbar sein sollten, dass sie überhaupt in Deutschland sein dürfen, sodass jede Pflichtverletzung stets als unentschuldbar und damit sozialwidrig angesehen wird. Mehr und mehr setzt sich aber eine freundlichere Sichtweise durch.

Die Gerichte erwähnen zwar stets, dass es auch auf die Berücksichtigung der besonderen Situation von Ausländer:innen in Deutschland und auf die Eigenheiten des AsylbLG ankommt – es wird aber nie erklärt, was darunter konkret zu verstehen sein soll. Gemeint sein können nur Umstände, die ein objektiv pflichtwidriges Verhalten subjektiv entschuldbar erscheinen lassen. Praktische Beispiele gibt es hier bisher nicht. In der Praxis werden bestenfalls die Umstände des Einzelfalls herangezogen.

dd) Verhältnismäßigkeit

In der neueren Rechtsprechung wird zunehmend das Verhältnismäßigkeitsprinzip berücksichtigt. Für die Nichtgewährung von Leistungen nach § 2 Abs. 1 AsylbLG genügt demnach, angesichts des Sanktionscharakters, nicht schon jedes irgendwie zu missbilligende Verhalten. Art, Ausmaß und Folgen der Pflichtverletzung wiegen für Ausländer:innen und gegebenenfalls deren minderjährige Kinder so schwer, dass der Pflichtverletzung im Rahmen des Verhältnismäßigkeitsgrundsatzes ein erhebliches Gewicht zukommen muss (LSG Nds.-Bremen, Beschluss vom 19.11.2019 – L 8 AY 1/19 ER; Bayerisches LSG vom 29.4.2021 – L 8 AY 122/20).

In jedem Einzelfall muss also die vorgeworfene sozialwidrige Pflichtverletzung nochmals überprüft werden. Angesichts der sehr strengen Sanktion (dauerhafter Ausschluss vom Zugang zum vollständigen Existenzminimum) kann also auch eine sozialwidrige Pflichtverletzung noch sanktionsfrei bleiben.

c) Anforderungen an den Leistungsbescheid

aa) Taggenauer Übergang von § 3 zu § 2 AsylbLG

Die Behörde hat von Amts wegen sicherzustellen, dass Leistungen nach § 2 AsylbLG taggenau nach 18 Monaten Aufenthalt gewährt werden (SG Hannover vom 23.5.2022 – S 15 AY 113/19; LSG NRW vom 8.6.2020 – L 20 AY 40/19 mit Bezug auf BSG vom 24.3.2009 – B 8 AY 10/07).

In der Praxis kommt es hier sehr oft zu Fehlern. Leistungen nach § 2 AsylbLG werden erst gewährt, wenn sie geltend gemacht werden oder zum 1. des Folgemonats nach Ablauf der 18 Monate Wartezeit.

bb) Darlegungen zum Vorwurf des Rechtsmissbrauchs

Wenn eine Behörde auch nach 18 Monaten Aufenthalt weiter Leistungen nach § 3 AsylbLG gewährt und sich dabei auf Rechtsmissbrauch nach § 2 Abs. 1 S. 1 AsylbLG berufen will, dann müssen Darlegungen zu allen zuvor benannten Punkten im Bescheid enthalten sein. Es muss also vor allem erklärt werden, welches konkrete Verhalten pflichtwidrig und warum dieses Verhalten sozialwidrig sein soll. Schließlich muss auch erklärt werden, warum der Pflichtverstoß als so schwerwiegend eingestuft wird, dass er dauerhaft die Begrenzung der Leistungen auf § 3 AsylbLG rechtfertigen kann.

Kaum ein Bescheid genügt diesen Anforderungen, sodass die meisten Bescheide, die sich auf den Vorwurf des Rechtsmissbrauchs beziehen, angreifbar sind.

Wichtig ist, dass die Behörde darlegungs- und beweispflichtig ist. Das heißt, die Behörde muss den Pflichtverstoß und die Vorwerfbarkeit beweisen (Oppermann/Filges 2021: § 2 Rn. 140ff.; LSG Nds.-Bremen vom 9.7.2020 – L 8 AY 52/20 B ER, Rn. 24). Das zwingt die Behörde, eigene Ermittlungen anzustellen.

> Beispiel 1: A hält sich schon länger als 18 Monate in Deutschland auf, bezieht aber weiter Leistungen nach § 3 AsylbLG. Sie fragt beim Sozialamt nach und erhält einen neuen Bescheid, wonach alles beim Alten bleiben müsse, weil sie rechtsmissbräuchlich bei der Passbeschaffung nicht mitwirke.
>
> Aus der Leistungsakte ergibt sich, dass das Sozialamt bei der Ausländerbehörde nachfragte, ob ein Rechtsmissbrauch bei A gem. § 2 Abs. 1 S. 1 AsylbLG vorliegen würde. Darauf übersandte die Ausländerbehörde per E-Mail: „A verweigert pflichtwidrig Mitwirkung bei Passbeschaffung".

Im Eilverfahren vor dem Sozialgericht hat A Erfolg, weil schon keine eigenen Ermittlungen des Sozialamtes erkennbar sind. Ohne eigene Ermittlungen kann das Sozialamt aber den behaupteten Rechtsmissbrauch nicht beweisen.

Das Sozialamt hätte zumindest die Ausländerakte beiziehen und gegebenenfalls. noch weitere eigene Ermittlungen durchführen müssen. Solche weiteren Ermittlungen können zum Beispiel auch darin bestehen, A selbst zur Mitwirkung aufzufordern.

Beispiel 2: B hält sich schon länger als 18 Monate in Deutschland auf, bezieht aber weiter Leistungen nach § 3 AsylbLG. Er hat eine Duldung für Personen mit ungeklärter Identität nach § 60b AufenthG („Duldung light"). Eine solche Duldung wird erteilt, wenn die Abschiebung aus selbst zu vertretenden Gründen nicht vollzogen werden kann, weil das Abschiebungshindernis durch eigene Täuschung über die Identität oder Staatsangehörigkeit oder durch eigene falsche Angaben selbst herbeigeführt wurde oder weil zumutbare Handlungen zur Erfüllung einer besonderen Passbeschaffungspflicht[73] nicht vorgenommen wurden.

Das Sozialamt meint, wer eine „Duldung light" habe, erfülle immer den Vorwurf des Rechtsmissbrauchs und dürfe keine Leistungen nach § 2 AsylbLG beziehen.

Diese Auffassung ist unhaltbar. Wie zuvor dargestellt, sind viele Prüfungsschritte nötig, um einen Rechtsmissbrauch annehmen zu können. Eine „Duldung light" kann ein erster Anhaltspunkt sein, mehr aber auch nicht (Oppermann/Filges 2021: § 2 Rn. 93). Auch hier hätte das Sozialamt weiter ermitteln müssen. Ohne solche Ermittlungen ist die Leistungsabsenkung von § 2 aus § 3 AsylbLG rechtswidrig.

III. Dauerhafte Absenkung der Leistungen

Nach geltender Rechtsprechung des BSG führt der Vorwurf des Rechtsmissbrauchs zu einer dauerhaften Absenkung der Leistungen auf das Niveau von §§ 3, 3a AsylbLG – egal, wie lange das rechtsmissbräuchliche Verhalten bereits zurückliegt und ob es mittlerweile korrigiert wurde (BSG vom 17.6.2008 – B 8/9b AY 1/07 R). Ob das verfassungsmäßig sein kann, wird immer häufiger angezweifelt (beispielsweise: SG Landshut vom 6.5.2019 – S 11 AY 38/19 ER, Rn. 36; Deibel 2011: 443, 447). Immerhin begegnet schon die 18-monatige Wartezeit verfassungsrechtlichen Bedenken (→ siehe I.1).

Vor allem das BVerfG liefert mit seinen Entscheidungen Stoff für Zweifel an der Verfassungsmäßigkeit des § 2 Abs. 1 S. 1 AsylbLG und dessen Auslegung durch das BSG. 2010 stellte das BVerfG fest, dass das Grundrecht auf Sicherung eines menschenwürdigen Existenzminimums jederzeit gilt (vom 9.2.2010 – 1 BvL 1/09). 2012 stellte das BVerfG in seiner AsylbLG-Entscheidung klar, dass das

---

73 § 60b Abs. 2 Satz 1 und Abs. 3 Satz 1 AufenthG

Grundrecht auf Sicherung eines menschenwürdigen Existenzminimums für alle Menschen mit gewöhnlichem Aufenthalt in Deutschland gilt, egal, welchen Status sie haben. In dieser Entscheidung deutet das BVerfG auch an, dass eine dauerhafte Leistungsabsenkung unterhalb des Existenzminimums nicht gerechtfertigt sein kann (vom 12.7.2012 vom 18.7.2012 – 1 BvL 10/10, Rn. 93). Und schließlich gibt es das Sanktionsurteil des BVerfG (vom 9.11.2019 – 1 BvL 7/16). Dort wird klargestellt, dass Leistungsabsenkungen stets zeitlich begrenzt sein müssen und strengen Anforderungen genügen müssen.

Nach all dem muss für die Anwendung der Rechtsmissbrauchsklausel eine Befristung gefordert werden. Es kann auch geltend gemacht werden, dass die Anwendung der Rechtsmissbrauchsklausel aufgrund des Fehlens einer Befristungsregelung verfassungswidrig ist.

> Beispiel: A hat eine Duldung und hält sich bereits länger als 18 Monate in Deutschland auf. Sein Asylverfahren endete bereits vor längerer Zeit. Eine Beschaffung eines Reisedokuments durch die Ausländerbehörde scheiterte bisher, da A über seine Identität getäuscht hatte. Mittlerweile hat er eine abgelaufene (echte) Identitätskarte aus seinem Herkunftsland vorgelegt, sodass die Identität geklärt ist. Ein Reisedokument gibt es dennoch bis heute nicht, da die Botschaft des Herkunftslandes eine „Ehrenerklärung" verlangt (Erklärung, dass A seinen Asylantrag bedauert und er freiwillig zurückkehren möchte). A verweigert aber die Abgabe dieser Ehrenerklärung.
>
> A erhält wegen des Vorwurfs des Rechtsmissbrauchs nur Leistungen nach § 3 AsylbLG. Das Sozialamt begründet dies mit seiner früheren Täuschungshandlung und mit der aktuellen Weigerung, eine Ehrenerklärung abzugeben.
>
> Die Weigerung der Ehrenerklärung ist nicht rechtsmissbräuchlich (BSG vom 30.10.2013 – B 7 AY 7/12 R).
>
> Bei der Identitätstäuschung können auch Zweifel aufkommen, da gefragt werden kann, ob sich (allein) dadurch wirklich die Aufenthaltsdauer verlängert hat. Die meisten Gerichte sehen aber in einer solchen Identitätstäuschung nach wie vor einen Rechtsmissbrauch. Also kommt es auf die Verfassungswidrigkeit an.
>
> Wenn A bereit ist, ein vielleicht langes Gerichtsverfahren durch die Instanzen zu führen, dann kann er Klage erheben und sich auf die Verfassungswidrigkeit des § 2 Abs. 1 S. 1 AsylbLG berufen, da diese Norm ihn wegen eines vergangenen und korrigierten Verhaltens dauerhaft sanktioniert.

Möglicherweise gibt es sogar eine Befristungsregelung? Immerhin besagt § 14 AsylbLG, dass Anspruchseinschränkungen nach dem AsylbLG zu befristen sind. Ganz überwiegend wird aber die Anwendung von § 14 AsylbLG hier abgelehnt, weil es sich bei der Rechtsmissbrauchsklausel nicht um eine Anspruchseinschränkung, sondern „nur" um eine Ablehnung einer Leistungsverbesserung handele (Siefert 2020: § 14 Rn. 4).

Dass das auch anders gesehen werden kann, wurde zuvor schon angesprochen (→ siehe I.2.a). Nach dem System des AsylbLG stellen die Analogleistungen den „Normalfall" dar und die Anspruchseinschränkung nach § 3 AsylbLG ist auf 18 Monate befristet (Frerichs 2021: § 14 Rn. 13). Wenn das aber so ist und wenn die Rechtsmissbrauchsklausel eine Sanktion darstellt, dann muss die Sanktion oder Anspruchseinschränkung auch zwingend befristet werden. Es spricht also viel dafür, dass die Rechtsmissbrauchsklausel des § 2 Abs. 1 S. 1 AsylbLG so zu verstehen ist, dass nach Ablauf der 18-Monatsfrist eine neue Anspruchseinschränkung[74] folgt. Solche Anspruchseinschränkungen sind aber zwingend nach § 14 AsylbLG zu befristen. Dafür spricht auch, dass oft bereits Analogleistungen gewährt werden und erst dann der Vorwurf des Rechtsmissbrauchs auftaucht und die Leistungen wieder auf § 3 AsylbLG abgesenkt werden. Zumindest diese Konstellation kann die überwiegende Jurist:innen-Ansicht nicht damit erklären, dass „nur" eine Leistungsverbesserung abgelehnt werde.

In juristischen Verfahren sollte also versucht werden, die fehlende Befristung zu rügen. Das sollte dann mit der Anwendbarkeit von § 14 AsylbLG einerseits und den Vorgaben des BVerfG andererseits begründet werden.

IV. Zwangsverpartnerung

Über § 2 Abs. 1 S. 4 Nr. 1 AsylbLG wird auch hier eine Zwangsverpartnerung in Sammelunterkünften vollzogen (→ Teil II Grundbedarfsdeckung, II.6.c). Hier gilt das Gleiche, wie bei der Zwangsverpartnerung bei Leistungsbezug nach §§ 3, 3a AsylbLG – nur wird hier der Regelsatz von 449 EUR um 10 % auf 404 EUR gekürzt (Stand: 2022; ab 1.1.2023: von 502 EUR auf 451 EUR).

Zur Begründung der Zwangsverpartnerung auch bei Analogleistungen führt der Gesetzgeber lediglich aus, dass dies infolge der Zwangsverpartnerung bei Leistungen nach § 3 AsylbLG notwendig sei (BT-Drs. 19/10052, S. 19f.). Diese pauschale Übertragung der Rechtfertigung der Zwangsverpartnerung kann nicht greifen, da das System der Grundbedarfe nach §§ 3, 3a AsylbLG nicht mit dem der Regelbedarfe nach § 2 AsylbLG in Verbindung mit SGB XII vergleichbar ist. Der Gesetzgeber führt in seiner Begründung beispielsweise das laufende Asylverfahren und die „überschaubare Zeit" der gemeinsamen Unterbringung an (BT-Drs 19/10052, S. 24). Sofern diese Erwägung schon für Leistungsbeziehende nach §§ 3, 3a AsylbLG zweifelhaft ist, ist sie erst recht für Leistungsbeziehende nach § 2 AsylbLG unhaltbar. Die Betroffenen halten sich schließlich bereits mehr als 18 Monate in Sammelunterkünften auf (oft bereits seit vielen Jahren), sodass nicht mehr von einem „überschaubaren Zeitraum" gesprochen werden kann. Zudem ist das Asylverfahren in der Regel nach 18 Monaten bereits abgeschlossen.

Vor allem aber ist es Sinn und Zweck der Analogleistungen, endlich nach 18 Monaten Zugang zum vollständigen Existenzminimum zu erlangen. 18 Monate sind eine lange Zeit. In dieser Zeit wirkte sich die Leistungsminderung des Konstruktes des Grundbedarfs (→ Teil II Grundbedarfsdeckung, I.) und die nochmali-

---

[74] Durch die Gewährung von Leistungen nach § 3 AsylbLG

ge Leistungsminderung durch die Zwangsverpartnerung (→ Teil II Grundbedarfs-deckung, II.6.c) aus. Beispielsweise für Alleinerziehende kam noch eine dritte Leistungseinbuße hinzu: der fehlende Zugang zum Mehrbedarf für Alleinerziehen-de[75] (→ Teil VII Sonstige Leistungen, I.1.a). Die Analogleistungen sollen also endlich eine menschenwürdige und selbstbestimmte Integration in das deutsche Sozialleistungssystem ermöglichen. Schon deshalb muss jedes Abweichen von den „normalen Regelbedarfssätzen" besonders gerechtfertigt werden. Ein pauschales „Das ist eben notwendig" kann dazu nicht genügen.

Ansonsten gelten hier im Wesentlichen die gleichen verfassungsrechtlichen Beden-ken wie zur Zwangsverpartnerung bei Grundbedarfen (→ Teil II Grundbedarfs-deckung, III.4).

Zusätzlich kann hier aber bei älteren Fällen argumentiert werden, dass Betroffe-ne, die bereits am 21.8.2019 Leistungen nach § 2 AsylbLG bezogen haben, nicht von der Zwangsverpartnerung betroffen sein können. Denn der Wortlaut des § 15 AsylbLG schließt eine Anwendung des § 2 Abs. 1 S. 4 Nr. 1 AsylbLG auf diese Fälle aus. § 15 AsylbLG besagt, dass für Leistungsberechtigte, die am 21.8.2019 analogleistungsberechtigt waren, die alte Fassung des § 2 AsylbLG (ohne „Zwangsverpartnerung") anzuwenden ist. Dazu werden zwei Auffassungen vertreten:

a) § 15 AsylbLG führt zur Nichtanwendbarkeit des neuen § 2 Abs. 1 S. 4 Nr. 1 AsylbLG auf die bezeichneten Altfälle, weil der Wortlaut eindeutig ist (SG Freiburg vom 3.12.2019 – S 9 AY 4605/19 ER, Rn. 5; Bayerisches LSG vom 18.5.2021 – L 8 AY 122/20, Rn. 48; SG Neubrandenburg vom 3.7.2020 – S 6 AY 9/20 ER);

b) § 15 AsylbLG ist ausschließlich auf die Erweiterung der Wartefrist von 15 auf 18 Monate anwendbar, da der klare Wortlaut der Norm im Rahmen des Willens des Gesetzgebers auszulegen sei und die Überschrift des § 15 AsylbLG dies auch erkennen lasse (LSG BaWü vom 13.2.2020 – L 7 AY 4273/19 ER-B, Rn. 14; Oppermann 2021: § 15 Rn. 13; SG Düsseldorf vom 13.4.2021 – S 17 AY 21/20, Rn. 88ff.; SG Heilbronn vom 13.4.2021 – S 2 AY 783/20, Rn. 22; SG Leipzig vom 8.1.2020 – S 10 AY 39.19 ER).

Die Auffassung b) stellt darauf ab, dass in kurzer Zeitabfolge zwei Gesetzesände-rungen eingetreten sind: zum 21.8.2019 erfolgte die Verlängerung der Wartefrist von 15 auf 18 Monate und zum 1.9.2019 erfolgte die Einführung der Zwangsver-partnerung. Die Überschrift des § 15 AsylbLG (Übergangsregelung zum Zweiten Gesetz zur besseren Durchsetzung der Ausreisepflicht) bezieht sich ausschließlich auf das Gesetz, mit dem die Wartefrist verlängert wurde. Die Auffassung zu a) hält dem aber entgegen, dass für die Rechtsanwender:innen kaum nachvollzieh-bar ist, was der Gesetzgeber gemeint haben könnte. Es gilt zudem der strikte Grundsatz, dass der Wortlaut einer Norm die Grenze der Auslegung ist. Wenn der Wortlaut einer Norm also eindeutig ist, dann ändert daran auch nichts, dass der Gesetzgeber eigentlich etwas ganz anderes wollte.

---

75 § 30 Abs. 3 SGB XII

V. Abzug für Sachleistungen

V.1 Gewährung von Sach- statt Geldleistungen

§ 2 Abs. 2 AsylbLG besagt, dass das Sozialamt bestimmen darf, ob die Bedarfe durch Geld- oder Sachleistungen gedeckt werden. Für Betroffene in Sammelunterkünften können die Behörden also verfügen, dass beispielsweise die Bedarfe der Abteilung 4 (Wohnen, Energie und Instandhaltung) und der Abteilung 5 (Innenausstattung, Haushaltsgeräte und -gegenstände, laufende Haushaltsführung) weiter als Sachleistungen erbracht werden.

Wichtig: Eine solche Verfügung nach § 2 Abs. 2 AsylbLG setzt Ermessen voraus! Bescheide, die keine Ermessenserwägungen erkennen lassen, sind daher rechtswidrig (Bayerisches LSG vom 15.11.2019 – L 8 AY 43/19 B ER). Zudem muss natürlich aus dem Bescheid eindeutig hervorgehen, welche konkreten Bedarfe durch welche konkreten Sachleistungen gedeckt sein sollen und welche Geldbeträge für welche Bedarfe veranschlagt werden (LSG Hessen vom 13.4.2021 – L 4 AY 3/21 B ER).

Wenn Ermessen ausgeübt wird, so müssen dabei die konkrete Unterbringungssituation und die Umstände in der konkreten Unterkunft berücksichtigt werden. Dabei soll vor allem das Verhindern oder Schlichten von Konflikten in der Unterkunft bewirkt werden. Die Behörde muss dann aber auch darstellen, welche konkreten Konflikte vermieden werden sollen und warum das durch eine Leistungskürzung bewirkt werden soll.

Da es hier um Analogleistungen geht, ist auch zu beachten, dass im SGB XII Sach- statt Geldleistungen bei den Regelsatzleistungen nur sehr eingeschränkt zulässig sind (§ 10 Abs. 3 SGB XII; Pfriender 2020: § 10 Rn. 53: beispielsweise bei Drogen- oder Alkoholabhängigkeit).

Im Ergebnis muss die Behörde also einigen Aufwand betreiben, um im konkreten Einzelfall darzulegen, warum Geldleistungen nicht sachgerecht erscheinen sollen. Standardmäßige Automatismen in dem Sinne, dass stets bestimmte Bedarfe bei allen Leistungsbeziehenden durch Sachleistungen gewährt werden, sind unzulässig.

a) Abzug der Sachleistungen vom Regelsatz

Über § 2 AsylbLG gilt auch § 27a Abs. 4 S. 1 Nr. 1 SGB XII analog. Diese Norm besagt, dass im Einzelfall von der maßgebenden Regelbedarfsstufe abgewichen werden darf, wenn bestimmte Bedarfe beispielsweise durch Sachleistungen nachweisbar vollständig oder teilweise gedeckt sind. Im Klartext: Wenn die Behörde nach § 2 Abs. 2 AsylbLG Sachleistungen gewährt, dann dürfen die entsprechenden Regelsatzbeträge von den Geldleistungen abgezogen werden, wenn die Bedarfsdeckung durch die Sachleistungen nachgewiesen ist.

Spätestens hier muss also aus dem Bescheid erkennbar werden, welche konkreten Bedarfe durch welche konkreten Sachleistungen gedeckt werden und welche konkreten Geldbeträge dafür jeweils veranschlagt werden.

Oft wird ausschließlich der Bedarf für Haushaltsenergie (Strom) als Sachleistung gewährt und vom Regelsatz abgezogen (bei „Zwangsverpartnerung", Stand 2022: ca. 32,84 EUR; ab 1.1.2023: ca. 40,73 EUR). Wenn weitere Bedarfe wegen Sachleistungen in Abzug gebracht werden, kann es auf den Nachweis der Bedarfsdeckung ankommen.

> Beispiel (Stand 2022): A lebt schon seit über 5 Jahren in einer Gemeinschaftsunterkunft mit einer Duldung. Er erhält Analogleistungen unter Anwendung der „Zwangsverpartnerung", also monatlich grundsätzlich 404 EUR.
>
> Das Sozialamt gewährt per Bescheid aber Sachleistungen für die gesamten Bedarfe der Abteilungen 4 und 5 und zieht daher 38,08 EUR plus 27,39 EUR = 65,47 EUR von den 404 EUR ab. Es verbleiben also Geldleistungen von monatlich 338,53 EUR und damit ganze 8,53 EUR mehr, als wenn A Leistungen nach § 3 AsylbLG beziehen würde.
>
> A macht nun aber geltend, dass die Unterkunft in einem miserablen Zustand sei, da seit Jahren keine Instandhaltungsarbeiten erfolgt seien und das die Innenausstattung und die Haushaltsgeräte und -gegenstände teilweise unvollständig und teilweise defekt seien.
>
> Da nach dem klaren Wortlaut der Norm das Sozialamt nachweisen muss, dass die Sachleistungen auch tatsächlich die Bedarfe decken, kann A im gerichtlichen Eilverfahren versuchen, mehr Geldleistungen zu erlangen.
>
> Aus der Praxis ist bisher kein Fall bekannt, wo so etwas versucht wurde. Möglicherweise würde hier eine Instandhaltungsoffensive und Neuausstattung der Unterkunft die Folge sein.

b) Kritik

§ 2 Abs. 2 AsylbLG in Verbindung mit § 27a Abs. 4 S. 1 Nr. 1 SGB XII ist bei exzessiver Anwendung geeignet, die Analogleistungen leerlaufen zu lassen. § 2 Abs. 1 AsylbLG soll schließlich gerade das Herausrechnen von Bedarfen durch § 3a AsylbLG beenden, weil diese Praxis bestenfalls vorübergehend zulässig sein kann.

Ein wichtiges Argument ist auch hier, dass das BVerfG festgestellt hat, dass die einzelnen Regelbedarfsabteilungen so knapp bemessen sind, dass sie für sich genommen verfassungswidrig zu niedrig wären. Nur durch die Gewährung des Gesamtregelsatzes (der immer auch Bedarfe enthält, die bei Betroffenen gar nicht anfallen oder auf sonstige Weise gedeckt sind) ist das menschenwürdige Existenzminimum gerade noch gedeckt (BVerfG vom 23.7.2014 – 1 BvL 10/12, Rn. 86; BVerfG vom 5.11.2019 – 1 BvL 7/16, Rn. 190). Hier soll vor allem auch das Recht auf Selbstbestimmung beachtet werden. Wenn Betroffenen nur noch so wenig Geld gegeben wird, dass dieses Geld zwingend zur bloßen Existenz eingesetzt werden muss und damit jeder Spielraum für freie Entscheidungen zur Geldverwendung genommen wird, dann ist das verfassungswidrig.

1. Wenn A am 18.4.2021 nach Deutschland eingereist ist, zunächst von Erspartem gelebt hat und seit Februar 2021 Leistungen nach § 3 AsylbLG bezieht: ab wann hat A Anspruch auf Analogleistungen nach § 2 AsylbLG? A hat eine Aufenthaltsgestattung.

2. Welche offenen Rechtsfragen rund um die Analogleistungen machen Leistungsbescheide angreifbar?

3. Was genau ist eigentlich von Analogleistungen umfasst?

Antworten:

Zu 1.

A hat ab 19.10.2022 taggenau Anspruch auf Analogleistungen, weil dann die 18-monatige Wartefrist abgelaufen ist. A muss diesen Übergang zu höheren Leistungen nicht beantragen, die Umstellung hat von Amts wegen zu erfolgen. Unterbleibt die Umstellung und A bemerkt den Fehler erst später, können die Ansprüche auch rückwirkend geltend gemacht werden. Es gibt aber eine zeitliche Grenze für die Rückwirkung von Nachzahlungsansprüchen[76]: Nachzahlungen für die Vergangenheit können immer nur im laufenden Jahr rückwirkend zum 1.1. des Vorjahres erlangt werden. A könnte also Nachzahlungsansprüche ab 19.10.2022 noch bis zum 31.12.2023 geltend machen (→ Teil XII Verfahrensregeln, V.1).

Zu 2.

a) Die Frage, ob die 18-monatige Wartefrist verfassungskonform ist, ist eine offene Rechtsfrage. Hier könnten Betroffene also ihre Bescheide nach § 3 AsylbLG angreifen und Analogleistungen fordern, sobald sie meinen, dass ihr Aufenthalt in Deutschland nicht mehr kurzzeitig oder vorübergehend ist – beispielsweise nach 6 Monaten. Insbesondere für kleine Kinder sind 18 Monate eher eine Ewigkeit als kurzzeitig.

b) Die Frage, ob pflichtwidrige Verhaltensweisen aus der Vergangenheit, die aktuell nicht mehr abänderbar sind, einen Rechtsmissbrauch begründen können, ist eine offene Rechtsfrage. Bescheide, die sich auf Rechtsmissbrauch berufen, sollten grundsätzlich angegriffen werden.

c) Die Frage, ob Analogleistungen dauerhaft wegen eines Rechtsmissbrauchs ausgeschlossen werden dürfen, ist eine offene Rechtsfrage. Auch hier gilt, dass generell Bescheide, die sich auf Rechtsmissbrauch stützen, angegriffen werden sollten.

d) Die Frage, ob die Zwangsverpartnerung im Rahmen von Analogleistungen verfassungswidrig ist, ist eine offene Rechtsfrage, die sogar schon vor dem BVerfG anhängig ist (Aktenzeichen des BVerfG: 1 BvL 3/21).

e) Die Frage, ob und wie Geldbeträge aus dem maßgeblichen Regelsatz gestrichen werden dürfen, wenn einzelne Bedarfe durch die Gewährung von Sachleistungen gedeckt werden, ist eine offene Rechtsfrage. In dem Fall, der zur Frage der Zwangsverpartnerung vor dem BVerfG ist, wurden Geldbeträge

---

76 § 9 Abs. 4 S. 1 Nr. 1 und S. 2 Nr. 2 in Verbindung mit § 44 Abs. 4 S. 1 SGB X

wegen Sachleistungen gekürzt. Vielleicht äußert sich das BVerfG also auch zu dieser Frage, wobei diese Frage dem BVerfG nicht ausdrücklich gestellt wurde.

Zu 3.
Analogleistungen schließen zunächst die Anwendung der §§ 3 und 4 sowie 6 bis 7 AsylbLG aus. Stattdessen besteht Zugang zur gesamten Sozialhilfe nach SGB XII und zur Eingliederungshilfe nach Teil 2 SGB IX. Die Sozialhilfe umfasst, laut § 8 SGB XII: a) Hilfe zum Lebensunterhalt (§§ 27 bis 40); b) Grundsicherung im Alter und bei Erwerbsminderung (§§ 41 bis 46b); c) Hilfen zur Gesundheit (§§ 47 bis 52); d) Hilfe zur Pflege (§§ 61 bis 66a); e) Hilfe zur Überwindung besonderer sozialer Schwierigkeiten (§§ 67 bis 69); f) Hilfe in anderen Lebenslagen (§§ 70 bis 74).

Zitierte Literatur:

Cantzler, Constantin: Asylbewerberleistungsgesetz – Handkommentar, 2019.

Deibel, Klaus: Rechtsmissbrauch bei Leistungen in besonderen Fällen nach § 2 AsylbLG, Zeitschrift für die sozialrechtliche Praxis (ZFSH/SGB) 2011, S. 443ff.

Kellermann, Sascha: Die neue Rechtsprechung des Bundessozialgerichts zu § 2 AsylbLG, Asylmagazin 2008, S. 9ff.

Kraus, Karen. In: Siefert, Jutta: Asylbewerberleistungsgesetz – Kommentar, § 2, 2. Auflage, 2020.

Oppermann, Dagmar/Filges, Sven. In: Schlegel/Voelzke, juris-Praxiskommentar SGB XII, § 2 AsylbLG (Stand: 26.11.2021).

Pfriender, Katharina. In: Schlegel/Voelzke, juris-Praxiskommentar SGB XII, § 10 AsylbLG (Stand 1.2.2020).

Schneider, Lothar: Keine Anspruchseinschränkung bei Nichtausreise nach Ablehnung des Asylantrags, Neue Zeitschrift für Sozialrecht (NZS) 2022, S. 115.

Siefert, Jutta. In: Siefert, Jutta, Asylbewerberleistungsgesetz – Kommentar, § 14, 2. Auflage, 2020.

Vertiefende Literatur:

Hofmann, Andreas: Blindenhilfe als Analogleistung im Asylbewerberleistungsgesetz, Neue Zeitschrift für Sozialrecht (NZS) 2022, S. 191.

Judith, Wiebke/Brehme, Ricardo: Plädoyer für die Abschaffung des Asylbewerberleistungsgesetzes – Verfassungsrechtliche Gründe und Vorschläge zur Umsetzung, Kritische Justiz (KJ) 2014, S. 330ff.

Schneider, Dana: Der Fünffachschlag des BSG – Neues zu den Analogleistungen nach § 2 Abs. 1 AsylbLG, Anwalt/Anwältin im Sozialrecht (ASR) 2022, S. 102ff.

Schwabe, Bernd-Günter: Einzelbeträge aus den Regelbedarfsstufen ab 1.1.2022 – Leistungsfälle nach dem SGB II, dem SGB XII und nach § 2 AsylbLG, Zeitschrift für das Fürsorgewesen (ZfF) 2022, S. 1ff.

Teil IV – Anspruchseinschränkungen

Zusammenfassung

Hier wird der sehr praxisrelevante § 1a AsylbLG umfassend dargestellt. Das AsylbLG kennt neben dem berühmt-berüchtigten § 1a AsylbLG aber auch weitere Anspruchseinschränkungen, die hier ebenfalls dargestellt werden. Es geht bei den Darstellungen vor allem darum, Angriffspunkte gegen Bescheide mit Anspruchseinschränkungen aufzuzeigen. Im Ergebnis – so viel kann verraten werden – können und sollten alle (!) Bescheide mit Anspruchseinschränkungen juristisch angegriffen werden.

I. Allgemeines

I.1 Grundsätzliches

§ 1a AsylbLG enthält diverse Tatbestände, die sich auf migrationsrechtliches Verhalten und/oder migrationsrechtliche Umstände beziehen. An diese Tatbestände wird dann jeweils die Rechtsfolge geknüpft, dass nur noch Bedarfe für Ernährung, Unterkunft und Heizung sowie Körper- und Gesundheitspflege (auch als „Bett-Brot-Seife" bezeichnet) gedeckt werden dürfen.[77]

Das BVerfG hat Folgendes festgestellt (BVerfG vom 18.7.2012 – 1 BvL 10/10, Rn. 121):

> Migrationspolitische Erwägungen, die Leistungen an Asylbewerber und Flüchtlinge niedrig zu halten, um Anreize für Wanderungsbewegungen durch ein im internationalen Vergleich eventuell hohes Leistungsniveau zu vermeiden, können von vornherein kein Absenken des Leistungsstandards unter das physische und soziokulturelle Existenzminimum rechtfertigen [...] Die in Art. 1 Abs. 1 GG garantierte Menschenwürde ist migrationspolitisch nicht zu relativieren.

Die bisher ungeklärte Frage lautet daher, ob § 1a AsylbLG das Existenzminimum entgegen der BVerfG-Forderung migrationspolitisch relativiert (dazu beispielsweise: LSG Bayern vom 24.1.2013 – L 8 AY 4/12 B ER mit weiteren Nachweisen). Kann es zulässig sein, Verhalten von Leistungsbeziehenden sozialrechtlich zu sanktionieren, wenn das Anknüpfungsverhalten ausschließlich migrationsrechtliche Bezüge hat (vergleiche beispielsweise: LSG Nds.-Bremen vom 8.4.2014 – L 8 AY 57/13 B ER, Rn. 21: Berücksichtigung von Verhalten aus aufenthaltsrechtlichem Verhalten im sozialrechtlichen Verfahren ist stets sachfremd)? In der Rechtsprechung war nach der AsylbLG-Entscheidung des BVerfG (vom 18.7.2012 – 1 BvL 10/10 und 2/11) sehr umstritten, ob für § 1a AsylbLG überhaupt noch ein Anwendungsspielraum verbleiben könne.[78] Das BSG hatte den Streit zugunsten

---

77   § 1a Abs. 1 S. 2 AsylbLG
78   Gegen eine weitere Anwendung: LSG Hessen vom 6.1.2014 – L 4 AY 19/13 B ER (jedenfalls bei jahrelanger Leistungskürzung und nicht absehbarem Erfolg bzgl. Zwang zur Mitwirkung); LSG NRW vom 24.4.2013 – L 20 AY 153/12 B ER; SG Hildesheim vom 21.3.2013 – S 38 AS 313/13 ER; LSG Berlin-Brandenburg vom 6.2.2013 – L 15 AY 2/13 B ER; LSG Bayern vom 24.1.2013 – L 8 AY 4/12 B ER; SG Berlin vom 25.4.2013 – S 184

einer weiteren Anwendbarkeit entschieden (BSG vom 12.5.2017 – B 7 AY 1/16 R). Dagegen wurde Verfassungsbeschwerde erhoben. Diese Verfassungsbeschwerde wurde leider nicht zur Entscheidung angenommen, aber es gab dazu einen recht ausführlich begründeten Kammerbeschluss des BVerfG (vom 12.5.2021 – 1 BvR 2682/17). In diesem Kammerbeschluss führt das BVerfG aus, dass die alte Fassung des § 1a AsylbLG zwar verfassungsrechtlichen Bedenken begegnet, aber noch verfassungskonform war – für die aktuelle Fassung der Norm wurde allerdings recht deutlich gesagt, dass diese für verfassungswidrig erklärt würde, wenn ein entsprechendes Verfahren dem BVerfG vorliegen würde. Darauf wird im Weiteren noch detailliert einzugehen sein (→ siehe II.2).

Eine weitere wesentliche Frage zur Klärung der verfassungsrechtlichen Bewertung ist die, ob das soziokulturelle Existenzminimum frei verfügbar ist. Muss der Gesetzgeber also nur zwingend das physische Existenzminimum sichern und kann er das soziokulturelle Existenzminimum als freie Verfügungsmasse behandeln und im Zweifel ganz versagen (dazu schon: SG Potsdam – S 20 AY 9/10 ER: im Ergebnis ist soziokulturelles Existenzminimum nicht verfügbar; so auch LSG NRW vom 24.4.2013 – L 20 AY 153/12 B ER, Rn. 44)? Auch hier hat der Kammerbeschluss des BVerfG vom 12.5.2021 (1 BvR 2682/17) sehr deutlich gemacht, dass das soziokulturelle Existenzminimum nicht frei verfügbar ist.

Soziale Rechte betreffen Lebensbedingungen und sie reagieren daher auf Bedarfe, die vom Aufenthaltsort und nicht vom Status abhängen. Wer sich in Deutschland aufhält, hat hier die Bedarfe, die ihm oder ihr ein menschenwürdiges Leben in Deutschland möglich machen. Diese Bedarfe werden nicht weniger oder verschwinden, indem der Mensch einen bestimmten Status hat, ein bestimmtes Verhalten zeigt, nicht lange bleiben wird oder Ähnliches (BVerfG vom 18.7.2012 – 1 BvL 10/10, Rn. 94). Zudem ist die Menschenwürde Teil unserer Verfassungsidentität. Das BVerfG stellte fest, dass der Mensch in sozialen Bezügen existiert, sodass das bloße Menschsein den Bedarf am soziokulturellen Existenzminimum begründet (BVerfG vom 18.7.2012 – 1 BvL 10/10, Rn. 64 mit Bezug auf: BVerfG vom 9.2.2010 – 1 BvL 1/09 Rn. 135 mit weiteren Nachweisen). Selbst der britische High Court hat unter ausdrücklichem Bezug auf das BVerfG den Bedarf an Leistungen zur soziokulturellen Entfaltung für Flüchtlinge anerkannt (vgl. Becker 2017: 108).

Alles verdichtet sich schließlich zu der entscheidenden Frage: Ist es zulässig, unterhalb des menschenwürdigen Existenzminimums ein weiteres „unabweisbares Existenzminimum" zu schaffen? Das gesamte AsylbLG wirft diese Frage auf.

AY 24713 ER; SG Hamburg vom 13.3.2013 – S 7 AY 7/13 ER; SG Oldenburg vom 7.3.2013 – S 25 AY 13/13 ER; SG Magdeburg vom 20.2.2013 – S 16 AY 26/12; SG Stade vom 13.2.2013 – S 19 AY 59/12 ER; SG Würzburg vom 1.2.2013 – S 18 AY 1/13 ER; SG Köln vom 25.1.2013 – S 21 AY 6/13 ER; SG Magdeburg vom 24.1.2013 – S 22 AY 25/12 ER; SG Gelsenkirchen vom 21.1.2013 – S 32 AY 120/12 ER; SG Hannover vom 15.1.2013 – S 53 AY 63/12 ER; SG Leipzig vom 20.12.2012 – S 5 AY 55/12 ER; SG Lüneburg vom 13.12.2012 – S 26 AY 26/12; SG Hildesheim vom 6.12.2012 – S 42 AY 152/12 ER; SG Düsseldorf vom 19.11.2012 – S 17 AY 81/12 ER; SG Altenburg vom 11.10.2012 – S 21 AY 3362/12 ER; für eine weitere Anwendung: SG Berlin vom 12.5.2014 – S 90 AY 136/13; LSG Berlin-Brandenburg vom 23.7.2013 – L 23 AY 10/13 B ER; LSG Sachsen-Anhalt vom 2.9.2013 – L 8 AY 5/13 B ER; LSG Thüringen vom 17.1.2013 – L 8 AY 1801/12 B ER; LSG Nds.-Bremen vom 20.3.2013 – L 8 AY 59/12 B ER; LSG Hamburg vom 29.8.2013 – L 4 AY 5/13 B ER

Durch § 1a AsylbLG wird sie aber auf die Spitze getrieben. Durch das AsylbLG wird schließlich ein System unterschiedlicher Existenzminima eingeführt:

1) Grundsätzlich gilt der Regelbedarf nach RBEG in Verbindung mit SGB II und XII zuzüglich der Bedarfe für Unterkunft und Heizung und eventueller Mehrbedarfe als menschenwürdiges Existenzminimum. Die konkrete Höhe des Regelsatzes (Stand 2022: 449 EUR; ab 1.1.2023: 502 EUR) hat das BVerfG bereits als unterste Marke bezeichnet, die verfassungsrechtlich noch vertretbar sei (BVerfG vom 5.11.2019 – 1 BvL 7/16, Rn. 190).

2) Darunter markiert der Grundbedarf nach §§ 3, 3a AsylbLG ein weiteres Sonder-Existenzminimum (→ siehe Teil II Grundbedarfsdeckung) unterhalb des Regelsatzes und ohne klaren Anspruch auf eventuelle Mehrbedarfe (→ Teil VII Sonstige Leistungen, I.1.a).

3) Durch den Grundbedarf 2b (Zwangsverpartnerung, → siehe Teil II Grundbedarfsdeckung, II.6.c) wird das Sonder-Existenzminimum des Grundbedarfs für die große Gruppe der alleinstehenden und alleinerziehenden Erwachsenen nochmals um 10 % abgesenkt.

4) Und schließlich wird mit § 1a AsylbLG ein absolut „unabweisbares Existenzminimum" eingeführt, womit die Betroffenen auf die Erhaltung des Kerns ihrer physischen Existenz begrenzt werden.

Eine solche Abstufung der Menschenwürde ist zumindest problematisch und wird die Praxis bis zu einer Klärung durch das BVerfG noch oft beschäftigen.

I.2 Historie

§ 1a AsylbLG wurde zum 1.9.1998 eingeführt (BGBl. I 1998, 2505). Die Norm galt für Inhaber einer Duldung und für sonstige vollziehbar Ausreisepflichtige sowie deren Familienangehörige. Für diesen Personenkreis galten zwei Tatbestände:

■ Ausländer, die sich in den Geltungsbereich des AsylbLG begeben haben, um Leistungen nach diesem Gesetz zu erlangen;

■ Ausländer, bei denen aus von ihnen zu vertretenden Gründen aufenthaltsbeendende Maßnahmen nicht vollzogen werden können.

Wenn einer der Tatbestände erfüllt war, galt zwingend die Rechtsfolge, dass die Leistungen nach dem AsylbLG nur in der Höhe gewährt werden durften, die „im Einzelfall nach den Umständen unabweisbar geboten" waren. Was im Einzelfall unabweisbar geboten war, legte die Behörde fest.

Nach der AsylbLG-Entscheidung des BVerfG (vom 18.7.2012 – 1 BvL 10/10) war umstritten, ob und wie § 1a AsylbLG weiter Bestand haben könnte (→ siehe I.1). Die Norm galt trotz allem im Wesentlichen unverändert bis zum 23.10.2015 fort. Zum 24.10.2015 wurde die Norm dann vollständig neu gefasst und damit erheblich ausgeweitet (BGBl. I 2015, 1722). Dieser neu strukturierte § 1a AsylbLG wurde zum 6.8.2016 nochmals erweitert (BGBl. I 2016, 1940) und mit den Änderungen zum 21.8.2019 haben die Verschärfungen und Ausweitungen der Leistungskürzung (BGBl. I 2019, 1294) ihren vorläufigen Höhepunkt erreicht. Damit enthält § 1a AsylbLG nun 16 Tatbestände für Leistungsminderungen.

Eine wichtige Änderung zum 24.10.2015 war, dass nun ein echtes „unabweisbares Existenzminimum" geschaffen wurde – im Unterschied zu einer „echten Sanktion". Eine „echte Sanktion" senkt die laufenden Sozialleistungen um einen bestimmten Prozentsatz oder Geldbetrag ab. Die Betroffenen haben also weiter Anspruch auf die laufenden Sozialleistungen, aber in geringerem Umfang. Das „unabweisbare Existenzminimum" des § 1a AsylbLG schafft nun aber eine eigene Anspruchsgrundlage. Die Betroffenen werden also vollständig aus dem laufenden Leistungsbezug herausgenommen und bekommen stattdessen Leistungen nach der eigenständigen Norm des § 1a AsylbLG.

> Beispiel: A bezieht laufende Leistungen nach SGB II. Weil sie ohne wichtigen Grund einen Vorsprachetermin beim Jobcenter verpasst hatte, wird sie für 3 Monate sanktioniert. Ihre laufenden Leistungen reduzieren sich für 3 Monate um 10 % des maßgeblichen Regelsatzes.

> B bezieht laufende Leistungen nach §§ 3, 6 AsylbLG. Weil sie über Griechenland nach Deutschland eingereist ist und in Griechenland bereits einen Schutzstatus erlangt hatte, werden ihr nur noch Leistungen nach § 1a AsylbLG erbracht. Ansprüche aus §§ 3, 6 AsylbLG fallen vollständig weg – B unterliegt jetzt nur noch den Regeln des § 1a AsylbLG, der ein eigenständiges „unabweisbares Existenzminimum" festlegt.

II. Die Rechtsfolgen des § 1a AsylbLG

Die Tatbestände des § 1a Abs. 1 bis 7 AsylbLG sind vielfältig und werden im Folgenden detailliert dargestellt. Egal, welcher Tatbestand erfüllt ist, es treten stets die gleichen Rechtsfolgen ein:

- Keine Ansprüche mehr aus §§ 2, 3, 6 AsylbLG;
- Leistungen nur noch für Ernährung, Unterkunft, Heizung, Körper- und Gesundheitspflege;
- wenn im Einzelfall besondere Umstände vorliegen, sind weitere Leistungen möglich:
  - Kleidung, Gebrauchs- und Verbrauchsgüter des Haushalts;
- im Regelfall sind die Bedarfe durch Sachleistungen zu decken.

II.1 Anspruchsausschlüsse

a) Ausschluss von Ansprüchen nach § 3 AsylbLG

Der Ausschluss von Ansprüchen nach § 3 AsylbLG ist konsequent und logisch. Der Gesetzgeber wollte schließlich ein eigenständiges „unabweisbares Existenzminimum" schaffen.

b) Ausschluss von Ansprüchen nach § 2 AsylbLG

Auch dieser Ausschlusstatbestand ist konsequent und logisch. Der Bezug von Leistungen nach § 2 AsylbLG schützt grundsätzlich nicht vor der Anwendung des § 1a AsylbLG (LSG Schleswig-Holstein vom 6.7.2020 – L 9 AY 78/20 B ER,

Rn. 26ff.). Auch wer es geschafft hat, endlich Analogleistungen nach § 2 AsylbLG zu erhalten, kann auf die Leistungen nach § 1a AsylbLG zurückfallen, wenn einer der Tatbestände dieser Norm greift.

Allerdings ist das Verhältnis der Normen des § 1a AsylbLG und des § 2 AsylbLG durchaus umstritten (zum Streitstand: LSG Hessen vom 2.6.2020 – L 4 AY 7/20 B ER, Rn. 26). Es wird vertreten, dass ein „Rückfall" von Analogleistungen nach § 2 AsylbLG auf Leistungen nach § 1a AsylbLG ausgeschlossen sei, weil die Betroffenen bereits Leistungen nach SGB XII bezögen und somit der Anwendung von § 1a AsylbLG entzogen wären (SG Duisburg vom 2.11.2020 – S 48 AY 34/20 ER; SG Landshut vom 28.2.2018 – S 11 AY 66/18 ER, Rn. 107). Dabei wird jedoch übersehen, dass auch Analogleistungsbeziehende weiter Leistungen nach AsylbLG beziehen (§ 2 AsylbLG in Verbindung mit Leistungen nach SGB XII analog). Die Leistungsberechtigung nach § 1 AsylbLG entfällt nicht, sodass auch § 1a AsylbLG grundsätzlich anwendbar bleibt. Welche AsylbLG-Normen beim Bezug von Analogleistungen nicht mehr anwendbar sind, ist ausdrücklich in § 2 Abs. 1 S. 1 AsylbLG geregelt[79] und § 1a AsylbLG fehlt in der Aufzählung.

c) Ausschluss von Ansprüchen nach § 6 AsylbLG

Dieser Ausschluss mag als konsequent bezeichnet werden, logisch ist er nicht und verfassungsrechtlich wohl kaum haltbar (vgl. Siefert 2020: § 6 Rn. 11).

§ 6 AsylbLG regelt ausdrücklich die Möglichkeit, Bedarfe zu decken, die zur Sicherung einer menschlichen Existenz unerlässlich, geboten und erforderlich sind. Dass solche Leistungen für Betroffene des § 1a AsylbLG generell ausgeschlossen sein sollen, lässt sich nicht rechtfertigen. Das gilt vor allem für die menschenwürdige Gesundheitsversorgung, die nur über § 6 Abs. 1 AsylbLG sichergestellt werden kann (→ siehe Teil VI Medizinische Versorgung, I.2).

II.2 Leistungsanspruch nur zur Erhaltung des Kernbereichs der physischen Existenz

§ 1a Abs. 1 S. 2 AsylbLG begründet einen eigenen Leistungsanspruch, der den Kernbereich der physischen Existenz absichern soll („unabweisbares Existenzminimum": Ernährung, Unterkunft, Heizung, Körper- und Gesundheitspflege). Gerechtfertigt wird diese drastische Reduzierung der Existenzsicherung auf das bloße Aufrechterhalten des physischen (Über-)Lebens mit den Vorgaben des EuGH (beispielsweise: Siefert 2020: § 6 Rn. 10 mit Bezug auf: Ganter 2020: 118).

Bei der sogenannten „Bett-Brot-Seife"-Rechtsprechung des EuGH ging es um die Frage, ab wann eine unmenschliche oder erniedrigende Behandlung durch zu niedrige Existenzsicherungsleistungen vorliegt (EuGH vom 13.11.2019 – C-540/17 und C-541/17; EuGH vom 19.3.2019 – C-163/17 und C-297/17, C-318/17, C-319/17, C-438/17). Gegenstand der Verfahren war das Folterverbot aus Art. 3 EMRK und Art. 4 GRCh. Die Kernaussage des EuGH ist, dass die Achtung der Menschenwürde im Rahmen des Folterverbots verlangt, dass die Betroffenen nicht

---

79 §§ 3 und 4 sowie 6 bis 7 AsylbLG

in eine Situation extremer materieller Not geraten, die es ihnen nicht erlaubt, ihre elementarsten Bedürfnisse zu befriedigen, wie insbesondere eine Unterkunft zu finden, sich zu ernähren, zu kleiden (Bekleidungsbedarf wird nur in einer Entscheidung benannt: EuGH vom 12.11.2019 – C-233/18, Rn. 46) und zu waschen, und die ihre physische oder psychische Gesundheit beeinträchtigen oder sie in einen Zustand der Verelendung versetzen, der mit der Menschenwürde unvereinbar wäre (EuGH vom 19.3.2019 – C-163/17, Rn. 92 mit weiteren Nachweisen). Die deutsche Verwaltungsgerichtsrechtsprechung geht einhellig davon aus, dass sich aus der EuGH-Rechtsprechung ergebe, dass ausschließlich die Bedarfe für Unterkunft, Ernährung, Körper- und Gesundheitspflege („Bett-Brot-Seife") zu sichern seien, um eine unmenschliche oder erniedrigende Behandlung zu vermeiden (OVG Sachsen vom 17.6.2020 – 5 A 441/18.A mit weiteren Nachweisen).

Der EuGH hat also nichts dazu gesagt, wie ein menschenwürdiges Existenzminimum europarechtlich zu definieren sei und selbst wenn er das getan hätte, blieben immer noch das Grundgesetz und die BVerfG-Rechtsprechung maßgeblich, soweit die EuGH-Rechtsprechung dahinter zurückbleiben würde.

Da der EuGH die Grenzen des Folterverbots auslotete, muss gefragt werden, ob es ernsthaft als angemessen angesehen werden kann, wenn mit § 1a AsylbLG an der Grenze zur Folter (unmenschliche oder erniedrigende Behandlung) agiert werden soll. Die Menschenwürde ist mehr, als die bloße physische Existenz. Menschliches Leben zeichnet sich gerade durch soziale Beziehungen aus, sodass das BVerfG schließlich feststellt, dass das physische und das soziokulturelle Existenzminimum nur ungeteilt das menschenwürdige Existenzminimum sichern können (BVerfG vom 5.11.2019 – 1 BvL 7/16, Rn. 117ff.). Wenn das ernstgenommen wird, bleibt kein Raum für ein auf den Kern der physischen Existenz begrenztes, „unabweisbares Existenzminimum" (vergleiche dazu: Janda 2020: 110f. mit Bezug auf: BVerfG vom 5.11.2019 – 1 BvL 7/16, Rn. 119 und 157; Nettesheim 2020: 156; Kanalan 2018: 250; Schifferdecker/Brehm 2020: 2; Mülder 2020: 34; Ganter 2020: 116; so auch SG Oldenburg vom 18.2.2020 – S 25 AY 7/20 ER). Schließlich spricht einiges dafür, dass der EuGH mit seiner Aufzählung der Bedarfe nicht abschließend regeln wollte, welche Bedarfsunterdeckungen die Grenze zur Folter überschreiten. Zum einen spricht das Wort „insbesondere" vor der Aufzählung für eine bloß beispielhafte Aufzählung und zum anderen kommt in einer Entscheidung die Bekleidung in der Aufzählung vor, die in den anderen Entscheidungen fehlt, was ebenfalls für eine beispielhafte Aufzählung spricht.

Am 12.5.2021 erging ein Kammerbeschluss des BVerfG (1 BvR 2682/17). Damit wurde eine Verfassungsbeschwerde gegen die alte Fassung des § 1a AsylbLG nicht zur Entscheidung angenommen – aber das BVerfG hat seine Entscheidung zur Nichtannahme begründet und dabei wichtige Feststellungen getroffen:

In Randnummer 11 des Beschlusses erklärt das BVerfG, dass die Grundsätze für sozialrechtliche Sanktionen, wie sie sich aus dem Urteil des BVerfG vom 5.11.2019 (1 BvL 7/16) ergeben, auch bei der Anwendung des § 1a AsylbLG zu beachten sind (so auch: SG Bremen vom 23.4.2022 – S 39 AY 44/21 ER; Sächsisches LSG vom 3.3.2021 – 8 AY 8/20 B ER). Zuvor haben einige Sozialgerichte genau das abgelehnt und gemeint, diese Sanktionsgrundsätze wären auf die Anwendung von § 1a AsylbLG nicht übertragbar (SG Osnabrück vom 9.4.2021 – S 44 AY 77/19, Rn. 53; Bayerisches LSG vom 5.8.2020 – L 8 AY 28/19, Rn. 46). Nun ist also geklärt, dass folgende Grundsätze auch bei der Anwendung des § 1a AsylbLG zu beachten sind:

- „Die den entsprechenden Anspruch fundierende Menschenwürde ist dem Grunde nach unverfügbar und geht selbst durch vermeintlich ‚unwürdiges‘ Verhalten nicht verloren"; aber: Der Gesetzgeber darf eine Sanktion mit dem Nachranggrundsatz verbinden – das heißt: Wenn die Mitwirkung an der Verringerung der Hilfebedürftigkeit pflichtwidrig verweigert wird, dann darf grundsätzlich auch sanktioniert werden;
- Eine Minderung von Existenzsicherungsleistungen stellt immer eine außerordentliche Belastung dar, sodass strenge Anforderungen an die Verhältnismäßigkeit zu stellen sind;
- Eine Sanktion muss bedarfsbezogen sein – das heißt: die Sanktion muss grundsätzlich geeignet sein, die Betroffenen dazu zu bewegen, ihre Hilfebedürftigkeit zu überwinden oder zu vermindern;
- Der Gesetzgeber muss eine hinreichende Prognose abgeben können, ob die Sanktionsnorm auch tatsächlich den gewünschten Erfolg erzielt – je länger eine Sanktionsnorm schon in Kraft ist, umso höher sind die Anforderungen an die Datenlage für eine solche Prognose;
- Die Betroffenen müssen in der Lage sein, durch eigenes Verhalten die Sanktion zu verhindern oder zu beenden;
- „Es widerspräche dem nicht relativierbaren Gebot der Unantastbarkeit, wenn nur ein Minimum unterhalb dessen gesichert würde, was der Gesetzgeber bereits als Minimum normiert hat";
- Jede Mitwirkungspflicht, die sozialrechtlich sanktioniert werden kann, bedarf einer verfassungsrechtlichen Rechtfertigung;
- Jede konkret verfügte Mitwirkungspflicht, die sanktioniert werden kann, muss auch geeignet sein, das Ziel der Mitwirkung zu erreichen;
- Es muss die Möglichkeit geben, in Härtefällen von einer Sanktion abzusehen.

In Randnummer 17 bestätigt das BVerfG, dass sich aus dem physischen und dem soziokulturellen Existenzminimum das unteilbare menschenwürdige Existenzminimum ergibt. Das heißt im Klartext: Es ist verfassungsrechtlich nicht zulässig, das soziokulturelle Existenzminimum als frei verfügbar oder verzichtbar einzustufen. Das menschenwürdige Existenzminimum ist jederzeit als Ganzes vollständig zu sichern.

In der Konsequenz folgt dann die wichtigste Aussage in Randnummer 24 des Beschlusses: Wenn es eine Praxis gäbe, wonach soziokulturelle Bedarfe allgemein als entbehrlich angesehen würden, dann wäre diese Praxis verfassungswidrig. Mit dieser Praxis beschreibt das BVerfG aber exakt den § 1a AsylbLG in der aktuellen Fassung. Noch deutlicher konnte das BVerfG nicht andeuten, dass es § 1a

AsylbLG in der aktuellen Fassung für verfassungswidrig hält. Nun braucht es nur noch einen geeigneten Fall, der vor das BVerfG gebracht werden kann.

In der Praxis werden allerdings alle § -1a-Fälle gewonnen oder erledigen sich auf sonstige Weise, da es nahezu unzählige Angriffsmöglichkeiten gibt. Das ist zwar sehr gut für die einzelnen Betroffenen – so kommt aber kein Fall vor das BVerfG, da es dafür eine ablehnende letztinstanzliche Entscheidung bräuchte. Und so kann nach wie vor § 1a AsylbLG massenhaft angewendet werden, da leider nur die wenigsten Fälle vor Gericht kommen.

Angesichts des deutlichen Fingerzeigs des BVerfG gibt es bereits vereinzelt Sozialgerichte, die die Verfassungswidrigkeit des § 1a AsylbLG als gegeben ansehen und daher im Eilverfahren die Norm gar nicht mehr oder nur noch eingeschränkt anwenden (SG Bayreuth vom 21.12.2021 – S 13 AY 45/21 ER: Trotz erfülltem Tatbestand im Wege der Folgenabwägung vorläufig keine Anwendung von § 1a; SG Dresden vom 15.12.2021 – S 20 AY 90/21 ER: wegen verfassungsrechtlichen Bedenken maximale Anwendungsdauer von § 1a AsylbLG nur 3 Monate, bestätigt durch: Sächsisches LSG vom 16.12.2021 – L 8 AY 8/21 B ER; SG Stade vom 26.8.2021 – S 5 AY 5/21 ER: Verfassungswidrigkeit des § 1a ist hinreichend wahrscheinlich).

II.3 Im Regelfall Sachleistungen

§ 1a Abs. 1 S. 4 AsylbLG besagt: Die Leistungen sollen als Sachleistungen erbracht werden. Eine „Soll-Regelung" besagt, dass in der Regel die benannte Rechtsfolge eintreten soll. Nur in atypischen Ausnahmefällen soll etwas anderes gelten können. Hier dürfen also nur in atypischen Fällen Geldleistungen gewährt werden.

Ist der:die Betroffene in einer Gemeinschaftsunterkunft untergebracht, wird es für die Behörde regelmäßig zu aufwendig sein, die Bedarfe für Ernährung, Körper- und Gesundheitspflege als Sachleistung zu gewähren. Daher werden oft Geldleistungen gewährt. Auch Wertgutscheine wären denkbar, wobei daran zu erinnern ist, dass Gutscheine keine Sachleistungen sondern geldwerte Leistungen sind.

Im Ergebnis muss die Behörde also eine Abwägung vornehmen, um zu entscheiden, ob Sachleistungen, Geld oder Wertgutscheine gewährt werden. Die Abwägung ist in dem entsprechenden Bescheid darzulegen und zu begründen.

Wenn Geldleistungen gewährt werden, finden sich in der Praxis die unterschiedlichsten Bewilligungsbeträge wieder. Das Gesetz gibt schließlich keine Beträge vor und die Behörde muss selbst herausfinden, welche Geldbeträge mit den Bedarfen für Ernährung, Unterkunft, Heizung, Körper- und Gesundheitspflege korrespondieren. Diese Bedarfe finden sich beim notwendigen Bedarf im § 3 Abs. 1 S. 1 AsylbLG wieder. Da dieser Bedarf aber vom Gesetz nicht ausreichend bestimmt wurde, scheitern die Sozialleistungsträger regelmäßig daran, den korrekten Betrag zu bewilligen.

Viele Behörden greifen auf die Beträge zurück, die von der sogenannten Länder-arbeitsgemeinschaft für Migration und Flüchtlingsfragen (ArgeFlü)[80] empfohlen werden:

Berechnung aus Grundbedarf 1 (Alleinstehende und Alleinerziehende)		
Bedarfe	Betrag 2021	Betrag 2022
Ernährung und Getränke	154,60	155,40
Gesundheitspflege (antei-lig)	10,25	10,31
Körperpflege	27,15	27,29
Summe (gerundet)	192,00	193,00

Berechnung aus Grundbedarf 2 (Paare und Alleinstehende/Alleinerziehende in Sammelunterkünften)		
Bedarfe	Betrag 2021	Betrag 2022
Ernährung und Getränke	139,30	140,11
Gesundheitspflege (antei-lig)	9,24	9,29
Körperpflege	24,46	24,60
Summe (gerundet)	173,00	174,00

Berechnung aus Grundbedarf 3 (unverheiratete unter 25-Jährige in Wohnung mit Eltern(teil) oder Personen in stationärer Einrichtung)		
Bedarfe	Betrag 2021	Betrag 2022
Ernährung und Getränke	124,00	124,80
Gesundheitspflege (antei-lig)	8,22	8,28
Körperpflege	21,78	21,92
Summe (gerundet)	154,00	155,00

---

80 Näheres zur ArgeFlü und ihren Aufgaben: AGH Berlin Drs. 17/16323

Berechnung aus Grundbedarf 4 (Kinder vom Beginn des 15. bis Vollendung des 18. Lebensjahres)		
Bedarfe	Betrag 2021	Betrag 2022
Ernährung und Getränke	164,11	165,01
Gesundheitspflege (anteilig)	4,23	4,25
Körperpflege	14,66	14,74
Summe (gerundet)	183,00	184,00

Berechnung aus Grundbedarf 5 (Kinder vom Beginn des 7. bis Vollendung des 14. Lebensjahres)		
Bedarfe	Betrag 2021	Betrag 2022
Ernährung und Getränke	121,42	124,99
Gesundheitspflege (anteilig)	3,94	4,70
Körperpflege	10,64	9,31
Summe (gerundet)	136,00	139,00

Berechnung aus Grundbedarf 6 (Kinder bis Vollendung des 6. Lebensjahres)		
Bedarfe	Betrag 2021	Betrag 2022
Ernährung und Getränke	93,45	93,45
Gesundheitspflege (anteilig)	5,33	5,33
Körperpflege	10,22	10,22
Summe (gerundet)	136,00	139,00

Alles an diesen Tabellen ist falsch. Wer solche Tabellen erstellt und dabei nicht merkt, dass es falsch sein muss, wenn beispielsweise einem 13-jährigen Kind täglich nur 4,16 EUR für Ernährung und Getränke zugestanden werden, der oder die muss sich fragen lassen, ob nicht eine Tätigkeit geeigneter wäre, die keinen Bezug zu lebenden Menschen hat. Das erschreckende ist, dass hier Verantwortliche aus Landesministerien aller Bundesländer und Verantwortliche aus Bundesbehörden an der Erstellung dieser Tabellen beteiligt waren.

Falsch ist zunächst, in § 1a AsylbLG Bedarfsstufen hineinzuinterpretieren. § 1a AsylbLG regelt keine Bedarfsstufen! Ein Rückgriff auf die Grundbedarfsstufen der §§ 3, 3a AsylbLG scheidet aus, da § 1a AsylbLG ausdrücklich die Anwendung von § 3 AsylbLG ausschließt. Da § 3a AsylbLG die Regelung des § 3 AsylbLG konkretisiert, ist auch § 3a AsylbLG ausgeschlossen – denn die Anwendung von etwas, das nicht anwendbar ist, kann unmöglich konkretisiert werden.

Alles was § 1a AsylbLG sagt ist: Es werden „Leistungen zur Deckung ihres Bedarfs an Ernährung und Unterkunft einschließlich Heizung sowie Körper- und Gesundheitspflege gewährt." Da nichts Spezielles geregelt ist, kann das nur bedeuten, dass die entsprechenden Bedarfssätze aus dem Regelsatz 1 zu entnehmen sind:

Bedarfe	Betrag 2021	Betrag 2022	Betrag 2023
Ernährung und Getränke	154,75	155,79	174,04
Gesundheitspflege	17,02	17,03	19,03
Körperpflege[81]	27,16	27,37	30,58
Summe (gerundet)	199,00	200,00	224,00

Für weitere Bedarfsstufen gibt es weder eine Rechtsgrundlage noch eine sachliche Begründung. Die Bedarfsstufe 2 und 3 wird beispielsweise damit gerechtfertigt, dass dort Einsparungen in Haushalts- und Sammelunterkunftsgemeinschaften erzielt werden könnten. Wer wird aber ernsthaft mit einem:einer 1a-Betroffenen zusammen wirtschaften? Hier genügt sehr einfaches logisches Denken, um zu erkennen, dass mit Leistungen nach § 1a AsylbLG kein Raum für irgendwelche Einsparungen bleibt. Für die Kinderbedarfsstufen 4–6 ist schon deshalb kein Raum, weil Minderjährige (legal) nicht von § 1a AsylbLG betroffen sein können. Wenigstens das hätte eine:r der zahlreichen ArgeFlü-Expert:innen erkennen müssen!

Es besteht auch keine rechtliche Grundlage dafür, dass bei der Gesundheitspflege nur Anteile gewährt werden sollen. Die ArgeFlü verrät nicht, welche Anteile das sein sollen. Sehr wahrscheinlich wird aber auch hier (unzulässig) auf § 3a AsylbLG zurückgegriffen, wo Teile der Gesundheitspflegebedarfe aus dem Regelsatz herausgerechnet wurden, weil sie regelmäßig über § 6 AsylbLG bewilligt werden (→ siehe Teil II Grundbedarfsdeckung, III.3.a). Nun schließt aber § 1a AsylbLG die Anwendung von § 6 AsylbLG ausdrücklich aus. Die ArgeFlü kürzt also den Bedarf für Gesundheitspflege mit der Rechtfertigung, dass die gekürzten Bedarfe anderweitig gedeckt seien, wobei diese Behauptung schlicht falsch ist. Wenn Ministeriumsexpert:innen aus allen Bundesländern solche Banalitäten nicht erkennen, dann gibt es nur zwei mögliche Ursachen: Inkompetenz oder Böswilligkeit. Beides ist inakzeptabel.

In der Praxis besteht die größte Betroffenengruppe aus den Alleinstehenden in Sammelunterkünften, sodass die meisten Behörden daher die falsche 1a-Bedarfsstufe 2 anwenden und 174 EUR monatlich bewilligen statt 200 EUR (Differenz: 26 EUR; Stand 2022). Selbst die extrem niedrigen „Bett-Brot-Seife"-Leistungen werden also noch weiter illegal gekürzt.

Schon daraus ergibt sich: Alle Bescheide nach § 1a AsylbLG sind angreifbar!

---

81 Dienstleistungen für Körperpflege, Friseurdienstleistungen, elektrische Geräte zur Körperpflege, nichtelektrische Geräte zur Körperpflege, Toilettenpapier und ähnliche Hygieneartikel, Körperpflegemittel

II.4 Weitere Bedarfe im Einzelfall

§ 1a Abs. 1 S. 3 AsylbLG besagt, dass, soweit im Einzelfall besondere Umstände vorliegen, auch andere Leistungen im Sinne von § 3 Abs. 1 S. 1 AsylbLG gewährt werden können. Hier ist also für die Behörde ein Ermessensspielraum eröffnet. Die Erweiterung der Leistungen ist aber durch die Beschränkung auf die Bedarfe des § 3 Abs. 1 S. 1 AsylbLG extrem eng begrenzt – letztlich kommen nur Leistungen für Kleidung und Gebrauchs- und Verbrauchsgüter des Haushalts infrage.

Da der Wortlaut des Gesetzes offensichtlich den Vorgaben des BVerfG (vom 18.7.2012 – 1 BvL 10/10 und vom 5.11.2019 – 1 BvL 7/16) widerspricht (BVerfG vom 12.5.2021 – 1 BvR 2682/17, Rn. 24), wonach das Existenzminimum unteilbar aus dem physischen und dem soziokulturellen Existenzminimum besteht, wird vertreten, dass die Norm verfassungskonform auszulegen sei (BayLSG vom 11.5.2022 – L 8 AY 27/22 B ER; LSG Hessen vom 26.2.2020 – L 4 AY 14/19 B ER, Rn. 49; dagegen: LSG NRW vom 13.3.2020 – L 20 AY 48/19 B ER). Im begründeten Einzelfall sollen daher alle Bedarfe des § 3 Abs. 1 AsylbLG gedeckt werden können – also auch der notwendige persönliche Bedarf (→ siehe Teil II Grundbedarfsdeckung, I.). Nach dieser Auffassung soll die Sanktion dann darin bestehen, dass Leistungen nicht mehr pauschal monatlich bewilligt werden, sondern alle Bedarfe (die über die Deckung der Bedarfe für Ernährung, Unterkunft, Heizung, Körper- und Gesundheitspflege hinausgehen) konkret geltend gemacht werden müssen (Hessisches LSG vom 26.2.2020 – L 4 AY 14/19 B ER, Rn. 49; SG Freiburg vom 23.9.2021 – S 10 AY 2469/21.ER). Ob sich diese Ansicht durchsetzen wird, bleibt abzuwarten.

Zu fordern ist auf jeden Fall, dass im 1a-Bescheid darauf hingewiesen werden muss, welche Leistungen wo auf welche Weise geltend gemacht werden können. Ganz praktisch erscheint vielleicht die verfassungskonforme Auslegung der Gerichte elegant – die Betroffenen kommen aber im Traum nicht auf die Idee, einzelne Bedarfe während einer 1a-Sanktion bei der Leistungsbehörde geltend zu machen, zumal sie im Zweifel gar nicht wissen, welche Einzelbedarfe § 3 AsylbLG überhaupt enthält.

> Beispiel: A erfüllt einen Tatbestand nach § 1a AsylbLG und erhält daher nur noch Leistungen für Ernährung, Unterkunft, Heizung, Körper- und Gesundheitspflege. Es wird Winter und er braucht dringend eine Winterjacke und er ist zwingend auf die Nutzung des ÖPNV angewiesen.
>
> Nach dem Wortlaut des § 1a Abs. 1 S. 3 AsylbLG könnte er seinen Bekleidungsbedarf geltend machen und die Behörde könnte eine Winterjacke im Ermessenswege bewilligen.
>
> Nach der verfassungskonformen Auslegung könnte A auch seinen Bedarf für ein ÖPNV-Monatsticket bzw. die Leistungen nach Abteilung 7 „Verkehr" des Grundbedarfs (→ siehe Teil II Grundbedarfsdeckung, I.) geltend machen und im Ermessenswege erhalten. Nach dem Wortlaut der Norm wäre das ausgeschlossen.

Da der 1a-Bescheid jedoch keinen Hinweis enthält, dass eventuelle Kleidungsbedarfe geltend gemacht werden können, kommt A auch nicht auf die Idee, um eine Winterjacke zu bitten, sodass eine verfassungskonforme Auslegung für A keinen praktischen Wert entfaltet.

Zu bedenken ist, dass das BVerfG bereits festgestellt hat, dass Ermessensleistungen grundsätzlich nicht geeignet sind, das menschenwürdige Existenzminimum zu decken (BVerfG vom 18.7.2012 – 1 BvL 10/10, Rn. 89). Zu denken ist auch an das ganz praktische Problem, dass verschiedene Behörden Ermessen sehr unterschiedlich ausüben können – es wird also zur „Lotterie", ob weitere Leistungen bewilligt werden oder nicht. Vor allem ist aber zu berücksichtigen, dass sich alle Bestandteile des Regelbedarfs aus dem Menschsein ergeben. Wenn also gesagt wird, dass das Bestehen von einzelnen Regelbedarfen im Einzelfall nachzuweisen ist, dann heißt das letztlich, dass das Anerkennen des Menschseins unter den Vorbehalt des Nachweises gestellt wird. Denn wenn das Menschsein geklärt ist, dann ist auch geklärt, dass alle Bedarfe des Regelbedarfs bestehen, oder anders gesagt: Niemand hat sich dafür zu rechtfertigen, dass er das Existenzminimum wirklich benötigt (LSG Berlin-Brandenburg vom 25.9.2020 – L 15 SO 124/20 B ER Rn. 4 mit Bezug auf: BVerfG vom 5.11.2019 – 1 BvL 7/16; auch bereits: LSG Berlin-Brandenburg vom 13.6.2019 – L 15 AY 4/19 B ER). Formal kann auch eingewendet werden, dass nach § 6b AsylbLG (→ siehe Teil XII Verfahrensregeln, II.1) kein Antragserfordernis im AsylbLG besteht – Leistungen müssen also stets von Amts wegen erbracht werden und Ermessen muss von Amts wegen ausgeübt werden. Sobald die Behörde also Kenntnis vom Menschsein des:der Betroffenen hat, müssen alle Leistungen des AsylbLG geprüft werden; § 1a Abs. 1 S. 3 AsylbLG darf dabei keine Ausnahme machen (Kirchhof 2015: 4: „Daher gilt es letztlich, der schlichten Erkenntnis zum Durchbruch zu verhelfen, dass auch ausreisepflichtige Drittstaatsangehörige Menschen sind – ‚Mensch ist man immer'"). Die Konsequenz wäre: Die Behörden haben von Amts wegen zu ermitteln, ob weitere Bedarfe zu bewilligen sind, bevor § 1a AsylbLG angewendet werden darf. Hier bleibt also noch viel Stoff für Auseinandersetzungen.

Bemerkenswert ist, dass nach dem Wortlaut der Norm und auch nach der verfassungskonformen Auslegung unter keinen Umständen Leistungen für Wohnungsinstandhaltung und Haushaltsenergie erbracht werden dürfen.[82] In der Praxis würde das bedeuten, dass in den Zimmern der Betroffenen die Steckdosen unbrauchbar zu machen wären (beispielsweise Verplombung), das Licht von der Stromversorgung abzutrennen wäre und sämtlicher Zugang zu stromverbrauchenden Verrichtungen in der Unterkunft für die Betroffenen zu sperren wäre. Zudem dürften erforderliche Reparaturen an und in der Unterkunft nicht durchgeführt werden, soweit ein Betroffener von § 1a AsylbLG davon (mit.)profitieren würde. Im Ergebnis wären wohl Sondereinrichtungen ohne Stromversorgung und in baufälligem Zustand zu schaffen, um die Vorgaben des Gesetzes zu erfüllen. Freilich handelt es sich lediglich um eine der zahlreichen Unüberlegtheiten mangels Sorgfalt bei der Gesetzgebung. In der Praxis wird weiter Strom zur Verfügung

---

82 Diese Leistungen sind schließlich in § 3 Abs. 3 S. 3 AsylbLG gesondert geregelt.

gestellt und notwendige Reparaturen werden unabhängig vom Leistungsbezug der Bewohner:innen durchgeführt.

Wann „im Einzelfall besondere Umstände" anzunehmen sein sollen, ist völlig unklar. Weder aus dem Gesetz noch aus der Gesetzesbegründung (BT-Drs. 18/6185, 44) ergibt sich dazu etwas. Insofern wird die Praxis zu klären haben, wie dieser unbestimmte Rechtsbegriff konkretisiert werden kann. Es könnte dabei um Besonderheiten der persönlichen Lebensverhältnisse, der Unterbringungssituation, örtlicher Gegebenheiten oder gesundheitlichen Verfassung gehen (vgl. Deibel 2016: Rn. 19). Dabei wird wieder die etwas absurde Situation entstehen, dass geprüft wird, ob Bedarfe des menschenwürdigen Existenzminimums tatsächlich im Einzelfall bestehen – ob also der betreffende Mensch tatsächlich Bedarfe hat, die formal jedem Menschen zugestanden werden.

In jedem Fall wird die Behörde bei der Ermessensausübung zu beachten haben, dass die Bedarfe, die hier zur Disposition stehen, Teil des menschenwürdigen Existenzminimums sind (so ausdrücklich: SG Osnabrück vom 11.6.2019 – S 44 AY 14/17, Rn. 60). Wenn überhaupt, dann werden Bedarfe des „notwendigen Bedarfs" nur dann nicht bewilligt werden dürfen, wenn eindeutig feststeht, dass die Bedarfe tatsächlich im Einzelfall nicht bestehen.

III. Die Tatbestände des § 1a AsylbLG

Bei jedem Tatbestand der Norm ist zuerst zu prüfen, für wen dieser Tatbestand überhaupt gilt (persönlicher Anwendungsbereich). Gilt der Tatbestand beispielsweise nur für Leistungsberechtigte nach § 1 Abs. 1 Nr. 1 AsylbLG (Inhaber einer Aufenthaltsgestattung), so kann ein Inhaber einer Duldung von diesem Tatbestand nicht betroffen sein.

Erst wenn der persönliche Anwendungsbereich eröffnet ist, ist weiter zu prüfen, ob die einzelnen Tatbestandsmerkmale erfüllt sind.

III.1 § 1a Abs. 1 AsylbLG

Vom persönlichen Anwendungsbereich sind hier ausschließlich vollziehbar Ausreisepflichtige im Sinne des § 1 Abs. 1 Nr. 5 AsylbLG umfasst. Insbesondere Duldungsinhaber:innen und Asylfolgeantragsteller:innen im Sinne des § 1 Abs. 1 Nr. 4, 7 AsylbLG sind damit von diesem Tatbestand nicht erfasst (SG Stade vom 8.1.2019 – S 19 AY 11/18). Damit verbleibt kaum ein Anwendungsbereich, da grundsätzlich immer eine Duldung besteht bzw. zu erteilen ist, solange die Abschiebung ausgesetzt ist – einen Aufenthaltsstatus unterhalb der Duldung darf es nicht geben (BVerfG vom 6.3.2003 – 2 BvR 397/02). Ein Anwendungsbereich verbleibt nur für Personen, deren Duldung wirksam erloschen ist und deren Abschiebung konkret unmittelbar bevorsteht.

> Beispiel: A ist algerischer Staatsangehöriger, dessen Duldung erloschen ist. Er hat nur noch eine Grenzübertrittsbescheinigung. Die Botschaft Algeriens hatte für ihn ein einmonatiges Laisser-Passer ausgestellt, womit die Ausländerbehörde A grundsätzlich abschieben konnte. A war aber zum

Abschiebungstermin untergetaucht und sprach bei der Ausländerbehörde erst wieder vor, als das Laisser-Passer bereits abgelaufen war. Die Botschaft Algeriens verweigert die Ausstellung eines neuen Reisedokuments. Seitdem lebt A schon seit über 3 Monaten mit Grenzübertrittsbescheinigungen.

A hat offensichtlich einen Anspruch auf Duldung, da seine Abschiebung wegen Passlosigkeit ausgesetzt ist. Sozialrechtlich ist aber die (rechtswidrige) Entscheidung der Ausländerbehörde bindend, dass hier keine Duldung erteilt wird. A gilt also im Sinne des AsylbLG als vollziehbar ausreisepflichtig ohne Duldung (§ 1 Abs. 1 Nr. 5 AsylbLG), sodass der personelle Anwendungsbereich des § 1a Abs. 1 AsylbLG eröffnet ist.

A kann das Problem hier nur aufenthaltsrechtlich lösen, indem er seinen Duldungsanspruch gegenüber der Ausländerbehörde durchsetzt (BVerfG vom 6.3.2003 – 2 BvR 397/02: Duldungsanspruch besteht unabhängig davon, ob Betroffene den Grund für die Aussetzung der Abschiebung selbst zu vertreten haben).

Folgende Tatbestandsmerkmale sieht die Norm vor:

- Ausreisetermin steht fest,
- Ausreisemöglichkeit steht fest,
- Ausreise fand nicht statt, aus Gründen, die der Betroffene zu vertreten hat.

Sinn und Zweck der Norm ist die Bestrafung einer vorwerfbaren Verhinderung einer möglichen Ausreise/Abschiebung. Es sollen solche Betroffenen sanktioniert werden, für die unter keinen Umständen eine Bleibeperspektive in Deutschland bestehen kann (BT-Drs. 18/6368, 13).

a) Feststehender Ausreisetermin

Was unter einem Ausreisetermin im Sinne des § 1a Abs. 1 Satz 1 AsylbLG zu verstehen ist, hat das LSG Nds.-Bremen wie folgt zusammengefasst (LSG Nds.-Bremen vom 24.5.2018 – L 8 AY 7/17, Rn. 26): Welche Anforderungen an einen in diesem Sinne feststehenden Ausreisetermin zu stellen sind, ist in Rechtsprechung und Literatur (noch) weitgehend ungeklärt. Nach dem Wortlaut der Norm und dem sprachlichen Verständnis des Begriffes „Termin" ist unter dem Ausreisetermin im Sinne des § 1a Abs. 1 S. 1 AsylbLG dasjenige Datum zu verstehen, zu dem die Ausreise des vollziehbar Ausreisepflichtigen erfolgen soll (Hohm 2018: § 1a Rn. 20), wobei unter den Begriff der Ausreise nicht nur die freiwillige, sondern auch diejenige unter Zwang (Abschiebung) fällt (LSG Nds.-Bremen vom 12.12.2016 – L 8 AY 51/16 B ER, Rn. 14 mit Bezug auf BVerwG vom 10.11.2009 – 1 C 19/08, Rn. 12; so auch Hohm 2018: § 1a Rn. 205).

Überwiegend wird auf die Regelungen im AsylG[83] und AufenthG[84] Bezug genommen, um den Ausreisetermin zu bestimmen. Das bedeutet in der Regel, dass

---

83   §§ 34ff. AsylG
84   §§ 50ff. AufenthG

der Ablauf der im asyl- oder aufenthaltsrechtlichen Verfahren festgesetzten Ausreisefrist den Ausreisetermin im Sinne des § 1a Abs. 1 S. 1 AsylbLG bestimmt. Wenn also eine Ausreisefrist festgesetzt wurde, so soll der Ablauf dieser Frist als Ausreisetermin gelten und wenn keine Ausreisefrist verfügt wurde, träte der Ausreisetermin mit Entstehung der vollziehbaren Ausreisepflicht ein (Siefert 2020: § 1a Rn. 15). Im Einzelfall wäre es also sehr schwierig, den Ausreisetermin zu bestimmen, zumal Ausreisefristen auch unterbrochen, verlängert oder verkürzt werden können.

Dagegen wird mit der Entstehungsgeschichte der Norm argumentiert (Voigt 2016: 104). Im ursprünglichen Gesetzentwurf wurde nämlich ausdrücklich auf den Ablauf der Ausreisefrist abgestellt (BT-Drs. 18/6185, 10). Erst der Innenausschuss des Bundestages ersetzte den Bezug auf die Ausreisefrist durch den aktuellen Gesetzestext, der von einem Ausreisetermin und einer Ausreisemöglichkeit spricht (BT-Drs. 18/6386, 7). Begründet wurde die Änderung damit, dass die Leistungsminderung nur Ausländer:innen treffen soll, „die unter keinen Umständen für ein Bleiberecht in Betracht kommen und deren Ausreisedatum und Reisemöglichkeit feststehen" (BT-Drs. 18/6386, 13).

Die Auffassung, dass ein „feststehender Ausreisetermin" mit dem Ablauf einer Ausreisefrist gleichzusetzen sein soll, kann nicht überzeugen. Sowohl sprachlich als auch vom Willen des Gesetzgebers spricht alles für ein Verständnis, dass erst ein tatsächlicher Termin zur Ausreise feststehen muss (LSG Hessen vom 23.8.2016 – L 4 AY 4/16 B ER, Rn. 11).

b) Feststehende Ausreisemöglichkeit

Eine Ausreisemöglichkeit steht fest, wenn der Ausreise bzw. Abschiebung keine Hindernisse entgegenstehen. Nicht erfüllt ist der Tatbestand also, wenn die Ausreise aus solchen tatsächlichen oder rechtlichen Gründen nicht durchgeführt werden kann, die der:die Leistungsberechtigte nicht zu vertreten hat (BT-Drs. 18/6386, 14). Hierzu zählen beispielsweise Reiseunfähigkeit oder eine faktisch fehlende Reisemöglichkeit (BT-Drs. 18/6185, 44).

c) Scheitern der Ausreise/Abschiebung

Es kommt wesentlich darauf an, aus welchen Gründen die Ausreise/Abschiebung gescheitert ist und ob die Gründe von dem:der Betroffenen zu vertreten sind. Insbesondere eine von der:dem Betroffenen unverschuldete Reiseunfähigkeit stellt einen Grund dar, der den Tatbestand entfallen lässt. Selbstverständlich kann dem:der Betroffenen auch kein Vorwurf gemacht werden, wenn die Abschiebung wegen gerichtlichem Rechtschutz gescheitert ist.

d) Beginn und Ende der Leistungen

Hier regelt die Norm zusätzlich ausdrücklich den Beginn und das Ende der Leistungen nach § 1a Abs. 1 AsylbLG. Der Beginn der Leistungen wird auf den Tag, der auf den Ausreisetermin folgt, bestimmt. Das Ende wird durch die Ausreise/Abschiebung markiert.

Da es sich um einen Zeitraum unmittelbar nach einer gescheiterten Ausreise/Abschiebung und kurz bevor eines erneuten Ausreise- bzw. Abschiebungsversuchs handelt, kann es sich immer nur um einen eher kurzen Zeitraum handeln. Sollte nach der gescheiterten Ausreise/Abschiebung nicht unverzüglich eine neue Ausreise/Abschiebung organisiert werden, wird in der Regel schon deshalb der Tatbestand nicht erfüllt sein können. Denn wenn das Ende der Anwendung von § 1a AsylbLG nicht absehbar ist, dann muss die Anwendung vollends unterbleiben. Schließlich soll die Norm nur dann angewendet werden, wenn keine irgendwie geartete Bleibeperspektive besteht – wenn also die Abschiebung unmittelbar bevorsteht.

Praxistipps

§ 1a Abs. 1 AsylbLG stellt die Behörde vor einige Herausforderungen. Die Prüfung des Tatbestandes ist durch die Klärung von migrationsrechtlichen Fragen durchaus schwierig und komplex. Diese schwierigen Fragen sind vom Sozialleistungsträger selbst zu klären, sodass die Beiziehung der Ausländerakte in der Regel unverzichtbar ist (LSG Mecklenburg-Vorpommern vom 21.6.2018 – L 9 AY 1/18 B ER). Tatsächlich erfolgt in der Praxis oft (und selbst das nicht immer) nur eine Abfrage bei der Ausländerbehörde, ob der Tatbestand des § 1a Abs. 1 AsylbLG erfüllt sei. Das genügt nicht.

Insbesondere die in der Praxis von einigen Behörden verwendeten „Ankreuzbescheide", in denen lediglich der vermeintlich einschlägige Absatz des § 1a AsylbLG angekreuzt wird, genügen den rechtlichen Anforderungen nicht.

Ergeht ein Bescheid nach § 1a Abs. 1 AsylbLG, ist auf Folgendes zu achten:

- Fällt der:die Betroffene überhaupt unter den persönlichen Anwendungsbereich?
- Ist der Tatbestand erfüllt und sind die im Bescheid dargestellten Ermittlungsergebnisse, insbesondere zu den Gründen des Scheiterns der Ausreise/Abschiebung ausreichend?
- Gab es überhaupt einen Ausreisetermin und eine Ausreisemöglichkeit?
- Steht eine Abschiebung/Ausreise unmittelbar oder zumindest absehbar bevor?
- Hatte der:die Betroffene ausreichend Gelegenheit, zu allen im Bescheid bewerteten Umständen Stellung zu nehmen, § 28 VwVfG?
- Falls Sachleistungen gewährt werden: Gibt es Erwägungen zu atypischen Umständen, die eine Gewährung von Geldleistungen rechtfertigen – wurden diese Erwägungen gegebenenfalls berücksichtigt? Decken die Sachleistungen den tatsächlichen Bedarf adäquat?
- Falls Wertgutscheine gewährt werden: Wirkt die konkrete Umsetzung diskriminierend? Überzeugen die Erwägungen für die Wahl von Gutscheinen? Wurde berücksichtigt, dass ein Gutscheinsystem für die Kommunalkasse kostspieliger ist als die Auszahlung von Geld?
- Hatte der:die Betroffene ausreichend Gelegenheit zu weiteren Bedarfen (§ 1a Abs. 1 S. 3 AsylbLG) Stellung zu nehmen, § 28 VwVfG? Wurden die Umstände des Einzelfalls ausreichend ermittelt und berücksichtigt (persönliche Lebensverhältnisse, Unterbringungssituation, örtliche Gegebenheiten, gesundheitliche Verfassung, tatsächliche Mehrbedarfe wegen Schwangerschaft, Behinderung o.ä.)?

- Wurden eigene Ermittlungen des Sozialleistungsträgers zu den schwierigen migrationsrechtlichen Tatbestandsfragen angestellt und sind diese ausreichend?

III.2 § 1a Abs. 2 AsylbLG

Der persönliche Anwendungsbereich umfasst hier Duldungsinhaber:innen (§ 1 Abs. 1 Nr. 4 AsylbLG), sonstige vollziehbar Ausreisepflichtige (§ 1 Abs. 1 Nr. 5 AsylbLG) sowie deren Familienangehörige (§ 1 Abs. 1 Nr. 6 AsylbLG). Alle sonstigen Leistungsberechtigten nach § 1 Abs. 1 AsylbLG fallen bereits nicht in den Anwendungsbereich der Norm. Sobald also beispielsweise ein Asylfolgeantrag anhängig ist, kommt eine Leistungskürzung nach dieser Rechtsgrundlage nicht in Betracht, da § 1 Abs. 1 Nr. 7 AsylbLG nicht erwähnt wird (LSG Ba-Wü vom 4.2.2014 – L 7 AY 288/14 ER-B).

Der Tatbestand ist übersichtlich:

- Jemand begibt sich in den Geltungsbereich des AsylbLG (Einreise nach Deutschland);
- Bei der Einreise ist das Haupt-Einreisemotiv der Bezug von Leistungen nach dem AsylbLG.

a) Einreise, um AsylbLG-Leistungen zu beziehen

Tatbestandsmerkmal ist hier die Einreise nach Deutschland, um Leistungen nach dem AsylbLG zu erlangen. Es kommt dabei auf die Motivation zum Zeitpunkt der Einreise an. Das Motiv der Leistungserlangung muss den Einreiseentschluss geprägt haben (LSG Nds.-Bremen vom 9.4.2020 – L 8 AY 4/20 B ER; SG Hildesheim vom 22.2.2019 – S 42 AY 3/18). Eine Einreise, die auch mit Blick auf die AsylbLG-Leistungen erfolgte, kann nicht ausreichen, wenn andere Motive bei der Einreise im Vordergrund standen. Alle Umstände des Einzelfalles sind von der Behörde zu ermitteln und umfassend zu bewerten – die Darlegungs- und Beweislast für das Einreisemotiv liegt bei der Behörde. Dabei dürfte insbesondere bei Betroffenen, die ein Asylverfahren durchlaufen haben, vermutet werden, dass das Hauptmotiv der Einreise die Durchführung dieses Asylverfahrens war.

Wenn das Hauptmotiv des:der Betroffenen für die (erneute) Einreise in das Bundesgebiet in der in Deutschland zu erwartenden guten Wirtschaftslage und der günstigeren Perspektive, eine Ausbildung zu absolvieren oder eine Beschäftigung ausüben zu können, besteht, dann kann vom zuständigen Leistungsträger keine Anspruchseinschränkung verfügt werden. Hier dominiert die Erwartungshaltung, den notwendigen Lebensunterhalt aus eigenen, insbesondere aus der Ausübung einer Erwerbstätigkeit erlangten Mitteln sicherzustellen (LSG Nds.-Bremen vom 24.5.2018 – L 8 AY 7/17).

> Beispiel: A reist nach Deutschland ein und stellt einen Asylantrag. Mangels eines Einkommens und Vermögens bezieht sie Leistungen nach AsylbLG. Der Sozialleistungsträger zieht das Anhörungsprotokoll aus dem Asylverfahren bei und dort liest der Sachbearbeiter, dass A Folgendes erklärt hat:

„Ich bin nach Deutschland gekommen, weil ich in meinem Heimatland keine wirtschaftliche Zukunft hatte. Ich hatte gehört, dass man in Deutschland besser leben kann." Daraus schließt der Sachbearbeiter eine Einreise, um AsylbLG-Leistungen zu beziehen und verfügt eine Leistungsminderung nach § 1a Abs. 2 AsylbLG.

Die Leistungsminderung ist rechtswidrig, weil dem Anhörungsprotokoll keine Aussage zu entnehmen ist, dass A hauptsächlich wegen des Leistungsbezugs nach AsylbLG eingereist ist. Viel spricht dafür, dass eher die Aussicht auf Arbeit und eine wirtschaftlich eigenständige Existenz zur Einreise motiviert haben.

In der Praxis kommt es immer noch vor, dass allein die Ablehnung des Asylantrags als „Beweis" für die Einreise zum Zweck des Leistungsbezugs angenommen wird. Das ist freilich grob rechtswidrig (so schon: BVerwG vom 4.6.1992 – 5 C 22/87 zur alten [identischen] Regelung des § 120 Abs. 1 S. 1 HS 2 BSHG; vgl. auch heute noch für die Sozialhilfe: § 23 Abs. 3 S. 1 Nr. 4 SGB XII; aktuell: LSG Nds.-Bremen vom 9.4.2020 – L 8 AY 4/20 B ER, Rn. 29).

Zu beachten ist, dass die Einreise erfolgt sein muss, „um Leistungen nach diesem Gesetz zu erlangen". Nach diesem Wortlaut des Gesetzes muss verlangt werden, dass der:die Betroffene bei der Einreise überhaupt Kenntnis von der Existenz des AsylbLG hatte – ohne Kenntnis des Gesetzes, kann schließlich auch nichts bewusst aus diesem Gesetz begehrt werden. Auch die Aussage „Ich bin eigereist, um Sozialhilfe zu beziehen" wäre strenggenommen nicht tatbestandserfüllend, da Sozialhilfe nach dem SGB XII (also einem anderen Gesetz) geleistet wird. In der Rechtsprechung wurde dieser Aspekt bisher nie thematisiert.

Nach der Entscheidung des BVerfG zu SGB-II-Sanktionen ist geklärt, dass Leistungsminderungen grundsätzlich nur denkbar sind, wenn der Leistungsberechtigte die Minderung durch sein Verhalten noch abwenden oder verkürzen kann (BVerfG vom 5.11.2019 – 1 BvL 7/16). Da es sich hier aber nicht um eine verhaltensbedingte Leistungsminderung in diesem Sinne handelt, muss von der Verfassungswidrigkeit des § 1a Abs. 2 AsylbLG ausgegangen werden (LSG Hessen vom 31.3.2020 – L 4 AY 4/20 B ER; in diese Richtung auch: LSG Nds-Bremen vom 19.3.2020 – L 8 AY 4/20 B ER).

Praxistipps

Für die Behörde ist es nahezu unmöglich, einen gerichtsfesten Bescheid nach § 1a Abs. 2 AsylbLG zu erstellen. Ein Vorgehen gegen solche Bescheide ist daher fast immer erfolgreich. Auf Folgendes ist zu achten:

- Fällt der:die Betroffene überhaupt unter den persönlichen Anwendungsbereich?
- Ist der Tatbestand erfüllt und sind die im Bescheid dargestellten Ermittlungsergebnisse ausreichend?
- Wurde der richtige Zeitpunkt bezüglich des Motivs der Einreise beachtet (Zeitpunkt der Einreise)?

- Hatte der:die Betroffene ausreichend Gelegenheit, zu allen im Bescheid bewerteten Umständen Stellung zu nehmen, § 28 VwVfG?

- Wurde ein Zweck für die Leistungskürzung angegeben und ist dieser Zweck zulässig und kann er durch die Leistungskürzung erreicht werden?

- Falls Sachleistungen gewährt werden: Gibt es Erwägungen zu atypischen Umständen, die eine Gewährung von Geldleistungen rechtfertigen – wurden diese Erwägungen gegebenenfalls berücksichtigt? Decken die Sachleistungen den tatsächlichen Bedarf adäquat?

- Falls Wertgutscheine gewährt werden: Wirkt die konkrete Umsetzung diskriminierend? Überzeugen die Erwägungen für die Wahl von Gutscheinen? Wurde berücksichtigt, dass ein Gutscheinsystem für die Kommunalkasse kostspieliger ist als die Auszahlung von Geld?

- Hatte der:die Betroffene ausreichend Gelegenheit zu weiteren Bedarfen (§ 1a Abs. 1 S. 3 AsylbLG) Stellung zu nehmen, § 28 VwVfG? Wurden die Umstände des Einzelfalls ausreichend ermittelt und berücksichtigt (persönliche Lebensverhältnisse, Unterbringungssituation, örtliche Gegebenheiten, gesundheitliche Verfassung, tatsächliche Mehrbedarfe wegen Schwangerschaft, Behinderung o.ä.)?

- Wenn Geldleistungen bewilligt werden: Entsprechen die Geldbeträge dem tatsächlichen Anspruch (200 EUR monatlich, Stand 2022; ab 1.1.2023: 224 EUR)?

III.3 § 1a Abs. 3 S. 1, 2 AsylbLG

Der persönliche Anwendungsbereich der Norm erstreckt sich hier sowohl auf vollziehbar Ausreisepflichtige im Sinne des § 1 Abs. 1 Nr. 5 AsylbLG als auch auf Duldungsinhaber:innen gemäß § 1 Abs. 1 Nr. 4 AsylbLG. Auch hier sind beispielsweise Duldungsinhaber:innen mit einem anhängigen Asylfolgeantrag nicht erfasst, da dieser Personenkreis unter § 1 Abs. 1 Nr. 7 AsylbLG subsumiert wird.

Der Tatbestand enthält folgende Merkmale:

- aufenthaltsbeendende Maßnahmen können nicht vollzogen werden,
- der:die Betroffene hat dies selbst zu vertreten,
- Vollziehbarkeit einer Abschiebungsandrohung oder Abschiebungsanordnung.

a) Aufenthaltsbeendende Maßnahmen können nicht vollzogen werden

Dass aufenthaltsbeendende Maßnahmen nicht vollzogen werden können, versteht sich bei Duldungsinhaber:innen von selbst, da anderenfalls keine Duldung (Aussetzung der Abschiebung) bestehen würde. Für vollziehbar Ausreisepflichtige ohne Duldung muss dagegen gelten, dass kaum eine Konstellation denkbar erscheint, in der der Tatbestand erfüllt sein könnte. Sobald schließlich eine Ausreise/Abschiebung unmöglich wird – egal aus welchen Gründen –, ist eine Duldung zu erteilen. Hier wird die Praxis zeigen, ob und welchen Anwendungsbereich § 1a Abs. 3 AsylbLG für Leistungsberechtigte im Sinne des § 1 Abs. 1 Nr. 5 AsylbLG haben kann. Der Nichtvollzug aufenthaltsbeendender Maßnahmen umfasst hier auch

Verzögerungen und nicht nur die vollständige Verhinderung der Abschiebung (VG Osnabrück vom 18.1.1999 – 4 B 124/98).

> Beispiel: A ist passlos und die zuständige Botschaft verweigert beharrlich die Ausstellung von Reisedokumenten für A. Dennoch stellt die Ausländerbehörde nur Grenzübertrittsbescheinigungen für A aus.

> A fällt also unter § 1 Abs. 1 Nr. 5 AsylbLG (vollziehbar ausreisepflichtig ohne Duldung), da die Sozialbehörde hier an die Entscheidungen der Ausländerbehörde gebunden ist. Aber A kann einwenden, dass die Grenzübertrittsbescheinigung objektiv aussagt, dass die Abschiebung von A möglich und kurz bevorstehend ist. Auch an diese Aussage der Grenzübertrittsbescheinigung ist die Sozialbehörde gebunden. Wenn also formal feststeht, dass die Abschiebung von A bevorsteht, dann scheidet eine Anwendung des § 1a Abs. 3 AsylbLG aus. Dazu gibt es leider noch keine Rechtsprechung.

Letztlich geht es hier um den Vorwurf des Rechtsmissbrauchs, sodass auf die Ausführungen zum Rechtsmissbrauch bei Analogleistungen Bezug genommen werden kann (→ siehe Teil III Analogleistungen, I.2).

Das Vertreten-Müssen des Betroffenen stellt in der Praxis regelmäßig den Hauptstreitpunkt dar (dazu beispielsweise: LSG Sachsen vom 28.4.2020 – L 8 AY 6/20 B ER). Zunächst ist festzustellen, welche Gründe tatsächlich dem Vollzug aufenthaltsbeendender Maßnahmen entgegenstehen. Bei mehreren solcher Gründe genügt es, dass der:die Betroffene nur einen Grund nicht selbst zu vertreten hat, damit der Tatbestand nicht erfüllt ist (BSG vom 27.2.2019 – B 7 AY 1/17 R; SG Stade vom 9.1.2019 – S 19 AY 11/18; VG Berlin vom 17.10.2018 – VG 15 L 508/18; VG Köln, Beschluss vom 8.3.2001 – 21 L 210/01). Es erfüllen zudem auch nicht alle selbst zu vertretenden Gründe den Tatbestand. Können beispielsweise aufenthaltsbeendende Maßnahmen wegen von der:dem Betroffenen selbst zu vertretenden anhängigen Rechtschutzverfahren bei Gerichten nicht vollzogen werden, darf deshalb der Tatbestand nicht als erfüllt angesehen werden. Gleiches gilt auch, wenn Betroffene Kirchenasyl in Anspruch nehmen (BSG vom 24.6.2021 – B 7 AY 4/20 R: kein Rechtsmissbrauch bei Inspruchnahme von offenem Kirchenasyl). Für das Vertreten-Müssen ist entscheidend, dass die Gründe, die eine Abschiebung verhindern, in den Verantwortungsbereich des:der Betroffenen fallen (OVG Nds. vom 11.12.2002 – 4 LB 471/02). Es muss ein vorwerfbares Verhalten bestehen, dass ursächlich die Abschiebung verhindert – wenn also eine Änderung des vorwerfbaren Verhaltens die Abschiebung trotzdem rechtlich oder tatsächlich nicht ermöglicht, ist der Tatbestand nicht erfüllt (BVerwG vom 24.12.1998 – 1 C 8/98; VG Berlin vom 26.2.2020 – VG 15 L 362.19: verneint bei Klärung eines Bleiberechts für die Kinder (paralleler Duldungsgrund); ähnlich auch: SG Neuruppin vom 23.3.2020 – S 27 AY 3/20 ER: Unmöglichkeit der Mitwirkung bzw. Abschiebung wegen der Corona-Pandemie).

> Beispiel: Für die Abschiebung von B ist alles vorbereitet, nur ein Reisedokument fehlt noch. B verweigert aber vorwerfbar die Mitwirkung bei der Beschaffung eines Reisedokuments. Gleichzeitig läuft ein familiengerichtli-

ches Verfahren zur Klärung des Umgangsrechts von B mit seinem neugeborenen Kind C (die Kindsmutter D verweigert den Umgang).

Der Tatbestand des § 1a Abs. 3 AsylbLG ist nicht erfüllt. Zwar verhindert B vorwerfbar die Durchführung aufenthaltsbeendender Maßnahmen, selbst wenn er aber ein Reisedokument vorlegen würde, würde das familienrechtliche Verfahren einen Duldungsgrund darstellen, der rechtlich der Abschiebung entgegensteht. Erhält B schließlich ein Umgangsrecht (und damit auch eine Umgangspflicht), so ergibt sich daraus ein Duldungsgrund, der die Abschiebung verhindert. Nur wenn das fehlende Reisedokument der alleinige Hinderungsgrund für die Abschiebung wäre, wäre der Tatbestand erfüllt.

Die Sozialleistungsbehörde muss dabei eigenständig den gesamten Tatbestand ermitteln und sie ist vor allem nicht an rechtliche Einschätzungen der Ausländerbehörde gebunden[85] (SG Berlin, richterlicher Hinweis vom 5.2.2020 – S 146 AY 47/19 mit Bezug auf Hohm 2015: § 1a Rn. 24). Um eigene Prüfungen anstellen zu können, ist auch zwingend die Beiziehung der Ausländerakte geboten (LSG Mecklenburg-Vorpommern vom 21.6.2018 – L 9 AY 1/18 B ER). Eine Leistungsminderung „auf Zuruf der Ausländerbehörde" ist daher stets rechtswidrig.

Beispiel: In der Leistungsakte findet sich folgender Vermerk: „Ausländerbehörde teilt mit, dass der Tatbestand des § 1a Abs. 3 AsylbLG erfüllt sei und bittet um entsprechende Leistungsminderung". Daraufhin wird ein Bescheid nach § 1a Abs. 3 AsylbLG erlassen.

Hier hat die Leistungsbehörde ihre Pflicht zur Ermittlung des Tatbestandes verletzt, sodass eine (rechtmäßige) Leistungsminderung ausscheidet. Sollte die Behörde ihre Pflicht nachholen und sollte sich bestätigen, dass der Tatbestand erfüllt ist, so wäre eine Leistungsminderung erst ab diesem Zeitpunkt möglich.

Viele Behörden wenden § 1a Abs. 3 AsylbLG auch dann automatisch an, wenn eine „Duldung light" nach § 60b AufenthG besteht. Auch das ist rechtswidrig. Eine „Duldung light" kann ein erster Anhaltspunkt sein, mehr aber auch nicht (Oppermann/Filges 2021: § 2 Rn. 93). Auch hier muss die Sozialleistungsbehörde eigenständig ermitteln, da eine „Duldung light" keinen sicheren Rückschluss auf einen Rechtsmissbrauch im Sinne des § 1a Abs. 3 AsylbLG zulässt.

Unterlässt die Behörde eigene Ermittlungen, ist es im Fall der Klage oder des Eilantrags nicht Aufgabe des unabhängigen Sozialgerichts, diese Aufgabe der Behörde eigenständig nachzuholen.[86] Es ist schließlich unzulässig, wenn ein unabhängiges Gericht die Rolle einer Prozesspartei einnimmt. Dies tun Gerichte aber, wenn sie fehlende Sachverhaltsermittlungen der Behörde durch eigene Sachaufklärungen ersetzen. Die Amtsermittlung eines Gerichts beschränkt sich darauf, bereits getätigte Verwaltungsermittlungen durch eigene Ermittlungen zu überprüfen – eine Nachholung von Versäumnissen einer Partei oder auch die Korrektur

---

85 Anders als bei der Frage des personellen Anwendungsbereichs.
86 In der Praxis leider sehr häufig zu beobachten.

fehlerhafter Darlegungen einer Partei durch das Gericht ist nicht geboten und in der Regel auch unzulässig (vgl. LSG Bayern vom 8.7.2019 – L 18 AY 21/19 B ER: Bescheid muss Sachverhalt konkret darstellen = bloßer Verweis auf Mitteilungen der Ausländerbehörde genügen nicht; LSG Nds.-Bremen vom 8.4.2014 – L 8 AY 57/13 B ER, Rn. 21; LSG Bayern vom 1.3.2018 – L 18 AY 2/18 B ER: Behörde muss Sachverhalt im Einzelfall ermitteln; grundsätzlich: BSG vom 25.6.2015 – B 14 AS 30/14 R: zumindest bei reiner Anfechtungsklage keine Befugnis des Gerichts, eigene Ermittlungen an Stelle der Behörde vorzunehmen). Im einstweiligen Rechtsschutzverfahren muss eine mangelhafte Ermittlungsarbeit der Behörde zu einer vorläufigen Leistungsbewilligung führen (LSG Nds.-Bremen vom 8.4.2014 – L 8 AY 57/13 B ER, Rn. 22).

Meist wird der Vorwurf der fehlenden Mitwirkung bei der Beschaffung von Reisedokumenten zu einer Leistungsminderung führen. Hier ist genau zu prüfen, ob ein Vertreten-Müssen bejaht werden kann. Vor allem folgende Voraussetzungen sind zu beachten:

- Aufforderung zur Mitwirkung mit konkreten Angaben zur geforderten Mitwirkungshandlung plus konkretem Bezug zur Person des:der Betroffenen und seinen:ihren Lebensumständen, die in engem zeitlichen Zusammenhang mit der Leistungskürzung steht (SG Neuruppin vom 24.4.2019 – S 27 AY 5/19 ER: zeitlicher Zusammenhang zwischen Pflichtverstoß und Leistungskürzung ist zwingend; SG Frankfurt/Oder vom 15.6.2018 – S 9 AY 20/18 ER: keine Leistungskürzung, wenn es nur eine Textbaustein-Mitwirkungsaufforderung ohne Bezug zum Einzelfall gab und die letzte Aufforderung vor einem Jahr erfolgte);
- geforderte Mitwirkungshandlung kann auf eine gesetzliche Grundlage gestützt werden (dazu: OVG Nds. vom 27.1.1997 – 12 M 264/97 und vom 11.12.2002 – 4 LB 471/02);
- geforderte Mitwirkungshandlung muss geeignet und zumutbar sein (VGH Ba-Wü vom 7.3.1996 – 13 S 1443/95);
- für die Ausländerbehörde besteht keine einfachere Möglichkeit, die geforderten Dokumente/Informationen zu beschaffen (Streit 1998: 269);
- gegebenenfalls Finanzierung von Mitwirkungspflichten, die Kosten verursachen (BayLSG vom 4.5.2022 – L 8 AY 35/22 B ER: Verstoß gegen Aufforderung, einen Vertrauensanwalt im Herkunftsstaat einzuschalten, bleibt irrelevant, wenn keine Vorab-Kostenübernahme dem Grunde nach erfolgt);
- ausreichende Rechtsfolgenbelehrung (strittig ist hier, welche Form und welchen Umfang so eine Belehrung haben sollte):
  - Anhörung zur Leistungskürzung mit Fristsetzung zur Ermöglichung der geforderten Mitwirkung genügt (LSG Bayern vom 13.9.2016 – L 8 AY 21/16 B ER, Rn. 75);
  - bloßer Hinweis auf Rechtsfolge der Leistungskürzung genügt (SG Hamburg vom 7.8.2014 – S 20 AY 111/10);
  - es bedarf einer konkreten Belehrung über die Rechtsfolgen bezüglich der Leistungskürzung (SG Mannheim vom 2.7.2013 – S 9 AY 988/13, Rn. 26).

Nicht selten leiden Betroffene unter psychischen Krankheiten. Wenn das bekannt ist, ist auch zu prüfen, ob der objektive Pflichtverstoß auf dieser Krankheit beruht. Wenn ja, dann wird eine Vorwerfbarkeit zu verneinen sein (SG Marburg vom 28.8.2020 – S 9 AY 20/20 ER).

> Beispiel: D ist verpflichtet, bei ihrer Botschaft persönlich vorzusprechen und einen Passantrag zu stellen. Diese Mitwirkung ist im konkreten Fall objektiv zumutbar und sinnvoll. D leidet aber unter einer komplexen Posttraumatischen Belastungsstörung (kPTBS) und ihre Psychiaterin attestiert, dass ein Gang zur Botschaft aus gesundheitlichen Gründen unmöglich ist, da D schon bei dem Gedanken daran Angst- und Panikattacken bekommt.

Hier liegt offensichtlich kein vorwerfbares Verhalten vor. Dennoch wird immer wieder § 1a Abs. 3 AsylbLG in solchen Fällen angewendet, sodass dagegen juristisch vorgegangen werden muss. Behörden und leider auch Gerichte verweisen dann gelegentlich auf migrationsrechtliche Vorschriften, wonach nur qualifizierte ärztliche Bescheinigungen[87] zu berücksichtigen seien und das psychiatrische Attest die Anforderungen nicht erfülle.

Dass ist falsch, denn die migrationsrechtlichen Vorschriften gelten nicht bei der Anwendung von § 1a AsylbLG. Wenn Behörden und Gerichte meinen, das psychiatrische Attest sei nicht ausreichend, ist das von Amts wegen weiter zu ermitteln, gegebenenfalls durch ein Sachverständigengutachten.

Bevor die Ausländerbehörde und/oder die Leistungsbehörde Mitwirkungsaufforderungen mit der Drohung der Anwendung von § 1a AsylbLG verbinden, ist zu fordern, dass zunächst alle denkbaren migrationsrechtlichen Sanktionen/Vollstreckungsmaßnahmen versucht wurden und gescheitert sind. Da es sich um einen drastischen Eingriff in das Recht auf Existenzsicherung handelt, muss eine restriktive Anwendung der Norm gefordert werden (LSG Berlin-Brandenburg vom 13.6.2019 – L 15 AY 4/19 B ER; LSG Hessen vom 6.1.2014 – L 4 AY 19/13 B ER, Rn. 12; LSG Bayern vom 13.9.2016 – L 8 AY 21/16 B ER, Rn. 68; Mülder 2020: 34; Cantzler 2019: § 1a Rn. 9; Decker 2019: § 1a Rn. 17; Siefert 2020: § 1a Rn. 7; Rothkegel 2012: 361). Wenn überhaupt migrationsrechtliche Mitwirkungsverstöße mit sozialrechtlichen Rechtsfolgen kombiniert werden dürften, dann zumindest nur, wenn der Staat sonst tatsächlich hilflos und ohnmächtig der Verweigerungshaltung des:der Betroffenen gegenübersteht. Davon kann aber erst ausgegangen werden, wenn der Staat alle zur Verfügung stehenden Mittel des Migrationsrechts eingesetzt hat. Mit § 15 AsylG und §§ 48ff., 82 AufenthG gegebenenfalls jeweils in Verbindung mit der verwaltungsrechtlichen Vollstreckung dieser Mitwirkungspflichten stehen der Ausländerbehörde zahlreiche Instrumente zur Durchsetzung von Mitwirkungspflichten zur Verfügung. Diese Instrumente liegen in der Praxis aber brach, weil es stets einfacher erscheint, die Sozialleistungsbehörde als „Sanktionsvollstreckerin" einzuschalten. Wenn die Ausländerbehörde aber auf ihre verwaltungsrechtlichen Instrumente verzichtet, muss gefragt werden, ob es überhaupt um die Durchsetzung von Mitwirkungshandlungen geht

---

87 §§ 60a Abs. 7 und 61 Abs. 2c, 2d AufenthG

oder eher um eine strafende Sanktionierung mit dem Mittel der Leistungsminderung. Eine solche Praxis ist nicht zulässig, weil sie gegen die Vorgaben des BVerfG verstößt (BVerfG vom 5.11.2019 – 1 BvL 7/16).

Bei der Mitwirkungsaufforderung müssen von den Betroffenen konkrete Handlungen gefordert werden. Die pauschale Aufforderung, Reisedokumente zu beschaffen, genügt im Zweifel nicht. Dabei trifft die Betroffenen grundsätzlich eine Initiativpflicht. Sie müssen also, nachdem sie über ihre Pflichten belehrt wurden, selbst aktiv werden und ihre Aktivitäten nachweisen. Die Rechtslage kann wie folgt zusammengefasst werden (vgl. VG Lüneburg vom 22.5.2019 – 6 B 27/19):

Aus § 82 Abs. 1 S. 1 AufenthG ergibt sich für die Betroffenen eine Mitwirkungs- und Initiativpflicht. Dies bedeutet, dass sie an allen zumutbaren Handlungen mitwirken müssen, die die Behörde verlangt. Sie sind gehalten, die von ihnen konkret geforderten Schritte zu unternehmen sowie konstruktiv Aktivitäten zu entwickeln. Daneben haben sie eigenständig die Initiative zu ergreifen, um nach Möglichkeiten zu suchen, bestehende Ausreisehindernisse zu beseitigen. Zu den denkbaren Pflichten gehört auch die Beschaffung von Identitätsnachweisen im Heimatland über Dritte.

Auch wenn den Betroffenen eine Initiativpflicht obliegt, hat die zuständige Behörde eine Hinweis- und Anstoßpflicht. Sie hat die Betroffenen auf ihre Pflichten hinzuweisen (§ 82 Abs. 3 Satz 1 AufenthG) und diese konkret gegenüber den Betroffenen zu aktualisieren, um aus der mangelnden Mitwirkung negative aufenthaltsrechtliche Folgen ziehen zu können (BVerwG vom 26.10.2010 – 1 C 18.09, Rn. 17; VGH Bayern vom 7.5.2018 – 10 CE 18/464, Rn. 11 und vom 22.1.2018 – 19 CE 18/51, Rn. 25). Die Behörde ist gehalten, von sich aus das Verfahren weiter zu betreiben und auf weitere, den Betroffenen gegebenenfalls nicht bekannte Möglichkeiten aufmerksam zu machen und diese mit ihnen zu erörtern (VGH Bayern vom 14.3.2012 – 10 B 10/109, Rn. 34). Insoweit ist die Behörde gehalten, konkret zu bezeichnen, was genau in welchem Umfang erwartet wird, wenn sich ein bestimmtes Verhalten nicht bereits aufdrängen muss. Die Behörde ist regelmäßig angesichts ihrer organisatorischen Überlegenheit und Sachnähe besser in der Lage, die bestehenden Möglichkeiten zu erkennen und die erforderlichen Schritte in die Wege zu leiten (VGH Ba-Wü vom 3.12.2008 – 13 S 2483/07, Rn. 32). Eine mangelnde Mitwirkung muss ein gewisses Gewicht erreichen, sodass es gerechtfertigt erscheint, sie aktivem Handeln gleichzustellen (BVerwG vom 26.10.2010 – 1 C 18.09, Rn. 17).

> Beispiel: E ist vollziehbar ausreisepflichtig mit einer Duldung. E ist im Besitz einer Geburtsurkunde und eines abgelaufenen Ausweisdokuments aus seinem Herkunftsland. Die Ausländerbehörde fordert E immer wieder auf, bei der Botschaft seines Herkunftslandes vorzusprechen und dort einen Pass zu beantragen. E sprach bereits mehrfach bei seiner Botschaft vor und berichtet stets, dass sein Passantrag dort nicht entgegengenommen wurde.
>
> Aus der Ausländerakte ergibt sich, dass die Ausländerbehörde sehr genau weiß, dass die zuständige Botschaft keine unvollständigen Passanträge entgegennimmt und dass ein vollständiger Passantrag neben dem Passan-

tragsformular, der Geburtsurkunde und einem (abgelaufenen Identitätsdokument) zwingend auch eine gültige deutsche Aufenthaltserlaubnis und einen (noch) gültigen Reisepass verlangt (abgelaufene/verlorene Reisepässe werden nur im Herkunftsland verlängert oder neu ausgestellt).

Hier hat E seiner Mitwirkungs- und Initiativpflicht Genüge getan. Die Ausländerbehörde hat ihn sinnloserweise bei der Botschaft vorsprechen lassen, obwohl das Scheitern des Passantrages vorprogrammiert war. Die Passlosigkeit kann E hier nicht vorgeworfen werden, sodass § 1a Abs. 3 AsylbLG ausscheidet.

Das ist leider kein Einzelfall! Nicht selten werden solche unwürdigen „Spiele" gespielt. Die Ausländerbehörde hat die Erkenntnisse, wie ein Reisedokument erlangt werden könnte, lässt die Betroffenen aber im Unklaren darüber und fordert sinnlose Mitwirkungen. Wenn dann der Erfolg (erwartbar) ausbleibt, wird den Betroffenen vorgeworfen, sie hätten sich nicht ausreichend bemüht.

Nach den dargestellten Grundsätzen hat zunächst der:die Betroffene darzulegen, dass er oder sie den Pflichten in ausreichender und zumutbarer Weise nachgekommen ist. Erst wenn er oder sie die von der Ausländerbehörde aufgezeigten (oder auf der Hand liegenden[88]) Mitwirkungshandlungen und Obliegenheiten erfüllt hat, trägt die Ausländerbehörde die Darlegungs- und Beweislast dafür, welche konkreten weiteren und nicht von vornherein aussichtslosen Mitwirkungshandlungen der:die Betroffene zur Beseitigung des Ausreisehindernisses noch unternehmen kann (VGH Ba-Wü vom 9.4.2019 – 11 S 2868/18, Rn. 9).

Beispiel: F ist Libanese und im Besitz einer Duldung. Er hat bereits bei der Botschaft des Libanon vorgesprochen. Dort erhielt er ein Merkblatt mit Datumsstempel zum Nachweis seiner Vorsprache. Im Merkblatt sind die Anforderungen an die Passbeantragung aufgelistet und es heißt dort unter anderem: „Gültiger Aufenthaltstitel für Deutschland oder Bescheinigung der zuständigen Ausländerbehörde, dass ein gültiger Aufenthaltstitel vorliegt bzw. erteilt werden kann, sowie 2 Kopien davon." F legt dieses Merkblatt der Ausländerbehörde vor und erklärt, dass ein Passantrag bei der Botschaft mit Duldung sinnlos sei. Die Ausländerbehörde erwidert, dass es anderen Libanes:innen mit Duldung auch gelänge, Pässe zu beschaffen und daher weiter von einer Mitwirkungsverweigerung auszugehen sei. § 1a Abs. 3 AsylbLG wird vom Sozialamt angewendet.

Hier hat F seiner Initiativpflicht Genüge getan. Die Ausländerbehörde ist ihrer Pflicht zur Darlegung, was F nun konkret tun müsse, um einen Pass zu erlangen, nicht nachgekommen (SG Duisburg vom 2.11.2020 – S 48 AY 34/20 ER: Merkblatt der Libanesischen Botschaft steht Behördenvortrag entgegen, dass es einfach sei, einen libanesischen Pass zu beschaffen). Die Anwendung von § 1a Abs. 3 AsylbLG ist somit rechtswidrig.

---

88 Beispielsweise Vorsprache bei der Botschaft, Beantragung eines Passes.

Nur wenn konkret bestimmte Mitwirkungshandlungen gefordert werden, kann auch eine Nachprüfung der Geeignetheit und Zumutbarkeit gewährleistet werden. Die Geeignetheit entfällt beispielsweise, wenn feststeht, dass die zuständige Botschaft die Ausstellung eines Reisedokuments verweigert und dennoch die Beantragung eines solchen Dokuments bei der Botschaft verlangt wird (SG Hamburg vom 30.8.2016 – S 28 AY 64/13). Die Zumutbarkeit entfällt insbesondere bei der Forderung, eine sogenannte „Ehrenerklärung" zur Freiwilligkeit der Rückkehr gegenüber der zuständigen Botschaft abzugeben (Hessisches LSG vom 23.6.2022 – L 4 AY 13/22 B ER; BSG vom 30.10.2013 – B 7 AY 7/12 R). Schließlich dürfen keine unsinnigen oder unmöglichen Handlungen verlangt werden. Wenn beispielsweise eine Botschaftsvorsprache keinen Erfolg gebracht hat, dann darf nicht immer wieder eine Botschaftsvorsprache verlangt werden (SG Dresden vom 2.8.2019 – S 20 AY 55/19 ER).

Sozialgerichte fragen auch immer häufiger sehr genau nach, ob es für die Ausländerbehörde Möglichkeiten gab und gibt, leichter ein Reisedokument zu beschaffen, als die Betroffenen. Es wird sehr genau geprüft, ob aus der Ausländerakte überhaupt ein ernsthafter Abschiebewille der Ausländerbehörde erkennbar wird (LSG Nds.-Bremen vom 11.11.2021 – L 8 AY 47/21 B ER). Beispielsweise stellen einige Botschaften gegenüber der Ausländerbehörde Laissez-Passer aus, während eine Passausstellung für die Betroffenen verweigert wird. Ein Laissez-Passer berechtigt zur einmaligen Ausreise aus Deutschland in das Herkunftsland. Die Behörden müssen also darlegen, ob es diese Möglichkeit der Laissez-Passer-Erlangung gab und gibt und gegebenenfalls warum diese Möglichkeit nicht genutzt wurde und wird bzw. woran es bisher gescheitert ist. Liegt die Möglichkeit der Laissez-Passer-Erlangung vor und hat die Ausländerbehörde diese Möglichkeit nicht genutzt, kann der Tatbestand des § 1a Abs. 3 AsylbLG nicht erfüllt sein.

b) Bedarfsbezogenheit der Pflichtverletzung

Die festgestellte Pflichtverletzung bzw. der festgestellte Rechtsmissbrauch muss bedarfsbezogen sein, wenn daran eine sozialrechtliche Sanktion geknüpft werden soll (BVerfG vom 5.11.2019 – 1 BvL 7/16). Es muss also durch die Pflichtverletzung eine Beendigung oder Reduzierung der Hilfebedürftigkeit verhindert werden. Dabei darf es nur um die in Deutschland bestehende Hilfebedürftigkeit gehen, sodass der Einwand, die Betroffenen würden durch ihre Ausreise/Abschiebung den Leistungsbezug beenden, unzulässig ist.

Natürlich ist § 1a Abs. 3 AsylbLG generell nicht bedarfsbezogen – es geht um die Bestrafung von unerwünschtem migrationsrechtlichen Verhalten. Die Frage ist also, ob „unwürdiges" migrationsrechtliches Verhalten sozialrechtlich sanktioniert werden darf. Folgender Satz des BVerfG spricht sehr deutlich dagegen (vom 5.11.2019 – 1 BvL 7/16): „Die den entsprechenden Anspruch fundierende Menschenwürde ist dem Grunde nach unverfügbar und geht selbst durch vermeintlich ‚unwürdiges' Verhalten nicht verloren."

c) Änderbarkeit des vorwerfbaren Verhaltens

Um eine Sanktion zu rechtfertigen, muss es für die Betroffenen möglich sein, das vorgeworfene Verhalten noch zu ändern (BVerfG vom 5.11.2019 – 1 BvL 7/16).

> Beispiel: A wurde aufgefordert, bei seiner Botschaft vorzusprechen und dort einen Passantrag zu stellen. A verweigert den Gang zur Botschaft. Nach Rechtsfolgenbelehrung und Anhörung folgt ein Bescheid vom 15.9.2022 nach § 1a Abs. 3 AsylbLG für die Zeit vom 1.10.2022 bis 31.1.2023.

> Am 1.10.2022 wird die Botschaft des Herkunftsstaates von A auf unbestimmte Zeit geschlossen, da es einen gewaltsamen Putsch im Land gab und ein Bürgerkrieg ausgebrochen ist.

> Der Bescheid ist spätestens mit der Schließung der Botschaft rechtswidrig geworden und ist aufzuheben. A kann die geforderte Vorsprache bei der Botschaft objektiv nicht mehr vornehmen.

d) Zeitlicher Bezug zwischen Pflichtverletzung und Sanktionszeitraum

Der Sanktionszeitraum muss in zeitlichem Zusammenhang mit der Pflichtverletzung stehen (SG Landshut vom 23.1.2020 – S 11 AY 79/19 ER). So schreibt beispielsweise § 31b Abs. 1 S. 5 SGB II vor, dass ein Sanktionsbescheid spätestens 6 Monate nach der Pflichtverletzung zu ergehen hat.

Es muss also zunächst eine konkrete Pflichtverletzung benannt werden, auf die sich die Sanktion beziehen soll und dann ist (analog zum SGB II) eine Sanktionierung ausgeschlossen, wenn mehr als 6 Monate seit der Pflichtverletzung verstrichen sind.

> Beispiel: A erhält einen Bescheid vom 15.9.2022 nach § 1a Abs. 3 AsylbLG. Dort heißt es zur Begründung, dass A seit 2018 regelmäßig von der Ausländerbehörde zur Passbeschaffung aufgefordert werde, er aber bis heute keinen Pass beschafft habe.

> Neben vielen anderen Gründen ist dieser Bescheid schon deshalb rechtswidrig, weil keine konkrete Pflichtverletzung benannt und zeitlich zugeordnet wird. So ist schon nicht überprüfbar, ob und welcher zeitliche Zusammenhang hier zwischen welcher Pflichtverletzung und der Sanktion bestehen könnte.

e) Prognose für Erfolg der Sanktion

Das BVerfG hat die Sanktionen im SGB II weitgehend für nicht mit dem Grundrecht auf ein menschenwürdiges Existenzminimum vereinbar bewertet (BVerfG vom 5.11.2019 – 1 BvL 7/16). Sanktionen bis 30 % des Regelsatzes sind demnach nur unter sehr engen Voraussetzungen und strenger Beachtung der Verhältnismäßigkeit möglich – Sanktionen über 30 % des Regelsatzes sind nahezu ausgeschlossen. Ganz maßgeblich für diese BVerfG-Entscheidung war, dass nach 14 Jahren der Geltung von SGB-II-Sanktionen keine validen Daten dazu vorlagen, ob diese Sanktionen überhaupt wirksam sind. Ziel der SGB-II-Sanktionen ist die Eingliederung der Betroffenen in den Arbeitsmarkt. Es ist aber völlig unklar, ob und in welchem Umfang Sanktionen diesem Ziel dienen. Gleiches gilt hier: § 1a Abs. 3 AsylbLG hat zum Ziel, die Abschiebung zu ermöglichen. Ob dieses Ziel tatsächlich jemals erreicht wurde und wenn ja, in welchem Umfang, ist völlig unklar. Die Praxiserfahrung spricht eher dafür, dass eine Leistungsminderung die Motivation zur Mitwirkung an der Abschiebung nicht beeinflusst. Im Gegenteil: Wer Leistungen nach § 1a Abs. 3 AsylbLG bezieht, kann unmöglich zur Botschaft fahren oder sonstige Mitwirkungshandlungen vornehmen, die Kosten auslösen. Der Zugang zu § 6 AsylbLG ist schließlich gesetzlich verschlossen.

Ein weiterer Kritikpunkt des BVerfG an den SGB-II-Sanktionen war, dass das Gesetz keine Möglichkeit vorsah, eine nachgeholte Mitwirkung zu berücksichtigen. Sanktionen sollen überhaupt nur denkbar sein, wenn die Betroffenen das fragliche Verhalten zumutbar ändern und dadurch die Leistungsminderung stoppen können.

Im Ergebnis spricht also auch hier viel für eine Verfassungswidrigkeit von § 1a Abs. 3 AsylbLG, da keine validen Daten vorliegen, ob und wie die Leistungsminderung wirkt (BT-Drs. 19/16190 Nr. 89), und da bisher keine Prüfung erfolgt, ob die geforderte Mitwirkungspflicht überhaupt noch möglich und zumutbar ist.

Jedenfalls muss aber gefordert werden, dass im Bescheid ausgeführt wird, aus welchen Gründen die Behörde davon ausgeht, dass die Sanktion ihr Ziel erreichen kann. Es muss also zunächst ein konkretes Ziel benannt werden (beispielsweise: Beschaffung einer Geburtsurkunde, um den Passantrag zu vervollständigen), um dann zu erklären, warum die Behörde davon ausgeht, dass durch die Sanktion dieses Ziel erreicht werden kann (die Betroffenen tatsächlich die Geburtsurkunde beschaffen werden). Die Anforderungen an diese Darlegungen müssen steigen, je länger die Sanktion andauert oder je öfter wegen desselben Ziels sanktioniert wird[89] (SG Potsdam vom 1.3.2021 – S 20 AY 5/21 ER).

f) Vollziehbare Abschiebungsandrohung oder Abschiebungsanordnung

Schließlich schreibt § 1a Abs. 3 S. 2 AsylbLG vor, dass eine vollziehbare Abschiebungsandrohung[90] oder Abschiebungsanordnung[91] vorliegen muss.

Wenn die Voraussetzungen des § 59 Abs. 1 S. 3 AufenthG vorliegen[92], kann es Fälle geben, in denen weder eine Abschiebungsanordnung noch eine Abschiebungsandrohung vorliegt. In diesen Fällen bleibt kein Raum für eine Bejahung des

---

89 In der Praxis werden Betroffene nicht selten über Jahre hinweg sanktioniert, sodass es geradezu absurd abwegig erscheinen muss, zu erwarten, dass die Sanktion irgendeinen Einfluss auf das Verhalten der Betroffenen haben könnte

90 § 59 AufenthG; § 34 AsylG

91 § 58a AufenthG; § 34a AsylG

92 a) Vorliegen überwiegender öffentlicher Belange, insbesondere aa) begründeter Verdacht, dass Betroffene:r sich der Abschiebung entziehen wird; bb) von der:dem Betroffenen geht eine erhebliche Gefahr für die öffentliche Sicherheit oder Ordnung aus; b) Aufenthaltstitel ist nach Rücknahme, Widerruf oder Ausweisung erloschen oder c) Betroffene:r wurde bereits schriftlich und mit einer Begründung auf Bestehen der Ausreisepflicht hingewiesen.

Tatbestandes nach § 1a Abs. 3 AsylbLG. Betroffen von dieser „Privilegierung" sind vor allem straffällig gewordene und andere als „besonders unwürdig" einge- stufte Ausländer:innen. Eine weitere absurde Konsequenz des Umstandes, dass das AsylbLG mit fehlender Sorgfalt zusammengeschustert ist.

g) Rechtsfolgenbelehrung

Neben dem Tatbestand ist eine Rechtsfolgenbelehrung notwendig, wie zuvor bereits erwähnt (→ siehe III.3.a). Wie eine solche Belehrung auszusehen hat, ist völlig offen und durch die Rechtsprechung nicht geklärt. Allein sachgerecht erscheint es, auf die Grundsätze des „normalen" Sozialrechts zurückzugreifen. Danach muss eine Rechtsfolgenbelehrung verständlich, vollständig und richtig sein (BSG vom 15.12.2010 – B 14 AS 92/09 R, Rn. 24). Das bedeutet, dass aus der Belehrung eindeutig hervorgehen muss, welches Tun oder Unterlassen un- ter welchen Voraussetzungen welche konkreten Leistungskürzungen für welchen Zeitraum bedeutet. Das Mindeste ist, dass vor der Anwendung von § 1a AsylbLG eine Anhörung erfolgt, die die Möglichkeit bietet, die Anwendung noch effektiv abzuwenden (LSG Nds.-Bremen vom 7.12.2018 – L 8 AY 40/18 B ER; LSG Bayern vom 29.5.2019 – L 18 AY 14/19 B ER).

Praxistipps

Hier ist vor allem auf Folgendes zu achten:

- Fällt der:die Betroffene überhaupt unter den persönlichen Anwendungsbe- reich?
- Ist der Tatbestand erfüllt und sind die im Bescheid dargestellten Ermittlungs- ergebnisse, insbesondere zu den Gründen des Nichtvollzugs der Abschiebung und zum Vertreten-Müssen des:der Betroffenen ausreichend?
- Hat der Sozialleistungsträger den Tatbestand allein aufgrund einer Mitteilung der Ausländerbehörde angenommen?
- Liegt tatsächlich eine vollziehbare Abschiebungsandrohung oder Abschie- bungsanordnung vor?
- Gab es eine konkrete Mitwirkungsaufforderung? Stehen die Aufforderung und die Leistungskürzung noch in einem zeitlichen Zusammenhang?
- Ist die Mitwirkungshandlung im konkreten Einzelfall geeignet und zumutbar?
- Sind einfachere Möglichkeiten für die Ausländerbehörde erkennbar, das Ziel der Mitwirkung selbst zu erreichen? Hat der Sozialleistungsträger diese Mög- lichkeit ausreichend geprüft und dazu vorgetragen?
- Gibt es sachliche Gründe für die Annahme, dass die Leistungsminderung das erwünschte Verhalten bei der:dem Betroffenen herbeiführen könnte? Sind diese Gründe im Bescheid aufgeführt?
- Kann der:die Betroffene die geforderte Mitwirkung noch zumutbar nachholen und wird diese Nachholung zur Beendigung der Leistungsminderung führen?
- Gab es eine konkrete und ausreichende Rechtsfolgenbelehrung?
- Hatte der Betroffene ausreichend Gelegenheit, zu allen im Bescheid bewerte- ten Umständen Stellung zu nehmen, § 28 VwVfG?

- Falls Sachleistungen gewährt werden: Gibt es Erwägungen zu atypischen Umständen, die eine Gewährung von Geldleistungen rechtfertigen – wurden diese Erwägungen gegebenenfalls berücksichtigt? Decken die Sachleistungen den tatsächlichen Bedarf adäquat?
- Falls Wertgutscheine gewährt werden: Wirkt die konkrete Umsetzung diskriminierend? Überzeugen die Erwägungen für die Wahl von Gutscheinen? Wurde berücksichtigt, dass ein Gutscheinsystem für die Kommunalkasse kostspieliger ist als die Auszahlung von Geld?
- Hatte der:die Betroffene ausreichend Gelegenheit zu weiteren Bedarfen (§ 1a Abs. 1 S. 3 AsylbLG) Stellung zu nehmen, § 28 VwVfG? Wurden die Umstände des Einzelfalls ausreichend ermittelt und berücksichtigt (persönliche Lebensverhältnisse, Unterbringungssituation, örtliche Gegebenheiten, gesundheitliche Verfassung, tatsächliche Mehrbedarfe wegen Schwangerschaft, Behinderung o.ä.)?
- Wenn Geldleistungen bewilligt werden: Entsprechen die Geldbeträge dem tatsächlichen Anspruch (200 EUR monatlich, Stand 2022; ab 1.1.2023: 224 EUR)?

III.4 § 1a Abs. 3 S. 3 AsylbLG

Der persönliche Anwendungsbereich der Norm beschränkt sich auf Ehegatten, Lebenspartner oder minderjährige Kinder der in § 1 Abs. 1 Nr. 1 bis 5 AsylbLG genannten Personen. Zudem müssen diese Familienangehörigen nach § 1 Abs. 1 Nr. 6 AsylbLG Angehörige von Duldungsinhaber:innen (§ 1 Abs. 1 Nr. 4 AsylbLG) oder vollziehbar Ausreisepflichtigen (§ 1 Abs. 1 Nr. 5 AsylbLG) sein. Das klingt verwirrend – letztlich geht es um Familienangehörige von Personen, die den Tatbestand des § 1a Abs. 3 S. 1 und 2 AsylbLG erfüllen. Diese Familienangehörigen selbst sind aber nicht gemäß § 1 Abs. 1 Nr. 1 bis 5 AsylbLG leistungsberechtigt nach AsylbLG.

Der Beschlussempfehlung des Innenausschusses des Bundestages ist zu entnehmen, dass mit dieser Norm – die zum 24.10.2015 eingeführt wurde – die „bisherige Regelung" für Familienangehörige nach § 1a Nr. 2 AsylbLG aF übernommen werden sollte (BT-Drs. 18/6386, S. 14). An dieser Stelle wird einmal mehr beispielhaft deutlich, wie niedrig das Niveau gesetzgeberischen Handwerks im AsylbLG ist. In der zuletzt geltenden Fassung des § 1a Nr. 2 AsylbLG aF (vom 1.3.2015 bis 23.10.2015) wurde für die Haftung von Familienangehörigen verlangt, dass diese selbst Gründe zu vertreten haben, die den Vollzug ihrer Abschiebung hindern. Dieses „selbst vertreten müssen" fehlte in der neuen Fassung ab 24.10.2015 als geschriebenes Tatbestandsmerkmal. Da aber eine direkte oder indirekte Sippenhaftung im Existenzsicherungsrecht ausgeschlossen ist (LSG NRW vom 22.3.2012 – L 6 AS 1589/10; BSG Vergleich vom 28.5.2015 – B 7 AY 1/14 R: nach Hinweis, dass Sippenhaftung des § 1a Nr. 2 AsylbLG aF verfassungswidrig sein dürfte), wurde mit Anpassung der Norm zum 21.08.2019 wieder ausdrücklich aufgenommen, dass auch bei den Familienangehörigen aus von ihnen selbst zu vertretenden Gründen aufenthaltsbeendende Maßnahmen nicht vollzogen werden können.

Praktisch hat dieser Tatbestand kaum Bedeutung.

III.5 § 1a Abs. 4 S. 1 AsylbLG

Vom persönlichen Anwendungsbereich sind hier Leistungsberechtigte nach § 1 Abs. 1 Nr. 1, 1a oder 5 AsylbLG betroffen, also Inhaber:innen von Aufenthaltsgestattungen oder vollziehbar Ausreisepflichtige und seit dem 21.8.2019 auch Leistungsberechtigte nach § 1 Nr. 1a AsylbLG. Das bedeutet vor allem, dass Betroffene, denen eine Duldung erteilt wurde (oder für die materiell eine Duldung kraft Gesetzes besteht), nicht von dieser Norm betroffen sein können (SG Stade vom 9.1.2019 – S 19 AY 11/18). Gegen die Einbeziehung von Inhaber:innen einer Aufenthaltsgestattung bestehen erheblich verfassungsrechtliche Bedenken, sodass der personelle Anwendungsbereich verfassungskonform entsprechend zu reduzieren ist (vgl. SG Hamburg vom 8.7.2019 – S 28 AY 48/19 ER). Betroffene mit einer Aufenthaltsgestattung dürfen also nicht nach diesem Tatbestand sanktioniert werden.

Eine Stütze für diesen Tatbestand ist Erwägungsgrund 38 des Beschlusses (EU) 2015/1601: „Es sollten Maßnahmen ergriffen werden, um die Sekundärmigration von umgesiedelten Personen aus dem Umsiedlungsmitgliedstaat in andere Mitgliedstaaten zu verhindern, da dies die wirksame Durchführung dieses Beschlusses beeinträchtigen könnte. Insbesondere sollten die Mitgliedstaaten im Einklang mit dem Unionsrecht die erforderlichen Präventivmaßnahmen im Bereich des Zugangs zu Sozialleistungen und Rechtsbehelfen ergreifen."

Im Übrigen ist der Tatbestand hier sehr übersichtlich: Sanktioniert wird hier die bloße Zugehörigkeit zur Gruppe der „relocated people". Dazu sollen gehören:

- Drittstaater, für deren Asylverfahren Deutschland nach den Dublin-III-Regeln nicht zuständig ist und
- für die eine Verteilungsentscheidung getroffen wurde, die von der Regelzuständigkeit nach Dublin III abweicht (sogenannte Relokationsbeschlüsse des Rates der Europäischen Union mit Quotenregelungen).

a) Vorwerfbares änderbares Verhalten

Da für eine so drastische Leistungskürzung wie bei § 1a AsylbLG zu fordern ist, dass zumindest ein vorwerfbares Verhalten des:der Leistungsberechtigten besteht, das zur Verhinderung der Ausreise führt, muss verlangt werden, dass die Norm dementsprechend verfassungskonform auszulegen ist, dass ein vorwerfbares Verhalten als ungeschriebenes Tatbestandsmerkmal bestehen muss (so auch: Bayerisches LSG vom 23.8.2021 – L 19 AY 72/21 B ER; LSG Schleswig-Holstein vom 15.6.2020 – L 9 AY 78/20 B ER; LSG NRW vom 27.3.2020 – L 20 AY 20/20 B ER; LSG Nds.-Bremen vom 19.11.2019 – L 8 AY 26/19 B ER; LSG Bayern vom 8.7.2019 – L 18 AY 21/19 B ER; LSG Sachsen-Anhalt vom 11.6.2019 – L 8 AY 5/19 B ER; LSG Ba-Wü vom 14.5.2019 – L 7 AY 1161/19 ER-B; Seidl

2020: 213ff.). Zu betonen ist, dass die Ausreise in einen anderen Staat nicht als Pflicht angesehen werden kann und somit die Nichtausreise auch keine vorwerfbare Pflichtverletzung sein kann.

Der Sachverhalt einer abweichenden behördlichen Zuständigkeit aufgrund der Dublin-III-Verordnung[93] (sogenannte Dublin-Fälle) ist vom Wortlaut des § 1a Abs. 4 S. 1 AsylbLG nicht erfasst (LSG Nds.-Bremen vom 24.5.2018 – L 8 AY 7/17).

Das SG München (vom 12.12.2018 – S 42 AY 342/18 ER) führt zutreffend, mit Bezug auf das BVerfG (vom 17.9.2014 – 2 BvR 1795/14), aus: Bei einer Rückführung in sichere Drittstaaten können die Betroffenen (anders als bei der Rückführung in ihr Herkunftsland) regelmäßig weder auf verwandtschaftliche Hilfe noch auf ein soziales Netzwerk bei der Suche nach einer Unterkunft für die Zeit unmittelbar nach ihrer Rückkehr zurückgreifen. Bestehen belastbare Anhaltspunkte für das Bestehen von Kapazitätsengpässen bei der Unterbringung rückgeführter Ausländer im sicheren Drittstaat, hat die auf deutscher Seite für die Abschiebung zuständige Behörde dem angemessen Rechnung zu tragen.

Weiter wird ausgeführt, dass insbesondere den hochrangigen Grundrechten aus Art. 2 Abs. 2 S. 1 GG (Leben und körperliche Unversehrtheit) und Art. 6 Abs. 1 GG (Recht auf Familienleben) Rechnung zu tragen sei. Gesichtspunkte der Familieneinheit und des Kindeswohls seien besonders zu beachten. Jedenfalls bei der Abschiebung von Familien mit Neugeborenen und Kleinstkindern bis zum Alter von 3 Jahren sei in Abstimmung mit den Behörden des Zielstaates sicherzustellen, dass die Familie bei der Übergabe an diese eine gesicherte Unterkunft erhalte, um erhebliche konkrete Gesundheitsgefahren für die in besonderem Maße auf ihre Eltern angewiesenen Kinder auszuschließen.

Nach diesen Maßstäben muss also verlangt werden, dass die Ausreise in den betreffenden EU-Staat möglich und zumutbar ist. Nur dann könnte von einem vorwerfbaren Verhalten ausgegangen werden und der Tatbestand als erfüllt angesehen werden (LSG NRW vom 27.3.2020 – L 20 AY 20/20 B ER; LSG Nds.-Bremen vom 19.11.2019 – L 8 AY 26/19 B ER; SG Detmold vom 13.1.2020 – S 8 AY 114/19 ER; dagegen: LSG Bayern vom 8.7.2019 – L 18 AY 21/19 B ER).

Einmal mehr versuchen hier die Sozialgerichte eine offensichtlich verfassungswidrige Norm durch eine (grenzwertige) verfassungskonforme Auslegung „zu retten". Das BVerfG hat bereits sehr deutlich gesagt, dass eine sozialrechtliche Sanktion nur dann gerechtfertigt sein kann, wenn ein bedarfsbezogenes, vorwerfbares Verhalten vorliegt, das von den Betroffenen noch abgeändert werden kann. Hier wird aber allein an einen Status der Betroffenen angeknüpft, sodass die Anwendung von § 1a AsylbLG als Sanktion ausscheiden muss. Wenn aber die Norm über das ungeschriebene Tatbestandsmerkmal des vorwerfbaren Verhaltens „gerettet" werden soll, dann muss dieses vorwerfbare Verhalten auch bedarfsbezogen sein (also geeignet sein, die Hilfebedürftigkeit während des Aufenthalts in Deutschland

---

93 EU-VO 604/2013

zu senken) und von den Betroffenen noch geändert werden können. Es ist aber kein Verhalten denkbar, auf das diese Voraussetzungen zutreffen könnten.

b) Rechtsfolgenbelehrung

Wenn ein vorwerfbares Verhalten (als ungeschriebenes Tatbestandsmerkmal) verlangt wird, dann muss in der Konsequenz auch verlangt werden, dass der:die Betroffene unter Fristsetzung darauf hingewiesen wird, welches Verhalten verlangt wird und welche Rechtsfolgen drohen, wenn dem nicht nachgekommen wird. Es gelten die zuvor angestellten Erwägungen zur Rechtsfolgenbelehrung (→ siehe III.3.g).

c) Prognose für Erfolg der Sanktion

Auch hier muss, wie in III.3.e gezeigt, verlangt werden, dass sachliche Gründe dafür sprechen, dass die Leistungsminderung das zu erwartende Verhalten (Reise in den zuständigen EU-Staat) tatsächlich bewirken kann.

Praxistipps

Hier ist vor allem auf Folgendes zu achten:

- Fällt der:die Betroffene überhaupt unter den persönlichen Anwendungsbereich?
- Ist der Tatbestand erfüllt und sind die im Bescheid dargestellten Ermittlungsergebnisse, ausreichend?
- Wird ein vorwerfbares Verhalten dargelegt? Ist die Ausreise möglich und zumutbar?
- Gibt es sachliche Gründe für die Annahme, dass die Leistungsminderung das erwünschte Verhalten bei der:dem Betroffenen herbeiführen könnte? Sind diese Gründe im Bescheid aufgeführt?
- Kann der:die Betroffene das geforderte Verhalten noch zumutbar nachholen?
- Gab es eine konkrete und ausreichende Rechtsfolgenbelehrung?
- Hatte der:die Betroffene ausreichend Gelegenheit, zu allen im Bescheid bewerteten Umständen Stellung zu nehmen, § 28 VwVfG?
- Falls Sachleistungen gewährt werden: Gibt es Erwägungen zu atypischen Umständen, die eine Gewährung von Geldleistungen rechtfertigen – wurden diese Erwägungen gegebenenfalls berücksichtigt? Decken die Sachleistungen den tatsächlichen Bedarf adäquat?
- Falls Wertgutscheine gewährt werden: Wirkt die konkrete Umsetzung diskriminierend? Überzeugen die Erwägungen für die Wahl von Gutscheinen? Wurde berücksichtigt, dass ein Gutscheinsystem für die Kommunalkasse kostspieliger ist als die Auszahlung von Geld?
- Hatte der:die Betroffene ausreichend Gelegenheit zu weiteren Bedarfen (§ 1a Abs. 1 S. 3 AsylbLG) Stellung zu nehmen, § 28 VwVfG? Wurden die Umstände des Einzelfalls ausreichend ermittelt und berücksichtigt (persönliche Lebensverhältnisse, Unterbringungssituation, örtliche Gegebenheiten, gesundheitliche Verfassung, tatsächliche Mehrbedarfe wegen Schwangerschaft, Behinderung o.ä.)?

- Wenn Geldleistungen bewilligt werden: Entsprechen die Geldbeträge dem tatsächlichen Anspruch (200 EUR monatlich, Stand 2022; ab 1.1.2023: 224 EUR)?

III.6 § 1a Abs. 4 S. 2 Nr. 1 und 2 AsylbLG

Der personelle Anwendungsbereich beschränkt sich auf Leistungsberechtigte nach § 1 Abs. 1 Nr. 1 und 1a AsylbLG.

Der Tatbestand ist auch hier übersichtlich:

- Nr. 1: anderer EU-Mitgliedstaat hat bereits internationalen Schutz gewährt;
- Nr. 2: anderer EU-Mitgliedstaat hat bereits aus anderen Gründen ein Aufenthaltsrecht gewährt;
- und jeweils: –das entsprechende Aufenthaltsrecht besteht in diesem anderen EU-Mitgliedstaat fort.

a) Vorwerfbares änderbares Verhalten

Wie in III.5.a aufgezeigt, ist auch hier die Norm verfassungskonform auszulegen. Daher muss ein vorwerfbares Verhalten vorliegen (Filges 2019). Ein solches Verhalten kann in der Regel nur angenommen werden, wenn generell eine eigenständige, freiwillige Ausreise in den schutzgewährenden EU-Staat verlangt werden darf. Zusätzlich müsste diese Ausreise dann auch möglich und zumutbar sein (SG Karlsruhe vom 23.10.2020 – S 12 AY 3018/10 ER; LSG NRW vom 27.3.2020 – L 20 AY 20/20 B ER, Rn. 39; VG Magdeburg vom 10.10.2019 – 6 A 390/19: ausführlich zur Verletzung von Art. 3 EMRK für Griechenland; SG Cottbus vom 28.1.2020 – S 21 AY 34/19 ER mit weiteren Nachweisen zu entsprechender VG-Rspr.; VG Gelsenkirchen vom 16.9.2019 – 5a K 2772/19.A, Rn. 43: Ausreise nach Griechenland erst zumutbar, nach Garantieerklärung für Unterkunft und Deckung elementarster Bedürfnisse in Griechenland).

Daher wird in diesen Verfahren vor den Sozialgerichten vor allem geprüft, wie die Situation für die Betroffenen nach einer Rückkehr in den schutzgewährenden EU-Staat wäre. Gäbe es Zugang zu einer Unterkunft, zum Arbeitsmarkt und zu Sozialleistungen, die zumindest den elementarsten Bedarf abdecken (→ siehe II.2) (vergleiche: EuGH vom 13.11.2019 – C-540/17 und C-541/17; EuGH vom 19.3.2019 – C-163/17 und C-297/17, C-318/17, C-319/17, C-438/17 [„Bett-Brot-Seife-Rspr.]; vergleiche auch: EGMR vom 21.1.2011 – 30696/09; BVerfG vom 31.7.2018 – 2 BvR 714/18)?

Letztlich bleibt aber schon kein verfassungsgemäßer Anwendungsspielraum für die Norm, weil für die Betroffenen (siehe personeller Anwendungsbereich) noch ein Asylverfahren läuft. Solange aber noch ein Asylverfahren in Deutschland anhängig ist, kann der Aufenthalt in Deutschland bzw. die Nichtausreise unmöglich vorwerfbar oder rechtsmissbräuchlich sein (LSG Schleswig-Holstein vom 15.6.2020 – L 9 AY 78/20 B ER, Rn. 34; SG Hamburg vom 8.7.2019 – S 28 AY 48/19 ER, Rn. 8).

b) Kein Anwendungsbereich nach 18 Monaten Aufenthalt in Deutschland

Es wird schließlich auch vertreten, dass die Norm zumindest dann nicht mehr angewendet werden darf, wenn sich die Betroffenen schon 18 Monate und länger in Deutschland aufhalten (LSG Hessen vom 2.6.2020 – L 4 AY 7/20 B ER).

Die Wartefrist aus § 2 Abs. 1 S. 1 AsylbLG von 18 Monaten wurde vom Gesetzgeber wie folgt begründet: „§ 2 Abs. 1 legt u. a. den Zeitpunkt fest, ab dem eine Bedarfssituation vorliegt, die mit der anderer Leistungsberechtigter vergleichbar ist, weshalb Leistungen entsprechend dem SGB XII zu gewähren sind" (BT-Drs. 18/2592). Mit dieser Begründung wäre es nicht vereinbar, wenn die Schutzgewährung in einem anderen Staat – die nichts mit der Bedarfssituation der Betroffenen in Deutschland zu tun hat –, die länger zurückliegt, die Anwendung von § 2 AsylbLG verhindern würde.

Zudem wird darauf hingewiesen, dass die Überstellung der Betroffenen in den schutzgewährenden EU-Staat zeitnah erfolgen soll.[94] Daher wäre es nicht einzusehen, den Betroffenen den Übergang zu Analogleistungen zu versperren, weil das Asylverfahren offenbar verschleppt wird. Bei fortbestehender Aufenthaltsgestattung wegen des laufenden Asylverfahrens bestünde auch ein gesicherter Aufenthaltsstatus. Es sei daher überhaupt kein Grund erkennbar, den Bezug von Leistungen nach § 2 AsylbLG wegen einer veränderten Bedarfssituation zu beenden oder zu versperren.

Praxistipps

Hier ist zwingend jeder Bescheid anzugreifen und mangels vorwerfbaren Verhaltens bestehen sehr gute Erfolgsaussichten. Im Übrigen kann im Wesentlichen auf die Praxistipps zu den vorherigen Tatbeständen verwiesen werden.

III.7 § 1a Abs. 5 AsylbLG

Vom persönlichen Anwendungsbereich sind Asylbewerber:innen mit einer Aufenthaltsgestattung (§ 1 Abs. 1 Nr. 1 AsylbLG) oder mit einem anhängigen Asylfolge- oder Zweitantrag (§ 1 Abs. 1 Nr. 7 AsylbLG) umfasst sowie Asylsuchende im Sinne des § 1 Abs. 1 Nr. 1a AsylbLG.

a) Nr. 1 – Verletzung der Pflicht zur unverzüglichen Asylantragstellung

Der Tatbestand besagt lediglich, dass eine Verletzung der Pflicht aus § 13 Abs. 3 S. 3 AsylG gegeben sein muss.

Aus dem Asylrecht ergibt sich, dass der:die Asylsuchende bei der Einreise oder unmittelbar nach der Einreise ein Asylgesuch zu äußern hat.[95] Das Asylgesuch ist die formlose Erklärung, dass Asyl bzw. Schutz vor Verfolgung gesucht wird. Diese Erklärung wird in der Regel bei einer Polizeidienststelle, Grenzbehörde, Ausländerbehörde oder in einer Aufnahmeeinrichtung erfolgen. Damit beginnt das

---

94 Ergibt sich aus: VO (EU) Nr. 604/2013
95 §§ 18, 19, 22 AsylG

Asylverfahren. Der förmliche Asylantrag, der durch eine persönliche Vorsprache bei der zuständigen Außenstelle des Bundesamtes für Migration und Flüchtlinge (BAMF) zu stellen ist, folgt erst später (§ 14 Abs. 1 AsylG).

§ 13 Abs. 3 S. 3 AsylG regelt, dass unverzüglich nach dem Asylgesuch ein Asylantrag zu stellen ist. Wenn das Wort „unverzüglich" in einem Gesetz auftaucht, heißt das immer „ohne schuldhaftes Zögern". Da die Norm auf Art. 20 Abs. 3 Aufnahmerichtlinie[96] zurückgeht, kann aber auch auf die dortige Formulierung Bezug genommen werden. Dort heißt es, dass der Asylantrag „so bald wie vernünftiger Weise möglich nach Ankunft" in Deutschland zu stellen ist, wobei Verzögerungen, die auf einen „berechtigten Grund" zurückgehen, unbeachtlich bleiben.

§ 1a Abs. 5 Nr. 1 AsylbLG in Verbindung mit § 13 Abs. 3 S. 3 AsylG kann eigentlich nur Sinn ergeben, wenn mit „Asylantrag" das Asylgesuch gemeint wäre. Schließlich haben die Betroffenen nur auf den Zeitpunkt des Asylgesuchs Einfluss. Wann der förmliche Asylantrag gestellt werden kann, hängt davon ab, wie schnell die Behörde, die das Asylgesuch aufgenommen hat, den Vorgang an das BAMF weiterleitet und wann das BAMF einen Termin zur Antragstellung vergibt. Auch mit Blick auf § 1a Abs. 5 Nr. 6 AsylbLG[97] ergäbe es keinen Sinn, wenn hier der förmliche Asylantrag gemeint wäre. Allerdings nimmt Satz 2 des § 13 Abs. 3 AsylG auf das Asylgesuch Bezug und der folgende Satz 3 spricht dann vom „nachfolgenden Asylantrag". Das spricht deutlich dagegen, hier vom Asylgesuch auszugehen. Im Ergebnis bleibt also, dass entweder das Versäumen der unverzüglichen Äußerung des Asylgesuchs sanktioniert werden soll oder das Versäumen eines unverzüglichen förmlichen Asylantrags. Das eine lässt sich mit dem klaren Wortlaut des § 13 Abs. 3 S. 3 AsylG nicht vereinen und das andere ergibt schlicht keinen Sinn, da die Betroffenen gar nicht beeinflussen können, wann die förmliche Antragstellung möglich wird. Der Sanktionstatbestand geht damit ins Leere.

Soweit ein sinnvoller Anwendungsbereich der Norm erkannt wird, ist sie zumindest europarechtlich durch Art. 20 Abs. 2 Aufnahmerichtlinie gedeckt, der besagt: „Die Mitgliedstaaten können die im Rahmen der Aufnahme gewährten materiellen Leistungen einschränken, wenn sie nachweisen können, dass der Antragsteller ohne berechtigten Grund nicht so bald wie vernünftigerweise möglich nach der Ankunft in dem betreffenden Mitgliedstaat einen Antrag auf internationalen Schutz gestellt hat."

b) Nr. 2 – Verletzung der Pflicht zur Passvorlage

Hier umfasst der Tatbestand die Verletzung der Pflicht aus § 15 Abs. 2 Nr. 4 AsylG. Im Klartext heißt das: Wer im Asylverfahren den zuständigen Behörden[98] seinen Pass oder Passersatz nicht vorlegt, aushändigt und überlässt, muss mit einer Leistungsminderung rechnen.

---

96 RL 2013/33/EU
97 Sanktionierung der Nichtwahrnehmung des Termins beim BAMF zur förmlichen Asylantragstellung.
98 In der Regel Polizei oder BAMF

Zumindest für Inhaber einer Aufenthaltsgestattung stellt dieser Tatbestand einen Verstoß gegen Art. 20 Aufnahmerichtlinie dar, der eine abschließende Auflistung enthält, bei welchem Fehlverhalten eine Leistungsminderung für Asylsuchende zulässig ist. Da die Pflicht zur Passvorlage dort nicht aufgeführt wird, darf an die Verletzung dieser Pflicht auch keine sozialrechtliche Sanktionierung geknüpft werden.

Zudem wird kaum Raum zur Anwendung der Norm bestehen, da die Behörde den tatsächlichen Besitz eines Passes oder Passersatzes zu beweisen hat (SG Münster vom 22.4.2020 – S 20 AY 4/20 ER; SG Detmold vom 27.6.2019 – S 16 AY 16/19 ER; VG Leipzig vom 27.5.2019 – 4 L 492/19.A, Rn. 17ff.; Siefert 2020: § 1a Rn. 65). Das dürfte nur gelingen, wenn ein Pass oder Passersatz bei dem:der Betroffenen bei einer Durchsuchung[99] gefunden wird. Wenn der Pass oder Passersatz dann aber tatsächlich vorliegt, bleibt kein Raum mehr für eine Leistungsminderung, da diese reinen Strafcharakter hätte – der Erfolg (Vorlage des Passes oder Passersatzes) ist schließlich schon erreicht und der:die Betroffene könnte die Leistungsminderung unter keinen Umständen mehr durch eigenes Verhalten stoppen. Das wäre jedoch zumindest unverhältnismäßig (BVerfG vom 5.11.2019 – 1 BvL 7/16, Rn. 133ff.; dagegen: Siefert 2020: § 1a Rn. 65).

c) Nr. 3 – Verletzung der Pflicht zur Vorlage von Unterlagen

Hier nimmt der Tatbestand auf § 15 Abs. 2 Nr. 5 AsylG Bezug, wo die Pflicht geregelt ist, alle erforderlichen Urkunden und sonstigen Unterlagen, die im Besitz der:des Betroffenen sind, den Behörden vorzulegen, auszuhändigen und zu überlassen.

Anders als unter Nr. 2 ist hier ausdrücklich geregelt, dass es sich nur um Urkunden und Unterlagen handeln kann, die tatsächlich im Besitz der:des Betroffen sind.

Auch hier ist Art. 20 Aufnahmerichtlinie zumindest für Gestattungsinhaber:innen zu beachten. Die Norm nennt unter Absatz 1 Bst. b) als zulässigen Grund für eine Leistungsminderung, dass ein:e Betroffene:r seinen oder ihren „Melde- und Auskunftspflichten" nicht nachkommt. Die Pflicht zur Unterlagenvorlage geht erkennbar darüber hinaus. Bezogen auf Inhaber:innen einer Aufenthaltsgestattung ist also auch hier von einer Europarechtswidrigkeit auszugehen.

Im Übrigen gilt, wie in III.7.b beschrieben, dass der Besitz nur durch ein tatsächliches Auffinden von Urkunden und Dokumenten bei dem:der Betroffenen nachgewiesen werden kann. Nach einem solchen Auffinden bleibt aber kein Raum mehr für eine Leistungsminderung mit dem Ziel der Vorlage ebendieser nun vorliegenden Unterlagen.

Zusätzlich besagt der Tatbestand hier schließlich, dass das BAMF den Pflichtverstoß festgestellt haben muss. Wie diese Feststellung auszusehen hat und wem gegenüber sie zu erfolgen hat, bleibt unklar. Wenn das BAMF diese Feststellung

---

99 § 15 Abs. 4 AsylG

per Verwaltungsakt treffen sollte, ist zudem zu bedenken, dass dagegen Widerspruch und Klage möglich wären. Der Tatbestand ist hier aber erst erfüllt, wenn die Feststellung des BAMF (wenn die Form des Verwaltungsakts gewählt wird) bestandskräftig geworden ist – also keine (weiteren) Rechtsmittel mehr möglich sind (vgl. Siefert 2020: § 1a Rn. 67).

d) Nr. 4 – Verletzung der Pflicht zur Mitwirkung bei Beschaffung von Identitätspapieren

Der Tatbestand nimmt auf § 15 Abs. 2 Nr. 6 AsylG Bezug. Dort ist die Pflicht geregelt, bei Nichtbesitz eines Passes oder Passersatzes an der Beschaffung von Identitätspapieren mitzuwirken und gegebenenfalls Datenträger auf Verlangen auszuhändigen.

Erneut ist die Vereinbarkeit mit Art. 20 Aufnahmerichtlinie (für Gestattungsinhaber:innen) problematisch. Eine Pflicht zur Mitwirkung bei der Beschaffung von Identitätspapieren findet sich in der Auflistung von Art. 20 Aufnahmerichtlinie nicht. Der Gesetzgeber stützt sich dennoch auf Art. 20 Abs. 1 Bst. b) Aufnahmerichtlinie (BT-Drs. 19/10047, 52). Dort ist aber nur von Melde- und Auskunftspflichten die Rede. Der Gesetzgeber meint also offenbar, dass die Mitwirkung an der Beschaffung von Identitätspapieren im Allgemeinen und die Aushändigung von Datenträgern im Besonderen als Auskunftspflichten zu verstehen sein sollen. Das dürfte zu weit hergeholt sein und gegen den allgemein anerkannten Grundsatz verstoßen, dass § 1a AsylbLG sehr restriktiv anzuwenden und auszulegen ist (beispielsweise: LSG Sachsen vom 28.4.2020 – L 8 AY 6/20 B ER, Rn. 32; Cantzler 2019: § 1a Rn. 9; Siefert 2020: § 1a Rn. 7).

Zu berücksichtigen ist für die Betroffenen im Asylerstverfahren, dass das Verlangen der Beschaffung von Identitätspapieren generell problematisch ist. Regelmäßig werden solche Papiere nur mittels Einschaltung der Botschaft zu erlangen sein. Wenn sich aber ein:e Asylbewerber:in (der oder die schließlich behauptet, im Herkunftsstaat verfolgt zu sein) an die Botschaft des Herkunftsstaates wendet, kann dies als Indiz gegen eine echte Verfolgungsgefahr gewertet werden, was zur Ablehnung des Asylantrags führen würde (Siefert 2020: § 1a Rn. 69; BVerwG vom 20.10.1987 – 9 C 277/86). Daher ist im Einzelfall zu prüfen, ob das verlangte Papier tatsächlich für das Asylverfahren erforderlich ist und ob der:die Betroffene durch die geforderte Handlung sein oder ihr Asylverfahren gefährden könnte.

Schließlich verlangt der Tatbestand, dass die Betroffenen konkret aufgefordert worden sein müssen, eine ganz bestimmte Mitwirkungshandlung vorzunehmen und sie diese Handlung pflichtwidrig unterlassen haben.

Auch hier muss wieder eine Feststellung der Pflichtverletzung durch das BAMF vorliegen (→ siehe III.7.c).

e) Nr. 5 – Verletzung der Pflicht zur Duldung erkennungsdienstlicher Maßnahmen

Hier soll ein Verstoß gegen § 15 Abs. 2 Nr. 7 AsylG sanktioniert werden. Es geht also um die Pflicht, „vorgeschriebene erkennungsdienstliche Maßnahmen"[100] zu dulden.

Auch hier gilt für Inhaber:innen einer Aufenthaltsgestattung, dass dieser Tatbestand europarechtswidrig ist. Abermals findet sich dieser Tatbestand nicht in der Auflistung des § 20 Aufnahmerichtlinie, sodass die Verletzung der Pflicht zur Duldung erkennungsdienstlicher Maßnahmen nicht sozialrechtlich sanktioniert werden darf.

Unabhängig vom Europarecht erscheint der Tatbestand auch verfassungswidrig, da eine sozialrechtliche Sanktion aufgrund einer migrationsrechtlichen Pflichtverletzung bestenfalls dann gerechtfertigt sein könnte, wenn die migrationsrechtlich zuständige Behörde sonst hilf- und machtlos der Verweigerungshaltung des:der Betroffenen gegenüberstünde (→ siehe III.3.a). Hier kann aber die Pflicht zur Duldung erkennungsdienstlicher Maßnahmen ohne Weiteres mittels Verwaltungsvollstreckung erzwungen werden.

f) Nr. 6 – Verletzung der Pflicht zur Wahrnehmung des Termins zur Asylantragstellung

§ 1a Abs. 5 Nr. 6 AsylbLG greift, wenn der Termin zur förmlichen Asylantragstellung bei der zuständigen Außenstelle des BAMF nicht wahrgenommen wurde.

Europarechtlich ist dieser Tatbestand zulässig (Hruschka 2020: 122).

g) Nr. 7 – Verletzung der Pflicht zu Angaben über Identität und Staatsangehörigkeit

Der Tatbestand ist erfüllt, wenn der:die Betroffene die Voraussetzungen des § 30 Abs. 3 Nr. 2 Alt. 2 AsylG dadurch erfüllt, dass er oder sie Angaben über seine oder ihre Identität oder Staatsangehörigkeit verweigert. Eine bloße Angabenverweigerung genügt also nicht – es muss zusätzlich der Tatbestand des § 30 Abs. 3 Nr. 2 Alt. 2 AsylG erfüllt sein. Ob dieser Tatbestand erfüllt ist, wird primär vom BAMF im Asylbescheid entschieden. Wenn der Tatbestand als erfüllt angesehen wird, wird der Asylantrag als offensichtlich unbegründet abgelehnt. Dann erlischt aber auch die Aufenthaltsgestattung, sodass der personelle Anwendungsbereich entfällt. Offenbar verlangt der Gesetzgeber also, dass der Sozialleistungsträger selbst (noch vor dem BAMF) den Tatbestand des § 30 Abs. 3 Nr. 2 Alt. 2 AsylG feststellt. Ob das praxistauglich ist, darf bezweifelt werden (vgl. auch: Siefer 2020: § 1a Rn. 74).

Dieser Tatbestand ist von Art. 20 Abs. 1 Bst. b) Aufnahmerichtlinie gedeckt und somit nicht grundsätzlich europarechtswidrig.

---

100   Siehe: §§ 16 Abs. 1; 18 Abs. 5; 19 Abs. 2; 22 Abs. 1 S. 2 HS 2, Abs. 2 S. 2 AsylG; § 49 Abs. 4, 8, 9 AufenthG

Wichtig ist, dass eine Täuschung über die Identität oder Staatsangehörigkeit den Tatbestand ausdrücklich nicht erfüllen kann. Diese Variante ist schließlich in § 30 Abs. 3 Nr. 2 Alt 1 AsylG geregelt, wobei sich § 1a Abs. 5 Nr. 7 AsylbLG ausdrücklich nur auf die zweite Alternative von § 30 Abs. 3 Nr. 2 AsylG bezieht.

h) Weitere Tatbestandsmerkmale für alle Nummern

Die Praxisrelevanz von § 1a Abs. 5 AsylbLG ist eher gering. Gelegentlich stützen Behörden Leistungsminderungen auf diese Norm, wobei die Bescheide oft so mangelhaft sind, dass ein gut begründeter Widerspruch schnell Abhilfe schafft. Daher findet sich zu dieser Norm kaum eine Rechtsprechung. Es spricht daher viel dafür, dass es sich um praxisuntaugliche Symbolgesetzgebung handelt. Dennoch lohnt eine Befassung mit den weiteren – für alle Nummern der Norm geltenden – Tatbestandsmerkmalen.

aa) Vertreten-Müssen der Pflichtverletzung

Aus § 1a Abs. 5 S. 1 AsylbLG ergibt sich das Tatbestandsmerkmal des Vertreten-Müssens. Das bedeutet, dass das entsprechende Verhalten dem Verantwortungsbereich der Betroffenen zuzuordnen sein muss. Im Zweifelsfall haben hier die Betroffenen darzulegen und zu beweisen, dass kein Vertreten-Müssen vorliegt.

Hier ist darauf hinzuweisen, dass die Erfüllung der Tatbestände, die zu den einzelnen Nummern dargestellt wurden, von der Behörde darzulegen und zu beweisen sind. Erst wenn der Behörde das gelungen ist, müssen die Betroffenen darlegen und beweisen, dass gegebenenfalls kein Vertreten-Müssen vorliegt.

bb) Keine Rechtfertigung der Pflichtverletzung durch wichtigen Grund

Wenn die Pflichtverletzung tatsächlich durch die Betroffenen zu vertreten ist, darf der Tatbestand nur als erfüllt angesehen werden, wenn zugunsten der Betroffenen kein wichtiger Grund vorliegt. Ob ein wichtiger Grund anzuerkennen ist, ist in jedem Einzelfall zu bewerten. Unzweifelhaft liegt beispielsweise ein wichtiger Grund vor, wenn krankheitsbedingt die Erfüllung der jeweiligen Pflicht unmöglich war (BT-Drs. 18/8615, 35).

cc) Für Asylsuchende: Entscheidung nach Art. 20 Abs. 5 Aufnahmerichtlinie

Aus Art. 20 Abs. 6 Aufnahmerichtlinie ergibt sich, dass für Betroffene, die ein Asyl(erst)verfahren betreiben, erst dann eine Leistungsminderung wirksam werden kann, wenn eine individuelle Entscheidung nach Art. 20 Abs. 5 Aufnahmerichtlinie ergangen ist (Hruschka 2020: 118f.). Dort heißt es, dass die Entscheidung „jeweils für den Einzelfall, objektiv und unparteiisch getroffen und begründet" werden muss. Weiter ist die Entscheidung „aufgrund der besonderen Situation der betreffenden Personen, insbesondere im Hinblick auf die in Artikel 21 genannten Personen, unter Berücksichtigung des Verhältnismäßigkeitsprinzips zu treffen". Und schließlich ist „in jedem Fall Zugang zur medizinischen Versorgung" und ein „würdiger Lebensstandard" zu gewährleisten.

Diese Grundsätze werden von § 1a AsylbLG nicht eingehalten. Die Aufnahmerichtlinie fordert eine Einzelfallentscheidung mit Ausrichtung am Verhältnismäßigkeitsgrundsatz, wenn ein Tatbestand zur Leistungsminderung erfüllt ist. Das bedeutet im Klartext, dass die Behörde auch die Möglichkeit haben muss, von einer Leistungsminderung im Einzelfall abzusehen. § 1a AsylbLG lässt aber keinen Raum für solche Einzelfallentscheidungen – die Rechtsfolge ist bei Erfüllung eines Tatbestandes zwingend. Die europarechtlichen Vorgaben regeln aber eindeutig, dass Sanktionen die absolute Ausnahme sein sollen. Was aus diesem Widerspruch zwischen der Aufnahmerichtlinie und § 1a AsylbLG folgt, ist noch ungeklärt. Es spricht aber viel für eine Europarechtswidrigkeit, soweit § 1a AsylbLG auch für Gestattungsinhaber:innen Anwendung finden soll.

dd) Für Asylsuchende: Keine Einschränkung der Gesundheitsversorgung

§ 1a Abs. 1 AsylbLG schreibt ausdrücklich und zwingend vor, dass keine Leistungen nach § 6 AsylbLG erbracht werden dürfen. Damit wird aber die Gesundheitsversorgung auf die bloße Notversorgung nach § 4 AsylbLG begrenzt (→ siehe Teil VI Medizinische Versorgung, I.1). Diese Konsequenz verstößt gegen Art. 20 Aufnahme-RL. Diese Norm lässt schließlich nur Einschränkungen der materiellen Aufnahmebedingungen zu (EuGH vom 12.11.2019 – C-233/18, Rn. 43). Sanktionen in Bezug auf die Gesundheitsversorgung sind vollständig ausgeschlossen (Hruschka 2020: 123f.; EuGH vom 12.11.2019 – C-233/18, Rn. 45; Peek/Tsourdi 2016: Art. 20, Rn. 64).

Im Ergebnis muss also jeder Tatbestand, der Inhaber:innen einer Aufenthaltsgestattung betrifft, als europarechtswidrig eingestuft werden. Angesichts des klaren Wortlauts der Norm dürfte auch eine europarechtskonforme Auslegung ausscheiden. Jede Anwendung von § 1a AsylbLG auf Asylsuchende (Aufenthaltsgestattung) ist damit unzulässig.

ee) Ausschöpfung verwaltungsrechtlicher Vollstreckungsmöglichkeiten

Da es sich hier bei allen Nummern der Norm um migrationsrechtliche Pflichtverstöße handelt, ist zu fordern, dass eine sozialrechtliche Sanktionierung nur als letztes Mittel infrage kommen kann. Erst wenn die migrationsrechtlich zuständigen Behörden ihre verwaltungsrechtlichen Zwangsmaßnahmen zur Durchsetzung der jeweiligen Pflicht erfolglos eingesetzt haben und sie der Verweigerungshaltung des:der Betroffenen hilflos gegenüberstehen, kann eine sozialrechtliche Sanktion infrage kommen (→ siehe III.3.a und III.7.e).

Dabei sind hier vor allem folgende migrationsrechtlichen Handlungsmöglichkeiten für die Behörden zu beachten:

Nach § 15 Abs. 4 AsylG dürfen die Betroffenen und deren Sachen durchsucht werden, wenn Anhaltspunkte dafür bestehen, dass etwas vorenthalten wird. Wenn aber das Ziel der Vorlage eines Passes, von Urkunden oder sonstigen Unterlagen dadurch erreicht werden kann, dann bleibt schon kein Raum mehr für einen Rückgriff auf das Sozialrecht als Sanktionsinstrument.

Im Zweifel greift für sämtliche Pflichten das Instrumentarium der Verwaltungs-vollstreckung.[101] Gerade mit Blick auf das Zwangsmittel des Zwangsgeldes erscheint es fragwürdig, wenn darauf verzichtet wird und stattdessen faktisch § 1a AsylbLG als „Zwangsgeldersatz" eingesetzt wird. Für die Verwaltungsvollstreckung gelten zwar strenge Regeln, während in der Praxis der Anwendung des § 1a AsylbLG oft sehr „frei" agiert wird, gerade dieser Umstand muss aber einen Vorrang der Verwaltungsvollstreckung begründen. Zu bedenken ist auch, dass ein Zwangsgeld gegen eine:n Leistungsbezieher:in nach AsylbLG als objektiv uneinbringlich gilt (VG Berlin vom 26.11.2014 – 1 M 71.14: daher Rechtmäßigkeit von Ersatzzwangshaft). Es erscheint aber als Wertungswiderspruch, Geldzahlungen als Zwangsmittel in der Verwaltungsvollstreckung gegen AsylbLG-Leistungsbezieher:innen generell auszuschließen und gleichzeitig die Leistungen nach § 1a AsylbLG zur zwangsweisen Durchsetzung verwaltungsrechtlicher Pflichten einzusetzen.

ff) Möglichkeit der Nachholung der Pflichterfüllung

Aus § 1a Abs. 5 S. 2 AsylbLG ergibt sich, dass die Leistungsminderung endet, sobald die fehlende Mitwirkungshandlung erbracht wurde oder der wahrzunehmende Termin wahrgenommen wurde. Daraus ergibt sich im Umkehrschluss, dass für den Tatbestand die Möglichkeit der Pflichtnachholung festgestellt werden muss. Wurde beispielsweise ein Pass bei der:dem Betroffenen aufgefunden und wurde dieser Pass von der migrationsrechtlich zuständigen Behörde einbehalten, kann die Pflicht der Vorlage, Aushändigung und Überlassung des Passes unmöglich nachgeholt werden.

gg) Rechtsfolgenbelehrung

Wie in III.3.g beschrieben, ist auch hier eine Rechtsfolgenbelehrung zu fordern. Nur wenn die Betroffenen wissen, was konkret von ihnen verlangt wird und was konkret als Rechtsfolge eintreten wird, wenn sie diesem Verlangen nicht nachkommen, kann überhaupt eine Leistungsminderung in Betracht kommen.

Praxistipps

Neben der generellen Europarechts- und Verfassungsmäßigkeit ist hier abermals auf die genaue Prüfung des Tatbestandes und der Verfahrensvorschriften zu achten:

■ Fällt der:die Betroffene überhaupt unter den persönlichen Anwendungsbereich?

■ Ist der Tatbestand erfüllt und sind die im Bescheid dargestellten Ermittlungsergebnisse ausreichend?

■ Hat die migrationsrechtlich zuständige Behörde ihre Möglichkeiten ausgeschöpft, verwaltungsrechtlich auf den Pflichtverstoß zu reagieren?

■ Hat der:die Betroffene die Pflichtverletzung zu vertreten/liegt ein wichtiger Grund vor? Hat sich die Behörde damit ausreichend auseinandergesetzt?

---

101 Ersatzvornahme, Zwangsgeld, unmittelbarer Zwang; vgl. §§ 9ff. VwVG-Bund

- Ist die Nachholung der jeweiligen Pflicht noch möglich?
- Gab es eine konkrete Mitwirkungsaufforderung? Stehen die Aufforderung und die Leistungskürzung noch in einem zeitlichen Zusammenhang?
- Gab es eine konkrete und ausreichende Rechtsfolgenbelehrung?
- Hatte der:die Betroffene ausreichend Gelegenheit, zu allen im Bescheid bewerteten Umständen Stellung zu nehmen, § 28 VwVfG?
- Falls Sachleistungen gewährt werden: Gibt es Erwägungen zu atypischen Umständen, die eine Gewährung von Geldleistungen rechtfertigen – wurden diese Erwägungen gegebenenfalls berücksichtigt? Decken die Sachleistungen den tatsächlichen Bedarf adäquat?
- Falls Wertgutscheine gewährt werden: Wirkt die konkrete Umsetzung diskriminierend? Überzeugen die Erwägungen für die Wahl von Gutscheinen? Wurde berücksichtigt, dass ein Gutscheinsystem für die Kommunalkasse kostspieliger ist als die Auszahlung von Geld?
- Hatte der Betroffene ausreichend Gelegenheit zu weiteren Bedarfen (§ 1a Abs. 1 S. 3 AsylbLG) Stellung zu nehmen, § 28 VwVfG? Wurden die Umstände des Einzelfalls ausreichend ermittelt und berücksichtigt (persönliche Lebensverhältnisse, Unterbringungssituation, örtliche Gegebenheiten, gesundheitliche Verfassung, tatsächliche Mehrbedarfe wegen Schwangerschaft, Behinderung o.ä.)?
- Wenn Geldleistungen bewilligt werden: Entsprechen die Geldbeträge dem tatsächlichen Anspruch (200 EUR monatlich, Stand 2022; ab 1.1.2023: 224 EUR)?

III.8 § 1a Abs. 6 AsylbLG

Der personelle Anwendungsbereich umfasst hier alle volljährigen Leistungsberechtigten nach § 1 Abs. 1 AsylbLG.

Die Tatbestandsmerkmale sind:

- Es bestand Vermögen, das gemäß § 7 Abs. 1 und 5 AsylbLG vor Eintritt von Leistungen aufzubrauchen war (→ siehe Teil VIII Anrechnung von Einkommen und Vermögen/Nachranggrundsatz, II.):
  - Nr. 1: dieses Vermögen wurde entgegen § 9 Abs. 3 AsylbLG in Verbindung mit § 60 Abs. 1 S. 1 Nr. 1 SGB I nicht angegeben oder
  - Nr. 2: der Bestand dieses Vermögen wurde entgegen § 9 Abs. 3 AsylbLG in Verbindung mit § 60 Abs. 1 S. 1 Nr. 2 SGB I nicht unverzüglich mitgeteilt;
- Vorsatz oder grobe Fahrlässigkeit bezüglich der Pflichtverstöße;
- zu Unrecht bezogene Leistungen nach AsylbLG;
- Kausalität zwischen Pflichtverletzung und unrechtmäßigem Leistungsbezug.

Dieser Tatbestand geht auf Art. 20 Abs. 4 Aufnahmerichtlinie zurück. Dort werden sozialrechtliche Sanktionen erlaubt, wenn Betroffene verschwiegen haben, dass sie über Finanzmittel verfügen, und dadurch bei der Aufnahme zu Unrecht in den Genuss von materiellen Leistungen gekommen sind.

Problematisch ist, dass zu Unrecht bezogene Leistungen regelmäßig dazu führen, dass die Leistungsbewilligung entsprechend aufgehoben wird und zu Unrecht bezogene Leistungen zurückgefordert werden. Eine Sanktion in Form einer Leistungsminderung würde also bedeuten, dass trotz bestehender Hilfebedürftigkeit eine Doppelbelastung geschaffen wird. Zum einen bestehen die Schulden aus der Rückforderung von zu Unrecht bezogener Leistungen und zum anderen werden nur noch Leistungen nach § 1a Abs. 6 AsylbLG bezogen.

Schließlich liegt zwar ein vorwerfbares Verhalten vor – dieses Verhalten kann aber nicht mehr geändert werden, sodass die Betroffenen keine Möglichkeit haben, die Leistungsminderung durch eigenes Verhalten zu stoppen. Es handelt sich um eine reine Bestrafungsmaßnahme, was jedoch nach der BVerfG-Rspr. nicht zulässig ist (BVerfG vom 5.11.2019 – 1 BvL 7/16, Rn. 132ff.).

III.9 § 1a Abs. 7 AsylbLG

Personell erstreckt sich die Norm auf Leistungsberechtigte nach § 1 Abs. 1 Nr. 1 (Aufenthaltsgestattung) und Nr. 5 AsylbLG (vollziehbar ausreisepflichtig ohne Duldung).

Die Tatbestandsmerkmale sind:

- BAMF hat Asylantrag als unzulässig gemäß §§ 29 Abs. 1 Nr. 1 in Verbindung mit 31 Abs. 6 AsylG abgelehnt (Unanfechtbarkeit muss noch nicht vorliegen) – sogenannte „Dublin-Fälle";
- Abschiebungsanordnung nach § 34a Abs. 1 S. 1 Fall 2 AsylG;
- keine gerichtliche Anordnung der aufschiebenden Wirkung.

Da auch hier ein vorwerfbares Verhalten als geschriebenes Tatbestandsmerkmal fehlt, muss – wie in III.5.a und III.6.a beschrieben – verlangt werden, dass ein Tatbestandsmerkmal „vorwerfbares abänderbares Verhalten" im Wege einer verfassungskonformen Auslegung eingeführt wird (beispielsweise: SG Leipzig vom 4.8.2021 – S 10 AY 37/21 ER). Andernfalls muss die Norm als verfassungswidrig angesehen werden.

Denkbar als vorwerfbares änderbares Verhalten soll sein, dass pflichtwidrig keine Ausreise erfolge. Dann müsse die zuständige Behörde die Betroffenen aber auch darüber belehren, dass eine Ausreisepflicht besteht, wie die konkrete Ausreise durchgeführt werden könnte und welche konkreten Rechtsfolgen die Nichtausreise haben würde (Bayerisches LSG vom 11.4.2022 – L 8 AY 34/22 B ER). Allerdings bestehen schon gegen die Nichtausreise als pflichtwidriges Verhalten Bedenken, da die Nichtausreise sozialrechtlich grundsätzlich nicht vorwerfbar sein kann.

Für Dublin-Fälle führt das SG Landshut Folgendes aus (vom 2.7.2019 – S 11 AY 39/19 ER): „Nach Information der Ausländerbehörde werden an Betroffene im Rahmen des Dublin-III-Verfahrens keine Laissez-Passer-Reisedokumente zur freiwilligen (autonomen) Rückkehr in den zuständigen EU-Staat ausgehändigt. Es werde nicht die freiwillige, selbständige Ausreise gefordert, sondern das sich

Bereitstellen zur Abschiebung. Nachdem die Rückkehr ohne Laissez-Passer-Reise-dokumente nicht rechtmäßig durchführbar wäre, kann diese nicht gefordert werden. Das Unterlassen der (unmöglichen) freiwilligen Rückreise kann dann nicht rechtsmissbräuchlich sein."

Im Klartext: Eine legale freiwillige Ausreise ist in diesen Fällen ausgeschlossen. Ein vorwerfbares Verhalten kann daher beim besten Willen nicht konstruiert werden (ähnlich: Bayerisches LSG vom 18.1.2022 – L 8 AY 103/21 B ER und vom 15.3.2022 – L 8 AY 7/22 B ER und vom 11.4.2022 – L 8 AY 34/22 B ER: Betroffene sind zumindest darüber zu belehren, was eigentlich von ihnen verlangt wird, sonst kann es keine Vorwerfbarkeit geben). Die Norm dürfte damit verfassungswidrig sein (SG Oldenburg vom 20.2.2020 – S 25 AY 3/20 ER, Rn. 23: verfassungsrechtlich sehr bedenklich). Dennoch wird überwiegend von einer grundsätzlichen Vereinbarkeit mit der Verfassung ausgegangen (verfassungskonforme Auslegung notwendig: Bayerisches LSG vom 11.4.2022 – L 8 AY 34/22 B ER; SG Landshut vom 23.1.2020 – S 11 AY 79/19 ER: ohne vorwerfbares Verhalten keine Leistungsminderung; so auch: SG München vom 10.2.2020 – S 42 AY 82/19 ER; SG Cottbus vom 28.1.2020 – S 21 AY 34/19 ER; verfassungsrechtlich unbedenklich: SG Osnabrück vom 9.4.2021 – S 44 AY 77/19; SG Aachen vom 10.12.2019 – S 20 AY 38/19; Siefert 2020: § 1a Rn. 89f.).

Wie so oft im AsylbLG fehlt es an sorgfältigem Gesetzgebungshandwerk. Der Tatbestand berücksichtigt ausdrücklich nur eine gerichtlich angeordnete aufschiebende Wirkung. Wenn also das BAMF von sich aus die Vollziehung des Bescheides über die Unzulässigkeit des Asylantrags aussetzt[102], bleibt der Tatbestand erfüllt. Dadurch muss gegebenenfalls im Asylverfahren ein gerichtliches Verfahren zur Anordnung der aufschiebenden Wirkung der Asylklage angestrengt werden, obwohl keine Abschiebung bis zur Klageentscheidung droht (VG Karlsruhe vom 30.7.2020 – A 9 K 779/20). Das bedeutet für alle Beteiligten mehr Aufwand.

Wird eine Leistungsminderung nach § 1a Abs. 7 AsylbLG verfügt und ordnet das Verwaltungsgericht erst danach die aufschiebende Wirkung der Asylklage an, so entfällt die Leistungsminderung von Anfang an (LSG NRW vom 7.4.2020 – L 20 AY 23/20 B ER, Rn. 24).

Auch hier gilt: Es ist die Verfassungswidrigkeit der Norm geltend zu machen. Der „Rettungsversuch" der Rechtsprechung über eine verfassungskonforme Auslegung kann nicht überzeugen. Eine so drastische Sanktion wie „Bett-Brot-Seife"-Leistungen braucht eine eindeutige und unmissverständlich formulierte Rechtsgrundlage. Daran fehlt es hier. Der Wortlaut des Gesetzes knüpft die Sanktion allein an den Status der Betroffenen. Genau das ist aber eindeutig verfassungswidrig.

Auch hier ist für Gestattungsinhaber:innen Art. 20 Abs. 5 und 6 Aufnahmerichtlinie zu beachten (→ siehe III.7.h.cc).

---

102 § 80 Abs. 4 VwGO

IV. Befristung nach § 14 AsylbLG

IV.1 Erstanwendung von § 1a AsylbLG

Nach dem Wortlaut des § 14 Abs. 1 AsylbLG ist die Anwendung von § 1a AsylbLG zeitlich zwingend auf 6 Monate zu befristen. Bezüglich der maximalen Dauer der Anwendung mag dies so absolut gelten – es steht der Behörde jedoch selbstverständlich auch frei, einen kürzeren Zeitraum zu wählen. Dies ergibt sich bereits aus dem zwingend anzuwendenden Verhältnismäßigkeitsgebot (Oppermann 2017: 57 mit Bezug auf BT-Drs. 18/6185, 65).

Bei der Befristung hat die Behörde Ermessen auszuüben. Im Bescheid ist also schriftlich darzulegen, welche Erwägungen dazu geführt haben, dass die Befristung so gewählt wurde, wie sie gewählt wurde. Dabei wird entscheidend sein, was eigentlich das Ziel der Sanktion ist und warum die Behörde meint, beispielsweise 6 Monate sanktionieren zu müssen, um dieses Ziel zu erreichen. Vor allem muss aber die Sicherung des menschenwürdigen Existenzminimums erörtert werden (SG Dresden vom 15.12.2021 – S 20 AY 90/21 ER: wegen Existenzsicherung Befristung auf mehr als 3 Monate regelmäßig unzulässig; so auch: Sächsisches LSG vom 3.3.2021 – L 8 AY 8/20 B ER). Wenn im Bescheid kein Ermessen zur Befristung erkennbar ist oder nur sinnentleerte Textbausteine enthalten sind, dann ist der Bescheid schon deshalb rechtswidrig (SG Neuruppin vom 20.1.2022 – S 27 AY 2/22 ER). Je länger der Anwendungszeitraum ist, desto höhere Anforderungen sind an die Erwägungen zur Gewährung von Zusatzleistungen nach § 1a Abs. 1 S. 3 AsylbLG (→ siehe II.4) zu stellen.

Interessant ist, dass die Höhe der Leistungen nach § 1a AsylbLG exakt den Übergangsleistungen nach § 23 Abs. 3 S. 5 SGB XII entspricht. Die Übergangsleistungen sollen jedoch grundsätzlich nur für 1 Monat gelten. Wenn dort eine solch drastische Beschränkung der Menschenwürde in der Regel auf 1 Monat begrenzt bleiben soll, so wäre sehr sorgfältig zu begründen, warum hier über mehr als 1 Monat eine solche Beschränkung angewandt werden soll.

In der Praxis erfolgt oft gar keine Befristung – das ist rechtswidrig (vgl. SG Bremen vom 23.4.2021 – S 39 AY 44/21 ER; Bayerisches LSG vom 1.3.2018 – L 18 AY 2/18 B ER; LSG Mecklenburg-Vorpommern vom 21.6.2018 – L 9 AY 1/18 B ER, Rn. 47; SG Magdeburg vom 30.9.2018 – S 25 AY 21/18 ER, Rn. 23).

IV.2 Verlängerung

§ 14 Abs. 2 AsylbLG eröffnet die Möglichkeit von Anschlussanwendungen des § 1a AsylbLG, soweit die gesetzlichen Voraussetzungen weiter vorliegen. Insbesondere für den zeitlichen Zusammenhang zwischen konkreten Mitwirkungsaufforderungen/-verletzungen und der konkreten Anwendung von § 1a AsylbLG dürfte dies stets problematisch werden.

> Beispiel: A wurde mit Schreiben vom 3.2.2022 konkret genug aufgefordert, ein Reisedokument zu beschaffen. Es wurde eine Frist bis zum 4.3.2022 gesetzt. Nach fruchtlosem Ablauf der Frist werden die Leistungen nach § 1a

Abs. 3 AsylbLG ab dem 1.4.2022 gemindert. Die Leistungsminderung wird nach § 14 Abs. 1 AsylbLG auf 6 Monate befristet (also bis zum 30.9.2022).

Mit Bescheid vom 26.9.2022 wird erneut eine Leistungsminderung für die Zeit vom 1.10.2022 bis 31.3.2023 nach § 1a Abs. 3 AsylbLG verfügt. A habe nach wie vor – entgegen dem Schreiben vom 3.2.2022 – kein Reisedokument vorgelegt. Die Befristung wird auf § 14 Abs. 2 AsylbLG gestützt.

In der Praxis kommt diese Konstellation sehr oft vor. Ob diese Praxis aber rechtmäßig ist, ist nicht abschließend geklärt. Bisher gibt es dazu keine Rechtsprechung. Es lässt sich aber gut vertreten, dass der Mitwirkungsverstoß bezüglich des Schreibens vom 3.2.2022 durch die erste Anwendung von § 1a Abs. 3 AsylbLG bereits „verbraucht" ist. Gegen eine Verlängerung spricht, dass kein ausreichender zeitlicher Zusammenhang mehr gegeben ist – der Pflichtverstoß (eingetreten mit Fristablauf am 4.3.2022) liegt bei Bescheiderteilung am 26.9.2022 schon länger als 6 Monate zurück. Es müsste also eine erneute konkrete Mitwirkungsaufforderung ergehen. Wenn A dann wieder dagegen verstößt, müsste sich die Befristung auf § 14 Abs. 1 AsylbLG stützen, da es sich um eine neue „erstmalige" Pflichtverletzung handelt.

Grundsätzlich dürften – nach den obigen grundsätzlichen Erwägungen – Dauer- und Kettenanwendungen von § 1a AsylbLG unzulässig sein (vgl. Oppermann 2017: 55, 57; SG München vom 10.2.2020 – S 42 AY 82/19 ER, Rn. 45; SG Landshut vom 17.10.2018 – S 11 AY 153/18 ER; dagegen: LSG Berlin-Brandenburg vom 20.9.2018 – L 23 AY 19/18 B ER). Eine Verlängerung der 6-monatigen Sanktion setzt eine neue Verwaltungsentscheidung (mit Anhörung) auf der Basis einer erneuten Überprüfung der Sach- und Rechtslage nach § 14 Abs. 2 AsylbLG voraus, und nicht nur eine bloße wiederholende Mitteilung der Behörde (LSG Baden-Württemberg vom 13.7.2021 – L 7 AY 1929/21 ER-B).

Eine offene Rechtsfrage ist, wie die Befristung einer Verlängerung konkret zu erfolgen hat. In der Praxis wird überwiegend von einem 6-Monatszeitraum ausgegangen.

> Beispiel: Die Absurdität des AsylbLG zeigt sich einmal mehr: Viele Behörden bewilligen Grundleistungen nach § 3 AsylbLG monatlich. Als Begründung (falls es eine Begründung gibt) wird meist angegeben, dass die Betroffenen nur kurzzeitig in Deutschland bleiben würden und daher längere Bewilligungszeiträume nicht sachgerecht wären.
>
> Wenn aber Leistungen nach § 1a AsylbLG bewilligt werden – für Betroffene, die also dazu gebracht werden sollen, Deutschland so schnell wie möglich zu verlassen –, werden regelmäßige Leistungszeiträume von 6 Monaten verfügt. Zumindest in diesem Punkt werden also 1a-Betroffene tatsächlich „privilegiert".
>
> Letztlich kann gefragt werden, ob Gesetzgeber, Behörden und Gerichte sich selbst ernst nehmen? Es wird schließlich verkündet, die Anwendung des

§ 1a AsylbLG wäre geeignet, um die Betroffenen zum pflichtgemäßen Verlassen Deutschlands zu bewegen oder zumindest zur Mitarbeit an der Abschiebung – gleichzeitig werden aber Leistungen für 6 Monate bewilligt!? Allzu großes Vertrauen besteht offenbar nicht in die Wirkung der Sanktion.

Es wird aber auch vertreten, dass mangels einer klaren Vorgabe im Gesetzeswortlaut sogar deutlich längere Befristungen als für 6 Monate möglich wären – nur unbefristete Verlängerungen scheiden aus (LSG Berlin-Brandenburg vom 13.6.2019 – L 15 AY 4/19 B ER). Den Gesetzesmaterialien ist lediglich zu entnehmen, dass zur Wahrung des Verhältnismäßigkeitsgrundsatzes eine Sanktionierung nicht fortwirken soll, wenn ein zurückliegendes Fehlverhalten nicht mehr änderbar oder sogar bereits korrigiert worden ist (LSG Berlin-Brandenburg vom 13.6.2019 – L 15 AY 4/19 B ER mit Verweis auf: BT-Drs. 18/6185, 47f.; LSG Berlin-Brandenburg vom 20.9.2018 – L 23 AY 19/18 B ER).

Vertreten werden auch verschiedene Auffassungen zur maximalen Anwendungsdauer von § 1a AsylbLG. So wird vertreten, dass die Anwendungsdauer wegen der bestehenden erheblichen verfassungsrechtlichen Bedenken auf 3 Monate begrenzt ist (Sächsisches LSG vom 16.12.2021 – L 8 AY 8/21 B ER: Höhe der Leistungen muss mindestens maßgeblicher Grundbedarfssatz minus 30 % sein; SG Dresden vom 19.5.2021 – S 20 AY 34/21 ER: Höhe der Leistungen muss mindestens maßgeblicher Regelsatz nach SGB II/XII minus 30 % sein).

Eine andere Auffassung sagt, dass eine Anwendung von § 1a AsylbLG über 6 Monate hinaus – innerhalb eines Jahreszeitraums – in der Regel unverhältnismäßig ist (Oppermann 2021: § 14 Rn. 20f.). Mit Blick auf die Rechtsprechung des BVerfG (vom 5.11.2019 – 1 BvL 7/16) erscheint diese Auffassung sehr gut vertretbar, denn schon 6 Monate sind ein langer Zeitraum. Dadurch würde auch § 14 Abs. 2 AsylbLG nicht gegenstandslos werden.

> Beispiel: A erfüllt einen Tatbestand des § 1a AsylbLG und es wird daher eine 1a-Sanktion verfügt. Die Befristung erfolgt zunächst nach § 14 Abs. 1 AsylbLG für 2 Monate ab dem 1.7.2022. Da die Pflichtverletzung andauert, wird die Leistungsminderung per Bescheid um 4 Monate nach § 14 Abs. 2 AsylbLG verlängert.

> Hier wird also § 14 Abs. 2 AsylbLG angewendet und trotzdem wird die gerade noch verhältnismäßige Maximaldauer von 6 Monaten eingehalten. Eine erneute Anwendung von § 1a AsylbLG käme erst wieder ab 1.7.2023 in Betracht.

Eine weitere Auffassung stellt auf die Wartefrist des § 2 Abs. 1 AsylbLG ab[103] (Hessisches LSG vom 6.1.2014 – L 4 AY 19/13 B ER; Deibel 2015: 117, 126; Hohm 2015: § 1a Rn. 48). Eine durchgehende Anwendung des § 1a AsylbLG soll also für 18 Monate unproblematisch sein. In jedem Fall muss aber jede Verlängerung eine neue ernsthafte Prüfung erkennen lassen und es muss vor allem auch

---

103   Derzeit: 18 Monate

überprüft werden, ob die weitere Leistungsminderung den Zweck der Verhaltens-
änderungen überhaupt noch realistisch erreichen kann.

Und schließlich gibt es vereinzelt auch Gerichte, die sagen, dass § 1a AsylbLG aufgrund der massiven verfassungsrechtlichen Bedenken gar nicht mehr angewendet
werden darf (SG Bayreuth vom 21.12.2021 – S 13 AY 45/21 ER; SG Stade vom
26.08.2021 – S 5 AY 5/21 ER).

Da § 14 Abs. 2 AsylbLG ausdrücklich eine Pflichtverletzung voraussetzt, kommt
eine Leistungsminderung von mehr als 6 Monaten nach § 14 Abs. 1 AsylbLG für
folgende Tatbestände nie in Betracht: § 1a Abs. 1 AsylbLG (→ siehe III.1); § 1a
Abs. 2 AsylbLG (→ siehe III.2); § 1a Abs. 4 AsylbLG (→ siehe III.5 und III.6);
§ 1a Abs. 6 AsylbLG (→ siehe III.8); § 1a Abs. 7 AsylbLG (→ siehe III.9).

Im Ergebnis kann gesagt werden: Jeder Bescheid nach § 1a AsylbLG kann mit
Aussicht auf Erfolg angegriffen werden. Die Betroffenen sollten ermutigt werden,
juristische Schritte zu ergreifen.

V. Weitere Leistungsminderungen

V.1 Bis zur Ausstellung eines Ankunftsnachweises, § 11 Abs. 2a S. 1 AsylbLG

Leistungsberechtigte nach § 1 Abs. 1 Nr. 1a erhalten bis zur Ausstellung eines
Ankunftsnachweises nach § 63a des AsylG lediglich Leistungen entsprechend § 1a
AsylbLG.

Der personelle Anwendungsbereich wird durch § 11 Abs. 2a S. 5 AsylbLG noch
ausgeweitet, für a) vollziehbar Ausreisepflichtige ohne Duldung, die aus einem
sicheren Drittstaat unerlaubt eingereist sind und die als Asylsuchende erkennungs-
dienstlich zu behandeln sind und b) für Betroffene, die einen Folge- oder Zweit-
asylantrag gestellt haben und einer Wohnverpflichtung[104] unterliegen.

Anders als bei der direkten Anwendung von § 1a AsylbLG können hier aber
ergänzend auch Leistungen nach den §§ 3 bis 6 gewährt werden, wenn

- die in § 63a des Asylgesetzes vorausgesetzte erkennungsdienstliche Behandlung
  erfolgt ist,
- die Betroffenen von der Aufnahmeeinrichtung, auf die sie verteilt wurden, aufgenommen worden sind, und
- die Betroffenen die fehlende Ausstellung des Ankunftsnachweises nicht zu vertreten haben (vgl. BT-Drs. 18/7538, 24; Groth 2021: § 11 Rn. 37.5).

Die Betroffenen haben die fehlende Ausstellung des Ankunftsnachweises insbesondere dann nicht zu vertreten, wenn in der für die Ausstellung des Ankunftsnachweises zuständigen Stelle die technischen Voraussetzungen für die Ausstellung
von Ankunftsnachweisen noch nicht vorliegen (zu weiteren Beispielen: BT-Drs.
18/7538, 24: zeitweilige Verzögerungen wegen starken Andrangs oder aus anderen, insbesondere organisatorischen Gründen). Die Betroffenen haben die fehlen-

---

104 § 71 Abs. 2 S. 2 oder § 71a Abs. 2 S. 1 AsylG in Verbindung mit den §§ 47 bis 50 AsylG

de Ausstellung des Ankunftsnachweises zu vertreten, wenn sie ihre Mitwirkungs-pflichten[105] verletzt haben. Dabei geht es um folgende Mitwirkungspflichten:

- den mit der Ausführung des AsylG betrauten Behörden die erforderlichen An-gaben mündlich und nach Aufforderung auch schriftlich zu machen;
- den gesetzlichen und behördlichen Anordnungen, sich bei bestimmten Behör-den oder Einrichtungen zu melden oder dort persönlich zu erscheinen, Folge zu leisten;
- seinen Pass oder Passersatz den mit der Ausführung dieses Gesetzes betrauten Behörden vorzulegen, auszuhändigen und zu überlassen;
- alle erforderlichen Urkunden und sonstigen Unterlagen, die in ihrem Besitz sind, den mit der Ausführung dieses Gesetzes betrauten Behörden vorzulegen, auszuhändigen und zu überlassen;
- die vorgeschriebenen erkennungsdienstlichen Maßnahmen zu dulden

Allerdings muss auch eine Ursächlichkeit zwischen Pflichtverletzung und Nicht-ausstellung des Ankunftsnachweises bestehen (Groth 2021: § 11 Rn. 70 mit Bezug auf: BT-Drs. 18/7538, 24f.).

Auch diese Norm dürfte verfassungswidrig sein, da sie an den Status des nicht vorhandenen Ankunftsnachweises anknüpft. Selbst wenn hier ein vorwerfbares änderbares Verhalten darüber konstruiert werden könnte, dass die Betroffen die rechtzeitige Ausstellung des Ankunftsnachweises verhindern, fehlt es an einem Be-zug zur Hilfebedürftigkeit dieser Pflichtverletzung. Egal, ob der Ankunftsnachweis ausgestellt wird oder nicht – die Hilfebedürftigkeit der Betroffenen bleibt unver-ändert. Eine Leistungsminderung darf aber nur dann erfolgen, wenn Betroffene rechtsmissbräuchlich eine Absenkung ihrer Hilfebedürftigkeit verhindern.

V.2 Bei Verstoß gegen eine räumliche Beschränkung, § 11 Abs. 2 S. 1, 3 AsylbLG

a) Welche Leistungen bei Verstoß gegen räumliche Beschränkung?

AsylbLG-Betroffenen[106] darf in den Teilen Deutschlands, in denen sie sich einer asyl- oder aufenthaltsrechtlichen räumlichen Beschränkung[107] („Residenzpflicht") zuwider aufhalten, von der für den tatsächlichen Aufenthaltsort zuständigen Be-hörde regelmäßig nur eine Reisebeihilfe zur Deckung des unabweisbaren Bedarfs für die Rückfahrt zum rechtmäßigen Aufenthaltsort gewährt werden. Die Leistun-gen können als Sach- oder Geldleistung erbracht werden.

> Beispiel 1: A ist seit 1 Monate in Deutschland und betreibt sein Asylverfah-ren in Brandenburg und ist dem Landkreis Havelland zugewiesen. Daher besteht eine räumliche Beschränkung für den Landkreis Havelland. A darf diesen Landkreis also nur mit Erlaubnis der Ausländerbehörde verlassen.

---

105 § 15 Abs. 2 Nr. 1, 3, 4, 5 oder 7 AsylG
106 Hier sind alle Leistungsbeziehenden nach §§ 1a, 2, 3 AsylbLG gemeint. Auch Analogleistungsberechtigte können also betroffen sein.
107 § 56 AsylG, Geltungsdauer: erste 3 Monate des Aufenthalts, § 59a Abs. 1 AsylG; § 61 Abs. 1 und 1a AufenthG, maximale Geltungsdauer: erste 3 Monate des Aufenthalts, § 61 Abs. 1b AufenthG; § 61 Abs. 1c AufenthG: räumliche Beschränkungen per Verwaltungsakt.

A ist transsexuell und in seiner Unterkunft leidet sie sehr unter Anfeindungen und auch tätlichen Angriffen. A hat ihre Umverteilung in eine angemessene Wohnung oder Unterkunft beantragt – die Antragsbearbeitung zieht sich aber hin. Daher fährt A nach Hamburg zu einem Bekannten und bleibt dort erst einmal in einer LGBTQ+-Wohngemeinschaft. Die Sozialleistungsbehörde in Hamburg verweigert die Auszahlung von Leistungen und bietet stattdessen nur ein Rückfahrticket nach Havelland an. Die Sozialleistungsbehörde Havelland verweigert die Auszahlung von Leistungen, weil A gegen ihre räumliche Beschränkung verstößt.

Solche Konstellationen sind mit § 11 Abs. 2 S. 1, 3 AsylbLG gemeint. Wie damit umzugehen ist, wird sich noch zeigen.

Hier drängt sich eine verfassungskonforme Auslegung für die Fälle auf, in denen die Verletzung der räumlichen Beschränkung aus wichtigen Gründen gerechtfertigt ist. Solche wichtigen Gründe können familiäre Gründe oder die Pflege von Angehörigen oder gesundheitliche Gründe sein. In solchen Fällen müssen Leistungen auch in voller Höhe gewährt werden.

Beispiel 1: Im vorhergehenden Beispiel könnte A also die Gefährdung ihrer psychischen und physischen Gesundheit in der Unterkunft in Havelland geltend machen und so versuchen, Sozialleistungen in Hamburg zu beziehen. Das wäre jedenfalls die Lösung nach der verfassungskonformen Auslegung, da hier die Pflichtverletzung nicht vorwerfbar ist.

Wichtig ist dabei auch, dass A bereits versucht, die zur Verfügung stehenden rechtlichen Mittel (Umverteilung) zu nutzen – die Unterkunft in Hamburg wäre also begrenzt, bis Havelland endlich das Problem vor Ort löst.

Beispiel 2: B ist seit einem Monat in Deutschland und seine räumliche Beschränkung gilt für die kreisfreie Stadt Delmenhorst. Seine Schwester lebt in Düsseldorf, sodass er eine Verlassenserlaubnis für 3 Tage zum Besuch seiner Schwester erhält.

In Düsseldorf erkrankt B, sodass ein Arzt Bettruhe verordnet und Reiseunfähigkeit für mindestens 1 Monat bescheinigt. B beantragt in Düsseldorf die Gewährung von AsylbLG-Leistungen, weil seine Schwester alleinerziehend und selbst im Leistungsbezug ist.

Auch hier müsste die Sozialleistungsbehörde in Düsseldorf Leistungen gewähren, da kein vorwerfbarer Verstoß gegen die räumliche Beschränkung vorliegt. Ob diese Lösung korrekt wäre, ist noch nicht abschließend geklärt.

b) Welche Behörde ist wofür zuständig?

Zu fordern ist, dass die Norm streng am Wortlaut und im Lichte der Bedeutung der Existenzsicherung ausgelegt wird. Die zentrale Frage ist dabei leider etwas kompliziert: Was regelt die Norm eigentlich bezüglich der örtlichen Zuständigkeit? Es gibt mehrere Möglichkeiten:

- Die Zuständigkeit soll vollständig auf die Behörde am tatsächlichen Aufenthaltsort übertragen werden (Groth 2021: § 11 Rn. 55 mit Verweis auf: SG Aachen vom 30.10.2015 – S 19 AY 10/15 ER, Rn. 19);
- Die Zuständigkeit ergibt sich weiter aus den allgemeinen Regeln, wonach die Behörde am tatsächlichen Aufenthaltsort zuständig sei – hier werde nur der Leistungsumfang von dieser ohnehin zuständigen Behörde eingeschränkt (ganz überwiegende Ansicht: LSG NRW vom 27.10.2006 – L 20 B 52/06 AY ER; OVG Lüneburg vom 11.8.1998 – 4 M 3575/98; VG Gießen vom 28.3.2000 – 6 E 1592/98);
- Die Zuständigkeit der Behörde am zugewiesenen Wohnort bleibt bestehen und hier wird für die (eigentlich unzuständige) Behörde am tatsächlichen Aufenthaltsort die Möglichkeit geschaffen, zusätzliche Leistungen zu erbringen (Rückfahrkarte).

Die ganz überwiegende Ansicht stützt sich hauptsächlich auf das „Das haben wir schon immer so gemacht"-Argument. Aus dem Gesetz spricht eher wenig für diese Ansicht, da die Zuständigkeiten abschließend in § 10a AsylbLG geregelt sind (→ siehe Teil XII Verfahrensregeln, XI.) (ähnlich: Groth 2021: § 11 Rn. 55). Aus den allgemeinen Zuständigkeitsregeln ergibt sich aber eindeutig, dass die Behörde am zugewiesenen Wohnort zuständig ist.[108] Die Behörde am tatsächlichen Aufenthaltsort kann nur dann zuständig sein, wenn keine Wohnortzuweisung besteht.[109]

Auch die Ansicht, dass § 11 Abs. 2 AsylbLG eine spezielle Zuständigkeitsregel für die Behörde am Ort des tatsächlichen Aufenthalts schaffen will, überzeugt nicht. Wie gesagt: Die Zuständigkeiten sind im AsylbLG abschließend in §§ 10, 10a AsylbLG geregelt. § 11 Abs. 2 AsylbLG sagt an keiner Stelle, dass diese Zuständigkeitsregeln ausgesetzt sein sollen oder Ähnliches. Selbst bei dem Qualitätsstandard des AsylbLG ist es undenkbar, dass in einer Norm zur Leistungsminderung ganz nebenbei (und nicht ausdrücklich) abschließende Zuständigkeitsregeln geändert werden.

Daher kann nur davon ausgegangen werden, dass § 11 Abs. 2 S. 1, 3 AsylbLG a) die allgemeine Zuständigkeit der Behörde am zugewiesenen Wohnsitz nicht beeinflusst und b) zusätzlich der (eigentlich unzuständigen) Behörde am tatsächlichen Aufenthaltsort die Möglichkeit einräumt, eine Rückfahrkarte zu gewähren. Dafür spricht auch, dass die Behörde am tatsächlichen Aufenthaltsort wohl einen Erstattungsanspruch[110] für die verauslagten Kosten gegen die zuständige Behörde am zugewiesenen Wohnort hat (LSG Nds.-Bremen vom 20.2.2014 – L 8 AY 98/13 B ER). Auch das ist aber „natürlich" umstritten (kein Erstattungsanspruch: Groth 2021: § 11 Rn. 57).

Für die genannten Beispiele würde das bedeuten, dass die zuständige Sozialleistungsbehörde weiter die vollen Sozialleistungen erbringt. Die Behörde am tatsäch-

---

108 § 10a Abs. 1 S. 1 AsylbLG
109 § 10a Abs. 1 S. 3 AsylbLG: „Im Übrigen ist die Behörde zuständig, in deren Bereich sich der Leistungsberechtigte tatsächlich aufhält."
110 § 9 Abs. 4 Nr. 3 AsylbLG in Verbindung mit § 105 SGB X

lichen Aufenthaltort darf nur „aushelfen" und eine Rückfahrkarte gewähren.[111] Im Notfall darf die Behörde am tatsächlichen Aufenthaltort auch weitere unabweisbare Leistungen erbringen, bis hin zur vollen Deckung des menschenwürdigen Existenzminimums.

c) Sicherung des menschenwürdigen Existenzminimums

Nur mit der zuletzt genannten Ansicht kann die jederzeitige Sicherung des menschenwürdigen Existenzminimums gewährleistet werden. Wenn Betroffene (wie in den obigen Beispielen) zunächst die Behörde am tatsächlichen Aufenthaltort aufsuchen müssen, dort die Umstände erklären und Leistungen beantragen müssen, dann ist vorprogrammiert, dass es zu Leistungslücken kommt. Nur wenn die zuständige Behörde am zugewiesenen Wohnsitz leistungspflichtig bleibt, können Leistungslücken vermieden werden. Bei fehlendem Bankkonto kann die Behörde am Wohnort die Behörde am tatsächlichen Aufenthaltort um Auszahlung der Leistungen ersuchen.

Wenn § 11 Abs. 2 S. 1, 3 AsylbLG als Sanktion gelesen werden soll (Sanktionierung der pflichtwidrigen Nichtrückkehr in das Gebiet der räumlichen Beschränkung), dann müssten alle Voraussetzungen, die oben für die Annahme eines Rechtsmissbrauchs und eines vorwerfbaren Verhaltens geschildert wurden, geprüft werden. Es müsste zudem eine konkrete Aufforderung zur Pflichterfüllung mit Fristsetzung und Rechtsfolgenbelehrung geben und es müsste eine Anhörung der Betroffenen geben. Erst dann könnte und müsste ein Bescheid mit ausreichender Begründung ergehen. Die automatische Leistungseinstellung allein aufgrund einer Abwesenheit dürfte verfassungswidrig sein.

Natürlich denkt man sofort an die Ortsabwesenheitsregelung im SGB II: Dort dürfen die Leistungen bei Ortsabwesenheit ohne Zustimmung vollständig eingestellt werden.[112] Das wird aber ausschließlich damit gerechtfertigt, dass die Betroffenen nicht mehr der Eingliederung in Arbeit zur Verfügung stehen und daher ein wichtiger Leistungsgrund entfallen sei. Im AsylbLG ist aber allein die Hilfebedürftigkeit der Grund für die Leistungen und dieser Grund entfällt durch eine bloße Abwesenheit nicht. Daher findet sich auch in der Sozialhilfe keine Regelung zur Leistungseinstellung bei einer Abwesenheit vom Wohnort.[113]

Hier ist also noch vieles unklar und entsprechende Fälle sollten auf jeden Fall juristisch angegriffen werden.

d) Welche Rolle spielt die Aufnahmerichtlinie?

Wer Art. 20 Abs. 1 Bst. a) Aufnahmerichtlinie liest, wird feststellen, dass dort Sanktionen und sogar komplette Leistungsentziehungen erlaubt werden, wenn Asylbewerber:innen den ihnen zugewiesenen Aufenthaltsort ohne Erlaubnis ver-

---

111 Letztlich eine Spezialregelung zu § 6 Abs. 1 AsylbLG, da hier Kosten für die Erfüllung einer verwaltungsrechtlichen Mitwirkungspflicht (Rückkehr in das Gebiet der räumlichen Beschränkung) übernommen werden.

112 § 7 Abs. 4a SGB II

113 Nur ein Auslandsaufenthalt von mehr als 4 Wochen wird leistungsrelevant: § 41a SGB XII.

lassen. Europarechtlich dürfte § 11 Abs. 2 AsylbLG also unbedenklich sein, es sei denn, die Aufnahmerichtlinie würde in diesem Punkt gegen höherrangiges EU-Recht verstoßen.

Darauf kommt es aber gar nicht an, da EU-Recht, wenn es belastende Maßnahmen erlaubt (nicht zwingend vorschreibt!), immer unter dem Vorbehalt steht, dass die grundsätzlich erlaubte Maßnahme auch im jeweiligen Mitgliedstaat verfassungsgemäß ist. Wenn aber (wie hier vertreten) die Norm verfassungswidrig ist, da die geregelte Sanktion keinen Bezug zur Hilfebedürftigkeit der Betroffenen hat, dann ändert daran auch die europarechtliche Erlaubnis nichts. Eine Erlaubnis eröffnet immer nur eine Möglichkeit – ob diese Möglichkeit genutzt wird, entscheiden allein die nationalen Gesetzgeber, und ob diese Möglichkeit genutzt werden darf, entscheidet das jeweilige nationale Verfassungsrecht.

V.3 Bei Verstoß gegen Wohnsitzauflage, § 11 Abs. 2 S. 2, 3 AsylbLG

Seit dem 21.8.2019 gelten die zuvor beschriebenen Rechtsfolgen des § 11 Abs. 2 AsylbLG auch bei der pflichtwidrigen Begründung eines gewöhnlichen Aufenthalts außerhalb des Bereichs der Wohnsitzauflage.

V.4 §§ 5–5b AsylbLG

Die §§ 5 Abs. 4 S. 2; 5b Abs. 2 AsylbLG verweisen jeweils auf die Rechtsfolge des § 1a Abs. 1 AsylbLG bei der Verweigerung von Arbeitsgelegenheiten bzw. sonstigen Maßnahmen zur Integration. Diese Regelungen haben jedoch kaum praktische Relevanz.

Zu beachten sind auch hier die bereits ausführlich dargestellten Grundsätze bei der Annahme eines Rechtsmissbrauchs, eines vorwerfbaren Verhaltens und auch die verfassungsrechtlichen Bedenken sind übertragbar.

Eine Anwendung auf Inhaber:innen von Aufenthaltsgestattungen oder Ankunftsnachweisen ist hier ausgeschlossen. Die Aufnahmerichtlinie schreibt abschließend vor, unter welchen Umständen Asylbewerber:innen sanktioniert werden dürfen.[114] Die Verweigerung von Arbeits- und Integrationsmaßnahmen ist danach kein zulässiger Grund für eine Sanktion.

V.5 Überbrückungsleistungen bei Schutzstatus in anderem EU-Staat, § 1 Abs. 4 AsylbLG

Seit dem 21.8.2019 gilt § 1 Abs. 4 AsylbLG, der sich offenbar an die Ausschlussregelungen gegen hilfebedürftige EU-Bürger[115] anlehnt.

a) Persönlicher Anwendungsbereich

Die Norm gilt nur für vollziehbar Ausreisepflichtige ohne Duldung (§ 1 Abs. 1 Nr. 5 AsylbLG). Da die meisten Betroffenen zumindest eine Duldung haben wer-

---

114 Art. 20 Aufnahmerichtlinie
115 § 23 Abs. 3ff. SGB XII

den, wird die Anwendung dieser Norm bereits auf der Ebene des personellen Anwendungsbereichs regelmäßig scheitern (Frerichs 2022: § 1 Rn. 187; anders: LSG Berlin-Brandenburg vom 11.8.2021 – L 23 AY 10/21 B ER: hier wurde nicht einmal das Vorliegen einer Duldung geprüft, obwohl der Sachverhalt die Annahme einer Duldung aufdrängt).

b) Tatbestand

Ein anderer EU-Staat[116] muss den Betroffenen internationalen Schutz gewährt haben. Dieser Schutzstatus muss auch fortbestehen. In der Regel gilt ein internationaler Schutzstatus in einem anderen EU-Staat für 3 Jahre[117], aber letztlich muss die Behörde, um den Tatbestand zu prüfen, beim BAMF um Amtshilfe bitten. Das BAMF muss dann klären, ob der Schutzstatus in dem anderen Staat bereits erloschen, zurückgenommen oder widerrufen wurde oder ob er noch fortbesteht (Frerichs 2022: § 1 Rn. 188).

Bei der Schaffung des § 1 Abs. 4 AsylbLG in der aktuellen Fassung ist der Gesetzgeber typisierend davon ausgegangen, dass die Betroffenen erst vor sehr kurzer Zeit in das Bundesgebiet eingereist sind und daher die Annahme gerechtfertigt sei, dass es für sie im Regelfall mit keinem unverhältnismäßigen Aufwand verbunden ist, Deutschland kurzfristig wieder zu verlassen und in das Land zurückzukehren, das ihnen bereits internationalen Schutz gewährt (BT-Drs. 19/10047, 51). Daraus folgt, dass, wenn die Einreise bereits einige Zeit zurück liegt, gegebenenfalls der Tatbestand als nicht erfüllt anzusehen ist.

Bisher gibt es ganze zwei veröffentlichte Gerichtsentscheidungen zu dieser Norm (LSG Berlin-Brandenburg vom 11.8.2021 – L 23 AY 10/21 B ER). In der Berlin-Brandenburger Entscheidung hielt sich der Betroffene bei Erlass der Eilentscheidung bereits mehr als 2 Jahre in Deutschland auf (oder mehr – die Entscheidung blieb leider bezüglich Sachverhalt und rechtlicher Würdigung recht oberflächlich) und bei der Entscheidung aus Sachsen-Anhalt waren es knapp 2 Jahre. Vier weitere Entscheidungen sind bekannt aber nicht veröffentlicht (SG Leipzig vom 8.9.2021 – S 10 AY 43/21 ER und vom 6.8.2021 – S 10 AY 38/21 ER und vom 6.8.2021 – S 10 AY 39/21 ER und vom 3.8.2021 – S 10 AY 34/21 ER), wo die Betroffenen sich jeweils bereits ca. 1 Jahr in Deutschland aufhielten. Die Unterstellung des nur sehr kurzzeitigen Aufenthaltes hält also offensichtlich dem Praxistest nicht stand.

Ähnlich wie bei § 1a Abs. 4 AsylbLG wird auch hier vertreten, dass die Norm verfassungskonform auszulegen sei. Daraus müsse sich ergeben, dass als ungeschriebenes Tatbestandsmerkmal hinzukommt, dass die Ausreise in den anderen EU-Staat (wo ein Schutzstatus besteht) zumutbar sein muss (SG Leipzig vom 8.9.2021 – S 10 AY 43/21 ER: verneint für Bulgarien).

---

116 Oder ein am Verteilmechanismus teilnehmender Drittstaat im Sinne des § 1a Abs. 4 S. 1 AsylbLG: derzeit Island, Liechtenstein, Norwegen und die Schweiz.
117 Art. 24 Qualifikationsrichtlinie (EU-RL 2011/95)

c) Rechtsfolgen

Die Überbrückungsleistungen, die vorrangig als Sachleistungen erbracht werden sollen, umfassen Folgendes:

- Leistungen nach § 1a Abs. 1 AsylbLG
  - Leistungen zur Deckung der Bedarfe für Ernährung sowie Körper- und Gesundheitspflege (Bett-Brot-Seife);
  - Leistungen zur Deckung der Bedarfe für Unterkunft und Heizung;
  - Im Einzelfall bei besonderen Umständen auch Leistungen für Kleidung und Gebrauchs- und Verbrauchsgüter des Haushalts.
- Leistungen nach § 4 Abs. 1 S. 1 und Abs. 2 AsylbLG
  - Die zur Behandlung akuter Erkrankungen und Schmerzzustände erforderliche ärztliche und zahnärztliche Behandlung einschließlich der Versorgung mit Arznei- und Verbandmitteln sowie sonstiger zur Genesung, zur Besserung oder zur Linderung von Krankheiten oder Krankheitsfolgen erforderlichen Leistungen;
  - Hilfebedarfe bei Schwangerschaft und Mutterschaft:
- ärztliche Behandlung und Betreuung sowie Hebammenhilfe,
- Versorgung mit Arznei-, Verband- und Heilmitteln,
- Pflege in einer stationären Einrichtung.

aa) Überbrückungs-Regelbedarf

Hier sollen also nur noch Leistungen unterhalb des physischen Existenzminimums gewährt werden, die denen des § 1a AsylbLG entsprechen – also monatlich 200 EUR (Stand 2022; ab 1.1.2023: 224 EUR), wenn die Leistungen als Geldleistungen gewährt werden.

Ob diese drastischen Leistungsminderungen verfassungskonform sein können, muss stark bezweifelt werden. Schließlich hat das BVerfG immer wieder betont, dass das Existenzminimum nicht teilbar ist – sowohl das physische als auch das soziokulturelle Existenzminimum müssen jederzeit als unteilbares Existenzminimum gesichert werden, unabhängig vom Status eines Menschen. Dem steht diese Regelung erkennbar entgegen. Die verfassungsrechtlichen Bedenken gegen § 1a AsylbLG greifen auch hier, soweit sie die Rechtsfolgen betreffen (→ siehe II.).

bb) Überbrückungs-Gesundheitsversorgung

Hier entspricht die Regelung der Regelung aus § 4 AsylbLG, sodass die verfassungsrechtlichen Bedenken gegen § 4 AsylbLG auch hier greifen (→ Teil VI Medizinische Versorgung, I.1 und I.6).

cc) Befristung

Die Zeitlichen Vorgaben des Gesetzes sind, dass die Überbrückungsleistungen bis zur Ausreise gewährt werden sollen, jedoch längstens für 2 Wochen und nur einmalig in einem Zweijahreszeitraum. Das bedeutet also, dass, wenn nach 2 Wochen die Ausreise nicht erfolgte, die Leistungen vollständig eingestellt werden.

Diese Regelung ist erkennbar verfassungswidrig, da das Existenzminimum zu jeder Zeit – unabhängig vom Status des Menschen – zu gewähren ist. Der bloße Aufenthalt in Deutschland kann niemals „verwerflich" oder „unwürdig" sein. Wenn eine deutsche Staatsgewalt meint, jemand sollte Deutschland verlassen, dann ist das Mittel der Wahl die Abschiebung und nicht das Aushungern.

Eine Anwendung von § 14 AsylbLG (Befristungen bei Anspruchseinschränkungen) scheidet aus, weil § 1 Abs. 4 AsylbLG eine speziellere Befristungsregel enthält (Siefert 2020: § 14 Rn. 3).

dd) Härtefallregelung – Leistungshöhe

§ 1 Abs. 4 S. 6 AsylbLG besagt: „Soweit dies im Einzelfall besondere Umstände erfordern, werden [...] zur Überwindung einer besonderen Härte andere Leistungen nach den §§ 3, 4 und 6 gewährt".

Hier ist eine verfassungskonforme Auslegung dahingehend zu fordern, dass in der Regel ein Härtefall anzunehmen ist und der volle Regelsatz als Übergangsleistung zu gewähren ist.

Der Tatbestand enthält den unbestimmten Rechtsbegriff „besondere Umstände", der im Einzelfall zu bestimmen ist. Konkrete Anhaltspunkte, wann diese „besonderen Umstände" anzunehmen sein sollen, ergeben sich nicht aus dem Gesetz. Insofern wird die Praxis zu klären haben, wie dieser unbestimmte Rechtsbegriff konkretisiert werden kann. Es wird dabei um Besonderheiten der persönlichen Lebensverhältnisse, der Unterbringungssituation, örtlicher Gegebenheiten oder der gesundheitlichen Verfassung gehen müssen. Dabei wird einmal mehr die etwas absurde Situation entstehen, dass geprüft wird, ob Bedarfe des menschenwürdigen Existenzminimums tatsächlich im Einzelfall bestehen – ob also Menschen wirklich Bedarfe haben, die sich aus dem Menschsein ergeben.

Bei der Bestimmung, was „besondere Umstände" sein sollen, wird die Behörde zu beachten haben, dass die Bedarfe, die hier zur Disposition stehen, Teil des menschenwürdigen Existenzminimums sind (so wohl auch: SG Osnabrück vom 11.6.2019 – S 44 AY 14/17, Rn. 60). Wenn überhaupt, dann werden Bedarfe des Grundbedarfs bzw. des Regelbedarfs nur dann nicht bewilligt werden dürfen, wenn eindeutig feststeht, dass die Bedarfe tatsächlich nicht bestehen.

Nach all dem kann eine verfassungskonforme Auslegung nur zu dem Ergebnis kommen, dass Überbrückungsleistungen in Höhe des vollständigen Grundbedarfs/Regelbedarfs zu bewilligen sind. Die Bedarfe bestehen allein wegen der Tatsache, dass die Betroffenen Menschen sind. Der Nachweis, dass die Bedarfe tatsächlich bestehen, ist also durch den Nachweis des Menschseins geführt.

Gut vertreten lässt sich, dass zumindest für besonders Schutzbedürftige im Sinne der Aufnahmerichtlinie (→ sieheTeil VI Medizinische Versorgung, I.6.b) immer volle Leistungen zu gewähren sind. Die Berliner Senatsverwaltung für Integration,

Arbeit und Soziales hat daher mit Rundschreiben vom 20.8.2019 verfügt, dass § 1 Abs. 4 AsylbLG für besonders Schutzbedürftige nicht anzuwenden ist.[118]

ee) Härtefallregelung – Befristung

§ 1 Abs. 4 S. 6 AsylbLG sagt weiter: Leistungen sind ebenso „über einen Zeitraum von zwei Wochen hinaus zu erbringen, soweit dies im Einzelfall auf Grund besonderer Umstände zur Überwindung einer besonderen Härte und zur Deckung einer zeitlich befristeten Bedarfslage geboten ist".

Auch hier kann nach dem zuvor Gesagten nur gelten: Die Leistungen, in Höhe des vollen Grundbedarfs/Regelbedarfs, sind solange zu gewähren, wie sich die Betroffenen im Bundesgebiet aufhalten. Auch hier muss die Norm daher verfassungskonform dahingehend ausgelegt werden, dass in der Regel Leistungen über 2 Wochen hinaus (zeitlich begrenzt bis zur Ausreise oder zum Zugang zu regulären Leistungen) zu gewähren sind.

ff) Rechtsprechung

Wichtig ist vor allem die Entscheidung des 15. Senats des LSG Berlin-Brandenburg (vom 11.7.2019 – L 15 SO 181/18, Rn. 61, [Revision B 8 SO 7/19 R durch Vergleich beendet]: zur fast identischen Vorschrift des § 23 Abs. 3 S. 3ff. SGB XII). Die wesentlichen Aussagen dieser Entscheidung sollen hier zusammengefasst werden:

Zunächst wird festgestellt, dass es unproblematisch möglich ist, Überbrückungsleistungen länger als 2 Wochen zu gewähren. Allerdings verlangt der Wortlaut des Gesetzes in jedem Fall eine vorübergehende Leistungsgewährung. Das dürfte hier aber kein Problem sein, da die Betroffenen entweder zeitnah abgeschoben werden oder zumindest eine Duldung erhalten und so in jedem Fall die Anwendbarkeit von § 1 Abs. 4 AsylbLG nie lange dauern kann.

Vor allem wird festgestellt, dass typischerweise davon auszugehen ist, dass die Überbrückungsleistungen in voller Höhe (hier nach §§ 3, 4, 6 AsylbLG) zu erbringen sind. Es liege schließlich typischerweise stets ein Härtefall dadurch vor, dass Menschen hilfebedürftig sind und ihr menschenwürdiges Existenzminimum gesichert werden muss.

Im Übrigen kann auf die zahlreiche Rechtsprechung zu den nahezu identischen Regelungen des § 23 Abs. 3 S. 3ff. SGB XII Bezug genommen werden. Eine sehr gute Übersicht bietet beispielsweise der GGUA Flüchtlingshilfe e. V.[119]

---

118 https://www.berlin.de/sen/soziales/service/berliner-sozialrecht/kategorie/rundschreiben/2019_05-8389 21.php, Punkte 1.2 und 2.2 (zuletzt abgerufen am: 19.10.2022)
119 https://www.ggua.de/fileadmin/downloads/unionsbuergerInnen/rechtsorechung_Unionsbuerger.pdf (zuletzt abgerufen am: 19.10.2022)

Fragen zur Vertiefung und Diskussion:

1. Bevor ein 1a-Bescheid inhaltlich näher geprüft wird: Worauf ist immer zuerst zu achten?
2. Warum sind Bescheide, die sich auf § 1a AsylbLG
   - Abs. 1 (vorwerfbares Scheitern der Abschiebung) oder
   - Abs. 2 (Einreise, um AsylbLG-Leistungen zu beziehen) oder
   - Abs. 4 (bestimmte Aufenthaltsrechte in anderem EU-Staat) oder
   - Abs. 6 (verschwiegenes Vermögen) oder
   - Abs. 7 (unzulässiger Asylantrag)

   stützen, immer erfolgversprechend angreifbar?
3. Woraus ergibt sich, dass die Grundsätze, die das BVerfG für SGB-II-Sanktionen aufgestellt hat (vom 5.11.2019 – 1 BvL 7/16), auch bei Anspruchseinschränkungen nach dem AsylbLG anzuwenden sind? Und welche Grundsätze sind das?
4. Diskutieren Sie, warum angesichts dieser BVerfG-Grundsätze der Gesetzgeber trotzdem an § 1a AsylbLG festhält und so migrationsrechtliche Pflichtverletzungen sozialrechtlich sanktionieren will.

Antworten:

Zu 1.

Zuerst ist immer der personelle Anwendungsbereich zu prüfen! Ist der Tatbestand überhaupt auf den:die Betroffene:n anwendbar?

In der Praxis muss also zunächst das aktuelle Aufenthaltspapier zu prüfen sein (Aufenthaltsgestattung oder Duldung oder Grenzübertrittsbescheinigung oder anderes). Danach lässt sich der:die Betroffene einer Nummer in § 1 Abs. 1 AsylbLG zuordnen und danach kann geschaut werden, ob diese Nummer im jeweiligen Tatbestand des § 1a AsylbLG erwähnt ist.

Manchmal nennen Bescheide den konkreten Tatbestand nicht – es wird dann nur § 1a AsylbLG erwähnt oder man muss aus der Höhe der Leistungen darauf schließen, dass hier wohl § 1a AsylbLG angewendet sein soll. Solche Bescheide sind schon deshalb rechtswidrig, weil sie zu unbestimmt sind.

Zu 2.

Hier die Gründe:

- Abs. 1 (vorwerfbares Scheitern der Abschiebung) und Abs. 2 (Einreise, um AsylbLG-Leistungen zu beziehen) und Abs. 6 (verschwiegenes Vermögen)
  - Hier kann zwar ein vorwerfbares Verhalten konstruiert werden – dieses Verhalten hat aber a) keinen Bezug zur Hilfebedürftigkeit und b) kann das Verhalten nicht mehr geändert werden.
- Abs. 4 (bestimmte Aufenthaltsrechte in anderem EU-Staat) und Abs. 7 (unzulässiger Asylantrag)
  - Hier liegt schon kein vorwerfbares Verhalten vor – die Tatbestände knüpfen jeweils an einen bestimmten Status an.

In der Rechtsprechung werden diese Tatbestände leider ganz überwiegend trotzdem als grundsätzlich verfassungskonform angesehen und angewendet. Überwiegend erfolgt dann eine verfassungskonforme Auslegung, sodass es für die konkret Betroffenen im Ergebnis keine Sanktionen gibt.

Problem: Dadurch, dass die Rechtsprechung sich nicht zur Annahme einer Verfassungswidrigkeit durchringen kann, sind weiter sehr viele Menschen von diesen (sehr wahrscheinlich) verfassungswidrigen Normen betroffen. Die wenigsten Betroffenen haben die Kraft, das Wissen und die Unterstützung, um Rechtsschutz vor den Gerichten zu suchen.

Hier ist auch und vor allem die Soziale Arbeit aufgerufen, die Betroffenen beim Gang zu Anwält:innen und Gerichten zu ermutigen und zu unterstützen.

Zu 3.

Es ergibt sich zum einen daraus, dass Sanktionen im Existenzsicherungsrecht stets die Menschenwürde betreffen, egal in welchem System (SGB II oder SGB XII oder AsylbLG) sie auftreten. Zum anderen ergibt es sich aus der Entscheidung des BVerfG vom 12.5.2021 (1 BvR 2682/17). Dort wurde in Randnummer 11 erklärt, dass das BVerfG keine weiteren Ausführungen zu § 1a Nr. 2 alte Fassung zu machen brauche, da bereits alles in der Sanktionsentscheidung des BVerfG gesagt worden sei.

Die Grundsätze sind (verkürzt zusammengefasst):

- Egal, wie „unwürdig" ein Verhalten auch ist, das menschenwürdige Existenzminimum muss jederzeit gesichert werden.
  - Hier kann schon gefragt werden, ob die Tatbestände des § 1a AsylbLG überhaupt „Unwürdigkeiten" im Verhalten beschreiben. Kann es beispielsweise jemanden „unwürdig" machen, wenn er oder sie bereits in einem anderen EU-Staat einen Schutzstatus hat?
- Eine sozialrechtliche Sanktion darf nur dann verhängt werden, wenn die vorgeworfene Pflichtverletzung die Beendigung oder Verringerung der Hilfebedürftigkeit verhindert.
  - § 1a AsylbLG enthält keine einzige Pflichtverletzung, die irgendeinen Bezug zur Hilfebedürftigkeit der Betroffenen während ihres Aufenthalts in Deutschland (allein darauf darf es ankommen) hat.
- Es gelten sehr strenge Anforderungen an die Verhältnismäßigkeit.
  - § 1a AsylbLG sieht vor, dass zwingend zu sanktionieren ist, wenn ein Tatbestand vorliegt („Ist-Vorschrift"). Damit dürfen die Behörden keine Verhältnismäßigkeitsprüfung vornehmen, die im Rahmen eines Ermessens erfolgen müsste.
- Das Sanktionsgesetz (hier: § 1a AsylbLG) muss auf validen Daten beruhen, die belegen, dass die Sanktion tatsächlich geeignet ist, das Ziel der Sanktion zu erreichen. Je länger das Gesetz in Kraft ist, je höher werden die Anforderungen an die Datengrundlage.
  - § 1a Abs. 2 und 3 AsylbLG existieren bereits seit 1998; die anderen Tatbestände überwiegend seit 2015 – es gibt bis heute keine empirischen Untersuchungen, ob und wie § 1a AsylbLG tatsächlich wirkt.
- Es muss also auch ein Ziel bei der Sanktion geben, welches im Bescheid anzugeben ist. Daneben muss die Behörde im Bescheid darlegen, warum sie im konkreten Einzelfall davon ausgeht, dass die Sanktion ihr Ziel erreichen wird.
  - Ich habe noch nie einen Bescheid gesehen, der diese Anforderungen erfüllt.

■ Die Betroffenen müssen in der Lage sein, durch eine zumutbare Verhaltensänderung die Sanktion zu verhindern oder zu beenden.
  – Das kann generell nur bei § 1a Abs. 3 und 5 AsylbLG überhaupt möglich sein.

■ Eine Sanktion darf niemals darin bestehen, dass der Zugang zur Deckung des soziokulturellen Existenzminimums vollständig gesperrt wird.
  – Genau das schreibt aber § 1a Abs. 1 S. 2 und 3 AsylbLG vor.

■ Jede Mitwirkungspflicht, die sozialrechtlich sanktioniert werden kann, bedarf einer verfassungsrechtlichen Rechtfertigung.
  – Hier sind ganz überwiegend migrationsrechtliche Mitwirkungspflichten betroffen, die dann (bei Verstößen) sozialrechtlich sanktioniert werden sollen. Eine tragfähige verfassungsrechtliche Rechtfertigung dazu ist nicht ersichtlich.

  Man stelle sich Folgendes vor: „Hartz IV"-Empfänger:innen erhalten für 6 Monate nur noch „Bett-Brot-Seife"-Leistungen, wenn sie sich im Straßenverkehr pflichtwidrig verhalten haben. Auch hier würde eine verwaltungsrechtliche Pflichtverletzung sozialrechtlich sanktioniert werden. Warum soll das nicht möglich sein, wenn es bei AsylbLG-Betroffenen jeden Tag geschieht?

■ Es muss die Möglichkeit geben, in Härtefällen von einer Sanktion abzusehen.
  – § 1a AsylbLG sieht keine Härtefallregelung vor.

Zu 4.
Erwägungen für die Diskussion:

■ Kosten sparen?

■ Rassismus/Nationalismus?

■ Sicherheit, dass es kaum nennenswerten zivilgesellschaftlichen Widerstand geben wird?

■ Sicherheit, dass die Betroffenen ganz überwiegend keinen Rechtsschutz suchen und die Wenigen, die es tun, Verfahren bis zum BVerfG nicht durchhalten – nach Einführung des AsylbLG im Jahre 1993 hat es 19 Jahre (!) gedauert, bis eine Verfassungsbeschwerde tatsächlich erfolgreich zum BVerfG durchgedrungen ist (BVerfG vom 18.7.2012 – 1 BvL 10/10)?

■ Die Soziale Arbeit wirkt oft als Stabilisator des AsylbLG statt Betroffene über ihre Rechte aufzuklären, da die Behörden, Kommunen, Bundesländer durchaus repressiv reagieren, wenn aus bestimmten Unterkünften „zu viele" AsylbLG-Klagen zu den Gerichten gelangen?

■ Die Sozial- und Landessozialgerichte schützen das AsylbLG. Selbst wenn die Verfassungswidrigkeit von Normen erkannt wird, wird meist alles unternommen, um diese Normen „zu retten". Beispielsweise könnten Gerichte verfassungswidrige Normen dem BVerfG zur Entscheidung vorlegen. Obwohl das BVerfG mit seinem Beschluss vom 12.5.2021 (1 BvR 2682/17) sehr deutlich erklärt hat, dass es die aktuelle Fassung des § 1a AsylbLG für verfassungswidrig erklären würde, wenn nur ein Fall auf dem BVerfG-Tisch landen würde, hat bis heute kein Gericht einen 1a-Fall dem BVerfG vorgelegt. Versagt hier die Gewaltenteilung, wenn die Judikative ihre Instrumente zur Kontrolle der Legislative bewusst nicht nutzt?

- Es gibt zu wenige Anwält:innen, die a) fit im AsylbLG sind, b) engagiert arbeiten und c) auch bereit sind, Fälle anzunehmen?
- Dem Gesetzgeber sind die Vorgaben des BVerfG schlicht egal? Der Gesetzgeber ist das Parlament, das Parlament besteht aus politischen Parteien und politische Parteien bestehen aus Politiker:innen, die wiedergewählt werden wollen – und geflüchtetenfreundliche Gesetzgebung bringt in Deutschland keine Punkte für eine Wiederwahl?

Zitierte Literatur:

Becker, Ulrich: Migration und soziale Rechte, Zeitschrift für europäisches Sozial- und Arbeitsrecht (ZESAR) 2017, S. 101ff.

Cantzler, Constantin: Asylbewerberleistungsgesetz – Handkommentar, 2019.

Decker, Andreas. In: Oestreicher, Ernst/Decker, Andreas: Beck online-Kommentar – Grundsicherung für Arbeitslose und Sozialhilfe, mit Asylbewerberleistungsgesetz, § 1a AsylbLG (Stand: 2019).

Deibel, Klaus: Anspruchseinschränkungen im Asylbewerberleistungsrecht und Rückführungsverbote, Zeitschrift für die sozialrechtliche Praxis (ZFSH/SGB) 2020, S. 75ff.

Deibel, Klaus. In: Deibel, Klaus /Hohm, Karl-Heinz: AsylbLG aktuell – Kurzkommentierungen, Materialien, Synopse, C.II., 2016.

Filges, Sven: Leistungseinschränkungen nach dem AsylbLG setzen konkretes Fehlverhalten des Betroffenen voraus, Neue Zeitschrift für Sozialrecht (NZS) 2019, S. 193.

Frerichs, Konrad. In: juris Praxiskommentar SGB XII, § 1 AsylbLG (Stand: 11.5.2022).

Ganter, Jonas: Das menschenwürdige Existenzminimum zwischen Karlsruhe und Luxemburg, Zeitschrift für europäisches Sozial- und Arbeitsrecht (ZESAR) 2020, S. 113ff.

Groth, Andy. In: Schlegel/Voelzke, juris-Praxiskommentar SGB XII, § 11 AsylbLG (Stand: 15.4.2021).

Hohm, Karl-Heinz. In: Hohm, Karl-Heinz: Gemeinschaftskommentar-AsylbLG, § 1a (Stand: 1/2018).

Hohm, Karl-Heinz. In: Schellhorn, Helmut/Hohm, Karl-Heinz/Schneider, Peter: Kommentar zum Sozialgesetzbuch XII, § 1a AsylbLG, 19. Auflage, 2015.

Hruschka, Constantin: Die europäische Dimension von Leistungseinschränkungen im Sozialrecht für Asylsuchende, Zeitschrift für ausländisches und internationales Arbeits- und Sozialrecht (ZIAS) 2020, S. 113ff.

Janda, Constanze: Das „Sanktionsurteil" des Bundesverfassungsgerichts und die Leistungseinschränkungen im AsylbLG – Welche Grenzen setzt das Recht auf Existenzsicherung?, info also 2020, S. 103ff.

Kanalan, Ibrahim: Sanktionen im Sozialleistungsrecht – Zur Verfassungswidrigkeit der Leistungseinschränkungen nach dem Asylbewerberleistungsgesetz, Zeitschrift für die sozialrechtliche Praxis (ZFSH/SGB) 2018, S. 247ff.

Kirchhof, Ferdinand: Die Entwicklung des Sozialverfassungsrecht, Neue Zeitschrift für Sozialrecht (NZS) 2015, S. 1ff.

Mülder, Marje: Licht am Ende des verfassungswidrigen Tunnels?, Die Sozialgerichtsbarkeit (SGb) 2020, S. 30ff.

Nettesheim, Martin: Sanktionen bei der Verletzung von Mitwirkungspflichten nach dem SGB II („Hartz IV"), Juristenzeitung (JZ) 2020, S. 153ff.

Oppermann, Dagmar. In: Schlegel/Voelzke, juris-Praxiskommentar SGB XII, § 14 AsylbLG (Stand: 25.10.2021).

Oppermann, Dagmar: Leistungseinschränkungen und Sanktionen als Mittel zur Bewältigung der Flüchtlingswelle, Zeitschrift für europäisches Sozial- und Arbeitsrecht (ZESAR) 2017, S. 55ff.

Oppermann, Dagmar/Filges, Sven In: Schlegel/Voelzke, juris-Praxiskommentar, AsylbLG § 2 (Stand: 26.11.2021).

167

Peek, Markus/Tsourdi, Lilian. In: Hailbronner, Kay/Thym, Daniel: European Immigration and Asylum Law, A Commentary, Art. 20 Receptions Conditions Directive, 2. Auflage, 2016.

Rothkegel, Ralf: Das Gericht wird's richten – das AsylbLG-Urteil des Bundesverfassungsgerichts und seine Ausstrahlungswirkungen, Zeitschrift für Ausländerrecht und Ausländerpolitik (ZAR) 2012, S. 357ff.

Schifferdecker, Stefan/Brehm, Björn: Sanktionsurteil des BVerfG – Befriedung eines erbitterten Konflikts? Besprechung des Urteils des BVerfG vom 5.11.2019, 1 BvL 7/16, Neue Zeitschrift für Sozialrecht (NZS) 2020, S. 1ff.

Seidl, Julian: Die Leistungskürzungen des AsylbLG unter dem Damoklesschwert der Verfassungswidrigkeit – Eine Untersuchung von § 1a AsylbLG im Lichte der Vorgaben des BVerfG-Urteils vom 5.11.2019 und der Aufnahme-Richtlinie, Zeitschrift für europäisches Sozial- und Arbeitsrecht (ZESAR) 2020, S. 213ff.

Siefert, Jutta. In: Siefert, Jutta: Asylbewerberleistungsgesetz – Kommentar, §§ 1a, 6, 14, 2. Auflage, 2020.

Streit, Christian: Das Zweite Gesetz zur Änderung des Asylbewerberleistungsgesetzes, Zeitschrift für Ausländerrecht und Ausländerpolitik (ZAR) 1998, S. 266ff.

Voigt, Claudius: Asylbewerberleistungsgesetz – Feindliche Übernahme durch das Ausländerrecht, info also 2016, S. 99ff.

Vertiefende Literatur:

Barkow-von Creytz, Dunja: Keine Leistungsbeschränkungen bei minderjährigen Kindern aufgrund Fehlverhaltens der sorgeberechtigten Eltern, Neue Zeitschrift für Sozialrecht (NZS) 2020, S. 642.

Buchholtz, Gabriele: Das Grundrecht auf Gewährleistung eines menschenwürdigen Existenzminimums und die staatliche Grundsicherung, Juristische Schulung (JuS) 2021, S. 503ff.

Frings, Dorothee: Die Sanktionsentscheidung des BVerfG in ihren Auswirkungen auf das Migrationssozialrecht, Arbeit und Recht (ArbuR) 2021, S. 248ff.

Gerloff, Volker: AsylbLG – Leistungsminderung im AsylbLG, Anwalt/Anwältin im Sozialrecht (ASR) 2021, S. 266f.

Jack, Nicole: Keine Leistungseinschränkung nach § 1 AsylbLG bei drohenden Menschenrechtsverletzungen im Herkunftsland – Entscheidungsbesprechung: LSG Niedersachsen-Bremen, Urteil vom 25.3.2021 – L 8 AY 33/16, Zeitschrift für Ausländerrecht und Ausländerpolitik (ZAR) 2021, S. 248ff.

Kanalan, Ibrahim/Seidl, Julian: Sanktionen nach dem AsylbLG und menschenwürdiges Existenzminimum Zugleich Besprechung von BVerfG, Nichtannahmebeschluss v. 12.5.2021 – 1 BvR 2682/17, info also 2022, S. 57ff.

Kruse, Jürgen: Kausalität eines rechtsmissbräuchlichen Verhaltens für Leistungsminderung nach AsylbLG, Neue Zeitrschrift für Sozialrecht (NZS) 2020, S. 953.

Oppermann, Dagmar: Sozialleistungen für Geflüchtete im Fokus europäischer Sekundärmigration, Zeitschrift für europäisches Sozial- und Arbeitsrecht (ZESAR) 2020, S. 305ff.

Pelzer, Marei: Keine Leistungseinschränkung, wenn eine Abschiebung aufgrund der fehlenden Kooperationsbereitschaft der Botschaft des Herkunftslandes scheitert, info also 2022, S. 38f.

Pfersich, Andreas: Anmerkung zu einer Entscheidung des EuGH vom 12.11.2019 – C-233/18 zu den nach der Richtlinie 2013/33/EU zulässigen Sanktionen gegenüber Minderjährigen, Zeitschrift für Ausländerrecht und Ausländerpolitik (ZAR) 2020, S. 147ff.

Rosenow, Roland: Widersprüchlich bis in Mark – Zum Beschluss des Bundesverfassungsgerichts vom 12.5.2021 zu § 1a AsylbLG, Kritische Justiz (KJ) 2021, S. 413ff.

Schneider, Lothar: Keine Anspruchseinschränkung bei Nichtausreise nach Ablehnung des Asylantrags, Neue Zeitschrift für Sozialrecht (NZS) 2022, S. 115.

Schneider, Lothar: Keine Anspruchseinschränkung auch bei Einreise zum Zweck des Leistungsbezuges, Neue Zeitschrift für Sozialrecht (NZS) 2020, S. 915.

Schreiber, Frank: Vom Anspruchsberechtigten zu vertretende Nichtvollziehbarkeit der Ausreisepflicht – Gewährleistung eines menschenwürdigen Existenzminimums, Die Sozialgerichtsbarkeit (SGb) 2021, S. 697ff.

Schreiber, Frank: Anmerkung zu BVerfG vom 12.5.2021 – 1 BvR 2682/17, Die Sozialgerichtsbarkeit (SGb) 2021, S. 695ff.

Seidl, Julian: Das Asylbewerberleistungsgesetz in der COVID-19-Pandemie, Anwalt/Anwältin im Sozialrecht (ASR) 2021, S. 97ff.

Seidl, Julian: § 1 a AsylbLG und das menschenwürdige Existenzminimum – Die sozialgerichtliche Rechtsprechung nach dem „Sanktionen-Urteil" des BVerfG (zugleich Besprechung von LSG Hessen v. 26.2.2020 – L 4 AY 14/19 B ER und LSG Hessen v. 31.3.2020 – L 4 AY 4/20 B ER), Anwalt/Anwältin im Sozialrecht (ASR) 2020, S. 171ff.

Siefert, Jutta: Auswirkungen der Entscheidung des BVerfG vom 5.11.2019 auf das SGB XII/ AsylbLG, Sozialrecht aktuell Sonderheft 2021, S. 206ff.

Süsskind, Bettina: Anspruchseinschränkung nach § 1a AsylbLG wegen einer Einreise zum Zwecke des Leistungsbezugs bei extremer materieller Notlage im vorherigen Aufenthaltsland, Neue Zeitschrift für Sozialrecht (NZS) 2021, S. 938.

Voigt, Claudius: Gesetzlich minimierte Menschenwürde Das Sanktions-Urteil des Bundesverfassungsgerichts und seine Auswirkungen auf das AsylbLG, Asylmagazin 2020, S. 12ff.

Teil V – Bildung und Teilhabe

Zusammenfassung

Die Leistungen zur Bildung und Teilhabe umfassen Kosten für Schulausflüge, mehrtägige Klassenfahrten, Schülerbeförderung, Lernförderung, gemeinschaftliche Mittagsverpflegung und für die Teilhabe am sozialen und kulturellen Leben in der Gemeinschaft. Hier werden die Besonderheiten dargestellt, die sich dazu aus dem AsylbLG ergeben.

Leistungen zur Bildung und Teilhabe waren für leistungsbeziehende Kinder und Jugendliche nach dem AsylbLG lange Zeit kaum erreichbar. Solche Leistungen konnten bestenfalls über § 6 Abs. 1 AsylbLG beantragt werden. Die entsprechenden Bedarfe mussten dann aber konkret benannt werden und die Behörden konnten nach Ermessen bewilligen oder ablehnen. Mit der Neuregelung des AsylbLG zum 1.3.2015 wurde erstmals ein Anspruch auf Leistungen für Bildung und Teilhabe geschaffen. Das geht auf die wichtige AsylbLG-Entscheidung des BVerfG (vom 12.7.2012 – 1 BvL 10/10, Rn. 96) zurück. Das BVerfG stellte fest, dass im alten AsylbLG eine Regelung fehlte, wonach bei Kindern und Jugendlichen auch die Bedarfe für Bildung und Teilhabe am sozialen und kulturellen Leben in der Gesellschaft als Anspruch gesichert werden. „Eine Regelung zur Existenzsicherung hat vor der Verfassung nur Bestand, wenn Bedarfe durch Anspruchsnormen gesichert werden." Damit stellte das BVerfG zum einen klar, dass die Bedarfe für Bildung und Teilhabe zum menschenwürdigen Existenzminimum gehören und dass solche Bedarfe stets durch einen eindeutigen Anspruch zu sichern sind und bloße Ermessensnormen nicht ausreichen können.

Durchaus interessant ist die Begründung des Gesetzgebers zur Einführung des Anspruchs auf Leistungen zur Bildung und Teilhabe (BT-Drs. 18/2592, 24): „Weiteres Ziel ist es, grundlegende Bildungs- und Teilhabechancen rechtzeitig zu eröffnen. Ein verbesserter Bildungsstand kann helfen, späteren Integrationsproblemen vorzubeugen. Da viele Lernprozesse stark altersgebunden sind, ist es auch geboten, die Ansprüche bereits zu einem Zeitpunkt zu erfüllen, in dem noch nicht feststeht, ob sich der Aufenthalt der Leistungsberechtigten im Bundesgebiet dauerhaft verfestigen wird."

Das ist vor allem deshalb interessant, weil die gesamte Konstruktion der Grundbedarfe nach § 3 AsylbLG mit dem vermeintlich nur vorübergehenden Aufenthalt der Betroffenen begründet wird. Wegen dieses nur vorübergehenden Aufenthaltes würde kein Integrationsbedarf bestehen. Hier erkennt der Gesetzgeber aber ausdrücklich an, dass zumindest für Kinder, Jugendliche und junge Erwachsene von Beginn des Aufenthalts in Deutschland an ein Integrationsbedarf besteht. Wenn die Betroffenen schließlich länger in Deutschland bleiben, wäre es unverzeihlich, Monate oder sogar Jahre verschwendet zu haben und wenn die Betroffenen tatsächlich nach kurzem Aufenthalt in Deutschland wieder ausreisen (müssen), dann hat der Zugang zu Bildung und Teilhabe jedenfalls niemandem geschadet.

In der Konsequenz müssten Kinder, Jugendliche und junge Erwachsene eigentlich auch von Anfang an Zugang zum „normalen" Existenzminimum (Analogleistungen) haben. Diese Konsequenz will der Gesetzgeber aber nicht ziehen.

I. Allgemeine Voraussetzungen

I.1 Personeller Anwendungsbereich

Das Gesetz[120] spricht von Kindern, Jugendlichen und jungen Erwachsenen. Damit verwendet das AsylbLG die gleiche Formulierung wie sie im SGB II[121] für den Anspruch auf Bildung und Teilhabe zu finden ist. Als Kind gelten alle Personen bis zur Vollendung des 14. Lebensjahres. Im Anschluss, bis zur Vollendung des 18. Lebensjahres, spricht das Gesetz von Jugendlichen. Bei dem Begriff „junge Erwachsene" ist nicht auf die Begrifflichkeit des SGB VIII[122] zurückzugreifen, sondern auf die des SGB II. Dort liegt die Altersgrenze bei der Vollendung des 25. Lebensjahres.

Eine weitere Einschränkung bezüglich des Lebensalters ergibt sich aus § 34 Abs. 7 SGB XII für Ansprüche zur Teilhabe am sozialen und kulturellen Leben in der Gemeinschaft. Hier sind nur Kinder und Jugendliche leistungsberechtigt (junge Erwachsene also nicht).

I.2 Leistungsberechtigung nach dem AsylbLG

Ansprüche auf Leistungen zur Bildung und Teilhabe nach § 3 Abs. 4 AsylbLG haben nur Betroffene, die nach dem AsylbLG leistungsberechtigt sind.

Wichtig ist, dass es hier auf die Leistungsberechtigung und nicht auf den tatsächlichen Leistungsbezug ankommt. Leistungen zur Bildung und Teilhabe können also auch Kinder, Jugendliche und junge Erwachsene erhalten, die grundsätzlich unter den Anwendungsbereich des § 1 Abs. 1 AsylbLG fallen, aber keine Geldleistungen beziehen (beispielsweise weil das Einkommen der Eltern den Grundbedarf deckt). Ausreichend ist dann, dass jedenfalls die Bedarfe für Bildung und Teilhabe nicht aus eigenen Mitteln gedeckt werden können.

> Beispiel: A ist 16 Jahre alt und im Besitz einer Aufenthaltsgestattung. Seine alleinerziehende Mutter arbeitet und verdient ausreichend Geld, sodass die Grundbedarfe (§§ 3, 3a AsylbLG) gerade so aus eigenem Einkommen gedeckt sind.

> Nun steht eine mehrtägige Klassenfahrt an, an der A natürlich unbedingt teilnehmen will. Der Kostenbeitrag beträgt 300 EUR.

> A hat hier Anspruch auf Übernahme der Kosten für die Klassenfahrt durch das Sozialamt. Er ist leistungsberechtigt nach dem AsylbLG und er kann die Kosten für die Klassenfahrt nicht aus eigenen Mitteln aufbringen. Dass er monatlich keine Leistungen bezieht, ist unerheblich.

---

120 § 3 Abs. 4 AsylbLG
121 § 28 Abs. 1 S. 1 SGB II
122 § 7 SGB VIII: Altersgrenze für „junge Erwachsene" bei Vollendung des 27. Lebensjahres

I.3 Antragserfordernis

Für fast alle Leistungen zur Bildung und Teilhabe besteht ein Antragserfordernis. Das bedeutet eine Abweichung vom Kenntnisgrundsatz[123] und es könnte darüber diskutiert werden, ob die Verweisung von § 3 Abs. 4 AsylbLG zu § 34a SGB XII tatsächlich auch die Regelung zum Antragserfordernis in § 34a Abs. 1 S. 1 SGB XII umfasst. Oder, ob nicht § 6b AsylbLG (Kenntnisgrundsatz für alle Leistungen nach § 3 AsylbLG) dafür spricht, dass die Regelungen zum Antragserfordernis nach § 34a Abs. 1 S. 1 SGB XII hier nicht gilt. Diese Diskussion dürfte aber praktisch kaum relevant sein und soll daher hier nicht geführt werden. Es ist also davon auszugehen, dass für folgende Leistungen Anträge erforderlich sind:

- Kosten für Schulausflüge, § 34 Abs. 2 S. 1 Nr. 1 SGB XII;
- Kosten für mehrtägige Klassenfahrten, § 34 Abs. 2 S. 1 Nr. 2 SGB XII;
- Kosten von Schülerbeförderung, § 34 Abs. 4 SGB XII;
- Kosten für Lernförderung, § 34 Abs. 5 SGB XII;
- Kosten für gemeinschaftliche Mittagsverpflegung, § 34 Abs. 6 SGB XII;
- Pauschal 15 EUR monatlich für die Teilhabe am sozialen und kulturellen Leben in der Gemeinschaft, soweit tatsächlich Kosten entstehen, § 34 Abs. 7 SGB XII.

Dagegen müssen die Bedarfe für die Ausstattung mit persönlichem Schulbedarf (§ 34 Abs. 3 SGB XII) nicht beantragt werden.

II. Die Leistungen zur Bildung und Teilhabe

Die Leistungen entsprechen exakt denen nach SGB II/XII. Da sich hier keine Besonderheiten aus dem AsylbLG ergeben, wird auf eine detaillierte Darstellung der Leistungen und ihrer speziellen Voraussetzungen verzichtet.

III. Berechtigte Selbsthilfe

§ 34b SGB XII regelt den Fall, dass die Kosten für anfallende Bedarfe zur Bildung und Teilhabe zunächst selbst übernommen werden. In solchen Fällen kann ein Anspruch auf Kostenerstattung bestehen, wenn folgende Voraussetzungen erfüllt sind:

- Die Voraussetzungen für eine Leistung zur Bildung und Teilhabe (außer Antragstellung) lagen zum Zeitpunkt der Selbsthilfe vor.
- Die selbst verauslagten Kosten betrafen
  - einen Schulausflug (§ 34 Abs. 2 Nr. 1 SGB XII) oder
  - eine mehrtägige Klassenfahrt (§ 34 Abs. 2 Nr. 2 SGB XII) oder
  - Lernförderung (§ 34 Abs. 5 SGB XII) oder
  - gemeinschaftliche Mittagsverpflegung (§ 34 Abs. 6 SGB XII) oder
  - Teilhabe am sozialen und kulturellen Leben in der Gemeinschaft (§ 34 Abs. 7 SGB XII).

---

123 § 6b AsylbLG

■ Der Zweck der Leistung konnte durch die Erbringung von Sach- oder Dienstleistungen durch die Behörde ohne eigenes Verschulden nicht oder nicht rechtzeitig erreicht werden.

Wenn der Antrag auf die entsprechende Leistung nicht rechtzeitig gestellt werden konnte, gilt der Zeitpunkt der Selbsthilfe als Antragstellung.

Beispiel 1: Die Schulklasse des A, der §-3-AsylbLG-Leistungen bezieht, plant am 4.10.2022 für den 17.10.2022 einen Schulausflug. Dafür fällt ein Kostenbeitrag pro Schüler:in von 50 EUR an. A beantragt am 5.10.2022 die Kostenübernahme. Am Donnerstag, den 13.10.2022, liegt immer noch keine Reaktion der Behörde vor, obwohl die Eltern von A schon zweimal nachgefragt haben. Die Lehrerin von A erklärt, dass A nicht am Schulausflug teilnehmen könne, wenn nicht am 14.10.2022 die 50 EUR gezahlt seien.

Die Eltern von A leihen sich daher schnell 50 EUR von einem Freund und übergeben das Geld am 14.10.2022 an die Lehrerin.

Die Quittung über die 50 EUR reichen die Eltern am 17.10.2022 beim Sozialamt ein und verlangen die Erstattung. Der Anspruch dazu ergibt sich aus § 3 Abs. 4 AsylbLG in Verbindung mit § 34b SGB XII. Die Antragstellung erfolgte rechtzeitig – die Eltern haben sogar zweimal nachgefragt und ohne die Selbsthilfe wäre der Zweck der Leistung nicht mehr erreichbar gewesen.

Beispiel 2: B lebt mit ihren Eltern in einem kleinen Ort und die Familie bezieht Leistungen nach § 3 AsylbLG. B ist Schülerin und ihre Schule gab ihr einen Brief für die Eltern mit, aus dem sich ergibt, dass B dringend eine Lernförderung in Deutsch und Mathematik/Physik braucht, um die schulrechtlich festgelegten, wesentlichen Lernziele zu erreichen.

B legt den Brief ihren Eltern Freitagnachmittag vor. Die Eltern machen sich sofort auf die Suche nach einer geeigneten Lernförderung und stellen fest, dass es nur einen geeigneten Anbieter in ihrem Ort gibt. Dieser Anbieter teilt mit, dass er die gewünschte Lernförderung kurzfristig anbieten kann, wenn eine erste Barzahlung und die Vertragsunterzeichnung noch am Samstag bis 12 Uhr erfolgen. Versuche der Eltern, den Anbieter zu überreden, auf eine Kostenübernahme durch das Sozialamt zu warten, scheitern. Der Anbieter macht deutlich, dass nur sofort oder erst wieder ab dem nächsten Schuljahr die Lernförderung angeboten werden könne.

Die Eltern von B leihen sich Geld von Freunden und erledigen die Zahlung und die Vertragsunterzeichnung fristgerecht. Am folgenden Montag beantragen sie die Kostenübernahme für die Lernförderung und die Erstattung der bereits erbrachten Zahlung beim Sozialamt.

Auch hier besteht ein Anspruch aus § 3 Abs. 4 AsylbLG in Verbindung mit § 34b SGB XII. Eine rechtzeitige Antragstellung war unmöglich und der Zweck der Lernförderung kann nur erreicht werden, wenn die Förderung noch im laufenden Schuljahr erfolgt. Das Nichterreichen der Lernziele birgt schließlich sonst die Gefahr, dass B sitzen bleibt. Natürlich sind stets alle Umstände des Einzelfalls zu bewerten – die Behörde könnte also beispielsweise nachfragen, ob B den Brief von der Schule eventuell schuldhaft zu spät den Eltern vorgelegt hat, wovon hier aber nicht ausgegangen werden soll.

Beispiel 3: Die Sachlage ist jeweils wie in den Beispielen 1 und 2. C bezieht aber Leistungen nach § 2 AsylbLG.

Es ändert sich im Ergebnis nichts. Hier sind die §§ 34, 34a, 34b SGB XII über § 2 Abs. 1 S. 1 AsylbLG analog anwendbar und nicht, wie in den Beispielen 1 und 2 über § 3 Abs. 4 AsylbLG.

Fragen zur Vertiefung und Diskussion:

1. Was ist im Rahmen von § 3 Abs. 4 AsylbLG unter dem Begriff „junge Erwachsene" zu verstehen?
2. Warum bestehen hier Ansprüche auf Leistungen zur Bildung und Teilhabe ohne Unterschied zu Leistungsbeziehenden nach SGB II/XII, wo es doch Sinn und Zweck des AsylbLG ist, den Zugang zu „normalen" Sozialleistungen nach SGB II/XII zu blockieren?
3. Warum könnte es sein, dass AsylbLG-Betroffene kaum die Möglichkeit haben werden, von dem Recht auf berechtigte Selbsthilfe Gebrauch zu machen?

Antworten:

Zu 1.
„Junge Erwachsene" sind hier Personen, die das 18. Lebensjahr schon vollendet haben, aber noch nicht das 25. Lebensjahr. Man könnte auch auf die Idee kommen, dass der Begriff der „jungen Volljährigen" aus dem Jugendhilferecht (§ 7 Abs. 1 Nr. 3 SGB VIII) heranzuziehen sei – dann wäre als obere Altersgrenze maßgeblich, dass die Betroffenen noch nicht 27 Jahre alt sind.
Der Gesetzgeber hat sich hier aber am § 28 Abs. 1 S. 1 SGB II orientiert und im SGB II gelten 25-Jährige als junge Erwachsene.

Zu 2.
Der Gesetzgeber geht grundsätzlich davon aus, dass AsylbLG-Betroffene nicht in das deutsche Sozialleistungssystem integriert werden sollen. Bezüglich der Bedarfe für Bildung und Teilhabe hat der Gesetzgeber aber erkannt, dass die Versagung dieser Bedarfe zu nicht wieder gutmachbaren Nachteilen führt. Das Risiko, dass so junge Menschen „produziert" werden, die später schwer bis gar nicht mehr integrierbar sind, weil ihnen die Integration zu lange verweigert wurde, wird als höher eingestuft, als das „Risiko", junge Menschen zu fördern, die dann gar nicht dauerhaft in Deutschland bleiben.

Zu 3.

Wie bei allen Erstattungsansprüchen für Selbsthilfen[124] können nur diejenigen von dem Recht auf Selbsthilfe Gebrauch machen, die auch über die finanziellen Mittel verfügen. Wer kein Geld übrig hat, kann auch nichts vorläufig verauslagen.

Da es für Betroffene nach § 3 AsylbLG wegen der sehr geringen Geldleistungen kaum möglich ist, etwas anzusparen, wird regelmäßig kein Geld vorhanden sein, um sich zunächst selbst zu helfen. Zu beachten sind hier auch die extrem geringen Freigrenzen beim Vermögen (→ sieheTeil VIII Anrechnung von Einkommen und Vermögen/Nachranggrundsatz, II.1.a).

Vertiefende Literatur:

Deutscher Verein für Öffentliche und Private Fürsorge, Vierte Empfehlungen des Deutschen Vereins zur Umsetzung der Leistungen für Bildung und Teilhabe, Nachrichtendienst des Deutschen Vereins für öffentliche und private Fürsorge (NDV) 2021, S. 46.

Dillmann, Franz: Sozialleistungsrecht 4.0 – Ohne digitale keine soziale Teilhabe!, Die Sozialgerichtsbarkeit (SGb) 2020, S. 464ff.

Formann, Gunnar: Die Leistungen für Teilhabe am sozialen und kulturellen Leben in der Gemeinschaft nach dem Starke-Familien-Gesetz Eine faktische Regelbedarfserhöhung?, Die Sozialgerichtsbarkeit (SGb) 2021, S. 149ff.

Jordan, Andreas: Kostenübernahme des Mittagessens für Schülerinnen und Schüler in Tageseinrichtungen der Kinder- und Jugendhilfe, Die Sozialgerichtsbarkeit (SGb) 2021, S. 286ff.

Wunder, Anett: Digitale Teilhabe von Kindern im Grundsicherungsbezug, Die Sozialgerichtsbarkeit (SGb) 2021, S. 340ff.

---

[124] Beispielsweise im Krankenversicherungsrecht: § 13 Abs. 3 SGB V oder im Behindertenrecht: § 18 SGB IX

Teil VI – Medizinische Versorgung

Zusammenfassung

Das Recht auf Gesundheitsversorgung ist ein Menschenrecht. Als solches steht es also allen Menschen gleichermaßen zu. So wie Krankheiten und Behinderungen keinen Unterschied machen, ob sie Deutsche oder Asylbewerber:innen betreffen, so darf auch der Zugang zur Gesundheitsversorgung keine Unterscheidung zwischen Menschen treffen. Dennoch trifft der Gesetzgeber genau eine solche Unterscheidung, indem mit dem AsylbLG ein System abgeschwächter Gesundheitsversorgung geschaffen wurde. Welche Schwierigkeiten das mit sich bringt und wie diese Probleme gelöst werden, soll hier dargestellt werden.

Das Menschenrecht auf eine menschenwürdige Gesundheitsversorgung ist Teil des menschenwürdigen Existenzminimums (BVerfG vom 6.12.2005 – 1 BvR 347/98: Feststellung des Grundrechts auf menschenwürdige Gesundheitsversorgung; BVerfG vom 13.2.2008 – 2 BvL 1/06 und vom 9.2.2010 – 1 BvL 1/09, Rn. 135 und vom 18.7.2012 – 1 BvL 10/10, Rn. 90: Gesundheitsversorgung ist Teil des physischen Existenzminimums).

Die Sicherung des Grundrechts auf eine menschenwürdige Gesundheitsversorgung erfolgt in Deutschland hauptsächlich über das SGB V, also die gesetzliche Krankenversicherung.

Dass das Recht auf Gesundheitsversorgung auch und vor allem ein Menschenrecht ist (also von Staaten nicht eigenen Staatsangehörigen vorbehalten werden darf), ergibt sich unter anderem aus der Allgemeinen Menschenrechtserklärung (Art. 25: Recht auf Gesundheit und ärztliche Versorgung) und aus dem Internationalen Pakt über wirtschaftliche, soziale und kulturelle Rechte (Art. 12 Abs. 1: „Die Vertragsstaaten erkennen das Recht eines jeden auf das für ihn erreichbare Höchstmaß an körperlicher und geistiger Gesundheit an.").

Für Asylbewerber:innen ist zudem das Europarecht ganz entscheidend. Hier verlangt die Aufnahmerichtlinie[125] den Zugang zu erforderlicher medizinischer Versorgung (Art. 19), die den Schutz der psychischen und physischen Gesundheit gewährleistet (Art. 17 Abs. 2) und deren Leistungen sich an dem Leistungsniveau für eigene Staatsangehörige orientiert (Art. 17 Abs. 5).

„Da die Gesundheit bzw. Krankheit eines Menschen und die daran anknüpfenden Behandlungsbedarfe aber unabhängig von Herkunft und Aufenthaltsstatus allein nach medizinischen Kriterien zu bestimmen sind, ist eine einheitliche Ausgestaltung der Gesundheitsleistungen geboten" (Janda 2021: 31).

Trotz all dem besteht bis heute ein bloßes Notversorgungssystem bei Krankheit durch das AsylbLG. Allerdings hat sich die praktische Handhabung dieses Systems stark zugunsten einer Gleichbehandlung aller Menschen bei der Krankenbehandlung gewandelt.

---

125 RL 2013/33/EU

I. Gesundheitsversorgung bei Leistungen nach § 3 AsylbLG

I.1 Bedarfe der medizinischen Versorgung, § 4 AsylbLG

Wie schon zu den Grundbedarfen dargestellt (→ siehe Teil II Grundbedarfsdeckung), sieht der Gesetzgeber keine Notwendigkeit, die Betroffenen in das deutsche Sozialleistungssystem zu integrieren. Eine solche Integration würde bezogen auf die Gesundheitsversorgung eine Integration in die gesetzliche Krankenversicherung bedeuten.

Stattdessen soll § 4 AsylbLG abgesenkte Standards gewährleisten, sodass ein gesamtes Gesetzbuch (SGB V) hier durch eine recht schmale Norm ersetzt wird. Absatz 1 der Norm besagt: „Zur Behandlung akuter Erkrankungen und Schmerzzustände sind die erforderliche ärztliche und zahnärztliche Behandlung einschließlich der Versorgung mit Arznei- und Verbandmitteln sowie sonstiger zur Genesung, zur Besserung oder zur Linderung von Krankheiten oder Krankheitsfolgen erforderlichen Leistungen zu gewähren. Eine Versorgung mit Zahnersatz erfolgt nur, soweit dies im Einzelfall aus medizinischen Gründen unaufschiebbar ist."

Daraus ergeben sich die im Folgenden darzustellenden Leistungsvoraussetzungen:

a) Akute Erkrankung

Das Vorliegen einer akuten Erkrankung ist Voraussetzung für die Leistungsgewährung. Eine beispielsweise bloß chronische Erkrankung genügt nicht. Was eine akute Erkrankung ist, muss vom Sozialamt bewertet werden. Die juristische Definition, die die Sozialämter dabei ihrer Bewertung zugrunde legen sollen, lautet wie folgt:

Unter einer akuten Erkrankung versteht man einen unvermutet auftretenden, schnell und heftig verlaufenden, regelwidrigen Körper- oder Geisteszustand, der aus medizinischen Gründen der ärztlichen Behandlung bedarf (Krauß 2020: § 4 Rn. 24, mit weiteren Nachweisen). Dabei fällt nach der Gesetzesbegründung (BT-Drs. 12/4451 S. 9) unter den Begriff der ärztlichen Behandlung nicht nur die ambulante, sondern auch die stationäre Behandlung in einem Krankenhaus.

> Beispiel 1: A hat eine Duldung und bezieht Leistungen nach § 3 AsylbLG. Er leidet unter einer chronischen Depression und beantragt beim Sozialamt die Kostenübernahme für eine psychiatrische und psychotherapeutische Behandlung.
>
> Das Sozialamt lehnt den Antrag mit Bezug auf § 4 AsylbLG ab, da es sich um eine chronische und nicht um eine akute Erkrankung handele (bestätigt: OVG Lüneburg vom 6.7.2004 – 12 ME 209/04). Warum der Ablehnungsbescheid aus heutiger Sicht nicht mehr vertretbar wäre: → siehe I.2.
>
> Abwandlung: A lebt mit ihrer unbehandelten chronischen Depression und wird eines Tages auf dem Dach der Gemeinschaftsunterkunft angetroffen, wo sie vom Dach springen will. Mit einem Feuerwehr- und Polizeieinsatz

kann der Suizid verhindert werden und A endet auf einer geschlossenen Psychiatrie.

Hier übernimmt das Sozialamt die Behandlungskosten der stationären Behandlung, da ein akuter Krankheitszustand vorliegt (LSG Hamburg vom 18.6.2014 – L 1 KR 52/14 B ER: stationärer Psychiatrie-Aufenthalt bei PTBS mit erfolgtem Suizidversuch). Sobald A aber von den Ärzt:innen nicht mehr als suizidal eingestuft wird, endet die Kostenübernahme, da der akute Zustand beendet ist. Diese Praxis folgt zwingend aus § 4 AsylbLG.

Eine Beteiligung von Ärzten oder gar Sachverständigen bei der Entscheidung ist nicht gesetzlich geregelt. Da die Sachbearbeiter:innen aber in der Regel keinen medizinischen Sachverstand haben, muss zwingend ein zur Beurteilung des Einzelfalls fachkompetenter Arzt oder Zahnarzt beteiligt werden (VG Stuttgart vom 26.8.1999 – 9 K 937/99).

b) Schmerzzustand

Neben der akuten Erkrankung kann auch ein Schmerzzustand medizinische Leistungen rechtfertigen. Das Zusatzkriterium „akut" gilt nicht für den Schmerzzustand, sodass vor allem auch chronische Schmerzzustände ausreichen. Auch hier hält die Juristerei eine Definition parat:

Unter einem Schmerzzustand versteht man einen mit einer aktuellen oder potenziellen Gewebeschädigung verknüpften, unangenehmen Sinnes- und Gefühlszustand, der aus medizinischen Gründen der ärztlichen Behandlung bedarf.

Beispiel: B bezieht Leistungen nach § 3 AsylbLG und hatte sich auf dem Fluchtweg mehrfach den rechten Arm gebrochen, der nie medizinisch versorgt wurde und so falsch zusammengewachsen ist. B hat dadurch eine sichtliche Fehlhaltung entwickelt und leidet unter massiven Schmerzen. Bei der ersten medizinischen Untersuchung in Deutschland raten die Ärzt:innen dringend zu mehreren Operationen, um den Arm zu richten.

Das Sozialamt übernimmt die Kosten für eine Schmerztherapie mit Schmerzmedikamenten, lehnt aber die Operationen ab. Nach dem Wortlaut des § 4 AsylbLG sei der Zustand des Armes keine akute Erkrankung.

Dieses Beispiel ist real geschehen. Ein rechtliches Vorgehen hätte wohl Erfolg gehabt, wenn sich die Argumentation darauf stützt, dass die beste Schmerztherapie die Beseitigung der Ursache der Schmerzen (die Fehlstellungen durch die verwachsenen Armbrüche) ist.

c) Leistungsumfang

Wenn Leistungen bewilligt werden, entspricht der Leistungsumfang in etwa dem der gesetzlichen Krankenversicherung und geht sogar teilweise darüber hinaus:

■ Erforderliche ärztliche und zahnärztliche Behandlung, einschließlich der Versorgung mit Arznei- und Verbandmitteln ist umfasst:

- ärztliche Behandlung: alle Tätigkeiten eines Arztes oder einer Ärztin, die auf die Erkennung, Heilung, Genesung, Besserung oder Linderung von Krankheiten und deren Folgen gerichtet sind;
  - auch eine Krankenhausbehandlung ist umfasst;
- zahnärztliche Behandlung: alle Tätigkeiten eines Zahnarztes oder einer Zahnärztin, die der Feststellung und Behandlung von Zahn-, Mund- und Kieferkrankheiten dienen;
  - kieferorthopädische Behandlungen nach Vollendung des 18. Lebensjahres sind nur in extremen Ausnahmefällen umfasst;
- Versorgung mit Arznei- und Verbandmitteln: keine Zuzahlungspflicht;
- Erforderlichkeit der Behandlung: insbesondere Prognose zur Erreichung einer Verbesserung des Gesundheitszustandes.

■ Sonstige zur Genesung, Besserung oder Linderung von Krankheiten oder Krankheitsfolgen erforderliche Leistungen:
  - nichtärztliche Leistungen:
    - beispielsweise muss ein:e Therapeut:in nicht zwingend ein:e von den GKV zugelassene:r Therapeut:in sein – für eine Psychotherapie kommt beispielsweise auch ein:e nicht von den GKV zugelassene:r Dipl.-Psych. Therapeut:in in Betracht (LSG Hamburg vom 18.6.2014 – L 1 KR 52/14 B ER);
  - Übernahme von Fahrtkosten nur im Ausnahmefall, wenn eine zwingende medizinische Notwendigkeit dafür besteht;
  - häusliche Krankenpflege, wenn keine Pflege durch Angehörige o.ä. erreichbar ist;
  - notwendige Heil- und Genesungskuren;
  - Heil- und Hilfsmittel: Beschränkung auf Akutversorgung:
    - beispielsweise Brillen, Hörgeräte, Prothesen sollen nicht dazugehören;
  - notwendige Sprachmittlungskosten;
  - Versorgung bei Krankenhausaufenthalten;
  - Zuweisung einer Einzelunterkunft bei zwingender medizinischer Notwendigkeit.

d) Medizinische Versorgung von Schwangeren

Für die medizinische Versorgung von Schwangeren gilt § 4 Abs. 2 AsylbLG. Hier gibt es in der Regel keine Schwierigkeiten: ärztliche und pflegerische Hilfe und Betreuung, Hebammenhilfe, Arznei-, Verband- und Heilmittel sind zu gewähren. Der Anspruch auf eine angemessene Gesundheitsfürsorge für Mütter vor und nach der Entbindung ergibt sich nicht zuletzt aus Art. 24 Abs. 2 Bst. d) UN-Kinderrechtskonvention.

I.2 Ergänzende Gesundheitsleistungen, § 6 AsylbLG

a) Tatbestand

Da § 4 AsylbLG offensichtlich nicht ausreicht, um eine menschenwürdige Gesundheitsversorgung sicherzustellen, gibt es ergänzend § 6 Abs. 1 AsylbLG, wo es heißt: „Sonstige Leistungen können insbesondere gewährt werden, wenn sie im Einzelfall zur Sicherung … der Gesundheit unerlässlich … sind." Wenn also eine chronische Erkrankung aus medizinischer Sicht behandlungsbedürftig ist, es sich aber nicht um eine akute Erkrankung handelt, dann scheiden Leistungen nach § 4 AsylbLG aus, die Behörde kann eine Krankenbehandlung aber nach § 6 Abs. 1 AsylbLG bewilligen.

Voraussetzung für eine Leistungsgewährung ist nach dem Wortlaut der Norm, dass es a) um die Sicherung der Gesundheit geht und b) dass die Leistung unerlässlich ist, um diese Gesundheitssicherung zu gewährleisten. Dieser Wortlaut spricht an sich für eine sehr restriktive Leistungsgewährung, da das Wort „unerlässlich" im juristischen Sinne bedeutet, dass die Leistung (in der Regel Kostenübernahme für Krankenbehandlung) das absolut letzte und einzige Mittel sein muss. Wenn es also für eine Erkrankung mehrere Behandlungswege gibt (was häufig der Fall ist), könnte das Sozialamt zunächst Beweise verlangen, warum hier eine bestimmte Behandlung durchgeführt werden soll und nicht andere Wege beschritten werden.

> Beispiel: A bezieht laufende Leistungen nach § 3 AsylbLG und ist in der Gemeinschaftsunterkunft ohnmächtig zusammengebrochen. Auf der Rettungsstelle wird ein Tumor festgestellt. Die Ärzt:innen sind sich einig: Der Tumor sollte sofort operativ entfernt werden, da so eine Heilung erzielt werden kann. Es gäbe auch andere Therapiemöglichkeiten, die aber das Risiko hätten, dass sie nicht anschlagen und sich Metastasen bilden, die dann nicht mehr ohne Weiteres beherrschbar wären.

> Das Sozialamt lehnt die Kostenübernahme für die Operation ab, da man in einer strafrechtlichen Entscheidung die Definition für „unerlässlich" gefunden habe und die lautet: Unerlässlich ist a) nur dann, wenn b), c) etc. keinesfalls ausreichen und wenn auf a) nicht verzichtet werden kann (OLG Düsseldorf vom 24.7.1985 – 5 Ss 152/85 – 188/85 I zur Unerlässlichkeit einer kurzen Freiheitsstrafe, bestätigt durch: BGH vom 8.9.2010 – 2 StR 407/10: wenn etwas geboten erscheint, ist das noch nicht unerlässlich).

> Das Sozialamt verkennt hier, dass es in der Juristerei nicht selten verschiedene Definitionen für einen sprachlich identischen Begriff gibt, da in verschiedenen Rechtsgebieten verschiedene Maßstäbe gelten. Welcher Maßstab hier gilt, wird im Anschluss dargestellt.

Beispielhaft hat das Hessische LSG dazu festgestellt (vom 11.7.2018 – L 4 AY 9/18 B ER), dass der Begriff „unerlässlich" und auch der Begriff „Sicherung der Gesundheit" weit auszulegen sind. Begründet wird das ausdrücklich damit, dass die Sicherung der Gesundheit ein Teil des menschenwürdigen Existenzminimums ist. Im Ergebnis soll daher eine bloße Erforderlichkeit der Sicherung der Gesundheit ausreichen und diese Erforderlichkeit ist anzunehmen, wenn ein irgendwie gearteter Behandlungsbedarf besteht (so auch: Hillmann 2017: 98ff.; Born 2014: 378f.; Greiser/Frerichs 2018: 220; Krauß 2020: § 6 Rn. 39; SG Kassel vom 17.5.2019 – S 12 AY 8/19 ER; LSG Mecklenburg-Vorpommern vom 28.8.2019 – L 9 AY 13/19 B ER). Allerdings wird überwiegend eine Einschränkung gemacht: Die beschriebene großzügige Auslegung soll erst dann greifen, wenn kein kurzzeitiger Aufenthalt mehr vorliegt – es soll also ganz maßgeblich darauf ankommen, wie lange jemand schon in Deutschland ist. Solange also ein nur kurzzeitiger Aufenthalt vorliegt, wird überwiegend nach wie vor davon ausgegangen, dass nur unaufschiebbare und alternativlose Behandlungen infrage kommen können (zu dieser restriktiven Auslegung: Kaltenborn 2015: 162; Wilksch 2017: 220; SG Heilbronn vom 13.4.2021 – S 2 AY 3764/19, Rn. 22).

Da bei Geflüchteten oft eine Posttraumatische Belastungsstörung (PTBS) im Raum steht, sei hier darauf hingewiesen, dass es seit einiger Zeit durch den ICD-11 neue Kriterien für die Anerkennung einer PTBS gibt, während viele Ärzt:innen nach wie vor die veralteten ICD-10 anwenden. Dabei kann es durchaus sein, dass nach den Kriterien des ICD-11 eine PTBS vorliegt und nach den Kriterien des ICD-10 eine PTBS zu verneinen wäre (Hessisches LSG vom 21.10.2021 – L 1 VE 4/20).[126]

b) Rechtsfolge

aa) Ermessen

Wenn der Tatbestand erfüllt ist, dann hat die Behörde Ermessen auszuüben. Es müssen also alle Umstände des Einzelfalls zusammengetragen und gegeneinander abgewogen werden. Aus dem Bescheid muss erkennbar werden, welche Umstände in welcher Art und Weise abgewogen wurden.

Zulässige Umstände, die bei der Ermessensausübung berücksichtigt werden dürfen bzw. müssen, sind vor allem:

- Ziel des Gesetzgebers: Leistungsniveau soll niedrig gehalten werden, um „Fehlanreize" zu vermeiden;
- medizinische Einschätzung der Dringlichkeit und Notwendigkeit der Behandlung (BT-Drs. 12/4451, 9; Müller-Krah 2012: 135; Farahat 2014: 270);
- verfügbare Behandlungsalternativen (mögliche Kostenersparnis darf keine Rolle spielen);
- bisherige Aufenthaltsdauer;
- prognostizierte weitere Aufenthaltsdauer (Prognose zum Ausgang des Asylverfahrens wäre aber unzulässig: Janda 2021: 31, 36, mit Bezug auf: OVG Mecklenburg-Vorpommern vom 28.1.2004 – 1 O 5/04, Rn. 22);
- zu erwartender Übergang in Analogleistungsbezug (Greiser/Frerichs 2018: 219.

---

126 Zur Veränderung der Kriterien und zur Einführung der komplexen PZBS (kPTBS) gibt es hier eine Übersicht: https://www.ra-gerloff.de/newsletter/Anlage%20nl-06-2022_1.pdf, zuletzt abgerufen am 19.10.2022.

bb) Ermessensreduzierung auf null

Um die Unzulänglichkeiten des AsylbLG bei der Gesundheitsversorgung zu korrigieren, wird vertreten, dass grundsätzlich eine Ermessensreduzierung auf null (→ siehe Einleitung, V.2) bestehen würde. Wenn also eine behandlungsbedürftige Erkrankung vorliegt und der Aufenthalt nicht mehr nur kurzfristig ist, dann soll die Ermessensreduktion auf null greifen (beispielsweise: Frerichs 2021: § 6 Rn. 41; Weiser 2020: 333, 336). Andere gehen sogar noch weiter und fordern, dass die Norm in eine „Ist-Vorschrift" umzudeuten sei – wenn also eine behandlungsbedürftige Krankheit vorliegt, dürfe gar kein Ermessen bestehen, sondern es müsse ein gebundener Anspruch bestehen (beispielsweise: Krauß 2020: § 6 Rn. 18).

Jedenfalls für Asylbewerber:innen mit einer Aufenthaltsgestattung oder einem Ankunftsnachweis muss § 6 Abs. 1 AsylbLG bezüglich der Gesundheitsversorgung als gebundene Entscheidungsnorm ausgelegt werden – es darf also kein Ermessen bestehen, sondern es muss ein gebundener Anspruch angenommen werden. Das ergibt sich aus der europäischen Aufnahmerichtlinie (Art. 19 Abs. 2) (vom Felde/Baron/Bardelle 2020: 341, 346; BT-Drs. 18/9009, 3; → siehe I.6.b).

cc) Untauglicher „Rettungsversuch"?

Die Rechtsprechung hat hier erkannt, dass die Gesundheitsversorgung nach §§ 4, 6 AsylbLG an allen Ecken und Kanten knirscht und schlicht verfassungs- und europarechtswidrig ist (→ siehe I.6). Die Konsequenz ist aber leider nicht, dass die Normen für verfassungs- und europarechtswidrig erklärt werden – es wird stattdessen ein „Rettungsversuch" unternommen. Ziel der „Rettung" ist der grundsätzliche Erhalt des Systems nach §§ 4, 6 AsylbLG und das Werkzeug ist die Ermessensreduzierung auf null.

Allerdings ist der Wille des Gesetzgebers sehr klar: Leistungsbeziehende nach § 3 AsylbLG sollen nicht in das deutsche Gesundheitsversorgungssystem integriert werden – die Gesundheitsversorgung soll für diese Betroffenen geringer ausfallen. Der Wortlaut von §§ 4, 6 AsylbLG macht das auch sehr deutlich. Wenn aber Gerichte das Recht so anwenden, dass sowohl der Wortlaut des Gesetzes als auch der Wille des Gesetzgebers missachtet werden, dann ist das ein Verstoß gegen den Grundsatz der Gewaltenteilung. Die Legislative hat die Gesetze zu machen – die Judikative hat die Gesetze anzuwenden und gegebenenfalls auch kritisch zu überprüfen. Wenn ein Gericht die Verfassungswidrigkeit einer Norm erkennt, so muss es die Sache dem BVerfG zur Entscheidung vorlegen.[127] Das BVerfG wird dann die Norm für nichtig erklären, wenn es die Verfassungswidrigkeit bestätigt – bis dahin haben die Gerichte die Norm weiter anzuwenden. Stellt ein Gericht dagegen die Europarechtswidrigkeit einer Norm fest, darf es diese Norm nicht weiter anwenden, sondern es muss das Europarecht direkt angewendet werden, gegen das verstoßen wird → siehe I.6.b).

Hier spricht viel dafür, dass die Sozialgerichte sich an der Grenze des Zulässigen und darüber hinaus bewegen, wenn sie § 6 Abs. 1 AsylbLG a) überfrachten, in-

---

127 Art. 100 GG

dem sie mit dieser Norm (fast) alle Mängel des AsylbLG beheben wollen und b) aus der Ermessensnorm („Kann-Gesetz") faktisch eine Anspruchsnorm („Ist-Gesetz") machen.

Dafür spricht auch und vor allem § 6 Abs. 2 AsylbLG. Dort wird genau das geregelt, was die Sozialgerichte tun: Es wird ein verbindlicher Anspruch auf die erforderliche medizinische Hilfe gewährt! Aber: Dieser Anspruch wird unter sehr enge Voraussetzungen gestellt:

- Der Anspruch gilt nur für Inhaber:innen einer Aufenthaltserlaubnis nach § 24 Abs. 1 AufenthG (bisher gab es solche Aufenthaltserlaubnisse ausschließlich für Ukraine-Geflüchtete, die jedoch Zugang zum SGB II/XII[128] erhalten haben – der Anspruch geht also in der Praxis ins Leere);
- Es müssen „besondere Bedürfnisse" bestehen. Dass soll beispielsweise angenommen werden bei: unbegleiteten Minderjährigen oder Personen, die Folter, Vergewaltigung oder sonstige schwere Formen psychischer, physischer oder sexueller Gewalt erfahren haben.

§ 6 Abs. 2 AsylbLG kommt angesichts dieser engen Voraussetzungen in der Praxis nicht vor.

Dass der Gesetzgeber aber einen klaren Anspruch auf eine erforderliche Gesundheitsversorgung durch § 6 Abs. 2 AsylbLG ausschließlich auf praktisch nicht vorkommende Konstellationen begrenzt hat, unterstreicht, dass das AsylbLG keinen solchen generellen Anspruch für Leistungsbeziehende nach § 3 AsylbLG zulassen will. Damit spricht alles dafür, dass die „Rettungsversuche" der Rechtsprechung unzulässig sind.

Aber warum soll die Frage relevant sein, ob die pragmatische Rechtsprechung zulässig ist? Ist es nicht entscheidend, dass die Gerichte im Ergebnis die erforderliche Gesundheitsversorgung sichern? Ist es nicht egal, wie das passiert? Nein, es ist nicht egal. Die Gerichte haben Alternativen.

Wenn ein Gericht im Eilverfahren die Verfassungswidrigkeit einer Norm feststellt, dann müsste es eine sogenannte Folgenabwägung durchführen. Es müsste also die Folgen seiner Entscheidung abwägen: Was würde eine Ablehnung verursachen und wäre der Schaden später wieder reparabel? Und, was würde eine Stattgabe verursachen und wäre das später noch reparabel? Bei Gesundheitsleistungen geht es also dann um die Frage, ob der Schaden, der durch die Nichtbehandlung der Krankheit entsteht, den Schaden überwiegt, der dem Staat dadurch entsteht, dass die Behandlungskosten übernommen werden. Hier wird stets die Abwägung zugunsten der Betroffenen ausgehen. Ergebnis: Die Leistung wird vorläufig(!) zugesprochen und die endgültige Klärung bleibt dem Klageverfahren vorbehalten. Im Klageverfahren muss das Gericht die Sache dann dem BVerfG zur Entscheidung vorlegen und das BVerfG wird die Frage endgültig klären. Der oder die Betroffene bekommt zunächst seine Behandlung und hat dann auch (hoffentlich) die Kraft, das Klageverfahren bis zum Ende durchzuführen. Wenn das BVerfG dann

---

128 § 74 SGB II; § 146 SGB XII

die Norm für nichtig erklärt, profitieren alle davon. Denn von pragmatischen Gerichtsentscheidungen profitiert stets nur der:die Antragsteller:in/Kläger:in. Doch wie viele Betroffene[129] bringen ihren Fall überhaupt vor Gericht?

Dadurch, dass die Gerichte dieses Vorgehen verweigern, stabilisieren sie das mangelhafte System der §§ 4, 6 AsylbLG. In gerichtlichen Verfahren muss es daher darum gehen, ein Umdenken bei den Gerichten zu bewirken.

c) Leistungen zur Pflege

Da der Begriff der Gesundheit bei § 6 Abs. 1 AsylbLG weit auszulegen ist, fallen darunter auch alle Pflegebedarfe (BSG vom 20.12.2012 – B 7 AY 1/11 R).

Wenn also Betroffene im Leistungsbezug nach § 3 AsylbLG pflegebedürftig werden oder sind, haben sie einen Anspruch auf Erhebung ihres Pflegebedarfs[130] und die Deckung dieses Bedarfs durch Pflegeleistungen.

Anders als im „normalen" Sozialrecht besteht hier keine Wahlmöglichkeit zwischen den Pflegesachleistungen (Pflegedienst) und dem Pflegegeld (BSG vom 20.12.2012 – B 7 AY 1/11 R, Rn. 15). Es gibt grundsätzlich nur Pflegesachleistungen. Allerdings kann ein Anspruch auf Geldleistungen ausnahmsweise doch bestehen, wenn statt eines anerkannten Pflegedienstes eine sonstige Person mit der Pflege betraut wird und der oder die zu Pflegende finanzielle Verpflichtungen gegenüber der Pflegeperson eingeht (BSG vom 20.12.2012 – B 7 AY 1/11 R).

> Beispiel: A bezieht Leistungen nach § 3 AsylbLG und ist pflegebedürftig. Das Sozialamt stellt einen Pflegegrad 2 fest. A hat sich erkundigt und herausgefunden, dass bei Pflegegrad 2 ein Pflegegeld von 316 EUR monatlich gezahlt werden kann. Er beantragt also dieses Pflegegeld. Zur Begründung legt A einen Vertrag mit seiner Pflegeperson B vor. Aus dem Vertrag ergibt sich, dass B die Pflege übernimmt und A der B dafür monatlich 316 EUR schuldet.

> Wenn das Sozialamt nach seinen Ermittlungen feststellt, dass B die Pflege tatsächlich entsprechend des Pflegebedarfs erbringt, sollte einer Bewilligung des Pflegegeldes nichts im Wege stehen. Soweit ersichtlich ist, wurde ein solcher Fall aber noch nie entschieden.

Im Übrigen bestehen die zuvor dargestellten Leistungsvoraussetzungen des § 6 Abs. 1 AsylbLG und damit auch die Ermessensregelungen, nach denen die Behörde entscheiden muss.

Ein großer Nachteil der fehlenden gesetzlichen Pflegeversicherung ist, dass die Normen des SGB XI nicht anwendbar sind. Das SGB XI sieht zum Beispiel sehr strenge Fristen vor, die die Behörde einzuhalten hat. Nach Antragstellung muss die Behörde in der Regel spätestens nach 25 Tagen den Bescheid erlassen.[131] Wird die

---

129 Insbesondere Betroffene mit schweren Traumata, Depressionen etc.
130 In der Regel durch ein Pflegegutachten und die Feststellung eines bestimmten Pflegegrades.
131 § 18 Abs. 3 S. 2 SGB XI

Frist versäumt, haben die Betroffenen Anspruch auf eine Entschädigung in Höhe von 70 EUR pro angefangener Woche nach Ablauf der Frist.[132]

Diese Fristen und Entschädigungsregeln gelten hier zwar nicht. Aus diesen Regelungen des SGB XI ergibt sich aber, dass der Gesetzgeber grundsätzlich eine sehr zügige Bearbeitung von Pflegeanträgen erwartet. Das kann vor allem bei Eilanträgen zum Sozialgericht hilfreich sein, wo die Eilbedürftigkeit glaubhaft gemacht werden muss. Leider bleiben Pflegeanträge von AsylbLG-Betroffenen oft über Monate liegen oder werden auch gar nicht bearbeitet. Die Fristen des SGB XI zeigen, dass spätestens 25 Tage nach Antragstellung ein dringendes Eilbedürfnis angenommen werden kann, wenn der Antrag noch immer nicht beschieden ist.

d) Leistungen zur Eingliederungshilfe

Gem. § 100 Abs. 2 SGB IX haben Betroffene des AsylbLG keinen (direkten) Zugang zu Leistungen der Eingliederungshilfe. Erst § 2 Abs. 1 AsylbLG eröffnet einen analogen Zugang zu diesen Leistungen. Daraus könnte gefolgert werden, dass während des Leistungsbezugs nach § 3 AsylbLG keine Leistungen der Eingliederungshilfe erreichbar sind. Wenn das aber so wäre, würde § 100 Abs. 2 SGB IX zumindest gegen die UN-BRK verstoßen. Die UN-BRK sieht schließlich vor, dass behinderungsbedingte Bedarfe zu decken sind. Eine Unterscheidung nach Status oder Aufenthaltsdauer oder sonstigen Kriterien sieht die UN-BRK nicht vor – es gibt allein Menschen mit Behinderung und es darf nicht in „Deutsche Menschen mit Behinderung" und „Ausländische Menschen mit Behinderung" oder ähnliches unterschieden werden (Tießler-Marenda 2021: § 100 Rn. 43ff.).

Auch hier behilft sich die Rechtsprechung wieder durch pragmatisches Vorgehen. So sollen Leistungen der Eingliederungshilfe über § 6 Abs. 1 AsylbLG ausnahmsweise erreichbar sein (LSG Nds.-Bremen vom 1.2.2018 – L 8 AY 16/17 B ER, Rn. 28: ambulante Betreuung [Assistenz] bei schwerer psychischer Erkrankung). Das Ermessen der Behörde soll dabei grundsätzlich auf null reduziert sein.

Expert:innen könnten nun einwenden, dass die zitierte Entscheidung des LSG Nds.-Bremen vor der Einführung des § 100 SGB IX[133] erging und somit § 100 Abs. 2 SGB IX vielleicht doch den Zugang zur Eingliederungshilfe blockiert. Dem kann aber entgegengehalten werden, dass der Gesetzgeber mit der Einführung des § 100 SGB IX ausdrücklich keine Verschlechterung der Rechte für Leistungsbeziehende nach § 3 AsylbLG erreichen wollte (BT-Drs. 18/9522, 356). Zudem geht der Gesetzgeber ausdrücklich davon aus, dass der Zugang zur Eingliederungshilfe über § 6 Abs. 1 AsylbLG zwingend aus europarechtlichen Gründen[134] zu gewährleisten ist und daher zu erwarten ist, dass die Behörden europarechtskonform handeln würden (BT-Drs. 18/7831, 5).

Im Ergebnis können Bedarfe der Eingliederungshilfe ohne Weiteres geltend gemacht werden. Wenn eine Ablehnung mit der Begründung erfolgen sollte, dass

---

132 § 18 Abs. 3b S. 1 SGB XI
133 In Kraft seit 1.1.2020.
134 Art. 19 Abs. 2, 21 Aufnahmerichtlinie

Leistungsbeziehende nach § 3 AsylbLG keinen Zugang zur Eingliederungshilfe hätten oder nach der Ermessensausübung die Leistungen abzulehnen seien, sollte dagegen auf jeden Fall juristisch vorgegangen werden.

Wichtig: Einschränkungen bezüglich des SGB IX gelten nur für den Teil 2 dieses Gesetzbuches! Alle anderen Normen des SGB IX sind selbstverständlich direkt anwendbar.

Nach § 17 SGB IX hat die Behörde unverzüglich ein Gutachten in Auftrag zu geben, wenn ein Gutachten zur Bedarfsfeststellung erforderlich ist. Der oder die Gutachter:in hat sodann das Gutachten ab Auftragseingang innerhalb von 2 Wochen zu erstellen.

Wenn die Behörde unaufschiebbare Leistungen zur Eingliederungshilfe nicht rechtzeitig erbringt oder fehlerhaft ablehnt, dürfen sich Betroffene die Leistung selbst beschaffen und die Behörde muss die entstandenen Kosten erstatten.[135] Diese Selbstbeschaffungsoption kann natürlich nur dann von praktischem Nutzen sein, wenn überhaupt ausreichend Geld zur Vorfinanzierung vorhanden ist. Aber auch hier kann diese Regelung im Eilverfahren vor den Sozialgerichten nutzbar gemacht werden. Es muss glaubhaft gemacht werden, dass die begehrten Leistungen unaufschiebbar sind und dass mangels finanzieller Möglichkeiten eine Selbstbeschaffung ausgeschlossen ist. Dadurch, dass der Gesetzgeber die Selbstbeschaffung gestattet, kann damit stets die Eilbedürftigkeit begründet werden.

e) Korrektur der Streichung von Gesundheitsbedarfen beim Grundbedarf

Der Grundbedarf nach § 3 AsylbLG ist niedriger als der Regelbedarf nach SGB II/ XII, weil der Gesetzgeber diverse Bedarfe aus dem Regelbedarf herausgerechnet hat und so den Grundbedarf geschaffen hat (→ siehe Teil II Grundbedarfsdeckung). Unter anderem wurden Bedarfe der Gesundheitsversorgung herausgerechnet, weil diese über § 6 Abs. 1 AsylbLG erbracht würden. Es geht um folgende Bedarfe aus der Abteilung 6 (Gesundheitspflege) (→ siehe Teil II Grundbedarfsdeckung, I.; II.2; III.3.a):

Aus Abteilung 6 – Gesundheitspflege:

- pharmazeutische Erzeugnisse – für gesetzlich Krankenversicherte – mit Rezept (nur Eigenanteil/ Zuzahlung);
- andere medizinische Erzeugnisse – für gesetzlich Krankenversicherte – mit Rezept (nur Eigenanteil/Zuzahlung);
- therapeutische Mittel und Geräte (einschließlich Eigenanteile).

Ob und was sich der Gesetzgeber dabei gedacht hat, ist unklar – die Konsequenz muss aber sein, dass sämtliche Kosten für erforderliche pharmazeutische (Medikamente) und medizinische Erzeugnisse (beispielsweise: Spritzen, Katheter, Herzschrittmacher etc.) und für therapeutische Mittel und Geräte ohne Ermessensausübung übernommen werden. Wenn hier tatsächlich ein Ermessen ausgeübt würde,

---

135 § 18 Abs. 6 und 7 SGB IX

wäre die Konstruktion des Grundbedarfs schon deshalb verfassungswidrig. Es wäre schließlich erkennbar unzulässig, beim Grundbedarf darauf zu verweisen, dass die genannten Bedarfe ohnehin über § 6 Abs. 1 AsylbLG abgesichert seien und dann aber über § 6 Abs. 1 AsylbLG keine Absicherung garantiert wäre, weil die Kostenübernahme am Ermessen scheitern könnte.

Es muss hier also ausreichen, dass die Erforderlichkeit der jeweiligen Bedarfe nachgewiesen wird. Wenn das gelingt, sind die Kosten zwingend zu übernehmen.

I.3. Schwerbehinderung

Eine Schwerbehinderung liegt vor, wenn der Grad der Behinderung (GdB) mindestens 50 beträgt. Für die Festlegung des GdB ist vor allem die Versorgungsmedizinverordnung maßgeblich. Die zuständige Behörde ermittelt auf Antrag die bestehenden Funktionsbeeinträchtigungen und die daraus folgende Schwere der Teilhabebeeinträchtigungen.

Aufenthaltsrechtlich nur geduldete Ausländer:innen, deren GdB wenigstens 50 beträgt, haben Anspruch auf Feststellung ihrer Schwerbehinderung, wenn der Aufenthalt in Deutschland voraussichtlich länger als 6 Monate andauern wird (BSG vom 29.4.2010 – B 9 SB 2/09 R). Das kann auch auf alle anderen Betroffenen des AsylbLG übertragen werden.

Damit gibt es also kaum relevante Einschränkungen für AsylbLG-Betroffene bei der Feststellung einer Schwerbehinderung und damit dem Anspruch auf einen Schwerbehindertenausweis (zu den dennoch bestehenden Problemen: Schwalgin/Wank 2017: 10f.).

Die Befristung des Schwerbehindertenausweises darf nicht (mehr) an die Gültigkeitsdauer der Duldungsbescheinigung geknüpft werden. Für Aufenthaltstitel und die Aufenthaltsgestattung bleibt es bei der Verknüpfung der Schwerbehindertenausweisbefristung und der Gültigkeitsdauer der Aufenthaltserlaubnis oder Aufenthaltsgestattung.[136]

Die Feststellung einer Schwerbehinderung kann für AsylbLG-Betroffene sehr hilfreich sein. Für ein laufendes Asylverfahren kann es als zusätzlicher Nachweis über bestehende Einschränkungen verwendet werden und es wird damit unzweifelhaft die besondere Schutzbedürftigkeit im Sinne der Aufnahmerichtlinie (Art. 21) nachgewiesen.

Selbst wenn keine Schwerbehinderung festgestellt wird, kann der Bescheid der zuständigen Behörde hilfreich sein. Ab einem GdB von 20 wird der GdB im Bescheid ausgewiesen. Wenn also schon keine Schwerbehinderung nachgewiesen werden kann, so begründet ein GdB von mindestens 20 aber weniger als 50 den Nachweis einer Behinderung. Art. 21 Aufnahmerichtlinie lässt eine (einfache) Behinderung aber genügen, um die besondere Schutzbedürftigkeit zu bejahen.

---

136 § 6 Abs. 5 Schwerbehindertenausweisverordnung; Rundschreiben des Bundesministerium für Arbeit und Soziales an die Bundesländer vom 21.09.2021: https://www.frnrw.de/fileadmin/frnrw/media/downloads/Themen_a-Z/Aufenthalt/2021-09-21_BMAS_Schwerbehindertenausweisverordnung.pdf (zuletzt abgerufen am: 20.10.2022)

I.4 Notfallversorgung, § 6a AsylbLG

Bis zum 28.2.2015 gab es im AsylbLG keine Regelung für den Fall, dass ein:e Ausländer:in behandlungsbedürftig wurde, der oder die aber gar nicht dem Anwendungsbereich des AsylbLG unterfiel oder bei dem oder der so plötzlich ein Behandlungsbedarf auftauchte, dass das Sozialamt nicht vorab informiert werden konnte.

> Beispiel 1: A ist afghanische Staatsangehörige und reist ohne Visum nach Deutschland ein. Zuvor musste sie zahlreiche traumatische Ereignisse auf ihrer Flucht ertragen und zuletzt war sie wegen Kälte und Hunger in den Wäldern an der belarussisch-polnischen Grenze oft dem Tode näher als dem Überleben.

> Als sie endlich deutschen Boden betritt, bricht sie erschöpft zusammen und landet auf der Rettungsstation eines deutschen Krankenhauses, wo sofort intensivmedizinische Maßnahmen eingeleitet werden mussten.

> Das Krankenhaus fragt sich nun, wer hier die Kosten übernimmt? Eine Krankenversicherung besteht natürlich nicht. A ist aber auch nicht über §§ 3, 4, 6 AsylbLG abgesichert, da bisher kein deutsches Sozialamt überhaupt Kenntnis von ihrer Existenz hat.

> Beispiel 2: B hatte sich vor 3 Jahren durch Untertauchen seiner Abschiebung nach Pakistan entzogen. Er lebt seitdem „illegal" in Berlin. Eines Tages bricht er mitten in der Stadt unter Schmerzen zusammen und landet auf der Rettungsstation eines Krankenhauses, wo er sofort operiert werden musste.

> Auch hier fragt sich das Krankenhaus, wer die Kosten übernehmen soll. Auch hier besteht keine Krankenversicherung und B ist bei keinem Sozialamt bekannt oder gar im Leistungsbezug.

> Beispiel 3: C hat eine Duldung und bezieht Leistungen nach § 3 AsylbLG. Nun bricht C plötzlich in seiner Gemeinschaftsunterkunft zusammen und es kommt zu einer Notfallbehandlung im Krankenhaus.

> Auch hier agiert das Krankenhaus als Nothelfer, denn es gibt auch hier keine Krankenversicherung und das zuständige Sozialamt hat keine Kenntnis von dem Bedarf für Leistungen nach §§ 4, 6 AsylbLG. C ist zwar im laufenden Leistungsbezug – es kommt aber auf die konkreten Leistungen (hier: Kostenübernahme für Krankenhausbehandlung) an und darauf, ob das Sozialamt diese Kostenübernahme rechtzeitig erbringen konnte.

Bis zum 28.2.2015 hatte das Krankenhaus in solchen Fällen keinen Erstattungsanspruch gegen das Sozialamt. Dem soll nun § 6a AsylbLG[137] abhelfen. Doch es bestehen nach wie vor Probleme:

---

137 Übernommen aus § 25 SGB XII

a) Ein Eilfall

Nach § 6a S. 1 AsylbLG greift die Notversorgung nur, wenn ein Eilfall vorlag. Ein Eilfall ist nur dann zu bejahen, wenn ein akuter Behandlungsbedarf unabwendbar ist. Der Eilfall besteht so lange fort, bis eine Entlassung aus dem stationären Krankenhausaufenthalt medizinisch vertretbar ist (BSG vom 23.8.2013 – B 8 SO 19/12 R, Rn. 17 und vom 18.11.2014 – B 8 SO 9/13 R; SG Frankfurt vom 28.4.2022 – S 30 AY 6/19, Rn. 51).

Außerdem kann ein Eilfall nur angenommen werden, solange für das Krankenhaus (oder andere Nothelfende) keine Möglichkeit besteht, das zuständige Sozialamt zu informieren. Wenn das Krankenhaus glaubt, es müsse das Sozialamt nicht informieren, so geht dieser Irrtum zulasten des Krankenhauses (BSG vom 12.12.2013 – B 8 SO 13/12 R, Rn. 19). Sobald das zuständige Sozialamt informiert ist, endet die Nothilfe im Sinne des § 6a AsylbLG.

> Beispiel: A hält sich „illegal" in Hamburg auf und bezieht daher auch keine Leistungen nach AsylbLG. Es kommt zu einer akuten Behandlungsbedürftigkeit, die auch unabwendbar ist. Ein Hamburger Krankenhaus übernimmt diese unabwendbare Behandlung, die eine Notoperation und intensivmedizinische Versorgung umfasst.
>
> Nach der Operation, als A wieder ansprechbar ist, wird das zuständige Sozialamt über die Situation informiert. Danach muss A weitere 3 Tage auf der Intensivstation bleiben, bevor er medizinisch vertretbar entlassen werden kann.
>
> Hier war das Krankenhaus Nothelfer im Sinne des § 6a AsylbLG. Das Krankenhaus hat daher einen eigenen Anspruch gegen das Sozialamt aus § 6a AsylbLG bezüglich der Kosten, die bis zur Information des Sozialamtes entstanden sind.
>
> Sobald das Sozialamt Kenntnis von der Lage hatte, entfällt der Eilfall und es greift die Leistungspflicht nach §§ 3, 4, 6 AsylbLG, sodass für die letzten 3 Tage des Krankenhausaufenthaltes A einen Anspruch auf Kostenübernahme gegen das Sozialamt hat (vgl. SG Mainz vom 30.9.2019 – S 11 AY 7/18, Rn. 26). Hier wird also im Zweifel das Krankenhaus die Rechnung an A übergeben und er muss die Kostenübernahme gegen das Sozialamt durchsetzen.
>
> Im Ergebnis stellt das Krankenhaus seine Rechnung als Nothelfer direkt an das Sozialamt – die Rechnung für Kosten ab dem Wegfall des Eilfalls geht an A und dieser kann die Kostenübernahme beim Sozialamt durchsetzen.

Die Klärung der Frage, wann und wie lange ein Eilfall vorliegt, ist also entscheidend für die Frage, wer bei wem welche Ansprüche geltend machen kann.

Wichtig ist, dass die Möglichkeit für Krankenhäuser, Kostenforderungen direkt beim Sozialamt geltend zu machen, ausschließlich auf die Nothelferkonstellation begrenzt ist. Ansonsten gilt, dass der Anspruch der Patient:innen auf Kostenübernahme gegenüber dem Sozialamt ein höchstpersönlicher und damit nicht übertragbarer Anspruch ist (SG Frankfurt, Urteil vom 28.4.2022 – S 30 AY 6/19, R. 55 und 64).

> Beispiel: Im vorherigen Beispiel taucht A nach seiner Entlassung wieder unter und das Krankenhaus hat keine Möglichkeit mehr, seine Forderungen gegenüber A geltend zu machen oder gar durchzusetzen.
>
> Das Krankenhaus hatte sich aber von A eine Abtretungserklärung unterschreiben lassen. Darin erklärte A, dass er alle entstehenden Leistungsansprüche aus der stationären Krankenbehandlung gegenüber dem Sozialamt an das Krankenhaus abtritt.
>
> Mit dieser Abtretungserklärung wendet sich das Krankenhaus nun direkt an das Sozialamt und fordert auch die Übernahme der Kosten für die letzten 3 Tage im Krankenhaus.
>
> Das Sozialamt wird die Forderung zurückweisen, da die Abtretung unwirksam ist.

b) Erbringen von Leistungen, die bei rechtzeitigem Einsetzen von Leistungen nicht zu erbringen gewesen wären

Schließlich müssen auch tatsächlich Leistungen aufgrund des eingetretenen Eilfalls erbracht worden sein. Diese Leistungen des Nothelfers bzw. der Nothelferin wären nicht zu erbringen gewesen, wenn die Leistungen durch das Sozialamt rechtzeitig eingesetzt hätten.

Beispielsweise kann bei einer geplanten Operation die Kostenübernahme nach §§ 4, 6 AsylbLG rechtzeitig beantragt werden. Dann kann der:die Betroffene mit der Kostenübernahme in das Krankenhaus gehen und damit hat die Leistung rechtzeitig eingesetzt.

Nothelferleistungen liegen also immer dann vor, wenn jemand rechtzeitig mit zwingend notwendigen Leistungen einspringt und das Sozialamt mangels Kenntnis der Umstände die Leistungen nicht selbst erbringen konnte.

c) Geltendmachung des Anspruchs durch das Krankenhaus

§ 6a S. 2 AsylbLG verlangt, dass das Krankenhaus seinen Nothelferanspruch innerhalb einer angemessenen Frist beim Sozialleistungsträger geltend machen muss.

Nach der gefestigten sozialrechtlichen Rechtsprechung beträgt die angemessene Frist regelmäßig 1 Monat ab dem Ende des Eilfalls (BSG vom 23.8.2013 – B 8 SO 19/12 R, Rn. 28; SG Mainz vom 30.9.2019 – S 11 AY 7/18, Rn. 38).

Eine bestimmte Form ist für den Antrag nicht vorgeschrieben. Das bedeutet, dass es vor allem darauf ankommt, dass das Krankenhaus dem Sozialleistungsträger zu verstehen gegeben hat, dass es ihm gegenüber Sozialleistungen geltend machen will. Das kann schriftlich, telefonisch, mündlich, per E-Mail oder auf sonst geeignete Weise erfolgen. Es muss aber deutlich werden, dass Sozialleistungen begehrt werden. Beispielsweise die bloße Übersendung einer Aufnahme- oder Liegebescheinigung an den Sozialleistungsträger genügt nicht (SG Mainz vom 30.9.2019 – S 11 AY 6/18, Rn. 37).

d) Datenübermittlungen

In der Praxis ist es ein großes Problem, dass das Krankenhaus an den Sozialleistungsträger die persönlichen Daten der Patient:innen übermitteln muss, um abrechnen zu können. Der Sozialleistungsträger ist seinerseits wiederum verpflichtet, die Daten an die zuständige Ausländerbehörde zu übermitteln.[138]

Ganz praktisch führt das dazu, dass sich „Untergetauchte" trotz einer eventuell dringenden Behandlungsbedürftigkeit nicht in ärztliche Behandlung begeben, da sie sonst ihre sofortige Abschiebung oder zumindest die unmittelbare Vorbereitung ihrer Abschiebung befürchten.

Rechtlich stellen sich hier schwierige Menschenrechts- und Datenschutzrechtsprobleme.[139] Dazu ist unter anderem eine förmliche Beschwerde an die EU-Kommission durch die Gesellschaft für Freiheitsrechte vom 25.8.2021 anhängig.[140] Der Beschwerde liegt eine Studie zugrunde (Gesellschaft für Freiheitsrechte/Ärzte der Welt 2021).

Wegen der bestehenden Probleme gibt es regional vereinzelt Möglichkeiten, mit anonymen Krankenscheinen[141] ärztliche Behandlungen zu erhalten. Vor allem in großen Städten gibt es auch Initiativen und medizinische Flüchtlingshilfen, die im Bedarfsfall Ärzt:innen vermitteln können, die bereit sind, Patient:innen anonym zu behandeln. Solche zivilgesellschaftlichen Nothilfeinstitutionen zeigen stets deutlich staatliche Versäumnisse auf.

I.5. Die elektronische Gesundheitskarte

Um die Leistungserbringung und Abrechnung zu erleichtern, können die Bundesländer oder Kommunen mit gesetzlichen Krankenkassen Rahmenvereinbarungen treffen. Teil solcher Vereinbarungen kann auch die Ausgabe von elektronischen Gesundheitskarten an die Betroffenen sein (§ 264 Abs. 1 S. 2 und 3 SGB V).

Einige Bundesländer und Kommunen haben von dieser Option Gebrauch gemacht.[142] Die Leistungen nach §§ 4, 6 AsylbLG können dann per elektronischer Gesundheitskarte einfach bei einer gesetzlichen Krankenkasse abgerechnet werden. Die Betroffenen können also (fast) wie „normale Menschen" mit ihrer Gesundheitskarte zum Arzt oder zur Ärztin gehen.

---

138 § 87 Abs. 2 S. 1 Nr. 1 AufenthG
139 Im Raum stehen Verstöße gegen Art. 5 Abs. 1 Lit. b) und 6 Abs. 4 Datenschutzgrundverordnung (DSGVO) und Art. 8 Abs. 1 und 35 Europäische Grundrechtecharta (EU-GrCh).
140 https://legacy.freiheitsrechte.org/home/wp-content/uploads/2021/08/2021-08-24-Beschwerde-an-EU-Kommission.pdf (zuletzt abgerufen am: 20.10.2022)
141 Überblick hier: http://gesundheit-gefluechtete.info/versorgung-von-menschen-ohne-krankenversicherung-anonymer-krankenschein/ (zuletzt abgerufen am: 20.10.2022)
142 Übersicht: http://gesundheit-gefluechtete.info/gesundheitskarte/ (zuletzt abgerufen am: 20.10.2022)

Die Bundesländer und Kommunen, die keine Gesundheitskarten ausgeben, bleiben ihren verschiedenen Systemen von Krankenscheinen treu. Im Ergebnis gibt es damit einen Flickenteppich in Deutschland mit sehr unterschiedlichen Praktiken. Diese unterschiedlichen Praktiken wirken sich auch ganz drastisch auf die Gesundheitsversorgung aus. Es ist erkennbar ein Unterschied, ob Betroffene für jede Behandlung zunächst bei der Behörde vorsprechen müssen oder ob sie einfach mit ihrer Gesundheitskarte zum Arzt oder zur Ärztin gehen.

Auch hier ist der Gesetzgeber gefragt, endlich einheitlich die Ausgabe von elektronischen Gesundheitskarten zu regeln. Die Gesundheitsversorgung ist schließlich ein Menschenrecht und muss daher allen Menschen, die ihren gewöhnlichen Aufenthalt in Deutschland haben, gleichermaßen zugänglich sein.

I.6 Verfassungsrechtliche, europarechtliche und völkerrechtliche Bedenken

a) Verfassungsrechtliche Bedenken

Hier ist entscheidend, dass die Gesundheitsversorgung ein Bestandteil des menschenwürdigen Existenzminimums ist. Der Maßstab der Sicherung des daraus folgenden Grundrechts auf Gesundheitsversorgung ist im Wesentlichen der Leistungskatalog der gesetzlichen Krankenversicherung (SGB V). Wenn also von diesem Maßstab für Betroffene von Leistungen nach § 3 AsylbLG abgewichen werden soll, dann müsste begründet werden, dass diese Betroffenen tatsächlich signifikant geringere Bedarfe bezüglich der Gesundheitsversorgung haben (vgl. BVerfG vom 18.7.2012 – 1 BvL 10/10, Rn. 73). Das heißt, dass Menschen mit im Wesentlichen gleichen Bedarfen auch Anspruch auf die gleichen Sozialleistungen haben müssen, da sonst eine ungerechtfertigte Ungleichbehandlung (Diskriminierung) eintreten würde (Janda 2021: 42f.).

Der Gesetzgeber, viele Gerichte und Teile der juristischen Literatur rechtfertigen das System der geringeren Gesundheitsleistungen nach §§ 4, 6 AsylbLG damit, dass die Betroffenen sich nur kurzzeitig/vorübergehend in Deutschland aufhalten. Wie zuvor gezeigt, wird eine Ungleichbehandlung daher nicht mehr akzeptiert, sobald der Aufenthalt der Betroffenen nicht mehr kurzzeitig ist. Allerdings müsste es dann nachvollziehbare Belege geben, dass Betroffene mit kurzem oder vorübergehendem Aufenthalt tatsächlich geringere Gesundheitsbedarfe haben (Müller-Krah 2012: 133).

Zunächst kann bereits die tragende Konstruktion, dass sich Betroffene mit Leistungsbezug nach § 3 AsylbLG grundsätzlich nur kurzzeitig in Deutschland aufhalten, bezweifelt werden. Das BVerfG stellte schon 2012 fest: „Der überwiegende Teil der Personen, die Leistungen nach dem Asylbewerberleistungsgesetz erhalten, hält sich bereits länger als sechs Jahre in Deutschland auf (vgl. BT-Drs. 17/642)" (BVerfG vom 18.7.2012 – 1 BvL 10/10, Rn. 93).

Vor allem kann es keine ernsthaften Zweifel daran geben, dass ein erkrankter Mensch einen Behandlungsbedarf hat, egal mit welchem Status er sich für wie lange in Deutschland aufhält!

Beispiel: A hält sich bereits seit Jahren in Deutschland auf und ist wegen Passlosigkeit geduldet. A leidet unter einer seltenen Krankheit, deren Symptome unter anderem starke Schmerzen sind. Der behandelnde Arzt rät dringend zu einer Operation mit anschließender (langwieriger) ambulanter Reha, um die Ursachen für die Symptome zu beseitigen oder zumindest zu minimieren. Bisher werden die Symptome unter anderem nur mit Schmerzmitteln bekämpft.

Das Sozialamt erkennt die dringende medizinische Notwendigkeit einer Operation grundsätzlich an, lehnt aber eine Kostenübernahme ab. Zur Begründung wird ausgeführt, dass es sich nicht um eine akute, sondern „nur" um eine chronische Erkrankung handelt (daher kein Anspruch aus § 4 AsylbLG). Aus § 6 Abs. 1 AufenthG könnte auch keine Kostenübernahme folgen. A habe schließlich nur eine Duldung, sodass davon auszugehen sei, dass jederzeit die Abschiebung erfolgen könnte. Daher dürften langwierige Therapien nicht bewilligt werden.

Aus den dargestellten verfassungsrechtlichen Vorgaben ist die Auffassung des Sozialamtes unhaltbar. A hat einen dringenden Behandlungsbedarf und daher, als Mensch, einen Anspruch auf adäquate Gesundheitsversorgung. Ob und wann der Aufenthalt von A beendet wird, ist offen (abgesehen davon, dass eine laufende erforderliche Therapie auch aufenthaltsrechtlich relevant werden könnte). Die Abwägung, ob es sich eventuell gar nicht lohnt, A zu behandeln, sollte keine zulässige Erwägung sein (so aber in ähnlichem Fall: LSG Ba-Wü vom 11.1.2007 – L 7 AY 6025/06, Rn. 5).

Im Ergebnis muss festgestellt werden, dass das Grundrecht auf eine menschenwürdige Gesundheitsversorgung zwingend dazu führt, dass das System aus §§ 4 und 6 AsylbLG verfassungswidrig ist.

Doch was ist mit dem pragmatischen Umgang mit diesem Problem durch die Rechtsprechung? Viele Gerichte „retten" das System von §§ 4 und 6 AsylbLG einfach dadurch, dass sie eine Ermessensreduzierung auf null bei der Anwendung von § 6 Abs. 1 AsylbLG vornehmen. So wird faktisch ein Anspruch im Einzelfall geschaffen, der im Wesentlichen den Leistungen der gesetzlichen Krankenversicherung entspricht. Damit wird das verfassungswidrige System letztlich gefestigt: Jede:r, der oder die vor Gericht geht, bekommt die notwendige Krankenbehandlung – alle anderen leiden weiter unter dem regional sehr unterschiedlich ausgeprägten System der Notversorgung.

Die Beseitigung der festgestellten Verfassungswidrigkeit kann auch deshalb nicht über das Vehikel des § 6 Abs. 1 AsylbLG funktionieren, da diese Norm der Behörde Ermessen einräumt. Auch wenn die Gerichte hier immer wieder eine Ermessensreduzierung auf null anordnen, bleibt die Norm doch eine Ermessensnorm und in der Praxis der Behörden wird dieses Ermessen extrem unterschiedlich ausgeübt. Die wenigsten Fälle finden den Weg vor die Gerichte, sodass die Feststellung, die Gesundheitsversorgung im AsylbLG sei durch die freundlich-pragmatische Rechtsprechung doch irgendwie verfassungskonform sichergestellt, schlicht trügerisch ist.

Es bleibt dabei: Bedarfe des menschenwürdigen Existenzminimums (hier: Gesundheitsversorgung) sind durch konkrete Ansprüche zu sichern – ein Ausgeliefertsein gegenüber dem Ermessen einer Behörde stellt keine ausreichende Bedarfssicherung dar (BVerfG vom 18.7.2012 – 1 BvL 10/10, Rn. 89, 96; speziell zur Eingliederungshilfe: Tießler-Marenda 2021: § 100 Rn. 63). Die pragmatische Rechtsprechung, die das System der §§ 4, 6 AsylbLG dadurch „rettet", dass im jeweiligen Einzelfall ein Anspruch konstruiert wird, stößt an die Grenzen des rechtlich Zulässigen oder geht sogar darüber hinaus (dazu: Janda 2021: 47; Greiser/Frerichs 2018: 218; Rixen 2016: 272). Anstatt gegen den Wortlaut des Gesetzes und gegen den Willen des Gesetzgebers „anzureparieren", müssten Gerichte endlich konsequent sein und sagen: Die Normen sind verfassungswidrig und daher werden die Sachen dem BVerfG zur Entscheidung vorgelegt.

So eindeutig die Verfassungswidrigkeit zu sein scheint, so unmöglich scheint es zu sein, diese Verfassungswidrigkeit auf juristischem Weg „nutzbar" zu machen. Viele Betroffene finden schon den Weg zu den Gerichten nicht. Von den wenigen, die ihre Fälle vor die Gerichte bringen, werden die meisten aufgrund pragmatischen Agierens der Gerichte ihre gewünschte Behandlung bekommen. Die sehr wenigen, die auch vor den Gerichten scheitern, haben oft krankheitsbedingt keine Ressourcen, sich über Jahre durch die Instanzen zu quälen. Eine juristische Lösung (beispielsweise durch eine Entscheidung des BVerfG) wird es hier also sehr wahrscheinlich nicht geben. Hier kann sich nur auf politischem Weg etwas ändern.

b) Europarechtliche Bedenken

Europarechtlich ist das System der Gesundheitsversorgung nach §§ 4, 6 AsylbLG wegen der Geltung der Aufnahmerichtlinie problematisch. Das System verstößt gegen die Aufnahmerichtlinie und damit ist diese Richtlinie von Deutschland nicht vollständig umgesetzt worden. Wenn aber eine Richtlinie nicht vollständig umgesetzt ist, dann wird sie mit Ablauf einer Umsetzungsfrist direkt anwendbar. Diese Umsetzungsfrist ist hier bereits seit dem 20.7.2015 abgelaufen. Allerdings gilt die Aufnahmerichtlinie nur für Betroffene, die sich noch im Asylverfahren befinden (Inhaber:innen von Aufenthaltsgestattung oder Ankunftsnachweis).

Aus Art. 19 Aufnahmerichtlinie ergibt sich, dass für Asylbewerber:innen die Gesundheitsversorgung sichergestellt werden muss. Allerdings bleibt die Richtlinie hier recht schwammig und überlässt es den Mitgliedstaaten, wie diese Gesundheitsversorgung konkret aussehen soll. Art. 19 der Richtlinie ist also nicht besonders vielversprechend.

Aber: Besonders schutzbedürftige Asylbewerber:innen haben Anspruch auf eine umfassende Gesundheitsversorgung. Besonders schutzbedürftig sind Minderjährige, Menschen mit Behinderung, ältere Menschen[143], Schwangere sowie Personen

---

143 Menschen, die das 65. Lebensjahr vollendet haben.

mit schweren körperlichen Erkrankungen oder psychischen Störungen (Art. 21 Aufnahmerichtlinie).

Bezüglich der auch umfassten Menschen mit Behinderung ist wichtig, dass hier keine Schwerbehinderung gefordert ist – es genügt eine (einfache) Behinderung. Dabei ist der Behinderungsbegriff der UN-Behindertenkonvention (UN-BRK) maßgeblich. Art. 1 UN-BRK sagt: „Zu den Menschen mit Behinderung zählen Menschen, die langfristige körperliche, seelische, geistige oder Sinnesbeeinträchtigungen haben, welche sie in Wechselwirkung mit verschiedenen Barrieren an der vollen, wirksamen und gleichberechtigten Teilhabe an der Gesellschaft hindern können." Das heißt unter anderem, dass Menschen mit chronischen Krankheiten als Menschen mit Behinderung gelten, wenn die Symptome der Krankheit dazu führen, dass die Teilhabe am gesellschaftlichen Leben eingeschränkt ist.

> Beispiel: A leidet unter einer chronischen Depression, die behandlungsbedürftig ist. A ist im Besitz einer Aufenthaltsgestattung und hält sich seit 3 Monaten in Deutschland auf.
>
> Das Sozialamt verweigert die Kostenübernahme für eine Behandlung, weil keine akute Krankheit vorliegt (§ 4 AsylbLG) und weil A sich bisher nur kurzzeitig in Deutschland aufhält (§ 6 Abs. 1 AsylbLG).
>
> Vor einigen Sozialgerichten hätte diese Leistungsablehnung Bestand – andere Sozialgerichte würden sagen, dass der vorliegende Behandlungsbedarf (unabhängig von der Aufenthaltsdauer) zu einer Ermessensreduzierung auf null führt und deshalb die Behandlungskosten nach § 6 Abs. 1 AsylbLG übernommen werden müssen.
>
> Da A aber eine Aufenthaltsgestattung hat, gilt die Aufnahmerichtlinie. Wenn A besonders schutzbedürftig wäre, dann würde die Aufnahmerichtlinie dazu zwingen, Art. 6 Abs. 1 AsylbLG europarechtsfreundlich auszulegen und die Behandlungskosten durch das Sozialamt zu übernehmen.
>
> Eine behandlungsbedürftige chronische Depression beeinträchtigt in der Regel die volle Teilhabe am gesellschaftlichen Leben (auch bei eher leichteren Episoden). Es liegt also eine Behinderung im Sinne der UN-BRK vor. Damit ist A besonders schutzbedürftig und es gilt Art. 19 Abs. 2 Aufnahmerichtlinie: „Die Mitgliedstaaten gewähren Antragstellern mit besonderen Bedürfnissen bei der Aufnahme die erforderliche medizinische oder sonstige Hilfe, einschließlich erforderlichenfalls einer geeigneten psychologischen Betreuung."

Das Europarecht ist hier deutlich effektiver in der praktischen Durchsetzung als das Verfassungsrecht. Ist ein Gesetz verfassungswidrig, muss es dennoch von Behörden und Gerichten so lange angewendet werden, bis es vom BVerfG für nichtig erklärt wird. Ist ein Gesetz aber europarechtswidrig, dann muss dieses Gesetz zwingend (ohne Abwarten einer Entscheidung des Europäischen Gerichtshofes [EuGH]) europarechtskonform ausgelegt werden. Ist eine europarechtskonforme

Auslegung nicht möglich, darf das Gesetz nicht angewendet werden (EuGH vom 24.5.2012 – C-97/11).

Für §§ 4, 6 Abs. 1 AsylbLG bedeutet das, dass die Normen entweder europarechtskonform so auszulegen sind, dass besonders schutzbedürftige Asylbewerber:innen einen durchsetzbaren Anspruch auf eine Krankenbehandlung haben, sobald eine Behandlung erforderlich wird (so: LSG Nds.-Bremen vom 1.2.2018 – L 8 AY 16/17 B ER) oder, dass §§ 4, 6 Abs. 1 AsylbLG nicht angewendet werden dürfen und stattdessen Art. 19 Abs. 2, 21 Aufnahmerichtlinie direkt anzuwenden ist.

In der Praxis zeigt sich oft das Problem, dass weder Behörden noch Gerichte ein gesteigertes Interesse am Europarecht zeigen. Nicht selten werden Darlegungen zur Europarechtswidrigkeit von deutschen Normen und die daraus folgende europarechtskonforme Auslegung vollständig ignoriert.

> Beispiel: B ist aus der Ukraine geflüchtet und lebt in Berlin in einer Containerunterkunft. Er ist gehörlos und leidet unter Demenz und weiteren physischen Erkrankungen. Er beantragt beim Sozialamt unter anderem Leistungen zur Pflege und zur Eingliederungshilfe. Nachdem er sich schon 6 Wochen in Deutschland aufhält und mit seinen Kräften am Ende ist, weil keine Behörde Interesse an seinen Bedarfen zeigt, beantragt er eine einstweilige Anordnung beim Sozialgericht.
>
> Beim Sozialgericht beruft er sich darauf, dass er besonders schutzbedürftig ist, weil er offensichtlich ein Mensch mit Behinderung ist. Er beruft sich weiter auf die daraus folgende Pflicht des Landes Berlin, seine besonderen Bedarfe von Amts wegen zu erheben (Art. 22 Aufnahmerichtlinie)[144]. Er beantragt also unter anderem, das Land Berlin zu verpflichten, endlich seiner Pflicht nachzukommen, und seine Bedarfe für Pflege und Eingliederungshilfe zu erheben.
>
> Das Sozialgericht ignoriert konsequent jeden Vortrag zum Europarecht und lehnt den Anspruch unter anderem mit der Begründung ab, dass B zunächst seine konkreten Bedarfe substantiiert darlegen müsse und erst dann eine Bedarfserhebung erfolgen (SG Berlin vom 16.5.2022 – S 47 SO 548/22 ER) könne.
>
> Der Witz an Art. 22 Aufnahmerichtlinie ist gerade, dass erkannt wurde, dass Geflüchtete in der Regel nicht mit ihren Befundunterlagen nach Deutschland einreisen und daher unmöglich ihre Behinderungen/Erkrankungen und die daraus folgenden Bedarfe darlegen können. Gerade deshalb sollen die EU-Mitgliedsstaaten unmittelbar nach der Einreise von Amts wegen erheben, ob und welche besonderen Schutzbedarfe bestehen. Die Forderung, die Geflüchteten müssten ihre Bedarfe zunächst konkret benennen, bevor ihre Bedarfe erhoben werden, steht dem Sinn und Zweck der europarechtlichen Regelung eklatant entgegen.

---

144 Da B Ukraine-Geflüchteter ist, kann er sich zusätzlich auf Art. 13 Massenzustrom-Richtlinie berufen.

B gibt danach auf und möchte keine weiteren juristischen Schritte unternehmen. Das Land Berlin fühlt sich in seinem pflichtwidrigen Verhalten bestätigt und Bs Zustand verschlechtert sich weiter.

Das ist leider kein Einzelfall. Hier braucht es engagierte Anwält:innen und Sozialarbeiter:innen, die solchen Betroffenen zur Seite stehen und ihnen die Kraft geben, solche Verfahren bis zur Durchsetzung ihrer Rechte zu führen.

Im Ergebnis kann also gesagt werden, dass die Gesundheitsversorgung nach §§ 4, 6 AsylbLG jedenfalls für Asylbewerber:innen europarechtswidrig ist, wenn die Betroffenen besonders schutzbedürftig sind (Rixen 2016: 272; Schreiber 2010: 111). Die besondere Schutzbedürftigkeit kann dabei in der Regel über den Behindertenbegriff hergestellt werden – eine behandlungsbedürftige Krankheit führt schließlich regelmäßig zu Teilhabebeeinträchtigungen. Außerdem ist jedenfalls bei schweren körperlichen Erkrankungen oder psychischen Störungen ein besonderer Schutzbedarf anzuerkennen.

Die Probleme in der Praxis sind vor allem:

- In keinem Bundesland gibt es eine ausreichende, systematische Bedarfserhebung für besonders Schutzbedürftige, wie es Art. 22 Aufnahmerichtlinie eigentlich vorschreibt (dazu schon: Schreiber 2010: 110; Pichl 2016: 124f.);
- Sozialgerichte tun sich schwer mit der Anwendung von Europarecht;
- Betroffene sind krankheitsbedingt kaum in der Lage, schwierige und langwierige juristische Auseinandersetzungen zu führen und ein adäquates Unterstützungsumfeld, das helfen könnte, fehlt meist.

c) Völkerrechtliche Bedenken

Das Recht auf Gesundheitsversorgung ist auch völkerrechtlich geprägt (dazu: Wilksch 2017: 133ff.).

Die Genfer Flüchtlingskonvention (GFK) schreibt in Art. 23 vor, dass Geflüchteten die gesamte öffentliche Fürsorge zugänglich sein muss, wie sie auch eigenen Staatsangehörigen zugänglich ist. Zur Fürsorge gehört auch die Gesundheitsversorgung. Die GFK knüpft zwar den Anspruch auf die Gesundheitsversorgung an einen „rechtmäßigen Aufenthalt", dieser „rechtmäßige Aufenthalt" muss aber durch die Aufenthaltsgestattung oder den Ankunftsnachweis angenommen werden. Schließlich will die GFK gerade Geflüchtete auch während des Asylverfahrens schützen. Wenn der „rechtmäßige Aufenthalt" erst mit der Flüchtlingsanerkennung angenommen würde (so: Kingreen 2015: 87; Rixen 2016: 268), dann würde es zudem von der Dauer des Asylverfahrens abhängen, wann ein Anspruch auf (vollständige) Gesundheitsversorgung entstehen würde. Soziale Menschenrechte sind aber Gleichheitsrechte (Janda 2021: 44; Cholewinski 2000: 719), sodass es nicht von einem bestimmten Status abhängen darf, ob das Menschenrecht auf Gesundheitsversorgung gewährt wird oder nicht (Janda 2021: 45). Der völkerrechtliche Begriff „rechtmäßiger Aufenthalt" darf daher nicht streng nach deutschem Recht ausgelegt werden, da die GFK sicher nicht den deutschen Begriff des „rechtmäßigen Aufenthalts" im Sinn hat. Nach deutschem Rechtsverständnis muss also jeder erlaubte Aufenthalt mit Bezug zum Asylverfahren ausreichen.

Der Internationale Pakt über wirtschaftliche, soziale und kulturelle Rechte statuiert in seinem Art. 12 ein universelles Menschenrecht auf soziale Leistungen zur Erreichung eines „Höchstmaßes an körperlicher und geistiger Gesundheit". Daraus ergibt sich auch für Betroffene des AsylblLG ein Anspruch auf vollständige Gleichstellung beim Zugang zur Gesundheitsversorgung mit deutschen Staatsangehörigen. Eine Unterscheidung nach irgendeinem Status ist unzulässig (Janda 2021: 45; Kaltenborn 2015: 164; Rixen 2015: 1643; Farahat 2014: 270).

Schließlich enthält auch die Europäische Menschenrechtskonvention (EMRK) ein Menschenrecht auf Gesundheitsversorgung. Der Europäische Gerichtshof für Menschenrechte (EGMR) hat Sozialleistungen[145] sogar unter den Schutz der Eigentumsrechte gestellt (Art. 1 Zusatzprotokoll zur EMRK). Danach dürfen Staaten keine Differenzierung bei Sozialleistungen für eigene Staatsangehörige und Ausländer:innen vornehmen (Janda 2021: 46; EGMR vom 15.9.2009 – 10373/05 [Mozkal]). Wenn einem Menschen eine notwendige Behandlung verweigert wird, kann das auch eine verbotene, erniedrigende und unmenschliche Behandlung begründen (Art. 3 EMRK; EGMR vom 31.9.2019 – 18052/11 [Rooman]).

Für Kinder[146] gelten zusätzlich Art. 23, 24, 26 UN-KRK, wonach für Kinder Gesundheitsversorgung stets das erreichbare Höchstmaß an Gesundheit bedeuten muss.

Im Ergebnis ist also das System der Gesundheitsversorgung nach §§ 4, 6 AsylblLG auch völkerrechtswidrig. Die Probleme bei der Geltendmachung und Durchsetzung des Völkerrechts ähneln den oben beschriebenen Problemen. Leider ist die Bereitschaft bei den Sozialgerichten, sich mit Völkerrecht zu befassen noch geringer als die schon niedrige Bereitschaft, sich mit Europarecht zu befassen.

Nach all dem kann gesagt werden: Wenn die Kostenübernahme für eine medizinisch erforderliche Behandlung abgelehnt wird, sollte immer juristisch dagegen vorgegangen werden! Auch hier gilt, dass ohne gerichtliche Verfahren kein Problembewusstsein entstehen kann und vor allem die Geltendmachung von Europa- und Völkerrecht muss wieder und immer wieder bei den Gerichten erfolgen, bis die Gerichte endlich erkennen, dass sie auch diesem Recht verpflichtet sind.[147]

II. Gesundheitsversorgung bei Leistungen nach § 2 AsylblLG

Wer Analogleistungen bezieht, hat Zugang zu

- Hilfe zur Gesundheit, § 47ff. SGB XII analog in Verbindung mit § 264 Abs. 2 SGB V;
- Hilfe zur Pflege, §§ 61ff. SGB XII analog;
- Eingliederungshilfe, Teil 2 SGB IX analog.

---

145 Egal, ob beitrags- oder steuerfinanziert.
146 Bis zur Vollendung des 18. Lebensjahres.
147 Art. 23 Abs. 1 S. 1; 25; 100 Abs. 2 GG

Hier erhalten alle Betroffenen von Gesetzes wegen eine elektronische Gesundheitskarte (§ 264 Abs. 4 S. 2 SGB V). Für die Hilfe zur Pflege gilt im Wesentlichen das zuvor Gesagte (→ siehe I.2.c). Allerdings können die Betroffenen hier zwischen Pflegesachleistungen (Pflegedienst) und Pflegegeld wählen (§ 64a SGB XII analog) und das Verfahren zur Feststellung des Pflegebedarfs ist eindeutig geregelt (§ 62 SGB XII analog).

Für die Eingliederungshilfe hat es der Gesetzgeber etwas kompliziert gestaltet:

Grundsätzlich gilt das SGB IX (Rechte für Menschen mit Behinderung) für alle Menschen mit Behinderung, ohne Ansehen des Status – also auch für AsylbLG-Betroffene. Durch § 100 Abs. 2 SGB IX werden AsylbLG-Betroffene von Teil 2 des SGB IX (Eingliederungshilfe) aber ausgeschlossen.§ 2 Abs. 1 AsylbLG ordnet die analoge Anwendung von Teil 2 des SGB IX an.Es folgt unter anderem die analoge Anwendung von § 100 Abs. 1 S. 1 SGB IX, sodass Analogleistungsbeziehende Eingliederungshilfe nur nach Ermessen beanspruchen dürfen.

Ob diese Begrenzung auf einen Ermessensanspruch mit der UN-BRK vereinbar ist, ist sehr fraglich (Tießler-Marenda 2021: § 100 Rn. 46). Die UN-BRK sieht keine Unterscheidung nach irgendeinem Status vor – wenn Menschen mit Behinderung behinderungsspezifische Bedarfe haben, dann sind diese Bedarfe bestmöglich zu decken. Die Rechtsprechung behilft sich einmal mehr mit der Ermessensreduzierung auf null, wenn tatsächlich Eingliederungshilfebedarfe vorliegen (BSG vom 30.8.2017 – B 14 AS 31/16 R, Rn. 46ff.). Tatsächlich dürfte die Norm aber verfassungswidrig sein, da hier Menschen mit Behinderung unzulässig in verschiedene Stufen eingeteilt werden: Menschen mit Behinderung außerhalb des AsylbLG haben einen klar durchsetzbaren Anspruch – AsylbLG-Betroffene mit Behinderung haben dagegen nur einen Anspruch auf eine Ermessensabwägung (ähnlich: Frings et. al 2018: Rn. 344, 347).

III. Gesundheitsversorgung bei Leistungsbezug nach § 1a AsylbLG

Die Leistungsberechtigung nach § 1a AsylbLG bedeutet eine Absenkung der Leistungen auf den Kernbereich des physischen Existenzminimums und einen Ausschluss sämtlicher Leistungen nach §§ 3, 6 AsylbLG. Im Klartext: Die Gesundheitsversorgung wird auf Ansprüche nach § 4 AsylbLG begrenzt.

Damit schließt § 1a AsylbLG zwingend alle Leistungen zur Behandlung von chronischen und sonstigen nichtakuten Erkrankungen, Leistungen zur Pflege, Leistungen zur Eingliederungshilfe aus.

Der Ausschluss bezüglich § 6 AsylbLG ist damit offensichtlich verfassungswidrig (vgl. dazu: Hillmann 2017: 83ff.; Brings/Oehl 2016: 22; Janda 2018: 344; Kanalan 2018: 247; Kluth 2018: 32; Voigt 2016: 99).

Im Ergebnis darf § 1a AsylbLG nicht auf Menschen angewendet werden, die einen Anspruch auf Gesundheitsleistungen im Sinne des § 6 Abs. 1 AsylbLG haben.

Betroffene sollten – unter Berufung auf die Verfassungswidrigkeit – stets Rechtsmittel einlegen.

Fragen zur Vertiefung und Diskussion:

1. Mit welcher Konstruktion kann es erreicht werden, dass der Sozialleistungsträger die Kosten für eine Behandlung einer chronischen Krankheit übernimmt, obwohl § 4 AsylbLG ausdrücklich nur Kostenübernahmen für akute Erkrankungen vorsieht?
2. Welchen rechtlichen Vorteil haben Asylbewerber:innen mit Behinderung gegenüber beispielsweise Geduldeten mit Behinderung?
3. § 100 Abs. 2 SGB IX schließt den Zugang zu Leistungen der Eingliederungshilfe für AsylbLG-Betroffene ausdrücklich aus. Mit welchen Konstruktionen haben Leistungsbeziehende nach § 3 AsylbLG einerseits und § 2 AsylbLG andererseits trotzdem Anspruch auf diese Leistungen?

Antworten:

Zu 1.
Die Lösung heißt § 6 Abs. 1 AsylbLG. Nach dieser Norm kann die Behörde Kosten für alle erforderlichen Behandlungen von Krankheiten übernehmen. Das Ermessen der Behörde ist dabei in der Regel – so jedenfalls viele Sozialgerichte – auf null reduziert, sodass die Kostenübernahme nicht abgelehnt werden darf, wenn die Behandlung medizinisch erforderlich ist.
Allerdings bleibt § 6 Abs. 1 AsylbLG eine Ermessensnorm und es ergehen nach wie vor Ablehnungsbescheide, weil nach der Ermessensausübung mehr für die Ablehnung als für die Bewilligung gesprochen haben. Meist wird die Ablehnung mit dem kurzzeitigen/vorübergehenden Aufenthalt begründet. In diesen Fällen müsste dann ein schwieriger und langwieriger juristischer Gang durch die Instanzen erfolgen, wozu die Betroffenen oft leider keine Kraft haben bzw. ihnen die nötige Unterstützung fehlt, ein solches Verfahren durchzustehen.

Zu 2.
Für Asylbewerber:innen gilt die Aufnahmerichtlinie. Aus dieser Richtlinie ergibt sich ein direkter Anspruch auf die volle Gesundheitsversorgung, ohne Ermessen (Art. 19 Abs. 2, 21 Aufnahmerichtlinie). Der Schlüssel ist die Anerkennung des besonderen Schutzbedarfs. Menschen mit Behinderung sind besonders schutzbedürftig im Sinne der Aufnahmerichtlinie. Es kommt nicht auf eine Schwerbehinderung an, eine (einfache) Behinderung genügt. Daher führt beispielsweise ein festgestellter GdB 20 zwingend zur Anerkennung des besonderen Schutzbedarfs.

Zu 3.
Bei Leistungen nach § 3 AsylbLG: Auch hier hilft § 6 Abs. 1 AsylbLG, da die Rechtsprechung die Eingliederungshilfe als Teil der Gesundheitsversorgung im Sinne des AsylbLG versteht. Wenn die Rechtsprechung diese „Rettungsaktion" nicht durchführen würde, wäre das System der §§ 4, 6 AsylbLG verfassungswidrig und würde vor allem auch gegen die UN-BRK verstoßen. Für die einzelnen Betroffenen, die den Weg zum Sozialgericht finden (oder von einer freundlichen Behördenpraxis profitieren), ist der pragmatische Umgang mit geltendem Recht durch die Gerichte gut – sie bekommen ihre Gesundheitsleistungen. Für all diejenigen, die es nicht zum Gericht schaffen und auch keine freundliche Behörde haben, bleibt aber damit das System der §§ 4, 6 AsylbLG die unüberwindliche Hürde zu einer menschenwürdigen Gesundheitsversorgung.

Bei Leistungen nach § 2 AsylbLG: Hier schreibt § 2 Abs. 1 AsylbLG ausdrücklich die analoge Anwendung des Teil 2 des SGB IX (Eingliederungshilfe) vor. Allerdings gilt dann auch § 100 Abs. 1 SGB IX analog, wonach Ausländer:innen grundsätzlich nur per Ermessen Eingliederungshilfe gewährt werden darf – Deutsche haben einen zwingenden Anspruch, wenn die Voraussetzungen vorliegen. Auch hier behilft sich die Rechtsprechung in der Regel mit dem „Rettungsinstrument" der Ermessensreduzierung auf null. Auch hier dürfte aber die Beschränkung auf einen Ermessensanspruch gegen die UN-BRK verstoßen und verfassungswidrig sein.

Zitierte Literatur:

Born, Manuela: Europa- und verfassungsrechtliche Anforderungen an die Leistungen für Asylbewerber, 2014.

Brings, Tobias/Oehl, Maximilian: Verfassungswidrige Kürzungen und nachgeschobene Berechnungen – zur verfassungsrechtlichen Vereinbarkeit der jüngsten Reform des AsylbLG im Lichte der Rechtsprechung des Bundesverfassungsgerichts zum menschenwürdigen Existenzminimum, Zeitschrift für Ausländerrecht und Ausländerpolitik (ZAR) 2016, S. 22ff.

Cholewinski, Ryszard: Economic and Social Rights of Refugees and Asylum Seekers in Europe, Georgetown Immigration Law Journal, 2000, S. 709ff.

Farahat, Anuscheh: Rechtsunsicherheiten beim Zugang zur Gesundheitsversorgung von Migranten, Zeitschrift für europäisches Sozial- und Arbeitsrecht (ZESAR) 2014, S. 269ff.

vom Felde, Lisa/Baron, Jenny/Bardelle, Arne: Besondere Schutzbedürftigkeit von Geflüchteten in Deutschland – Wird Deutschland den Vorgaben der EU-Aufnahmerichtlinie gerecht?, Asylmagazin 2020, S. 341ff.

Frerichs, Konrad. In: Schlegel/Voelzke, juris-Praxiskommentar SGB XII, AsylbLG § 6 (Stand: 5.7.2021).

Gesellschaft für Freiheitsrechte/Ärzte der Welt, Ohne Angst zum Arzt – Das Recht auf Gesundheit von Menschen ohne geregelten Aufenthaltsstatus in Deutschland. Eine grund- und menschenrechtliche Bewertung der Übermittlungspflicht im Aufenthaltsgesetz, 2021.

Frings, Dorothee/Janda, Constanze/Keßler, Stefan/Steffen, Eva: Sozialrecht für Zuwanderer, 2018.

Greiser, Johannes/Frerichs, Konrad: Der Anspruch von Flüchtlingen auf psychotherapeutische Behandlung, Die Sozialgerichtsbarkeit (SGb) 2018, S. 213ff.

Hillmann, Lars: Rechtliche Gestaltungsvorgaben für die Gesundheitsversorgung Geflüchteter. In: Brecht-Heitzmann, Holger: Die Integration Geflüchteter als Herausforderung für das Sozialrecht, S. 83ff.

Janda, Constanze: Existenzminimum, Gleichbehandlung, Menschenwürde: Rechtliche Anforderungen an die Gesundheitsversorgung von Asylsuchenden. In: Nowak, Anna Christina/Krämer, Alexander/Schmidt, Kerstin: Flucht und Gesundheit – Facetten eines interdisziplinären Zugangs, Zeitschrift für Flüchtlingsforschung (Z'Flucht) Sonderband 2021, S. 31ff.

Janda, Constanze: § 1a AsylbLG und das Recht auf Sicherung einer menschenwürdigen Existenz – Bedarfsdeckung nur bei Rechtstreue?, Die Sozialgerichtsbarkeit (SGb) 2018, S. 344ff.

Kanalan, Ibrahim: Sanktionen im Sozialleistungsrecht – Zur Verfassungswidrigkeit der Leistungseinschränkungen nach dem Asylbewerberleistungsgesetz Gliederung, Zeitschrift für die sozialrechtliche Praxis (ZFSH/SGB) 2018, S. 247ff.

Kaltenborn, Markus: Die Neufassung des Asylbewerberleistungsgesetzes und das Recht auf Gesundheit, Neue Zeitschrift für Sozialrecht (NZS) 2015, S. 161ff.

Kingreen, Thorsten: Sozialrechtliche Zugehörigkeit. Zum Verhältnis zwischen Territorialitäts- und Personalprinzip im supra- und internationalisierten Sozialstaat. In: Jaeckel, Liv et. Al., Grundrechtspolitik und Rechtswissenschaft, 2015, S. 73ff.

Kluth, Winfried: Gesundheitsdienstleistungen nach dem Asylbewerberleistungsgesetz – Das eingeschränkte Leistungsspektrum und die Menschenwürde, Soziale Sicherheit (SozSich) 2018, S. 32ff.

Krauß, Karen. In: Siefert, Jutta: Asylbewerberleistungsgesetz – Kommentar, § 4 und § 6, 2020.

Müller-Krah, Eva Maria: Die Gesundheitsleistungen für Asylbewerber nach §§ 4, 6 AsylbLG – gesundheitliches Existenzminimum unterhalb des Existenzminimums?, Gesundheit und Pflege (GuP) 2012, S. 132ff.

Pichl, Max: The Reception Conditions Directive für Asylum Seekers in Germany. An Ambivalent Approach. In: Minderhoud, Paul/Zwaan, Karin: The recast Reception Conditions Directive. Central Themes, Problem Issues and Implementation in Selected Member States, 2016, S. 123ff.

Rixen, Stephan: Gestaltungsspielräume bei der Gewährung von Leistungen an Geflüchtete. Verfassungsrecht, EU-Recht, Völkerrecht, Der Landkreis, 2016, S. 268ff.

Rixen, Stephan: Zwischen Hilfe, Abschreckung und Pragmatismus. Gesundheitsrecht der Flüchtlingskrise, Neue Verwaltungszeitschrift (NVwZ) 2015, S. 1640ff.

Schreiber, Frank: Gesundheitsleistungen im europäischen Flüchtlingssozialrecht, Zeitschrift für europäisches Sozial- und Arbeitsrecht (ZESAR) 2010, S. 107ff.

Schwalgin, Susanne/Wank, Ricarda: Handicap international, Stellungnahme zum Thema Flüchtlinge mit Behinderung für das Deutsche Institut für Menschenrechte, 31.01.2017.

Tießler-Marenda, Elke. In: Fuchs, Harry/Ritz, Hans-Günther/Rosenow, Roland: SGB IX – Kommentar zum Recht behinderter Menschen, § 100, 2021.

Voigt, Claudius: Asylbewerberleistungsgesetz – Feindliche Übernahme durch das Ausländerrecht, info also 2016, S. 99ff.

Weiser, Barbara: Gesundheitsversorgung im Rahmen des AsylbLG, Asylmagazin 2020, S. 333ff.

Wilksch, Florian: Recht auf Krankenbehandlung und Recht auf ein menschenwürdiges Existenzminimum, 2017.

Vertiefende Literatur:

Bogatzki, Lea Charlotte: Psychotherapeutische Regelversorgung für Geflüchtete, Psychotherapie Aktuell, April 2021.

Deutsches Rotes Kreuz, Ungesehen?! Geflüchtete Menschen mit Behinderungen in Deutschland: Ergebnisse der Bedarfserhebung, August 2022.

vom Felde, Lisa/Träbert, Alva: Identifizierung besonderer Schutzbedarfe – der Schlüssel zum Menschenrecht auf Gesundheit für Geflüchtete?, Archiv für Wissenschaft und Praxis der Sozialen Arbeit (ArchsozArb) 2021, Nr. 3, S. 73.

Frerichs, Lena: Asylbewerberleistungsgesetz und medizinisches Existenzminium. In: Nowak, Anna Christina/Krämer, Alexander/Schmidt, Kerstin: Flucht und Gesundheit – Facetten eines interdisziplinären Zugangs, Zeitschrift für Flüchtlingsforschung (Z'Flucht) Sonderband 2021, S. 51ff.

Gold, Andreas W./Weis, Judith/Janho, Leonard/Biddle, Louise/Bozorgmehr, Kayvan: Universitätsklinikum Heidelberg, Die elektronische Gesundheitskarte für Asylsuchende – Zusammenfassung der wissenschaftlichen Evidenz, Health Equity Studies & Migration – Report Series, 2021.

Gottlieb, Nora/Ohm, Vanessa/Knörnschild, Miriam: Die elektronische Krankenversicherungskarte für Asylsuchende in Berlin: Auswirkungen auf das lokale Gesundheitssystem, International Journal of Health Policy and Management, 2021.

Hathaway, James C.: The Rights of Refugees under International Law, 2005.

Hollederer, Alfons: Die Gewährleistung von Krankheitshilfen bei asylsuchenden Menschen: Zweiklassenmedizin in Deutschland?, Bundesgesundheitsblatt 2020, S. 1203f.

Hyde, Rob: Refugees need health cards, say German doctors. The Lancet, 2016, S. 646ff.

Kanalan, Ibrahim/Krajewski, Markus: Medizinische Versorgung irregulärer Migranten aus menschenrechtlicher Sicht, Zeitschrift für europäisches Sozial- und Arbeitsrecht (ZESAR) 2017, S. 418ff.

Klotz, Sabine: Weibliche Geflüchtete und das Recht auf Gesundheit. Zwischen Vulnerabilität, Autonomie und Empowerment. In: Bergemann, Lutz/Frewer, Andreas: Autonomie und Vulnerabilität in der Medizin. Menschenrechte – Ethik – Empowerment, 2018, S. 225ff.

Kötter, Ute: Krankenbehandlung als Bestandteil des Existenzminimums von Ausländer*innen, info also 2018, S. 243ff.

Nationale Akademie der Wissenschaften Leopoldina, Traumatisierte Flüchtlinge – schnelle Hilfe ist jetzt nötig, 2018.

Razum, Oliver/Wenner, Judith/Bozorgmehr, Kayvan: Wenn Zufall über den Zugang zur Gesundheitsversorgung bestimmt. Geflüchtete in Deutschland, Das Gesundheitswesen, 2016, S. 711ff.

Rolke, Kristin/Wenner, Judith/Razum, Oliver: Der Zugang zu gesundheitlicher Versorgung nach Einführung der elektronischen Gesundheitskarte: die Sicht geflüchteter Patient(inn)en, Gesundheitswesen 2020, S. 961ff.

Schramme, Thomas: Ist der eingeschränkte Anspruch auf gesundheitliche Versorgung von geflüchteten Menschen eine diskriminierende Praxis? In: Nowak, Anna Christina/Krämer, Alexander/Schmidt, Kerstin: Flucht und Gesundheit – Facetten eines interdisziplinären Zugangs, Zeitschrift für Flüchtlingsforschung (Z'Flucht) Sonderband 2021, S. 107ff.

Schülle, Mirjam: Geflüchtete Menschen mit Behinderung. Versorgungslage, Zugang zum Hilfesystem und Unterbringung, Recht und Praxis der Rehabilitation (RP Reha) 2017, S. 21ff.

Spura, Anke/Kleinke, Matthias/Robra, Bernt-Peter/Ladebeck, Nadine: Wie erleben Asylsuchende den Zugang zu medizinischer Versorgung? Bundesgesundheitsblatt, 2017, S. 462ff.

Stöxen, Corinna: Ein Verfahren zur Bestimmung des Mindestmaßes an Gesundheitsversorgung. In: Nowak, Anna Christina/Krämer, Alexander/Schmidt, Kerstin: Flucht und Gesundheit – Facetten eines interdisziplinären Zugangs, Zeitschrift für Flüchtlingsforschung (Z'Flucht) Sonderband 2021, S. 69ff.

Teil VII – Sonstige Leistungen

Zusammenfassung

In diesem Teil geht es um Leistungen, die zusätzlich zu den Grundleistungen (§§ 3, 3a AsylbLG) erbracht werden können. Es wird dargestellt, welche Ansprüche geltend gemacht werden können, welche Probleme es dabei geben kann und wie diese Probleme gelöst werden können.

§ 6 AsylbLG ist die Norm, die sehr viel auffangen soll – wenn das System des AsylbLG nicht ausreicht, um menschenwürdige Leistungen zu gewähren. Dann kann versucht werden, über § 6 AsylbLG sonstige Leistungen zu erhalten, um so die Defizite des AsylbLG auszugleichen.

Wichtig: § 6 AsylbLG findet nur bei einem Leistungsbezug nach § 3 AsylbLG statt! Wer Analogleistungen bezieht, ist auf § 6 AsylbLG nicht angewiesen und die Norm ist auch schlicht nicht anwendbar. Bei einem Leistungsbezug nach § 1a AsylbLG schließt schon der Wortlaut des § 1a Abs. 1 S. 1 AsylbLG Leistungen nach § 6 AsylbLG aus.

I. Die sonstigen Leistungen

I.1 Zur Sicherung des Lebensunterhalts

a) Was ist umfasst

Hier können vor allem atypische Bedarfe geltend gemacht werden, die zwar die Bedarfspositionen des notwendigen Bedarfs und des notwendigen persönlichen Bedarfs (→ siehe Teil II Grundbedarfsdeckung, I.) betreffen, aber darüber hinausgehen. Dabei kann es sowohl um einmalige als auch um laufende Bedarfe gehen.

> Beispiel 1: A hat eine Duldung, bezieht Leistungen nach § 3 AsylbLG und leidet unter körperlichen Fehlstellungen, sodass Kleidung für ihn stets maßgefertigt werden muss. Die Bedarfsanteile für Bekleidung im Grundbedarf berücksichtigen aber nur gängige Konfektionsgrößen.

> Hier ist ein Einzelbedarf des notwendigen Bedarfs betroffen (Bekleidung). Es ist aber erkennbar, dass A Bedarfe hat, die über das Übliche hinausgehen – es liegt also ein atypischer Bedarf vor. Damit fällt dieser Bedarf grundsätzlich unter die Kategorie „Sicherung des Lebensunterhalts".

> Beispiel 2: B lebt in Merseburg (bei Halle/Saale), hat eine Duldung, bezieht Leistungen nach § 3 AsylbLG und ist umgangsberechtigter Vater des Kindes C, welches bei seiner Mutter in Berlin lebt. B fährt daher mindestens zweimal im Monat nach Berlin und zurück. Die Fahrtkosten kann er aus seinem Grundbedarf unmöglich bestreiten, sodass er die Kostenübernahme nach § 6 Abs. 1 AsylbLG beantragt.

> Hier ist ein Bedarf des notwendigen persönlichen Bedarfs betroffen (Verkehr). Das zuständige Sozialamt ermöglicht die kostenfreie Nutzung des ÖPNV und kürzt daher die kompletten Geldleistungen für den Bedarf

Verkehr. Daher ist es eindeutig, dass B seine Pendelfahrten nach Berlin nicht aus dem Grundbedarf bestreiten kann – es liegt ein atypischer Bedarf vor, der grundsätzlich zur „Sicherung des Lebensunterhalts" zählt (LSG Sachsen-Anhalt vom 3.1.2006 – L 8 B 11/05 AY ER, Rn. 24f.).

Ein wichtiger Anwendungsfall könnten auch Mehrbedarfe sein, für die im „normalen" Sozialrecht pauschale Beträge gewährt werden:

- Mehrbedarf bei bestehender Schwerbehinderung mit Merkzeichen „G", § 30 Abs. 1 SGB XII;
- Mehrbedarf für werdende Mütter, § 30 Abs. 2 SGB XII (wird in der Praxis oft ohne Probleme gewährt – dazu: Scheibe 2017: 5ff.; Ataker/Plettenberg 2018: 49);
- Mehrbedarf für Alleinerziehende, § 30 Abs. 3 SGB XII;
- Mehrbedarf bei dezentraler Warmwasserversorgung, § 30 Abs. 7 SGB XII.

Leider hat das BSG diese Mehrbedarfe für Leistungsbezieher:innen nach § 3 AsylbLG (nahezu) unerreichbar werden lassen (BSG vom 25.10.2018 – B 7 AY 1/18 R). Das BSG hat im Wesentlichen entschieden, dass die genannten Mehrbedarfe grundsätzlich über § 6 Abs. 1 AsylbLG bewilligt werden können. Allerdings gäbe es im AsylbLG keine Rechtsgrundlage für die Gewährung von pauschalen Geldbeträgen und ein Rückgriff auf die in § 30 SGB XII geregelten Pauschalen sei ausgeschlossen. Daher müssten die Betroffenen konkret darlegen, welche Bedarfe sie geltend machen und welche Geldbeträge dafür anfallen. Dazu sind die Betroffenen in der Regel nicht imstande. Wie soll eine Alleinerziehende ihren aus der Alleinerziehung resultierenden Mehrbedarf beziffern? Gerade weil das unmöglich ist, gibt es die Pauschalen im „normalen" Sozialrecht.

Im Einzelfall ist aber daran zu denken, dass konkrete Mehrbedarfe geltend zu machen sind, wenn sie konkret beziffert werden können.

> Beispiel: A ist alleinerziehend mit zwei Kindern, zwei und vier Jahre alt. A besucht einen Abendkurs, um die deutsche Sprache zu erlernen. Für diese Zeit benötigt sie eine:n zuverlässige:n Babysitter:in. Sie engagiert die Studentin B und vereinbart mit ihr eine regional übliche Vergütung zum Babysitten. A beantragt die Kostenübernahme bei ihrem Sozialamt.

> Hier liegt ein atypischer Bedarf der „Sicherung des Lebensunterhalts" vor. Das BSG hat grundsätzlich anerkannt, dass der Mehrbedarf für Alleinerziehende über § 6 Abs. 1 AsylbLG geltend gemacht werden kann, wenn er denn konkret beziffert werden kann. A kann hier die Kosten für das Babysitten sehr genau beziffern, sodass diese Kosten grundsätzlich von § 6 Abs. 1 AsylbLG umfasst sind.

Das „normale" Sozialrecht sieht auch weitere Mehrbedarfe vor, für die aber keine pauschalen Geldbeträge bewilligt werden:

- Mehrbedarf für kostenaufwendige Ernährung, § 30 Abs. 5 SGB XII (dazu: BSG vom 27.2.2008 – B 14/7b AS 32/06 R, Rn. 39; Empfehlungen des Deutschen

Vereins zur Gewährung des Mehrbedarfs bei kostenaufwendiger Ernährung gemäß § 30 Abs. 5 SGB XII, 16.9.2020[148]);

- Mehrbedarf für Anschaffung oder Ausleihe von Schulbüchern oder gleichstehenden Arbeitsheften, § 30 Abs. 9 SGB XII;
- Erstausstattungen für die Wohnung einschließlich Haushaltsgeräten, § 31 Abs. 1 S. 1 Nr. 1 SGB XII;
- Erstausstattung für Bekleidung und bei Schwangerschaft und Geburt, § 31 Abs. 1 S. 1 Nr. 2 SGB XII;
- Anschaffung und Reparaturen von orthopädischen Schuhen, Reparaturen von therapeutischen Geräten und Ausrüstungen sowie die Miete von therapeutischen Geräten, § 31 Abs. 1 S. 1 Nr. 3 SGB XII.

Diese Bedarfe sind in der Regel zumutbar zu beziffern und können daher ohne Weiteres auch über § 6 Abs. 1 AsylbLG geltend gemacht werden.

b) Im Einzelfall unerlässlich

Die Sicherung des festgestellten atypischen Bedarfs zur Sicherung des Lebensunterhalts muss nach dem Wortlaut des Gesetzes im Einzelfall unerlässlich sein. Dieser Wortlaut spricht an sich für eine sehr restriktive Leistungsgewährung, da das Wort „unerlässlich" im juristischen Sinne bedeutet, dass die jeweilige Leistung das absolut letzte und einzige Mittel sein muss, um den Lebensunterhalt zu sichern. In dem Beispiel zuvor müsste nun also die alleinerziehende A nachweisen, dass ein:e Baysitter:in unerlässlich ist. Es dürfte also niemanden aus der Familie oder aus dem Freundeskreis geben, der kostenfrei auf die Kinder aufpassen könnte und es dürfte auch sonst keine günstigeren Angebote geben.

Aber: Sobald ein atypischer Bedarf im Sinne des § 6 Abs. 1 AsylbLG dem menschenwürdigen Existenzminimum zuzurechnen ist, muss der Begriff „unerlässlich" weit ausgelegt werden. Viele Sozialgerichte gehen dann davon aus, dass eine bloße Erforderlichkeit ausreicht (so beispielsweise: SG Dresden vom 20.1.2021 – S 20 AY 2/21 ER: für Erstausstattung der Wohnung). Grundsätzlich werden in der Regel alle Bedarfe zur Lebensunterhaltssicherung dem menschenwürdigen Existenzminimum zuzurechnen sein. Eindeutig ist das für die Bedarfe des notwendigen Bedarfs[149] und des notwendigen persönlichen Bedarfs[150]. Aber auch weitere unabweisbare, laufende, nicht nur einmalige besondere Bedarfe zählen zum menschenwürdigen Existenzminimum (BVerfG vom 9.2.2010 – 1 BvL 1/09, Rn. 204, 208; im SGB II umgesetzt durch § 21 Abs. 6 SGB II: BT-Drs. 17/1465, 8f.).

---

148 https://www.deutscher-verein.de/de/uploads/empfehlungen-stellungnahmen/2020/dv-12-20_kostenaufwaendige-ernaehrung.pdf (zuletzt abgerufen am 31.5.2022)
149 Ernährung, Unterkunft, Heizung, Kleidung, Gesundheitspflege, Gebrauchs- und Verbrauchsgüter des Haushalts
150 Verkehr, Nachrichtenübermittlung, Freizeit, Unterhaltung, Kultur Beherbergungs- und Gaststättendienstleistungen, andere Waren und Dienstleistungen

I.2 Zur Sicherung der Gesundheit

Diese Leistungen werden bei der Darstellung der medizinischen Versorgung mitbehandelt (→ siehe Teil VI Medizinische Versorgung, I.2).

I.3 Besondere Bedürfnisse von Kindern

Kinder im Sinne des Gesetzes sind Menschen, die das 18. Lebensjahr noch nicht vollendet haben (Frerichs 2021: § 6 Rn. 92 mit weiteren Nachweisen). Vereinzelt wird auch vertreten, dass Kinder hier nur Menschen bis zur Vollendung des 14. Lebensjahres seien (Cantzler 2019: § 6 Rn. 28). Begründet wird das damit, dass in § 3 Abs. 4 AsylbLG von Kindern, Jugendlichen und jungen Erwachsenen die Rede ist und dort Menschen ab dem 15. Lebensjahr „Jugendliche" sind (→ siehe Teil V Bildung und Teilhabe, I.1). Das kann aber nicht überzeugen, da § 6 Abs. 1 AsylbLG vor allem von der UN-Kinderrechtskonvention überlagert wird und dort alle Minderjährigen als Kinder gelten, also alle Menschen bis zur Vollendung des 18. Lebensjahres. Zudem muss beim AsylbLG stets bedacht werden, dass der Gesetzgeber keine übermäßige Sorgfalt erkennen lässt – Unstimmigkeiten sind daher bei diesem Gesetz nie überzubewerten.

Kinder sind keine kleinen oder prozentual anteiligen Erwachsenen. Ihr Bedarf, der zur Sicherstellung eines menschenwürdigen Existenzminimums gedeckt werden muss, hat sich an kindlichen Entwicklungsphasen auszurichten und an dem, was für die Persönlichkeitsentfaltung eines Kindes erforderlich ist (BVerfG vom 9.2.2010 – 1 BvL 1/09, Rn. 191; Art. 3 Abs. 1, 22, 26ff. UN-Kinderrechtskonvention [UN-KRK]).

Insbesondere aus der UN-KRK können besondere Bedürfnisse von Kindern abgeleitet werden:

- Wohl des Kindes (Art. 3 Abs. 1): Sobald ein Kind Bedarfe geltend macht, die erkennbar seinem Wohl dienen, sind die Leistungen zur Deckung dieser Bedarfe anzuerkennen;
- Rechte und Versorgung körperlich oder geistig behinderter Kinder (Art. 23): hier geht es vor allem um Unterstützungs- und Betreuungsbedarfe;
- Recht auf Höchstmaß an Gesundheit (Art. 24): → siehe Teil VI Medizinische Versorgung, I.6.c;
- Recht auf soziale Sicherheit inklusive Sozialversicherung (Art. 26): „Soziale Sicherheit" meint generell die Sicherheit vor Armut – „Sozialversicherung" meint eine adäquate Absicherung bei Krankheit, Tod der Eltern, Pflege;
- Angemessener Lebensstandard (Art. 27): hier sollen Lebensbedingungen gesichert werden, die eine gute Entwicklung für das Kind gewährleisten;
- Recht auf Bildung (Art. 28): hier hat der Gesetzgeber mit den Leistungen zur Bildung und Teilhabe (→ siehe Teil V Bildung und Teilhabe) bereits spezielle Ansprüche geschaffen – hier kommen aber weitere Ansprüche in Betracht: beispielsweise für Schulbücher (BSG, Urteil vom 8.5.2019 – B 14 AS 13/18 R; § 21 Abs. 6a SGB II) oder Schulcomputer (umstritten, dazu: Wenning 2021: 155ff.);

- Recht auf Ruhe, Freizeit, Spiel, altersgemäße aktive Erholung sowie Teilhabe am kulturellen und künstlerischen Leben (Art. 31): hier kann es unter anderem um Ansprüche auf kindgerechte Unterbringung gehen und/oder Zugang zu den erwähnten Teilhaberechten.

Leistungen für besondere Bedürfnisse von Kindern nach § 6 Abs. 1 AsylbLG können sich mit Leistungen der (grundsätzlich vorrangigen) Kinder- und Jugendhilfe[151] überschneiden. Insbesondere unbegleitete Minderjährige unterfallen von Beginn ihres Aufenthalts in Deutschland der Kinder- und Jugendhilfe.[152] Aber auch Kinder, die mit ihren Eltern in Deutschland leben, können Anspruch auf Leistungen der Kinder- und Jugendhilfe haben.

Wenn es zur Überschneidung von Leistungen nach § 6 Abs. 1 AsylbLG und SGB VIII kommt, ist zu klären, welchem Zweck die Leistungen dienen. Dienen die Leistungen vorrangig der Existenzsicherung, dann greift § 6 Abs. 1 AsylbLG als Anspruchsgrundlage – wenn es dagegen um die Förderung der Kindesentwicklung und/oder die Unterstützung/Ergänzung der Erziehung in der Familie geht, dann greift die Kinder- und Jugendhilfe.

I.4 Verwaltungsrechtliche Mitwirkungspflichten

a) Verwaltungsrechtliche Mitwirkungspflichten

Hier geht es ausnahmsweise nicht um die Sicherung des menschenwürdigen Existenzminimums. Hier wird vielmehr berücksichtigt, dass AsylbLG-Betroffene oft verwaltungsrechtliche Mitwirkungspflichten erfüllen müssen, die mit Kosten verbunden sind, die aber aus den Grundleistungen nach §§ 3, 3a AsylbLG unmöglich getragen werden können.

Der Wortlaut der Norm umfasst alle dem Verwaltungsrecht zurechenbaren Mitwirkungspflichten – insbesondere erfasst sind Mitwirkungspflichten, die sich aus dem AsylbLG, AsylG[153], AufenthG[154] und aus den Verwaltungsverfahrensgesetzen der Länder ergeben (LSG NRW vom 10.3.2008 – L 20 AY 16/07, Rn. 34). Teilweise wird auch vertreten, dass ausschließlich Mitwirkungspflichten des AsylbLG umfasst seien (beispielsweise: SG Hannover vom 21.9.2007 – S 53 AY 83/06, Rn. 14). Das kann aber nicht überzeugen, da dann beispielsweise im Asylverfahren drastische Nachteile entstehen können, weil schlicht die Kostentragung für eine Mitwirkungshandlung unmöglich ist (so auch: Krauß 2020: § 6 Rn. 49, 51: Rechtsprechung des SG Hannover vom 21.9.2007 – S 53 AY 83/06 ist veraltet und überholt).

> Beispiel: A hat einen Asylantrag in Eisenhüttenstadt gestellt. Mittlerweile ist sie in eine Gemeinschaftsunterkunft nach Rathenow verteilt worden, als der Anhörungstermin beim Bundesamt für Migration und Flüchtlinge in Eisenhüttenstadt eingeht.

---

151 § 9 Abs. 2 AsylbLG in Verbindung mit insbesondere: §§ 27, 33, 34, 35a, 39, 40, 42, 89d SGB VIII
152 §§ 42, 42a SGB VIII
153 Insbesondere §§ 15, 20 Abs. 1, 22, 25 AsylG
154 Insbesondere §§ 48, 82 AufenthG

A spricht bei ihrem Sozialamt vor, um eine Kostenübernahme für die Fahrtkosten zur Anhörung zu erhalten.

Wenn das Sozialamt der überwiegend vertretenen Ansicht folgt, dass alle verwaltungsrechtlichen Mitwirkungspflichten von § 6 Abs. 1 AsylbLG umfasst sind, dann wird die Kostenübernahme gewährt werden. Die Teilnahme an der Anhörung ist eine zentrale Mitwirkungspflicht im Asylverfahren.[155] Die Fahrt zur Anhörung gehört erkennbar zur Erfüllung dieser Pflicht dazu (Frerichs 2021: § 6 Rn. 107.1).

Wenn das Sozialamt dagegen der (veralteten) Ansicht folgt, dass nur Mitwirkungspflichten aus dem AsylbLG umfasst seien, dann wird die Kostenübernahme verweigert werden und es müsste darauf mit Widerspruch und Klage und eventuell einem Eilantrag beim Sozialgericht reagiert werden.

Aber: Wenn A Geldleistungen für den Bedarf „Verkehr" erhält, kann das Sozialamt einwenden, dass A ihre Fahrt zur Anhörung aus den Grundbedarfsleistungen bestreiten soll. Dagegen kann aber eingewendet werden, dass die Fahrt zur Anhörung nicht der Existenzsicherung dient, sondern ausschließlich der Erfüllung einer Mitwirkungspflicht und es darf nicht sein, dass solche Kosten die Geldmittel zur Existenzsicherung schmälern (so: Krauß 2020: § 6 Rn. 49). Verschiedene Sozialgerichte würden hier unterschiedlich entscheiden.

Hauptanwendungsfall der verwaltungsrechtlichen Mitwirkungspflichten sind die Passbeschaffungskosten. Hier ist entscheidend, dass die Grundbedarfe nach §§ 3, 3a AsylbLG ausdrücklich keine Bedarfsanteile für Passbeschaffungskosten enthalten. Vielmehr wurden diese Bedarfsanteile herausgerechnet, weil der Gesetzgeber darauf verwies, dass Passbeschaffungskosten über § 6 Abs. 1 AsylbLG erhalten werden können. Daher muss dann konsequenterweise die Übernahme von Passbeschaffungskosten auch über § 6 Abs. 1 AsylbLG erfolgen (Krauß 2020: § 6 Rn. 50; BSG vom 12.9.2018 – B 4 AS 33/17 R, Rn. 30).

Achtung: Für Bezieher:innen von Analogleistungen, SGB II/XII-Leistungen besteht keine Rechtsgrundlage für die Übernahme von Passbeschaffungskosten (für Analogleistungen: BSG vom 24.6.2021 – B 7 AY 5/20 R; für SGB II: BSG vom 12.9.2018 – B 4 AS 33/17 R; für SGB XII: BSG vom 29.5.2019 – B 8 SO 8/17 R).[156] Wenn allerdings eine Leistungsbehörde die Passbeschaffung zur Voraussetzung für die Leistungsgewährung erklärt, dann können ausnahmsweise Passbeschaffungskosten auch im SGB II/XII übernahmefähig sein (SG Köln vom 17.5.2022 – S 15 AS 4356/19: Wenn das Jobcenter einen ausländischen Ausweis als Voraussetzung für die Leistungsgewährung verlangt, besteht Anspruch aus § 21 Abs. 6 SGB II).

Ein weiterer wichtiger Anwendungsfall kann die Beschaffung von „qualifizierten ärztlichen Bescheinigungen"[157] sein. Zur Vorlage solcher Bescheinigungen sind

---

155 § 15 Abs. 2 Nr. 3 AsylG
156 Gegebenenfalls kommt ein Darlehen in Betracht: § 24 SGB II oder § 37 SGB XII.
157 Siehe §§ 60 Abs. 7 S. 2 und 60a Abs. 2c S. 2 AufenthG

Ausländer:innen im Asylverfahren oder im aufenthaltsrechtlichen Verfahren verpflichtet, wenn sie krankheitsbedingte Abschiebungshindernisse geltend machen wollen. Eine qualifizierte ärztliche Bescheinigung muss laut Gesetz[158] insbesondere folgende Inhalte haben:

■ tatsächliche Umstände, auf deren Grundlage eine fachliche Beurteilung erfolgt ist;

■ Methode der Tatsachenerhebung;

■ fachlich-medizinische Beurteilung des Krankheitsbildes (Diagnose);

■ Schweregrad der Erkrankung;

■ lateinischer Name oder Klassifizierung der Erkrankung nach ICD 11[159];

■ Folgen, die sich nach ärztlicher Beurteilung aus der krankheitsbedingten Situation voraussichtlich ergeben.

Viele Ärzt:innen schrecken zurück, wenn ein Attest mit diesen Inhalten verlangt wird, zumal vielen Ärzt:innen auch bekannt ist, dass Behörden und Verwaltungsgerichte oft überzogene Anforderungen an die „qualifizierten ärztlichen Bescheinigungen" stellen. Da die Ärzt:innen für derart aufwendige Atteste/Bescheinigungen nichts abrechnen können, werden dann oft Preise zwischen 500 und 3.000 EUR aufgerufen, da es sich nahezu um ein Gutachten handeln würde. Daher kann es für die Betroffenen sehr hilfreich sein, wenn diese Kosten über § 6 Abs. 1 AsylbLG abzudecken wären.

> Beispiel: B trägt im Asylverfahren vor, dass sie unmöglich nach Afghanistan zurückkehren könne, da sie durch ein dortiges Erlebnis unter einer komplexen Posttraumatischen Belastungsstörung (ICD 11: kPTBS) leide. Ärztlich attestiert ist die Diagnose, die Symptome und die Feststellung, dass eine Rückkehr nach Afghanistan zu einer Retraumatisierung führen würde, die für B lebensgefährlich wäre.
>
> Das Bundesamt für Migration und Flüchtlinge (BAMF) beruft sich auf §§ 60 Abs. 7 S. 2 in Verbindung mit § 60a Abs. 2c AufenthG und erklärt, dass das vorliegende ärztliche Attest nicht berücksichtigt werden dürfte, da es nicht den Anforderungen an eine qualifizierte ärztliche Bescheinigung entspreche.
>
> B erklärt ihrer Ärztin das Dilemma und diese bietet an, eine qualifizierte ärztliche Bescheinigung zu erstellen – das würde aber 800 EUR kosten. Die Ärztin übergibt B dazu einen entsprechenden Kostenvoranschlag.
>
> B geht mit dem Schreiben des BAMF und dem Kostenvoranschlag zu ihrem Sozialamt und verlangt die Kostenübernahme. Dem BAMF lässt B einen Nachweis über die Antragstellung beim Sozialamt zukommen und erklärt,

---

158 § 60a Abs. 2c S. 3 AufenthG
159 ICD 10 wurde von ICD 11 abgelöst, sodass nur noch ICD 11 dem Stand der Wissenschaft entspricht (Hessisches LSG vom 21.10.2021 – L 1 VE 4/20).

dass sie die gewünschte Bescheinigung vorlegen wird, sobald die Kosten-übernahme ergangen ist.[160]

Grundsätzlich muss hier eine Kostenübernahme erfolgen. Es liegt unzwei-felhaft eine verwaltungsrechtliche Mitwirkungspflicht vor, deren Kosten B nicht tragen kann. Gerichtliche Entscheidungen zu dieser Konstellation sind leider nicht bekannt.

Ein Verfahren ist bekannt, in dem versucht wurde, die Kostenübernahme für eine qualifizierte ärztliche Bescheinigung durchzusetzen. Dort dauerte das Verfahren aber so lange, dass das BAMF zwischenzeitlich den Asylantrag vollständig abge-lehnt hatte und die Sache vor dem Verwaltungsgericht lag. Der Kläger hatte vor-getragen, dass er auch im verwaltungsgerichtlichen Verfahren weiter verpflichtet ist, die Bescheinigung vorzulegen. Hier trafen dann aber die völlig unterschied-lichen Welten von Sozialgericht und Verwaltungsgericht zusammen. Das Sozial-gericht erklärte schließlich, dass das Verwaltungsgericht selbstverständlich von amtswegen verpflichtet sei, selbst die qualifizierte ärztliche Bescheinigung (auf Staatskosten) beim behandelnden Arzt einzuholen habe – daher bestehe für den Kläger gerade keine Mitwirkungspflicht (mehr), denn die Mitwirkungspflicht[161] bestehe nur im Verwaltungsverfahren gegenüber dem BAMF (SG Bayreuth, rich-terlicher Hinweis vom 22.3.2018 – 5 AY 6/16). Die Verwaltungsgerichte dagegen gehen ebenso selbstverständlich davon aus, dass sie nicht von amtswegen ermit-teln müssen und die Mitwirkungspflicht auch im gerichtlichen Verfahren weiter bestehe.

Hier kann es sich lohnen, weitere geeignete Fälle vor die Gerichte zu bringen.

b) Erforderlichkeit

Die Kosten und die Kostenübernahme müssen jeweils erforderlich sein. Bei der Fahrt zur Anhörung müssen also Spartarife genutzt werden; bei der Passbeschaf-fung[162] müssen eventuell mehrere Kostenvoranschläge eingeholt werden, um dann die kostengünstigste Variante zu wählen; bei ärztlichen Bescheinigungen muss nachgewiesen werden, dass die entsprechende Bescheinigung nicht auf andere Weise günstiger zu erreichen wäre etc.

Aber auch die Kostenübernahme selbst muss erforderlich sein (Krauß 2020: § 6 Rn. 52). Hier kann die Behörde vor allem prüfen, ob eventuell Schonvermögen vorhanden ist, aus dem die Kosten beglichen werden können.

> Beispiel: Für A fallen für die Fahrtkosten zur Asylanhörung 33 EUR an. Aus dem Kontoauszug des A ergibt sich, dass er ein Vermögen von 150 EUR angespart hat.

---

160 Diese Mitteilung ist wichtig, denn so bleibt die Vorlage der qualifizierten ärztlichen Bescheinigung (nach Kostenübernahme) trotz später Vorlage „unverzüglich" im Sinne des § 60a Abs. 2d AufenthG. „Unverzüg-lich" bedeutet: ohne schuldhaftes Zögern.
161 Aus §§ 60 Abs. 7 S. 2 in Verbindung mit 60a Abs. 2c und 2d AufenthG
162 Beispielsweise bei der Notwendigkeit der Beauftragung eines:einer Rechtsanwält:in im Herkunftsland

Hier wird das Sozialamt die Kostenübernahme verweigern, weil die Begleichung der Fahrtkosten aus dem Schonvermögen zumutbar sei. Die allermeisten Sozialgerichte würden diese Entscheidung auch bestätigen.

II. Rechtsfolgen

II.1 Ermessen

Wenn ein Tatbestand erfüllt ist, dann hat die Behörde Ermessen auszuüben. Es müssen also alle Umstände des Einzelfalls zusammengetragen und gegeneinander abgewogen werden. Aus dem Bescheid muss erkennbar werden, welche Umstände in welcher Art und Weise abgewogen wurden.

Zulässige Umstände, die bei der Ermessensausübung berücksichtigt werden dürfen bzw. müssen, sind vor allem:

- Ziel des Gesetzgebers: Leistungsniveau soll niedrig gehalten werden, um „Fehlanreize" zu vermeiden;
- Dringlichkeit der Bedarfsdeckung;
- eventuell alternative (kostengünstigere) Bedarfsdeckungen möglich;
- bisherige Aufenthaltsdauer;
- prognostizierte weitere Aufenthaltsdauer (Prognose zum Ausgang des Asylverfahrens wäre aber unzulässig: Janda 2021: 31, 36, mit Bezug auf: OVG Mecklenburg-Vorpommern vom 28.1.2004 – 1 O 5/04, Rn. 22);
- bevorstehender Übergang in Analogleistungsbezug.

Hier vermischen sich teilweise die Kriterien des Tatbestandes (Begriff „im Einzelfall unerlässlich" oder „erforderlich") und der Rechtsfolge (Ermessen). Damit sollen sich jedoch Jurist:innen herumschlagen – hier ist entscheidend, dass das Gesetz will, dass sonstige Leistungen nur im unvermeidlichen Ausnahmefall gewährt werden. Durch das Ermessen hat die Behörde recht weitgehende Freiheiten, eine Leistung abzulehnen. Ein Gericht kann die Ermessensausübung einer Behörde nur sehr beschränkt überprüfen. Sobald also eine Behörde tatsächlich Ermessen ausgeübt hat und die sachlichen Ermessenserwägungen auch im Bescheid erkennbar sind, kann gerichtlicher Rechtschutz nur selten erfolgreich sein.

II.2 Ermessensreduzierung auf Null

Um die Unzulänglichkeiten des AsylbLG bei der Sicherung des menschenwürdigen Existenzminimums zu korrigieren, wird vertreten, dass grundsätzlich eine Ermessensreduzierung auf null (→ siehe Einleitung V.2) bestehen würde (beispielsweise: SG Dresden vom 20.1.2021 – S 20 AY 2/21 ER). Wenn also ein atypischer Bedarf vorliegt, der unter eine der Varianten des § 6 Abs. 1 AsylbLG[163] fällt und der Aufenthalt nicht mehr nur kurzfristig ist, dann soll die Ermessensreduktion auf null greifen (beispielsweise: Frerichs 2021: § 6 Rn. 41). Andere gehen sogar noch

---

163 Ausnahme sind Kosten für verwaltungsrechtliche Mitwirkungspflichten, die nicht mit der Passbeschaffung zusammenhängen.

weiter und fordern, dass die Norm in eine „Ist-Vorschrift" umzudeuten sei – wenn also ein atypischer Bedarf zur Sicherung des Existenzminimums vorliegt, dürfe gar kein Ermessen bestehen, sondern es müsse ein gebundener Anspruch bestehen (beispielsweise: Krauß 2020: § 6 Rn. 18).

Für Asylbewerber:innen kann etwas anderes gelten, da für sie die Aufnahmerichtlinie gilt. In Art. 17 Abs. 5 dieser Richtlinie ist vorgeschrieben, dass sich das Leistungsniveau für Asylbewerber:innen an dem für eigene Staatsangehörige orientieren soll. Im Wesentlichen dürfen danach Asylbewerber:innen nur Leistungen vorenthalten bleiben, wenn auch ohne diese Leistungen das menschenwürdige Existenzminimum[164] gesichert bleibt (Hessisches LSG vom 13.4.2021 – L 4 AY 3/21 B ER, Rn. 65ff.). Da aber die meisten sonstigen Bedarfe im Sinne des § 6 Abs. 1 AsylbLG (bis auf die verwaltungsrechtlichen Mitwirkungspflichten) auch zum menschenwürdigen Existenzminimum zählen und diese Bedarfe auch zwingend gedeckt werden müssen, um ein absolutes Minimum des menschenwürdigen Existenzminimums zu decken, spricht viel dafür, dass Asylbewerber:innen einen Anspruch (ohne Ermessen) auf Leistungen für atypische Bedarfe nach § 6 Abs. 1 AsylbLG haben (BVerfG vom 5.11.2019 – 1 BvL 7/16, Rn. 190: Regelsatz ist das absolute Minimum, mit dem menschenwürdiges Existenzminimum gerade noch gedeckt ist; BVerfG vom 9.2.2010 – 1 BvL 1/09, Rn. 204, 208: Härtefallleistungen sind zwingend notwendig, um den Regelsatz zu ergänzen und so menschenwürdiges Existenzminimum zu sichern). Leider gibt es dazu bisher keine gerichtlichen Entscheidungen und es gibt auch Sozialgerichte, die nicht geneigt sind, das „normale Niveau" des menschenwürdigen Existenzminimums auf AsylbLG-Betroffene zu übertragen (Extremfall: SG Berlin vom 18.5.2020 – S 145 AY 51/20 ER; vom 4.12.2019 – S 47 AY 159/19 ER-PKH; vom 13.12.2019 – S 88 AY 182/19 ER; vom 13.1.2020 – S 95 AY 176/19 ER; vom 11.5.2020 – S 146 AY 60/20 ER: jeweils Feststellung, dass im AsylbLG ein „unabweisbares Existenzminimum" maßgeblich sei und dieses entspreche den „Bett-Brot-Seife-Leistungen" nach § 1a AsylbLG oder den Grundbedarfsleistungen minus 30 %).

Im Ergebnis ist zu fordern, dass die Gerichte anerkennen, dass das System zur Existenzsicherung nach §§ 3, 3a, 6 AsylbLG verfassungswidrig ist. § 6 Abs. 1 AsylbLG kann, als Ermessensnorm, unmöglich die Defizite „reparieren" (BVerfG vom 18.7.2012 – 1 BvL 10/10, Rn. 89, 96: Leistungen zur Sicherung des menschenwürdigen Existenzminimums müssen durch Anspruch [ohne Ermessen] gesichert werden). Dann kann aber auch die Einführung einer Ermessensreduzierung auf null nicht genügen. Wenn eine Norm verfassungswidrig ist, muss das Gericht die Sache dem BVerfG zur Prüfung vorlegen (dazu auch: → siehe Teil VI Medizinische Versorgung, I.2.b.cc).[165]

164　Auf dem Niveau, wie es für eigene Staatsangehörige gilt.
165　Art. 100 GG

II.3 Sachleistungen vor Geldleistungen

§ 6 Abs. 1 S. 2 AsylbLG sagt, dass die Leistungen als Sachleistungen zu erbringen sind und nur bei Vorliegen besonderer Umstände als Geldleistungen gewährt werden dürfen.

> Beispiel: A bezieht Leistungen nach § 3 AsylbLG. Sie ist Schülerin in der 9. Klasse und ohne Laptop kann sie unmöglich sinnvoll am Unterricht teilhaben, was auch unbestritten bleibt. Die Schule stellt keinen Laptop für A zur Verfügung. Die Eltern von A beantragen also die Kostenübernahme für einen Schullaptop.

> Das zuständige Sozialamt wird sicherzustellen haben, dass A mit einem Laptop versorgt wird, der alle schulischen Anforderungen erfüllt. Zuvor wird das Sozialamt freilich ermitteln, ob es nicht doch noch eine andere Möglichkeit gibt, einen Laptop für A zu beschaffen.

> Nach § 6 Abs. 1 S. 2 AsylbLG muss das Sozialamt nun einen adäquaten Laptop beschaffen und an A übergeben (Sachleistung). Nur, wenn diese Sachleistung für das Sozialamt nicht wirtschaftlich zu leisten ist, weil beispielsweise das Vergleichen von Preisen etc. viel zu arbeitsaufwendig ist, darf Geld ausgezahlt werden.

An das Vorliegen „besonderer Umstände" sind keine hohen Anforderungen zu stellen (Frerichs 2021: § 6 Rn. 118).

Ob neben Sachleistungen und Geldleistungen auch Wertgutscheine ausgegeben werden dürfen, ist umstritten (dafür: Frerichs 2021: § 6 Rn. 119; dagegen: Deibel 2020: § 6 Rn. 287). Dagegen spricht, dass der Wortlaut der Norm nichts von Wertgutscheinen sagt, obwohl § 3 AsylbLG mehrfach Wertgutscheine erwähnt und somit zeigt, dass das Gesetz durchaus zwischen Geld- und Sachleistungen und Wertgutscheinen differenziert. Für die Möglichkeit der Ausgabe von Wertgutscheinen spricht aber, dass das AsylbLG generell mit wenig Sorgfalt verfasst ist und daher Unstimmigkeiten und Widersprüche im Gesetz nicht überbewertet werden können. Zudem wird die Ausgabe von Wertgutscheinen im Rahmen von § 6 AsylbLG in der Regel eher pragmatischen Gründen geschuldet sein, sodass alle Beteiligten keine Einwände haben werden. Im Beispiel könnte das Sozialamt also auch (statt Geld) einen Wertgutschein für einen Laptop ausgeben.

Fragen zur Vertiefung und Diskussion:

1. Die sonstigen Bedarfe zur Sicherung des Lebensunterhalts und zur Deckung besonderer Bedürfnisse von Kindern betreffen regelmäßig das menschenwürdige Existenzminimum – die Unzulänglichkeiten der §§ 3, 3a AsylbLG sollen so ausgeglichen werden. Warum ist das problematisch?
2. Eine alleinerziehende anerkannte Geflüchtete mit einem 4-jährigen Kind im „Hartz IV"-Bezug, die nach wie vor in einer Gemeinschaftsunterkunft lebt, erhält ganz selbstverständlich einen Mehrbedarf in Höhe von 161,64 EUR monatlich (Stand: 2022; ab 1.1.2023: 180,72 EUR). Die ebenfalls alleiner-

ziehende Zimmernachbarin im Bezug nach § 3 AsylbLG erhält keinen Mehrbedarf. Warum?

3. Warum können Passbeschaffungskosten bei einem Leistungsbezug nach § 3 AsylbLG von der Sozialleistungsbehörde übernommen werden – sobald aber Analogleistungen oder Leistungen nach SGB II/XII bezogen werden, nicht mehr?

Antworten:

Zu 1.

Das BVerfG verlangt, dass das menschenwürdige Existenzminimum durch klare und eindeutige Ansprüche gesichert wird. § 6 AsylbLG ist aber eine Ermessensnorm. Ob das Existenzminimum gesichert wird oder nicht, darf aber nicht vom Ermessen einer Behörde abhängen.

Zu 2.

Im SGB II gibt es einen klaren und eindeutigen Anspruch auf den Mehrbedarf in einer klar bezifferten Höhe: § 21 Abs. 3 Nr. 1 SGB II (identisch: § 30 Abs. 3 S. 1 SGB XII).

§ 6 Abs. 1 AsylbLG enthält keinen klaren und eindeutigen Anspruch. Daher wird gesagt, dass Mehrbedarfe, die sich aus der Alleinerziehung ergeben, nur dann gewährt werden, wenn sie von den Betroffenen konkret beziffert und geltend gemacht werden. Das ist in der Praxis aber so gut wie unmöglich (deshalb gibt es im „normalen" Sozialrecht die Pauschalen).

Im Ergebnis sind also Alleinerziehende im §-3-Bezug doppelt und dreifach benachteiligt: a) der Grundbedarf ist schon in voller Höhe sehr niedrig; b) dieser schon niedrige Grundbedarf wird in Sammelunterkünften nochmal um 10 % gekürzt; c) es gibt keinen pauschalen Mehrbedarf wegen Alleinerziehung. Leidtragende sind nicht zuletzt die Kinder.

Zu 3.

Im Regelsatz sind Bedarfsanteile für die Beschaffung von Reisedokumenten enthalten. Analogleistungsbeziehende und Beziehende von Leistungen nach SGB II/XII erhalten aber diesen Regelsatz und damit auch Geldbeträge für die Passbeschaffung. Es ist allgemein anerkannt, dass einmalige Ausgaben, die vom Regelsatz umfasst sind, nicht als Zuschussleistung erbracht werden dürfen. Es kann dann bestenfalls ein Darlehen gewährt werden.

Nach § 6 Abs. 1 AsylbLG gibt es aber einen Anspruch auf Übernahme der Passbeschaffungskosten, weil hier Leistungen nach § 3 AsylbLG bezogen werden, wo die Bedarfsposten für die Beschaffung von Reisedokumenten herausgerechnet wurden.

Zitierte Literatur:

Ataker, Ann-Christin/Plettenberg, Antonia: Leistungen für Schwangere und Neugeborene nach dem Asylbewerberleistungsgesetz, Sozialrecht aktuell 2018, S. 49.

Cantzler, Constantin: Asylbewerberleistungsgesetz – Handkommentar, 2019.

Deibel, Klaus. In: Hohm, Karl-Heinz, Gemeinschaftskommentar zum AsylbLG, § 6, 2020.

Frerichs, Konrad. In: Schlegel/Voelzke, juris-Praxiskommentar SGB XII, § 6 AsylbLG (Stand: 5.7.2021).

Janda, Constanze: Existenzminimum, Gleichbehandlung, Menschenwürde: Rechtliche Anforderungen an die Gesundheitsversorgung von Asylsuchenden. In: Nowak, Anna Christina/Krämer, Alexander/Schmidt, Kerstin: Flucht und Gesundheit – Facetten eines interdisziplinären Zugangs, Zeitschrift für Flüchtlingsforschung (Z'Flucht), Sonderband 2021, S. 31ff.

Krauß, Karen. In: Siefert, Jutta: Asylbewerberleistungsgesetz – Kommentar, § 6.

Scheibe, Birgit: AsylbLG – Mehrbedarfe und Erstausstattungen für schwangere Frauen im Bezug von Grundleistungen nach § 3 AsylbLG, Sozialrecht aktuell 2017, S. 5ff.

Wenning, Paula: Finanzierung von Schulcomputern für Kinder im SGB-II-Bezug – Wie im Notfall Kosten übernommen werden können, Theorie und Praxis der Sozialen Arbeit (TuP) 2021, S. 155ff.

Vertiefende Literatur:

Deutsches Institut für Jugendhilfe und Familienrecht e. V., Vorrang-Nachrang-Fragen – Zuständigkeit für Frühförderung für Kinder, die im Leistungsbezug nach AsylbLG stehen, DIJuF-Rechtsgutachten 1.4.2021.

Heinhold, Hubert: Fahrtkosten zur BAMF-Anhörung sind bei Analog-Leistungsberechtigten vom Regelbedarf umfasst, Neue Zeitschrift für Sozialrecht (NZS) 2022, S. 157.

Heinz, Dirk: Pflichtgemäße Ermessensausübung im Sozialhilferecht – Prüfungen im Einzelfall und Verwaltungsvorschriften, Sozialrecht und Praxis (SuP) 2022, S. 109ff.

Méndez de Vigo, Nerea González: Sozialleistungen für Kinder und Jugendliche in Flüchtlingsunterkünften und für unbegleitete Minderjährige, Recht der Jugend und des Bildungswesens (RdJB) 2021, S. 447ff.

Teil VIII – Anrechnung von Einkommen und Vermögen/ Nachranggrundsatz

Zusammenfassung

Allgemein bekannt ist, dass staatliche existenzsichernde Leistungen immer nur dann gewährt werden, wenn die existenziellen Bedarfe nicht auf andere Weise gedeckt werden können. Die spannenden Fragen sind also, wie sich Einkommen und/oder Vermögen oder sonstige Bedarfsdeckungen durch Dritte auf den Leistungsanspruch auswirken. Diese Fragen werden hier beleuchtet.

I. Einkommensanrechnung

I.1. Leistungsberechtigung nach § 3 oder § 1a AsylbLG

Hier regelt § 7 Abs. 1–3 AsylbLG, welches Einkommen von wem wie anzurechnen ist.

§ 7 AsylbLG enthält keine Definition da, was eigentlich unter dem Begriff „Einkommen" zu verstehen sein soll. Immerhin wird in § 7 Abs. 2 AsylbLG aber definiert, was nicht als Einkommen gewertet werden darf. Die Rechtsprechung behilft sich damit, dass pragmatisch erklärt wird, dass der sozialhilferechtliche Einkommensbegriff[166] gelten soll (BSG vom 24.5.2012 – B 9 V 2/11 R): „Zum Einkommen gehören alle Einkünfte in Geld oder Geldeswert." Das ist keineswegs selbstverständlich, denn das AsylbLG hat schließlich den Anspruch, von der Sozialhilfe abweichende Regelungen zu treffen. Die Selbstverständlichkeit, mit der die Rechtsprechung hier auf eine Regelung des SGB XII zurückgreift, kann also durchaus kritisch hinterfragt werden. Die Auswirkungen verschiedener Einkommensbegriffe können schließlich durchaus drastisch sein.

> Beispiel: A ist hilfebedürftig. Nun erhält sie von einem Verehrer eine Goldkette im Wert von 150 EUR mit einer persönlichen Gravur.
>
> Wenn A Leistungen nach SGB II bezieht: Die Goldkette würde als Vermögen gewertet werden, da nach § 11 Abs. 1 S. 1 SGB II nur Einkünfte in Geld als Einkommen gelten. Die Kette ist kein Geld, daher gilt sie im SGB II als Vermögen. Nach den Vermögensanrechnungsregelungen wäre die Kette für den Leistungsbezug grundsätzlich irrelevant.
>
> Wenn A Leistungen nach SGB XII bezieht: Hier gelten nach § 82 Abs. 1 S. 1 SGB XII auch Einkünfte in Geldeswert als Einkommen, sodass die Kette Einkommen wäre. Da die Kette einen Wert von 150 EUR hat, würde dieser Wert als leistungsminderndes Einkommen berücksichtigt werden.
>
> Wenn A Leistungen nach AsylbLG bezieht: Hier wird in der Praxis ganz selbstverständlich die Regelung aus dem SGB XII entnommen, obwohl das AsylbLG keine eigene Einkommensdefinition hat. Auch hier würden die 150 EUR also die Leistungen von A mindern.

---

166 § 82 Abs. 1 S. 1 SGB XII

Dass die Kette hier einen emotionalen Wert und eine persönliche Gravur hat, ist irrelevant. Es zählt allein das, was die Kette auf dem aktuellen Markt an Geld einbringen kann (Verkehrswert).

Unabhängig von der Frage, wie überzeugend das nun ist, gilt in der Praxis: Alles, was an Geld oder Geldeswert im Leistungszeitraum zufließt, ist als Einkommen in dem Monat des Zuflusses zu werten (Zuflussprinzip). Alles, was bereits vor dem Leistungszeitraum[167] vorhanden war, ist als Vermögen zu werten.

> Beispiel: B bezieht monatlich Leistungen von 330 EUR nach § 3 AsylbLG. Er gewinnt im Oktober 500 EUR bei einem Gewinnspiel. Das Geld fließt ihm im Oktober zu, sodass der Leistungsanspruch vollständig entfällt und noch 170 EUR übrig bleiben.
>
> Im November hat B also noch die übrigen 170 EUR, die jetzt aber Vermögen geworden sind – das Geld war zum Beginn des Leistungszeitraums November bereits vorhanden. Für Vermögen gilt ein Freibetrag von 200 EUR (§ 7 Abs. 5 AsylbLG), sodass die 170 EUR nicht auf die Leistungen angerechnet werden dürfen[168].

a) Auf wessen Einkommen kommt es an?

Aus dem Gesetz ergibt sich, dass es auf das Einkommen der Leistungsberechtigten selbst und auf das Einkommen der Familienangehörigen im selben Haushalt ankommt (§ 7 Abs. 1 S. 1 AsylbLG).

aa) Familienangehörige

Was unter „Familienangehörige" zu verstehen sein soll, verrät das AsylbLG nicht. Einmal mehr zeigt der Gesetzgeber durch fehlende Sorgfalt, dass sein Interesse an gut handhabbaren Regelungen im AsylbLG äußerst gering ist. Die Folge ist, dass sich unterschiedliche Begriffsvorstellungen entwickelt haben:

In § 1 Abs. 1 Nr. 6 AsylbLG findet sich eine Definition für Familienangehörige. Danach ist nur die Kernfamilie gemeint: Ehegatten, Lebenspartner und minderjährige Kinder. Daher wird vertreten, dass auch in § 7 AsylbLG nur dieser enge Begriff gemeint sein kann (LSG NRW vom 21.9.2010 – L 20 B 50/09 AY ER). Partner:innen in einer eheähnlichen oder lebenspartnerschaftsähnlichen Gemeinschaft/Beziehung/Verbindung, zählen auch zu den Familienangehörigen.[169]

Gegen den engen Begriff der Familienangehörigen wurde früher gesagt, dass auch in anderen Normen des AsylbLG Familienangehörige in Bezug genommen wurden. Bei den anderen Normen wurde aber ausdrücklich gesagt, dass es um Familienangehörige im Sinne des § 1 Abs. 1 Nr. 6 AsylbLG gehen soll. Dadurch, dass § 7 AsylbLG nun nur von „Familienangehörigen" spricht, müsste man daraus schließen, dass hier alle Familienangehörigen gemeint sein sollen; also alle irgendwie

---

167 Gemeint ist jeweils ein Leistungsmonat.
168 Davon ausgehend, dass kein weiteres Vermögen vorhanden ist.
169 § 7 Abs. 1 S. 2 AsylbLG iVm § 20 SGB XII

Verwandten (OVG NRW vom 1.3.2004 – 12 A 3543/01). Grundsätzlich wäre die Verwendung dieses sehr weiten Familienbegriffs auch heute noch vertretbar, wird aber kaum noch vertreten.

Das BSG hat sich für den engen Familienangehörigenbegriff entschieden und das damit begründet, dass das AsylbLG und das SGB XII auf einer gemeinsamen Grundkonzeption beruhen würden und daher stets auf das SGB XII zurückzugreifen sei, wenn sich im AsylbLG keine (handhabbare) Regelung finde.[170] In § 27 Abs. 2 SGB XII werden Familienangehörige als Ehegatten oder Lebenspartner und für minderjährige und unverheiratete Kinder die Eltern definiert.

> Beispiel: C lebt mit einer Duldung seit 10 Monaten in Deutschland und ist daher leistungsberechtigt nach § 3 AsylbLG. C hat eine volljährige erwerbstätige Tochter in Deutschland, bei der sie untergekommen ist und dort auf der Couch schläft.
>
> Das Sozialamt fordert Einkommensnachweise von der erwachsenen Tochter, da deren Einkommen als Einkommen einer Familienangehörigen auf die Leistungen von C anzurechnen sei.
>
> Das Vorgehen des Sozialamtes ist falsch, da nach der Lösung des BSG erwachsene Kinder keine Familienangehörigen ihrer Eltern im Sinne des § 7 AsylbLG sind (LSG Berlin-Brandenburg vom 10.4.2018 – L 15 AY 5/18 B ER).

Seit dem 1.9.2019 findet sich in § 3a AsylbLG[171] ein Grundbedarfssatz für unter 25-jährige Erwachsene, die unverheiratet mit ihren Eltern oder einem Elternteil in einer Wohnung leben. Daraus wird teilweise geschlussfolgert, dass damit auch die Eltern von unter 25-jährigen Erwachsenen als Familienangehörige anzusehen sein sollen (Krauß 2020: Rn. 15). Das wäre dann aber auch nur für Konstellationen anzunehmen, in denen die Familie eine eigene Wohnung bewohnt. Auch nach dieser Ansicht bleibt das Einkommen der erwachsenen Kinder irrelevant für die Leistungen der Eltern – es geht allein um eine eventuelle Berücksichtigung des Einkommens der Eltern bei den Kindern.

> Beispiel: D ist 24 Jahre alt und lebt mit ihrer Mutter in einer Gemeinschaftsunterkunft. Beide sind grundsätzlich leistungsberechtigt nach § 3 AsylbLG. Die Mutter bezieht Einkommen aus einer Erwerbstätigkeit mit dem sie für sich selbst sorgen kann und keine Leistungen nach AsylbLG beanspruchen muss.
>
> Wenn die beschriebene Ansicht generell auf Kinder unter 25 anzuwenden wäre, dann wäre das Einkommen der Mutter auf die Leistungen von D anzurechnen. Da sich diese Ansicht aber ausdrücklich auf § 3a AsylbLG beruft, wo zusätzlich eine eigene Wohnung als Voraussetzung genannt

---

170 Das gilt freilich nicht, wenn es um Leistungen geht: BSG vom 30.10.2013 – B 7 AY 2/12 R: keine analoge Anwendung von § 25 SGB XII, wenn im AsylbLG eine Nothelferregelung fehlt (heute durch § 6a AsylbLG gelöst).
171 Abs. 1 und 2, Nr. 3a

ist, kann argumentiert werden, dass hier keine Einkommensanrechnung stattfinden darf, weil D und ihre Mutter in einer Gemeinschaftsunterkunft leben.

Überzeugen kann diese Ansicht nicht. Das BSG legt schließlich Wert auf die vermeintliche gemeinsame Grundkonzeption von SGB XII und AsylbLG. Daraus soll folgen, dass stets auf das SGB XII zurückzugreifen sei, wenn sich im AsylbLG keine (handhabbare) Regelung finde. An § 7 AsylbLG hat sich nichts geändert – der Begriff „Familienangehörige" ist bis heute nicht definiert. Also ist auf § 27 Abs. 2 SGB XII zurückzugreifen, der nichts von unter 25-Jährigen sagt. Dass § 3a AsylbLG nun die fehlende Definition in § 7 AsylbLG teilweise konkretisieren soll, während im Übrigen weiter auf § 27 Abs. 2 SGB XII zurückzugreifen sei, erscheint doch zu sehr konstruiert. Ein Gesetz muss für die Anwender:innen verständlich bleiben. Welche Betroffenen, die unter § 1 Abs. 1 AsylbLG fallen, sollen das noch nachvollziehen können?

bb) Haushaltsgemeinschaft

Wenn der Familienangehörigenbegriff geklärt ist, ist festzustellen, ob die Familienangehörigen im selben Haushalt leben. Auch hier fehlt eine Definition des „selben Haushalts". Und auch hier wird wieder mehr oder weniger selbstverständlich auf den Haushaltsbegriff des SGB XII zurückgegriffen.

Die Haushaltsgemeinschaft ist in § 39 SGB XII definiert. Die hier relevanten Voraussetzungen sind: a) gemeinsames Leben in einer Wohnung oder in einer entsprechenden anderen Unterkunft; b) gemeinsames Wirtschaften.

Eine Wohnung besteht aus Räumen, die zum Wohnen bestimmt und dazu auch geeignet sind. Unter eine entsprechende andere Unterkunft fallen alle Räumlichkeiten, die irgendwie ein Mindestmaß an Privatheit bieten und deshalb unter den weiten Wohnungsbegriff des Art. 13 GG fallen. Sammelunterkünfte für Geflüchtete stellen daher zumindest solche Unterkünfte dar.

Ein gemeinsames Wohnen liegt vor, wenn zum einen Gemeinschaftsräume wie Küche und Bad gemeinsam genutzt werden und zusätzlich auch gewisse Dinge im Ablauf des täglichen Lebens (zum Beispiel Einnehmen von Mahlzeiten) gemeinsam erledigt werden (Becker 2020: Rn. 23). Es muss also im Wesentlichen ein gemeinsamer Tagesablauf bestehen, woraus ein gewisses Verbundensein abgeleitet werden kann. Bloße Mitbewohner:innen, die nichts Gemeinsames in der Wohnung/Unterkunft erledigen, wohnen also nicht gemeinsam. Das bloße gleichzeitige Essen in einem Essensraum oder Ähnliches genügt nicht für eine „gemeinsame Erledigung". Das Gemeinsame muss eine gewisse Verbundenheit und Nähe widerspiegeln.

Schließlich muss auch ein gemeinsames Wirtschaften bestehen – die Haushaltsangehörigen müssen füreinander einstehen wollen.

Selbst wenn diese Voraussetzungen vorliegen, gilt die Haushaltsgemeinschaft nicht für folgende Personen: a) Schwangere; b) Personen, die ihr leibliches Kind bis zur

Vollendung seines sechsten Lebensjahres betreuen und mit ihren Eltern oder einem Elternteil zusammenleben; c) Personen mit einer wesentlichen Behinderung[172], die von Haushaltsmitgliedern betreut werden; d) Personen, die von einer wesentlichen Behinderung bedroht sind[173] und von Haushaltsmitgliedern betreut werden; e) Personen, die mit anderen geistigen, seelischen, körperlichen oder Sinnesbeeinträchtigungen, durch die sie in Wechselwirkung mit einstellungs- und umweltbedingten Barrieren in der gleichberechtigten Teilhabe an der Gesellschaft eingeschränkt sind[174] oder denen dies droht und die von Haushaltsmitgliedern betreut werden; f) Personen, die pflegebedürftig sind[175] oder denen dies droht und die von Haushaltsmitgliedern betreut werden.

b) Wie wird das Einkommen angerechnet

aa) Privilegiertes Einkommen

§ 7 Abs. 2 AsylbLG definiert verschiedene Einkommensarten, die privilegiert sind – diese Einkommen bleiben also für die Einkommensanrechnung irrelevant.

Zuerst werden Leistungen nach dem AsylbLG benannt. Das ist eine logische Klarstellung, die keiner weiteren Erklärung bedarf. Damit bleiben vor allem auch Nachzahlungen unbeachtlich, die beispielsweise nach jahrelangen Klageverfahren erfolgen.

> Beispiel: J ist im laufenden Leistungsbezug nach § 3 AsylbLG. In den Jahren 2015 bis 2018 wurden ihm die Leistungen immer wieder nach § 1a AsylbLG gekürzt. Dagegen hatte er geklagt und nun wurde seiner Klage stattgegeben. Er erhält eine Nachzahlung von 4.000 EUR.

> Das Sozialamt darf diese Nachzahlung selbstverständlich nicht als Einkommen anrechnen, weil es sich um Leistungen nach dem AsylbLG handelt.

Auch Grundrenten nach dem Bundesversorgungsgesetz[176] (BVG) oder nach anderen Gesetzen, die eine entsprechende Anwendung des BVG vorsehen, sind privilegiert. Diese Grundrenten sollen jeweils einen Ausgleich für Mehrkosten und Aufwendungen bieten, die dadurch entstehen, dass eine Gesundheitsschädigung entstanden ist. Die Zahlungen dienen damit nicht der Lebensunterhaltssicherung und das ist der Grund für die Privilegierung. Denn, würden diese Zahlungen als anrechenbares Einkommen gelten, würde der Ausgleich für Mehrkosten leerlaufen und diese Mehrkosten müssten aus den Existenzsicherungsleistungen gedeckt werden. Im Ergebnis wäre also eine Unterdeckung des Existenzminimums die Folge.

Aus dem gleichen Grund ist eine Rente oder Beihilfe nach dem Bundesentschädigungsgesetz für einen Schaden an Leben sowie an Körper oder Gesundheit bis zur Höhe der vergleichbaren Grundrente nach dem BVG privilegiert.

---

172 § 99 Abs. 1 SGB IX
173 § 99 Abs. 2 SGB IX
174 § 99 Abs. 3 SGB IX
175 § 61a SGB XII
176 Hinweis: Ab 1.1.2024 wird das BVG in dem neuen SGB XIV aufgehen.

Auch das sogenannte Schmerzensgeld[177] ist privilegiert, weil es der Kompensation eines konkreten Schadens dient. Es wäre schlicht ungerecht, wenn hilfebedürftigen Menschen diese Schadenskompensation genommen würde. Der Wortlaut der Norm ist hier sehr eng und umfasst ausdrücklich nur das Schmerzensgeld nach § 253 Abs. 2 BGB. Die Norm wird aber weit ausgelegt, sodass auch weitere Entschädigungen für immaterielle Schäden mit umfasst sind (beispielsweise: Entschädigung für die Verletzung des allgemeinen Persönlichkeitsrechts[178], Entschädigung für die Verletzung des Benachteiligungsverbotes[179], Entschädigung für überlange Verfahrensdauern[180] [BSG vom 11.11.2021 – B 14 AS 15/20 R; Schmidt 2020: Rn. 43]).

Aufwandsentschädigungen für Tätigkeiten wie Arbeitsmaßnahmen nach §§ 5, 5a AsylbLG sind ebenfalls privilegiert.

Und schließlich ist ein Fahrtkostenzuschuss, der den Leistungsberechtigten von dem Bundesamt für Migration und Flüchtlinge zur Sicherstellung ihrer Teilnahme an einem Integrationskurs[181] oder an der berufsbezogenen Deutschsprachförderung[182] gewährt wird, privilegiert. Hier kommen einige Behörden jedoch auf den Gedanken, dass der Fahrtkostenzuschuss den Regelbedarf für „fremde Verkehrsdienstleistungen" aus der EVS-Abteilung 7 (Verkehr) decken würde und daher der entsprechende Bedarfssatz (36,32 EUR, Stand 2022) zu streichen sei (SG Chemnitz vom 30.3.2020 – S 27 AY 7/20 ER PKH). Dieses Vorgehen versucht, die Einkommensprivilegierung zu umgehen, kann sich auf keine Rechtsgrundlage stützen und ist daher schlicht unzulässig (BVerfG vom 30.5.2022 – 1 BvR 1012/20: PKH-Ablehnung in solchen Sachen ist verfassungswidrig, da sich Erfolgsaussichten geradezu aufdrängen, → siehe Teil VIII Rechtsschutz, X.2.b).

bb) Anrechnung von Nichterwerbseinkommen

Wenn Einkommen als anrechenbares Einkommen zählt – also nicht privilegiert ist –, dann ist es ohne Abzüge/Freibeträge voll auf die Leistungen anrechenbar, wenn es nicht aufgrund einer Erwerbstätigkeit oder eines Ehrenamtes zufließt.

> Beispiel: K bezieht laufende Leistungen nach AsylbLG in Höhe von 330 EUR monatlich. Sie erhält nun monatlich 100 EUR von ihrem Freund, der nicht mit ihr in einem Haushalt lebt.

> Diese monatlichen 100 EUR mindern die Leistungen um die vollen 100 EUR, sodass K nur noch monatliche Leistungen von 230 EUR erhält.

Wie im AsylbLG einmaliges Einkommen zu behandeln ist, ist nicht geregelt. Es sind dazu auch keine gerichtlichen Entscheidungen veröffentlicht. Ein Rückgriff auf die entsprechende Regelung im SGB XII[183] dürfte hier ausscheiden. Anders

---

177 Entschädigung für immaterielle Schäden nach § 253 Abs. 2 BGB
178 § 823 BGB iVm Art. 1 Abs. 1 und Art. 2 Abs. 1 GG
179 § 15 Abs. 2 AGG
180 § 198 Abs. 1 GVG
181 § 43 AufenthG
182 § 45a AufenthG
183 § 82 Abs. 7 SGB XII

als bei den zuvor dargestellten Begriffsklärungen (→ siehe I.1.a.aa) gibt es hier überhaupt keine Regelung statt einer unklaren, nicht handhabbaren Regelung. Allerdings wird regelmäßig gesagt, dass der Gesetzgeber mit dem AsylbLG eine Schlechterstellung der Betroffenen erreichen wollte und deshalb jede (versehentliche) Besserstellung wegen fehlender Sorgfalt des Gesetzgebers durch eine entsprechende Anwendung des SGB XII zu vermeiden sei. Hier kommt es aber wegen der extrem nachteiligen Regelung der Vermögensanrechnung bestenfalls zu einer minimalen Besserstellung. Entscheidend ist, dass es im einschlägigen Leistungsgesetz eine Rechtsgrundlage geben muss, wenn etwas praktiziert werden soll, das die Betroffenen belastet. Wenn es keine Rechtsgrundlage gibt, darf nicht auf andere Gesetze zurückgegriffen werden.

Im SGB XII ist eine einmalige Einnahme auf 6 Monate zu verteilen, wenn die Anrechnung in einem Monat dazu führen würde, dass der Leistungsanspruch vollständig entfällt. Ohne diese Regelung ist im AsylbLG eine einmalige Einnahme nur im Zuflussmonat anzurechnen. Wenn im Folgemonat noch etwas davon übrig ist, dann ist es als Vermögen zu betrachten.

> Beispiel: L lebt in einer Gemeinschaftsunterkunft und bezieht laufende Leistungen nach § 3 AsylbLG in Höhe von monatlich 330 EUR. Nun fließt L im November eine einmalige Einnahme in Form eines Spielgewinns von 1.500 EUR zu. Im zuständigen Landkreis gilt eine Gebührensatzung, wonach alleinstehende Bewohner:innen von Gemeinschaftsunterkünften monatlich 200 EUR Nutzungsgebühren zu zahlen haben, wenn sie über Einkommen oder Vermögen verfügen. L gibt im November für seinen Lebensunterhalt und zur Begleichung privater Schulden 700 EUR aus und zahlt 200 EUR Nutzungsgebühren. Im Dezember hat er also noch 600 EUR aus seinem Spielgewinn. Diese 600 EUR verbraucht er im Dezember für seinen Lebensunterhalt und zur Anschaffung von Gebrauchsgegenständen, die er sich bisher nicht leisten konnte.
>
> Im SGB XII wären die 1.500 EUR auf 6 Monate zu verteilen, sodass über 6 Monate hinweg jeweils 250 EUR anzurechnen wären und Leistungen in Höhe von 80 EUR ausgezahlt würden.
>
> Im AsylbLG sind die 1.500 EUR im November als Einkommen anzurechnen, sodass keine Leistungen mehr gewährt werden. Die 600 EUR, die L im Dezember noch übrig hat, werden in Höhe von 400 EUR als Vermögen angerechnet (§ 7 Abs. 5 S. 1 AsylbLG), sodass ihm auch im Dezember keine Leistungen ausgezahlt werden. Das anrechenbare Vermögen übersteigt schließlich den Bedarf um 70 EUR (400 EUR minus 330 EUR = 70 EUR). Die verbleibenden 70 EUR muss L als Nutzungsgebühren an den Landkreis zahlen.
>
> Im Ergebnis blieben L also 200 EUR aus seinem Spielgewinn. Nach dem SGB XII wäre ihm nichts verblieben.

cc) Anrechnung von Erwerbseinkommen

Hier gilt § 7 Abs. 3 S. 1 und 3 AsylbLG.

Zunächst ist aus dem Bruttoeinkommen (BT-Drs. 18/2592, 26) ein Freibetrag zu bestimmen. Der Freibetrag beträgt 25 % des Bruttoeinkommens, darf aber die Hälfte des maßgeblichen Grundbedarfssatzes nicht übersteigen.

> Beispiel (Stand 2022): M ist alleinstehend und leistungsberechtigt nach § 3 AsylbLG. Für ihre Unterkunft zahlt sie monatlich 300 EUR brutto warm. Sie arbeitet und hat ein Bruttoeinkommen von 800 EUR (netto: 700 EUR).

> Der Freibetrag berechnet sich also aus 800 EUR. 25 % daraus sind 200 EUR. Der maßgebliche Grundbedarfssatz 1 beträgt hier 367 EUR sodass die Hälfte davon 183,50 EUR sind. Da die 200 EUR also die Hälfte des maßgeblichen Grundbedarfssatzes übersteigen, ist der Freibetrag hier bei 183,50 EUR gekappt.

Im nächsten Schritt sind die Beträge aus § 7 Abs. 3 S. 3 AsylbLG vom Bruttoeinkommen abzusetzen.

Zuerst werden die auf das Einkommen entrichteten Steuern und Sozialversicherungsbeiträge einschließlich der Beiträge zur Arbeitsförderung abgezogen. Im Ergebnis verbleibt nach diesen Abzügen regelmäßig das Nettoeinkommen.

Weiter sind Beiträge zu öffentlichen oder privaten Versicherungen oder ähnlichen Einrichtungen abzuziehen, soweit diese Beiträge gesetzlich vorgeschrieben sind. Für Leistungsberechtigte nach § 3 AsylbLG bestehen solche Beiträge in der Regel nicht, sodass hier auf detaillierte Ausführungen dazu verzichtet wird.

Zuletzt sind die mit der Erzielung des Einkommens verbundenen notwendigen Ausgaben abzuziehen. Beispiele für solche notwendigen Ausgaben sind:

- Gewerkschaftsbeiträge;
- Kinderbetreuungskosten, wenn die Kinderbetreuung wegen der Erwerbstätigkeit notwendig wurde und keine kostenfreie oder kostengünstigere Betreuung zu erreichen ist (sehr restriktive Auslegung in der Praxis);
- Aufwendungen für Arbeitsmittel – Pauschale von 5,20 EUR monatlich, falls keine tatsächlich höheren Aufwendungen nachgewiesen werden können (§ 3 Abs. 5 Durchführungsverordnung [DVO] zu § 82 SGB XII analog);
- Aufwendungen für Fahrten zwischen Wohnung und Arbeitsstätte (Beträge für Kfz, Motorrad, E-Bike: § 3 Abs. 6 DVO zu § 82 SGB XII);
- Beiträge für Berufsverbände.

> Beispiel (Stand 2022): Im vorherigen Beispiel ergibt sich also für M Folgendes:
>
> | | |
> |---|---|
> | Ausgangspunkt ist das Bruttoeinkommen von | EUR 800,00 |
> | Abzug Steuern und Sozialversicherung | EUR 100,00 |
> | Abzug Gewerkschaftsbeitrag | EUR 8,00 |
> | Abzug Arbeitsmittelpauschale | EUR 5,20 |
> | Abzug Freibetrag | EUR 183,50 |

Anzurechnendes Einkommen   EUR 503,30

Der Bedarf setzt sich aus dem Grundbedarfssatz 1 (367 EUR, Stand 2022) und den Kosten der Unterkunft (300 EUR) zusammen und beträgt also 667 EUR. Nach Abzug der 503,30 EUR als anzurechnendes Einkommen verbleibt also ein Leistungsanspruch von 163,70 EUR.

Wenn es nach den zuvor dargestellten Grundsätzen eine Haushaltsgemeinschaft gibt und das Einkommen von Haushaltsangehörigen nicht irrelevant bleibt, ist zusätzlich das anzurechnende Einkommen dieser Haushaltsmitglieder zu ermitteln.

Beispiel: N und O sind verheiratet, leben gemeinsam in einer Gemeinschaftsunterkunft und sind leistungsberechtigt nach § 3 AsylbLG. O arbeitet und hat Einkommen, wie im vorherigen Beispiel M. Auch die Absetzbeträge vom Einkommen sollen (der Einfachheit halber) identisch mit denen von M sein.

Für N und O gelten jeweils16,50 EUR als Grundbedarfssatz 2 (jeweils 330 EUR, Stand 2022).

Wie zuvor für M gezeigt, ist bei O ein Einkommen von 503,30 EUR anrechenbar. Davon ist der Bedarf von O (also 330 EUR) abzuziehen, sodass 173,30 EUR verbleiben.

Dieser Einkommensüberhang von O ist nun auf den Bedarf von N anzurechnen: 330 EUR minus 173,30 EUR = 156,70 EUR.

Im Ergebnis erhält O also keine Geldleistungen und für N verbleiben 156,70 EUR Geldleistungen.

dd) Anrechnung von steuerfreien Einnahmen

§ 7 Abs. 3 S. 2 AsylbLG sieht einen besonderen Freibetrag für bestimmte steuerfreie[184] Einnahmen vor (beispielsweise: Aufwandsentschädigungen, Einnahmen aus Ehrenamt/Nebenamt, Aufwandsentschädigungen für Vormünder). Hier erhöht sich der oben beschriebene Freibetrag (25 % des Bruttoeinkommens und maximal 50 % des maßgeblichen Grundbedarfssatzes) auf maximal 250 EUR. Es genügt, wenn eine Tätigkeit steuerfreie Einnahmen generiert.

Beispiel: Im obigen Beispiel von N und O nimmt O nun zusätzlich ein Ehrenamt wahr – er übersetzt gelegentlich ehrenamtlich für einen gemeinnützigen Verein. Dafür erhält er monatlich eine Aufwandsentschädigung von 50 EUR.

Durch die zusätzliche steuerfreie Einnahme aus dem Ehrenamt erhöht sich der Freibetrag für O auf 250 EUR und es ergibt sich also folgende Einkommensanrechnung:

Ausgangspunkt ist das (Gesamt-)Bruttoeinkommen   EUR 850,00
Abzug Steuern und Sozialversicherung   EUR 100,00

---

184   § 3 Nr. 12, 26, 26a oder 26b Einkommensteuergesetz

Abzug Gewerkschaftsbeitrag	EUR 8,00
Abzug Arbeitsmittelpauschale	EUR 5,20
Abzug Freibetrag	EUR 250,00
Anzurechnendes Einkommen	EUR 486,80

Nach Abzug des Bedarfs von 330 EUR verbleibt also jetzt ein Einkommensüberhang von 156,80 EUR, der vom Bedarf von N abzuziehen ist: 330 EUR minus 156,80 EUR = 173,20 EUR. Obwohl sich also das Einkommen von O um 50 EUR monatlich erhöht, erhält N im Ergebnis monatlich 16,50 EUR mehr und mit den 50 EUR mehr Einkommen gibt es so insgesamt 66,50 EUR mehr in der Familienkasse.

I.2. Die gemischte Bedarfsgemeinschaft

Unter gemischten Bedarfsgemeinschaften versteht man Bedarfs- bzw. Haushaltsgemeinschaften, in denen die beteiligten Personen verschiedenen Leistungssystemen zugeordnet sind (vor allem AsylbLG; SGB XII; SGB II). Hier gilt der Grundsatz, dass niemand verpflichtet werden darf, sein Einkommen so einsetzen zu müssen, das er oder sie nach dem maßgeblichen Leistungssystem selbst hilfebedürftig würde (BSG vom 15.4.2008 – B 14/7b AS 58/06 R). Das heißt also, dass für alle Haushaltsangehörigen die jeweilige Einkommensberechnung nach dem System erfolgt, das für die jeweilige Person gilt (SG Kiel vom 2.2.2022 – S 43 AS 5/22 ER).

Beispiel (Stand 2022): P und Q leben in eheähnlicher Gemeinschaft in einer Wohnung zusammen. P ist grundsätzlich leistungsberechtigt nach § 3 AsylbLG und Q ist grundsätzlich leistungsberechtigt nach SGB II. Q hat ein Bruttoeinkommen von 1.200 EUR (netto: 1.000 EUR). Die Kosten der Unterkunft (brutto warm) betragen 400 EUR.

Das Einkommen von Q ist auf die Leistungen von P nach § 7 Abs. 1 S. 1 AsylbLG anzurechnen – die Ermittlung des Einkommensüberhangs richtet sich aber nach dem SGB II, da Q dem System des SGB II zuzuordnen ist. Nach SGB II gilt ein Freibetrag[185] für das Einkommen von Q in Höhe von 280 EUR, der vom Nettoeinkommen abzuziehen ist. Es verbleibt also ein anrechenbares Einkommen von 720 EUR. Der Bedarf für Q nach SGB-II-Regeln beträgt 404[186] EUR (Regelsatz) plus 200 EUR (Kosten der Unterkunft) = 604 EUR. Der Einkommensüberhang ergibt sich also aus 720 EUR minus 604 EUR = 116 EUR.

Der Bedarf von P richtet sich nach §§ 3, 3a AsylbLG, also 330 EUR (Grundbedarf) plus 200 EUR (Kosten der Unterkunft) = 530 EUR. Abzüglich des anrechnenden Einkommensüberhangs von Q ergibt sich also ein Leistungsanspruch von 530 EUR minus 116 EUR = 414 EUR.

---

185 § 11b SGB II
186 Ob der Regelbedarfssatz 2 (404 EUR) hier zutreffend ist oder nicht Regelbedarfssatz 1 (449 EUR) anzusetzen wäre, ist ein weiteres Problem: siehe nächstes Beispiel.

Vergleich, wenn Q nach AsylbLG zu behandeln wäre:

Bedarf von Q: 330 EUR plus 200 EUR = 530 EUR

Anrechenbares Einkommen: 1.200 minus 200 EUR (Steuern, Sozialversicherung) minus 165 EUR (Hälfte des maßgeblichen Grundbedarfssatzes) minus 5,20 EUR (Arbeitsmittelpauschale) = 829,80 EUR.

Einkommensüberhang bei Q: 829,80 EUR minus 530 EUR = 299,80 EUR

Leistungsanspruch P: 530 EUR minus 299,80 EUR = 230,20 EUR.

Dadurch, dass Q dem SGB II zuzuordnen ist, hat das Paar also 183,80 EUR monatlich mehr in der Haushaltskasse, als wenn Q auch dem AsylbLG zuzuordnen wäre. Das sind immerhin knapp 56 % des Grundbedarfssatzes von P!

Bei solchen gemischten Bedarfsgemeinschaften stellt sich weiter die Frage, welcher Regelbedarfssatz bei den Personen anzusetzen ist, die einem besseren System, als dem AsylbLG zuzuordnen sind. Die Frage ist: Kann jemand, der oder die dem Grunde nach SGB-II-berechtigt ist, auf den Regelbedarfssatz 2 verwiesen werden? Dieser Bedarfssatz setzt voraus, dass Partner:innen so gemeinsam wirtschaften, dass Einsparungen bei beiden Partner:innen von 10 % des Regelsatzes erzielt werden. Wenn aber ein:e Partner:in deutlich weniger Leistungen bezieht – funktioniert dieser Gedanke dann noch? Im Ergebnis darf der:die Partner:in, für den oder die das SGB II gilt, nicht schlechter gestellt werden, als wenn auch für den:die andere:n Partner:in das SGB II gelten würde. Im Ergebnis ist eine Vergleichsrechnung anzustellen.

Beispiel (Stand 2022): Wie im vorherigen Beispiel gezeigt. Müsste Q 116 EUR ihres Einkommens für P einsetzen – hätte Q also monatlich 1.000 EUR minus 116 EUR = 884 EUR zur Verfügung. Wenn für P auch das SGB II gelten würde, ergäbe sich folgende Bedarfsberechnung:

	P	Q
Regelbedarfssatz 2	404,00	404,00
Kosten der Unterkunft	200,00	200,00
Gesamtbedarf	604,00	604,00
Netto-Einkommen	---	1.000,00
Freibeträge	---	280,00
Anzurechnendes Einkommen	---	720,00
Einkommensverteilung	360,00	360,00
Leistungsanspruch	244,00	244,00

Q hätte also 1.000 EUR plus 244 EUR = 1.244 EUR zur Verfügung. Die Haushaltsgemeinschaft hätte insgesamt 2 x 244 EUR + 1.000 EUR = 1.488 EUR zur Verfügung. Im vorherigen Beispiel bleiben für Q nur 1.000 EUR minus 116 EUR = 884 EUR und die Haushaltsgemeinschaft hat insgesamt 414 EUR plus 884 EUR = 1.298 EUR zur Verfügung.

Q büßt also 1.244 EUR minus 884 EUR = 360 EUR monatlich dadurch ein, dass seine Partnerin im Leistungsbezug nach § 3 AsylbLG ist – die Haushaltsgemeinschaft hat dadurch 1.488 EUR minus 1.114,20 EUR = 373,80 EUR weniger in der Kasse.

Das darf nach der Rechtsprechung des BSG nicht sein (BSG vom 6.10.2011 – B 14 AS 171/10 R: Regelbedarfssatz 1 für den:die Partner:in, für den oder die SGB II gilt; LSG Nds.-Bremen vom 14.6.2012 – L 8 SO 161/09: gemischte Bedarfsgemeinschaft darf nicht dazu führen, dass nach SGB II geschütztes Einkommen für „AsylbLG-Partner:in" eingesetzt werden muss).

Für Q muss also der Regelbedarfssatz 1 angesetzt werden (so schon BSG vom 6.10.2011 – B 14 AS 171/10 R). Der Bedarf für Q würde sich also um 45 EUR von 404 EUR auf 449 EUR erhöhen. Damit müsste er noch 116 EUR minus 45 EUR = 71 EUR für P einsetzen. P hätte dann einen Leistungsanspruch von 530 EUR minus 71 EUR = 459 EUR.

Für die Haushaltsgemeinschaft bliebe nach dieser Vergleichsrechnung eine Differenz von 1.488 EUR minus 1.369 EUR (1.298 EUR plus 71 EUR) = 119 EUR. Damit dürfte dem Anliegen, AsylbLG-Betroffene schlechter zu stellen, ausreichend Rechnung getragen werden.

Wie mit gemischten Bedarfsgemeinschaften konkret umzugehen ist, ist bisher völlig unklar (dazu beispielsweise: Geckeler 2020). Wenn also solche Konstellationen in der Praxis auftauchen und die Behörde keine akzeptable Anspruchsberechnung vorlegt, wird stets eine Klärung vor Gericht erforderlich werden. Die hier vorgeschlagene Lösung ist die vom Autor favorisierte Lösung.

Ein weiterer Effekt einer gemischten Bedarfsgemeinschaft ist, dass eine Gewährung der Unterkunft durch Sachleistungen ausscheidet. Es sind also zwingend die angemessenen Kosten für eine Wohnung zu übernehmen (Frerichs 2022: Rn. 167).

Beispiel: R hat eine Aufenthaltsgestattung, lebt in einer Gemeinschaftsunterkunft und bezieht Leistungen nach § 3 AsylbLG. Nun wird ihr Kind S geboren, das die deutsche Staatsangehörigkeit hat und damit grundsätzlich leistungsberechtigt nach SGB XII[187] ist.

Ein hilfesuchender deutscher Staatsangehöriger im Kleinkindalter, der mit seiner Mutter zusammenlebt, die Leistungen nach § 3 AsylbLG bezieht, hat Anspruch[188] auf die Übernahme angemessener Kosten für eine Woh-

---

187 § 7 Abs. 1 SGB II iVm § 21 und Drittes Kapitel SGB XII
188 §§ 19 Abs. 1, 29 Abs. 1 SGB XII

nung. Er kann nicht auf die Zurverfügungstellung einer Wohnmöglichkeit in einem Übergangswohnheim für Asylbewerber verwiesen werden (LSG Nds.-Bremen vom 8.7.2008 – L 20 B 49 SO ER). R und S dürfen sich also eine angemessene Wohnung suchen und das Sozialamt muss die Kosten dafür übernehmen.

I.3. Leistungsberechtigung nach § 2 AsylbLG

Beim Bezug von Analogleistungen gelten die Regelungen des SGB XII analog. Damit richtet sich also die Einkommensanrechnung nach §§ 82ff. Da hier die Besonderheiten des AsylbLG dargestellt werden, wird auf eine detaillierte Darstellung der Einkommensberechnung nach dem SGB XII verzichtet.

II. Vermögensanrechnung

II.1. Leistungsberechtigung nach § 3 und § 1a AsylbLG

Die Vermögensanrechnung richtet sich hier nach § 7 Abs. 1 S. 1 und Abs. 5 AsylbLG.

a) Vermögensbegriff und Schonvermögen

Vermögen ist alles Geld oder jede Sache in Geldeswert, die am Anfang des Leistungsmonats bereits vorhanden sind. Alles, was „frisch" zufließt, ist also Einkommen, und alles, was bereits am Monatsanfang vorhanden ist, ist Vermögen.

Leistungsrelevant ist das Vermögen nur, wenn es „verfügbar" ist. Das bedeutet, dass das Vermögen als „bereites Mittel" zur Verfügung stehen muss. Es darf keine tatsächlichen oder rechtlichen Hindernisse geben, das Vermögen zum Bestreiten des Lebensunterhalts einzusetzen (durch Verbrauch, Verkauf oder Belastung).

> Beispiel 1: T ist aus Afghanistan geflohen und betreibt jetzt in Deutschland sein Asylverfahren. T bezieht Leistungen nach § 3 AsylbLG. In der Asyl-Anhörung erklärte T unter anderem, dass er Eigentümer eines Grundstücks in Afghanistan sei. Das Sozialamt befragt T dazu und T gibt an, dass der Wert des Grundstücks etwa 20.000 EUR sein dürfte, dass er aber keine Ahnung habe, was mit dem Grundstück seit seiner Flucht geschehen sei. Das Sozialamt hebt die Leistungsbewilligungen rückwirkend auf, fordert die erbrachten Leistungen zurück und erbringt auch keine Leistungen mehr.

> Das Verhalten des Sozialamtes ist erkennbar rechtswidrig. Das Grundstück von T in Afghanistan ist zwar Vermögen, es fehlt aber schon an der Verfügbarkeit dieses Vermögens – T kann dieses Grundstück unmöglich zur Lebensunterhaltssicherung in Deutschland einsetzen.

> Beispiel 2: U ist aus Somalia nach Deutschland geflohen. In der Tasche brachte sie einen handgearbeiteten Talisman aus wertvollen Materialien mit. U erklärt, das sei ein uraltes Erbstück der Familie und für sie von unschätzbarem Wert, daher hat sie es auch mitgebracht. Auf dem deutschen Markt würde das Stück 400 EUR an Materialwert bringen.

Der Talisman ist Vermögen, denn es ist eine geldwerte Sache. Grundsätzlich ist das Stück auch Verfügbar, weil U dafür 400 EUR erhalten könnte. Gegen eine Verfügbarkeit könnte sprechen, dass es für U aus persönlichen Gründen unzumutbar ist, sich von dem Talisman zu trennen. § 7 AsylbLG sieht jedoch keine Härtefallregelung oder Ähnliches vor, sodass persönliche Gründe keine Rolle spielen. Irrelevant ist es auch, dass der Talisman zunächst verkauft werden muss, um tatsächlich „bereite Mittel" zu erlangen – es genügt die Möglichkeit, den Talisman jederzeit „zu Geld" machen zu können.

Im Ergebnis wird also für U ein verfügbares Vermögen von 400 EUR veranschlagt.

§ 7 Abs. 5 S. 1 AsylbLG legt einen Vermögensfreibetrag von 200 EUR fest. Bei mehreren Leistungsbeziehenden in einer gemeinsamen Haushaltsgemeinschaft gilt dieser Freibetrag für jedes einzelne Haushaltsmitglied. Der extrem geringe Freibetrag wird damit begründet, dass die Betroffenen bestenfalls Rücklagen für Bekleidung benötigen würden (BT-Drs. 18/2592, 27). Ob diese Begründung und der extrem niedrige Freibetrag überzeugen können, darf bezweifelt werden (dazu: Hammel 2016). Der Grundbedarfssatz enthält diverse Bedarfspositionen, die davon ausgehen, dass mit dem Grundbedarfssatz Ansparungen erzielt werden: Bekleidung, Gesundheitspflege, Kauf/Wartung/Reparatur von Fahrrädern, Kauf/Reparatur von Kommunikationsmitteln (Handy), Kauf/Reparatur von Unterhaltungselektronik, Computer, Spielen, Sportartikel etc., Besuch von Kultur-/Freizeitveranstaltungen, Restaurantbesuche. Der Gesetzgeber sagt also gleichzeitig, dass die Betroffenen für die genannten Bedarfe Ansparungen leisten sollen und Ansparungen von mehr als 200 EUR aber die Leistungen mindern. Dabei ist zu beachten, dass nach dem Wortlaut der Norm sämtliches Eigentum der Betroffenen in die Vermögensberechnung aufzunehmen ist, jeweils mit dem aktuellen Verkehrswert (Schmuck, Uhren, Kleidung, Hausrat usw.).

> Beispiel: V bezieht Leistungen nach § 3 AsylbLG und lebt in einer Gemeinschaftsunterkunft, die weit draußen liegt. V geht daher zum Sozialamt und bittet um Kostenübernahme für ein Fahrrad und außerdem brauche er dringend ein neues Handy. Das Sozialamt lehnt ab und verweist darauf, dass V sich ein Fahrrad und ein Handy aus den Grundleistungen zusammensparen muss. V hat ein Fahrrad für 200 EUR und ein Handy für 100 EUR im Blick, beginnt also mit dem Ansparen von 300 EUR.
>
> Im Oktober 2022 hat V bereits 250 EUR angespart. Bei einer Zimmerbegehung stellt das Sozialamt fest, dass neben den 250 EUR ein Goldkettchen im Wert von 50 EUR, eine Uhr im Wert von 20 EUR, Bekleidung im Wert von 50 EUR und eigenes Geschirr im Wert von 10 EUR vorhanden sind (Wert = jeweiliger Verkaufswert/Verkehrswert). Es wird also ein Vermögen von 380 EUR festgestellt. Dieses Vermögen ist verwertbar. Regelungen, wonach bestimmte Vermögensgegenstände irrelevant sein sollen (zum Beispiel Bekleidung), gibt es nicht. Daher sind 380 EUR minus 200 EUR = 180 EUR auf die Leistungen anzurechnen und V wird im November 2022

180 EUR weniger Geldleistungen erhalten, sodass das vom Sozialamt selbst geforderte Ansparen verunmöglicht wird.

Dieses Ergebnis entspricht der gesetzlichen Regelung. „Richtig" kann es dennoch nicht sein, sodass bei geeigneten Fällen grundsätzlich dagegen vorgegangen werden sollte.

In der Praxis wenden die Behörden § 7 Abs. 5 S. 1 AsylbLG kaum an. Wenn eine Behörde die Norm nach Wortlaut anwendet und tatsächlich Leistungen mindert, weil das Gesamtvermögen die 200 EUR übersteigt, sollte dagegen vorgegangen werden, um eventuell die Verfassungsmäßigkeit dieser Norm zu überprüfen.

Privilegiert ist allerdings Vermögen, das zur Aufnahme oder Fortsetzung der Berufsausbildung oder der Erwerbstätigkeit unentbehrlich ist (§ 7 Abs. 5 S. 2 AsylbLG). Diese Privilegierung ist allerdings sehr eng auszulegen. Das zeigt vor allem der Begriff „unentbehrlich". Es genügt also nicht, dass ein Vermögensgegenstand gut oder hilfreich für die Berufsausbildung oder die Erwerbstätigkeit ist – ohne den Gegenstand muss die Berufsausbildung oder die Erwerbstätigkeit unmöglich sein oder sie kann nicht fachgerecht erfolgen. Damit verbleiben oft nur bestimmte Schutzkleidungen, Werkzeuge oder Ähnliches, ohne die die Ausbildung oder Arbeit schlicht nicht geleistet werden kann.

Beispiel: W ist in einer Berufsausbildung und er ist nach § 3 AsylbLG leistungsberechtigt. Seine Gemeinschaftsunterkunft liegt außerhalb einer Ortschaft und es gibt keinen ÖPNV, mit dem er die Ausbildungsstelle pünktlich erreichen könnte. Mit einem Fahrrad kann W die Ausbildungsstelle in 30 Minuten erreichen. Bisher braucht er für den Weg zu Fuß mehr als 2 Stunden.

Aus Spendengeldern wird für W ein Fahrrad im Wert von 400 EUR gekauft. Das Sozialamt prüft nun, ob das Fahrrad verfügbares Vermögen ist und damit für den Lebensunterhalt eingesetzt werden muss.

Hier wird das Fahrrad ohne Weiteres als unentbehrlich für die Berufsausbildung anzusehen sein. Allerdings müsste W sicherheitshalber glaubhaft machen, dass er die Ausbildung ohne Fahrrad abbrechen müsste, da er mit dem über 4 Stunden täglichen Fußweg keine Zeit mehr zum Vor- und Nachbereiten des Ausbildungsstoffes hat und er im Unterricht ständig erschöpft und müde ist. Andernfalls könnte das Sozialamt sagen: Bisher ging es auch ohne Fahrrad, also kann es auch künftig ohne Fahrrad funktionieren...

Wenn hier allerdings ein adäquater ÖPNV zur Verfügung stünde, wäre das Fahrrad nicht unentbehrlich für die Ausbildung. Dann könnte nur grundsätzlich verfassungsrechtlich argumentiert werden – beispielsweise, dass es treuwidrig erscheint, einen Bedarfssatz für die Anschaffung und Reparatur von Fahrrädern im Grundbedarf zu haben, wenn dann kein Fahrrad besessen werden darf.

Pragmatische Lösung: Das „Spendenfahrrad" nicht an W übereignen, sondern nur ausleihen. Verfügbares Vermögen können nur Gegenstände sein, die im Eigentum des Leistungsbeziehenden stehen. Gegenstände, die nur genutzt werden dürfen, können nicht für den eigenen Lebensunterhalt verwertet werden.

Nicht ausdrücklich geregelt, aber zwingend ist es auch, Vermögen, das sich aus früherem privilegiertem Einkommen (→ siehe I.1.b.aa) ergibt, nicht als verfügbares Vermögen anzusehen.

Beispiel: X erhält im Januar 3.000 EUR Schmerzensgeld. Dieses Einkommen ist privilegiert und wird daher nicht als anrechenbares Einkommen gewertet.

Im Februar hat X aber noch immer 2.700 EUR aus dem Schmerzensgeld. Nun handelt es sich um Vermögen und für Vermögen sieht § 7 Abs. 5 AsylbLG keine Privilegierung für Schmerzensgeld vor.

Hier muss sich aber die Privilegierung des Einkommens auch beim Vermögen fortsetzen, da sonst diese Privilegierung weitgehend leerlaufen würde (BVerwG vom 18.5.1995 – 5 C 22/93).

II.2. Anspruchsüberleitung auf die Behörde

Wenn Leistungsbeziehende Ansprüche gegen Dritte haben, dann kann die Sozialleistungsbehörde diese Ansprüche auf sich überleiten (§ 7 Abs. 4 AsylbLG iVm § 93 SGB XII). Das kann solange erfolgen, wie die Behörde noch Forderungen gegen (ehemalige) Leistungsbeziehende hat oder noch Leistungen zu erbringen sind.

Beispiel 1: Y War im Leistungsbezug nach § 3 AsylbLG – mittlerweile bezieht er Leistungen nach SGB II. Aufgrund eines rechtmäßigen Aufhebungs- und Erstattungsbescheides fordert die Behörde von X noch 500 EUR. X hat aus einem alten Arbeitsverhältnis noch Forderungen gegen seinen alten Arbeitgeber in Höhe von 500 EUR.

Hier kann die Behörde die Forderung des X gegen seinen alten Arbeitgeber auf sich überleiten. Damit ist X von der Forderung der Behörde befreit und die Behörde setzt die Forderung gegen den alten Arbeitgeber für sich durch.

Beispiel 2: Y ist noch im Leistungsbezug nach § 3 AsylbLG und es besteht keine Erstattungsforderung der Behörde.

Hier kann die Behörde den Anspruch gegen den ehemaligen Arbeitgeber in Höhe von 500 EUR auf sich überleiten, um die kommenden Leistungen an Y zu verringern.

Ansprüche, die privilegiertes Einkommen betreffen (→ siehe I.1.b.aa), können nicht auf die Behörde übergeleitet werden (Schmidt 2020: Rn. 69).

Die Anspruchsüberleitung steht im Ermessen der Behörde. Es muss also ein Bescheid ergehen, der die tragenden Ermessenserwägungen erkennen lässt.

Dem oder der Dritten muss von der Behörde eine sogenannte Überleitungsanzeige gemacht werden. Diese Überleitungsanzeige ist ein Verwaltungsakt. Das hat zur Folge, dass sowohl der:die Dritte (vor Erlass der Überleitungsanzeige) als auch der:die Leistungsberechtigte (vor Erlass des Überleitungsbescheides) angehört werden müssen.

II.3. Leistungsberechtigung nach § 2 AsylbLG

Hier gelten wieder die Regelungen des SGB XII analog (§§ 90 f. SGB XII). Auch hier wird auf eine Darstellung verzichtet, da hier „nur" die Besonderheiten des AsylbLG Thema sein sollen und die Vermögensanrechnung nach SGB XII Stoff für ein eigenes Lehrbuch bieten würde.

III. Erstattungen für Sachleistungen

§ 7 Abs. 1 S. 3 AsylbLG enthält eine Regelung, wonach Betroffene erbrachte Sachleistungen in Geld zu erstatten haben, wenn sie über entsprechendes Einkommen und/oder Vermögen verfügen. Das gilt nur für Betroffene, die in einer Einrichtung untergebracht sind, in der Sachleistungen erbracht werden – also in Sammelunterkünften.

III.1. Wer kann betroffen sein?

Es können hier nur Personen betroffen sein, die nach §§ 3 oder 1a AsylbLG leistungsberechtigt sind und deren Familienangehörige. Hier gilt der gleiche Familienangehörigenbegriff, wie zuvor dargestellt (→ siehe I.1.a.aa). Wer also Einkommen und/oder Vermögen für den Lebensunterhalt der Leistungsberechtigten einzusetzen hat (also die Leistungsberechtigten selbst und die entsprechend leistungsfähigen Familienangehörigen), kann von der Erstattungsregelung betroffen sein.

III.2. Erstattungsumfang

Von der Erstattung können diverse Sachleistungen umfasst sein, die tatsächlich erbracht wurden. Die bloße Bewilligung oder Zur-Verfügung-Stellung von Sachleistungen genügt nicht – die Sachleistungen müssen auch von den jeweiligen Leistungsberechtigten in Anspruch genommen worden sein!

In einer Aufnahmeeinrichtung[189] kann es dabei um folgende Sachleistungen gehen:

- Ernährung,
- Kleidung,
- Gesundheitspflege,

---

189 Auch besondere Aufnahmeeinrichtungen mit kreativen Namen, wie Anker-Zentren, Erstaufnahmeeinrichtungen etc., sind „Aufnahmeeinrichtungen" in diesem Sinne.

- Gebrauchs- und Verbrauchsgüter des Haushalts,
- Unterkunft,
- Heizung,
- Haushaltsenergie.

Wenn also diese Sachleistungen erbracht wurden und von den Leistungsberechtigten auch in Anspruch genommen wurden, dann kann die Sozialleistungsbehörde bei vorhandenem Einkommen und/oder Vermögen eine Erstattung für diese Sachleistungen fordern.

Um für die Sachleistungen eine Erstattung in Geld fordern zu können, müssen natürlich die Sachleistungen zunächst beziffert werden. Bei den Bedarfen für Ernährung, Kleidung, Gesundheitspflege, Gebrauchs- und Verbrauchsgüter des Haushalts und Haushaltsenergie können dafür die entsprechenden Werte aus dem Grundbedarfssatz entnommen werden (→ siehe Teil 2 Grundbedarfsdeckung, I.; II.6.a und II.6.b), wenn die tatsächlichen Kosten für die konkreten Sachleistungen nicht geringer ausfallen.

Für die Kosten der Unterkunft und Heizung müssen in der Regel Nutzungsgebühren festgelegt werden, um eine Bezifferung zu ermöglichen. Es müssen also Gebührensatzungen oder -verordnungen erlassen werden, die festlegen, unter welchen Umständen, wer wofür wieviel an Nutzungsgebühren zu zahlen hat (Gerloff 2022). Bei der Erstellung der Gebührenverordnungen oder -satzungen dürfen nicht einfach die tatsächlichen Kosten auf die Bewohner:innen umgelegt werden (detailliert dazu: Bayerischer VGH vom 14.4.2021 – 12 N 20.2529 und vom 16.5.2018 – 12 N 18.9; Schank 2022; Öztürkyilmaz 2022). Es ist zu beachten, dass die Unterbringung von Geflüchteten eine gesamtgesellschaftliche Aufgabe ist und es daher gerechtfertigt und sogar geboten ist, dass auch die Kosten zum Großteil von der Gesamtgesellschaft getragen werden – also aus Steuern finanziert werden. Weiter sind auch das Sozialstaatsprinzip und der Verhältnismäßigkeitsgrundsatz zu beachten. Daraus folgt zum Beispiel, dass ein vernünftiges Verhältnis zwischen der Leistung und der Gebührenhöhe bestehen muss – für ein spartanisch eingerichtetes Zimmer erscheint beispielsweise ein Quadratmeterpreis von 50 EUR oder mehr nicht mehr verhältnismäßig, sondern eher wucherisch[190] (Bayerischer VGH vom 14.4.2021 – 12 N 20.2529, Rn. 88).

§ 7 Abs. 1 S. 3 AsylbLG bietet statt Gebührensatzungen oder -verordnungen auch die Möglichkeit, dass die Länder Pauschalbeträge festsetzen oder die zuständige Behörde dazu ermächtigen. Solche Pauschalbeträge müssen durch ein förmliches Landesgesetz festgelegt werden oder ein förmliches Landesgesetz muss bestimmte Behörden ermächtigen, solche Pauschalen festzulegen (Bayerisches LSG vom 21.5.2021 – L 8 AY 109/20, Rn. 52ff.).

> Beispiel: Z war in einer Aufnahmeeinrichtung untergebracht. Wie in jeder Aufnahmeeinrichtung wurde der Bedarf für Ernährung ausschließlich als Sachleistung gedeckt. Z hatte aber einen Cousin, bei dem er sich im We-

---

190   § 291 Abs. 1 S. 1 Nr. 3 StGB

sentlichen aufgehalten hat. Z sagt, er habe einmal das Essen in der Aufnahmeeinrichtung probiert und ihm sei davon übel geworden. Die Einrichtung bestehe aus baufälligen Containern und es sei im Sommer darin unerträglich heiß geworden. Aus all diesen Gründen hat er sich faktisch nie in der Einrichtung aufgehalten und seine Ernährung wurde durch Flüchtlingshelfer:innen und den Cousin sichergestellt.

Z verfügt über Vermögen, sodass er bisher nie Geldleistungen beanspruchen musste.

Für die Aufnahmeeinrichtung gibt es eine Gebührensatzung, wonach Z monatlich 200 EUR zu zahlen habe.

Z erhält nun also einen Bescheid, wonach er monatlich 200 EUR für die Unterkunft zu zahlen habe. Daneben erhält er einen weiteren Bescheid, wonach er monatlich 155,91 EUR für Ernährung erstatten soll.

Gegen den Gebührenbescheid könnte Z vorgehen, wenn die Satzung gegen die zuvor angedeuteten Grundsätze verstößt. Dafür könnte hier sprechen, dass Gebühren verlangt werden, obwohl Z die Einrichtung gar nicht genutzt hat. Diese Frage müsste sehr wahrscheinlich vor einem Verwaltungsgericht geklärt werden, da Streitigkeiten über Gebührensatzungen oder -verordnungen in der Regel vor den Verwaltungsgerichten ausgetragen werden.

Gegen den Bescheid über die Erstattung für Ernährungssachleistungen kann Z auf jeden Fall vor dem Sozialgericht vorgehen (wenn der Widerspruch scheitern sollte). Vor allem darf die Erstattung nicht erfolgen, da Z die angebotene Sachleistung nicht in Anspruch genommen hat. Selbst wenn Z aber die Sachleistung in Anspruch genommen hätte, könnte die Höhe der Erstattungsforderung angegriffen werden, da über Groß-Catering-Firmen oft günstigere Preise erzielt werden können und die Behörde daher nachzuweisen hat, welche konkreten Kosten tatsächlich angefallen sind.

Die Erstattungsforderung muss per Verwaltungsakt geltend gemacht werden (LSG Ba-Wü vom 25.9.2019 – L 7 AY 3535/18 und vom 8.12.2011 – L 7 AY 3353/09), sodass vorab auch eine Anhörung zu erfolgen hat.

IV. Der Nachranggrundsatz

Der Nachranggrundsatz heißt, dass Leistungen nach AsylbLG erst als letztes Mittel erbracht werden sollen, wenn es keine anderen Möglichkeiten (mehr) gibt, den Lebensunterhalt der Betroffenen zu sichern (§ 8 Abs. 1 S. 1 AsylbLG).

Im Gesetz heißt es, dass es um die Frage geht, ob der Lebensunterhalt anderweitig gedeckt werden kann. Unter Lebensunterhalt werden hier alle eventuell möglichen Bedarfe verstanden, die durch Leistungen nach dem AsylbLG gedeckt werden können. Es geht also sowohl um die Grundleistungen nach §§ 3, 3a AsylbLG, die „Bett-Brot-Seife"-Leistungen nach § 1a AsylbLG, die Analogleistungen nach § 2 AsylbLG als auch um alle Leistungen der Gesundheitsversorgung inklusive Pflege-

und/oder Eingliederungshilfeleistungen, Leistungen der Bildung und Teilhabe etc. Für Leistungsberechtigte nach §§ 1a, 3 AsylbLG sind also sämtliche Leistungen des AsylbLG umfasst und für Leistungsberechtigte nach § 2 AsylbLG sämtliche Leistungen des SGB XII.

Ob der so verstandene Lebensunterhalt anderweitig gesichert ist, richtet sich danach, ob bereite Mittel zur Verfügung stehen, die Bedarfe zu decken. Es geht also immer darum, ob tatsächlich die Mittel zur Verfügung stehen – die bloße Möglichkeit, von jemand Drittem beispielsweise Geld, Ernährung, Kleidung erhalten zu können, genügt nicht, wenn diese:r Dritte das Geld, die Ernährung und die Kleidung tatsächlich nicht zur Verfügung stellt. Anders kann das nur sein, wenn es eine direkte und einfach zu realisierende Möglichkeit gibt, einen Bedarf zu decken und diese Möglichkeit wird ohne sachlichen Grund nicht genutzt (BSG vom 29.9.2009 – B 8 SO 23/08 R).

> Beispiel: A bezieht Leistungen nach § 3 AsylbLG. Nun wird eine dringende Krankenbehandlung wegen einer akuten Erkrankung nötig. A verlangt die Kostenübernahme vom Sozialamt nach § 4 AsylbLG. Allerdings besteht eine noch wirksame private Reisekrankenversicherung, die A aber nicht in Anspruch nehmen will.

> Hier greift der Nachranggrundsatz. Der Bedarf der Behandlungskosten ist zwar tatsächlich nicht gedeckt, es besteht aber eine anderweitige leicht zu realisierende Möglichkeit der Bedarfsdeckung. Das genügt (SG Bremen vom 19.2.2018 – S 39 AY 22/16).

> In der Praxis verweisen Behörden recht oft auf private Krankenversicherungen, weil vermutet/unterstellt wird, dass eine solche Versicherung bestehen müsse. Bloße Vermutungen genügen aber nicht. Nur wenn tatsächlich eine wirksame private Versicherung besteht, muss diese auch eingesetzt werden. Es empfiehlt sich also, stets unverzüglich (auch) die private (Reise-)Krankenversicherung anzuschreiben und gegebenenfalls die Ablehnung der Kostenübernahme wegen fehlender vertraglicher Verpflichtung bei der Leistungsbehörde vorzulegen.

> Bei einer Ablehnung durch die private (Reise-)Krankenversicherung darf nicht verlangt werden, dass der eventuelle Anspruch gerichtlich durchgesetzt wird (so aber: SG Bremen vom 19.2.2018 – S 39 AY 22/16). Nur einfach realisierbare Bedarfsdeckungen sind relevant – wenn aber gerichtliche Schritte zur Anspruchsdurchsetzung nötig werden, dann ist das nicht mehr einfach (Cantzler 2019: § 8, Rn. 13).

IV.1. Kirchenasyl

Behörden versuchen immer wieder auch das Kirchenasyl als anderweitige Bedarfsdeckung darzustellen. Oft werden zunächst keine Leistungen erbracht und die jeweilige Kirchengemeinde sichert dann als Nothilfe zunächst den Lebensunterhalt, bis die Leistungen gewährt werden. Das stellt keine anderweitige Lebensunterhaltssicherung dar (Wahrendorf 2022: Groth 2020: Rn. 21; Deibel 2017: Heinhold 2017: Bayerisches LSG vom 11.11.2016 – L 8 AY 28/16 B ER).

IV.2. Verpflichtungserklärung

a) Leistungsausschluss bei bestehender Verpflichtungserklärung?

Die Verpflichtungserklärung nach § 68 Abs. 1 S. 1 AufenthG ist ein Hauptanwendungsfall des Nachranggrundsatzes. In § 8 Abs. 1 S. 1 AsylbLG ist dieser Fall auch ausdrücklich als Hauptanwendungsfall benannt.

Besteht eine solche Verpflichtungserklärung und deckt der Verpflichtungsgeber tatsächlich die existenziellen Bedarfe, so sind Leistungen nach AsylbLG ausgeschlossen. Hier besteht tatsächlich eine anderweitige Bedarfsdeckung. Es ist jedoch für jeden Bedarf gesondert zu prüfen, ob die Bedarfsdeckung tatsächlich besteht. Wenn beispielsweise alle Grundbedarfe nach §§ 3, 3a AsylbLG tatsächlich gedeckt werden, der Verpflichtungsgeber aber keine Gesundheitsversorgungskosten übernimmt, dann hat die Behörde die Leistungen zur Gesundheitsversorgung zu erbringen.

Es ist falsch, wie in der Praxis oft erlebt, das bloße Bestehen einer Verpflichtungserklärung als Ausschluss von Leistungen zu verstehen. Besteht zwar eine Verpflichtungserklärung, deckt der Verpflichtungsgeber aber (aus welchen Gründen auch immer) die Bedarfe (teilweise) nicht, so besteht ein Anspruch auf Leistungen nach AsylbLG (SG Dortmund vom 11.5.2011 – S 47 AY 58/11 ER; Dollinger 2020: Rn. 17). Es entsteht dann aber eventuell ein Erstattungsanspruch der Behörde gegen den Verpflichtungsgeber (BVerwG vom 20.3.2018 – 1 B 5/18). Erst in diesem Verfahren (Behörde gegen Verpflichtungsgeber) geht es dann um die Gründe, warum der Verpflichtungsgeber nicht geleistet hat.

b) Leistungen bei Krankheit, Behinderung, Pflegebedürftigkeit trotz Verpflichtungserklärung

§ 8 Abs. 1 S. 2 AsylbLG eröffnet die Möglichkeit, dass trotz einer Verpflichtungserklärung (egal, ob der:die Verpflichtungsgebende tatsächlich Leistungen erbringt oder nicht) die zuständige Behörde die Kosten für Leistungen im Krankheitsfall, bei Behinderung und bei Pflegebedürftigkeit übernimmt, soweit dies durch Landesrecht vorgesehen ist. Da allerdings bisher in keinem Bundesland Landesrecht existiert, das diese Möglichkeit real eröffnen würde, handelt es sich hier um rein theoretische Gesetzeslyrik, die (bisher) keine praktische Relevanz hat.

c) Zuschuss für Verpflichtungsgeber

Verpflichtungsgeber:innen, die 6 Monate oder länger ihre Verpflichtung gegenüber AsylbLG-Leistungsberechtigten erfüllt haben, kann ein monatlicher Zuschuss bis zum Doppelten des Betrages nach § 3a Abs. 1 AsylbLG (163 EUR, Bedarfssatz 1, Stand 2022) gewährt werden, wenn außergewöhnliche Umstände in der Person des:der Verpflichtungsgeber:in den Einsatz öffentlicher Mittel rechtfertigen (§ 8 Abs. 2 AsylbLG).

Es muss also eine Verpflichtungserklärung bestehen und die daraus folgende Verpflichtung muss auch tatsächlich von der:dem Verpflichtungsgeber:in – mindestens schon 6 Monate lang – erfüllt werden. Außerdem muss der:die Verpflichtungsnehmer:in leistungsberechtigt nach dem AsylbLG sein (→ siehe Teil I Allgemeines I.).

Wenn das alles erfüllt ist, geht es noch um die Frage, ob der Einsatz öffentlicher Mittel gerechtfertigt ist. Das Gesetz bietet hier keine Definition, was damit gemeint sein soll – aber es wird zumindest gesagt, dass außergewöhnliche Umstände in der Person des:der Verpflichtungsgeber:in vorliegen müssen. Das erscheint logisch, denn es geht um eventuelle Leistungen an den:die Verpflichtungsgeber:in – die Umstände der eigentlich nach AsylbLG Leistungsberechtigten (Verpflichtungsnehmer:innen) sind hier also irrelevant.

Außergewöhnliche Umstände sind insbesondere erhebliche, unvermittelte und unverschuldete Verschlechterungen der Einkommens- oder Vermögenssituation oder der Wohnsituation (BT-Drs. 13/2746, 17). Wenn also Umstände vorgebracht werden, die bereits bei der Abgabe der Verpflichtungserklärung vorlagen, dann können solche Umstände hier unmöglich eine Rolle spielen. Typische Beispiele für relevante besondere Umstände sind eine unvorhergesehene, länger andauernde Arbeitslosigkeit; ein Unfall oder eine schwere Erkrankung, die jeweils dazu führen, dass kein ausreichendes Erwerbseinkommen mehr erzielt werden kann; das Einsetzen einer Unterhaltspflicht gegenüber nahestehenden Verwandten oder Ähnliches (Dollinger 2020: Rn. 27).

Wenn besondere Umstände vorliegen, muss nun noch eine Abwägung vorgenommen werden: Überwiegen hier die Interessen des:der Verpflichtungsgeber:in, entlastet zu werden, oder die Interessen der Allgemeinheit, keine Leistungen erbringen zu müssen? (Groth 2020: Rn. 38). Wie immer bei Abwägungsfragen kommt es also auf die jeweiligen Umstände des Einzelfalls an – es kann hier keine allgemeingültige Checkliste geben, bei deren Erfüllung der Zuschuss zu erbringen wäre. In der Praxis bleibt also nichts anderes, als die besonderen Umstände möglichst detailliert zu schildern und nachzuweisen(!) und dann gegebenenfalls die Abwägung der Behörde kritisch zu prüfen.

IV.3. Unterhaltsansprüche

In der Praxis erscheint auch immer wieder das Phänomen, dass Behörden behaupten, es bestehe ein Unterhaltsanspruch der Betroffenen gegen eine:n oder mehrere Familienangehörige und damit seien die Leistungen des AsylbLG nachrangig, also ausgeschlossen.

Das ist falsch, solange nicht tatsächlich Unterhaltszahlungen fließen oder ein titulierter[191], tatsächlich ohne Weiteres durchsetzbarer Unterhaltsanspruch besteht.

---

191 Es muss ein vollstreckbarer Titel gegen den:die Unterhaltspflichtigen vorliegen; beispielsweise ein Gerichts-Urteil, ein schriftlicher Vergleich oder eine sonstige vollstreckbare Urkunde (zum Beispiel eine notariell beurkundete Vereinbarung).

Auch hier kann nicht verlangt werden, dass eventuell bestehende Unterhaltsansprüche gerichtlich durchgesetzt werden.

Unzulässig wäre es auch, wenn die zuständige Behörde Auskünfte zum Einkommen oder Vermögen der vermeintlich Unterhaltspflichtigen verlangt. Solche Auskünfte können nur von Personen verlangt werden, die Familienangehörige im Sinne des § 7 Abs. 1 S. 1 AsylbLG sind (→ siehe I.1.a.aa).

Fragen zur Vertiefung und Diskussion:

1. Was ist der Unterschied zwischen Einkommen und Vermögen?
2. Wessen Einkommen und Vermögen müssen Leistungsberechtigte auf ihren Leistungsanspruch anrechnen lassen?
3. Unter welchen Umständen führt eine Verpflichtungserklärung nach § 68 AufenthG dazu, dass Leistungen nach AsylbLG für die betroffenen Verpflichtungsnehmer:innen ausgeschlossen sind?

Antworten:

Zu 1.
Einkommen ist alles, was im Leistungsmonat zufließt. Dabei ist es egal, ob es sich um Geld oder geldwerte Sachen handelt. Bei Leistungen nach § 3 AsylbLG bestimmt § 7 Abs. 2 AsylbLG, welche Einkünfte nicht als Einkommen zählen – bei Leistungen nach § 2 AsylbLG gilt dafür § 82 Abs. 1 S. 2 und 3 SGB XII analog.
Vermögen ist alles, was am Anfang des Leistungsmonats schon vorhanden ist. Übriggebliebenes Einkommen aus dem Vormonat wird dann also zu Vermögen.
Sowohl beim Einkommen als auch beim Vermögen kommt es auf die „Verfügbarkeit" an. Einkommen oder Vermögen darf also nur dann angerechnet werden, wenn es tatsächlich „verfügbar" ist. Damit ist gemeint, dass „bereite Mittel" zum Einsatz für den Lebensunterhalt vorhanden sein müssen, wobei es ausreicht, dass eine geldwerte Sache ohne Weiteres „zu Geld gemacht" werden kann.

Zu 2.
In erster Linie geht es natürlich um das Einkommen und Vermögen der Leistungsbeziehenden selbst. Daneben ist gegebenenfalls das Einkommen und Vermögen von Familienangehörigen heranzuziehen (dazu siehe → I.1.a). Im Ergebnis fallen darunter folgende Personen:

- Ehegatten,
- Lebenspartner,
- Partner:innen in eheähnlicher oder lebenspartnerschaftsähnlicher Beziehung,
- Eltern, wenn der:die Leistungsbeziehende minderjährig und unverheiratet ist.

Zu 3.
Eine Verpflichtungserklärung nach § 68 AufenthG führt nur dann zum Leistungsausschluss, wenn der:die Verpflichtungsgeber:in tatsächlich alle Bedarfe des:der Betroffenen deckt. Es muss in diesen Fällen also detailliert geprüft wer-

den, welche Bedarfe tatsächlich gedeckt sind – dabei geht es um alle eventuellen Bedarfe, die das AsylbLG umfasst:

- ■ Grundbedarfe (→ siehe Teil II Grundbedarfsdeckung),
- ■ Bildung und Teilhabe (→ siehe Teil V Bildung und Teilhabe),
- ■ Gesundheitsversorgung (→ siehe Teil VI Medizinische Versorgung),
- ■ Sonstige Bedarfe (→ siehe Teil VII Sonstige Bedarfe).

Zitierte Literatur:

Becker, Ralf. In: Schlegel/Voelzke, juris-Praxiskommentar SGB XII, § 39 SGB XII (Stand: 30.3.2020).

Cantzler, Constantin: Asylbewerberleistungsgesetz – Handkommentar, 2019.

Deibel, Klaus: Kirchenasyl und Asylbewerberleistungsgesetz, Zeitschrift für die sozialrechtliche Praxis (ZFSH/SGB) 2017, S. 577ff.

Dollinger, Franz Wilhelm. In: Siefert, Jutta, Asylbewerberleistungsgesetz – Kommentar, § 8 AsylbLG, 2020.

Frerichs, Konrad. In: Schlegel/Voelzke, juris-Praxiskommentar SGB XII, § 3 AsylbLG (Stand: 30.6.2022).

Geckeler, Ingo: Gemischte Bedarfsgemeinschaft SGB II/AsylbLG ohne tatsächlichen Leistungsbezug nach dem AsylbLG im Zeitraum ab 1.1.2017, Neue Zeitschrift für Sozialrecht (NZS) 2020, S. 998.

Gerloff, Volker: Wucherpreise für Sammelunterkünfte in Berlin?, Asylmagazin 2022, S. 189ff.

Groth, Andy. In: Schlegel/Voelzke, juris-Praxiskommentar SGB XII, § 8 AsylbLG (Stand: 12.2.2020).

Hammel, Manfred: Sicherstellung und Einsatz von Vermögen der gem. § 1 Abs 1 AsylbLG leistungsberechtigten Personen entsprechend den §§ 7 und 7a AsylbLG, Zeitschrift für die sozialrechtliche Prxis (ZFSH/SGB) 2016, S. 171ff.

Heinhold, Hubert: Umfang des Ausschlusses von Leistungen für Asylbewerber bei Kirchenasyl, Neue Zeitschrift für Sozialrecht (NZS) 2017, S. 271.

Krauß, Karen. In: Siefert, Jutta, Asylbewerberleistungsgesetz – Kommentar, § 7 AsylbLG, 2020.

Öztürkyilmaz, Muzaffer: Gebühren und Entgelte für die Unterbringung in Niedersachsen, Asylmagazin 2022, S. 201ff.

Schank, Klaus: Unterkunftsgebühren in Bayern, Asylmagazin 2022, S. 195ff.

Schmidt, Steffen. In: Schlegel/Voelzke, juris-Praxiskommentar SGB XII, § 7 AsylbLG (Stand: 1.2.2020).

Wahrendorf, Volker: Anspruch auf Analogleistungen bei Aufenthalt in offenem Kirchenasyl, juris-PraxisReport Sozialrecht (jurisPR-SozR) 14/2022, Anm. 3

Teil IX – Sicherheitsleistungen

Zusammenfassung

Unter bestimmten Umständen darf eine Leistungsbehörde Sicherheiten aus bestehendem Vermögen verlangen. Hier wird dargestellt, welche Voraussetzungen dafür vorliegen müssen und welches Verfahren dabei einzuhalten ist.

I. Anwendungsbereich

Der Anwendungsbereich ist eher klein. Wenn Vermögen vorhanden ist, ist das Vermögen aufzubrauchen, bevor überhaupt ein Leistungsanspruch entstehen kann (→ siehe Teil VIII Anrechnung von Einkommen und Vermögen/Nachranggrundsatz, II.). In der Regel wird also kein Vermögen mehr vorhanden sein, das sichergestellt werden könnte oder das vorhandene Vermögen führt dazu, dass keine Leistungen erbracht werden, die gesichert werden müssten.

Es kann hier also nur um die Sicherung von Erstattungsansprüchen der Behörden aufgrund von erbrachten Sachleistungen gehen (§ 7 Abs. 1 S. 3, → siehe Teil VIII Anrechnung von Einkommen und Vermögen/Nachranggrundsatz, III.). Wer Vermögen hat, aber in einer Sammelunterkunft lebt, erhält Sachleistungen, obwohl kein Leistungsanspruch besteht. Die zuständige Behörde muss aber die Sachleistungen erbringen und erhält dafür im Gegenzug einen Erstattungsanspruch gegen die vermögenden Betroffenen. Diese (zukünftigen) Erstattungsansprüche sollen durch die Sicherstellung von Vermögen gesichert werden.

II. Zuständige Behörde

Zuständig für die Sicherstellung ist allein die zuständige Behörde für die Leistungserbringung nach AsylbLG.

In der Praxis erfolgt die Sicherstellung aber sehr oft durch Polizeibeamte des Bundes oder der jeweiligen Länder. Die Polizei ist aber nicht zuständig. Das bedeutet, dass die Polizei nur dann die Sicherstellung vornehmen darf, wenn sie in Amtshilfe für den zuständigen Leistungsträger handelt (LSG Baden-Württemberg vom 25.9.2019 – L 7 AY 3535/18). Dafür braucht es ein Amtshilfeersuchen des Leistungsträgers an die Polizei.

So ein Amtshilfeersuchen kann formlos sein, also beispielsweise auch telefonisch übermittelt werden. In jedem Fall muss das Ersuchen aktenkundig gemacht werden und es muss erkennbar werden, a) dass von der Polizei nur eine Teilhandlung erwartet wird, während das Hauptverfahren der Sicherstellung in den Händen der Leistungsbehörde bleibt, b) was genau die Polizei tun soll, c) welchem Zweck die gewünschten Handlungen der Polizei dienen sollen, d) warum die Leistungsbehörde die Sicherstellung nicht vollständig selbst erledigen kann.

Wichtig ist, dass das Ersuchen vor der Hilfeleistung kommt. Ein nachträgliches Amtshilfeersuchen wäre unzulässig.

Beispiel: A reist nach Deutschland ein, um hier Asyl zu beantragen. Er hat 500 EUR in bar und eine Uhr im Wert von 100 EUR mit dabei. Gleich hinter der Grenze wird A von der Bundespolizei ergriffen und es werden ihm das Geld und die Uhr abgenommen. A erhält eine Art Quittung, auf der steht „Sicherheitsleistung nach § 7a AsylbLG". Die zuständige Leistungsbehörde erfährt erst später überhaupt von der Existenz von A.

Hier ist die Sicherstellung schon formell rechtswidrig, weil die Polizei außerhalb ihrer Zuständigkeitskompetenz gehandelt hat. Ein rechtzeitiges Amtshilfeersuchen lag nicht vor. Die zuständige Leistungsbehörde kann den Fehler auch nicht dadurch beheben, dass sie nun das Geld und die Uhr an sich nimmt und erklärt, der Zuständigkeitsfehler sei nun damit geheilt – eine Heilung ist hier ausgeschlossen. Die Sicherstellung ist und bleibt rechtswidrig.

A hat daher einen Anspruch auf Herausgabe des Geldes und der Uhr. Danach könnte die zuständige Behörde gegebenenfalls erneut versuchen, eine korrekte Sicherstellung durchzuführen. Dabei wäre freilich zu berücksichtigen, dass A ein Vermögensfreibetrag von 200 EUR zusteht (§ 7 Abs. 5 S. 2 AsylbLG), also bestenfalls 400 EUR sichergestellt werden dürften. Die Behörde hätte natürlich auch zu bedenken, dass mit der Sicherstellung sofort Geldleistungsansprüche für A entstehen, da er ja kein einsetzbares Vermögen mehr hat.

III. Bei wem darf sichergestellt werden?

Es kann hier ausschließlich um die Sicherstellung von Vermögen der Leistungsberechtigten selbst gehen – Vermögen von Familienangehörigen darf nicht angetastet werden. Wer schon im Bezug von Analogleistungen ist, kann auch nicht mehr von einer Sicherstellung betroffen sein (Groth 2020: Rn. 14).

IV. Was wird gesichert?

Wie zuvor schon erklärt (→ siehe I.), kann es hier nur um die Sicherung von Erstattungsansprüchen für erbrachte Sachleistungen gehen (LSG Baden-Württemberg vom 25.9.2019 – L 7 AY 3535/18). Dabei kann es aber immer nur um die Sicherung zukünftig zu erbringender Sachleistungen gehen (LSG Berlin-Brandenburg vom 21.4.2016 – L 15 AY 2/12). Würde eine Sicherstellung vorgenommen werden, um schon bestehende Erstattungsansprüche (§ 7 Abs. 1 S. 3 AsylbLG) sichern zu wollen, wäre das unzulässig.

Beispiel: B ist grundsätzlich nach § 3 AsylbLG leistungsberechtigt und lebt in einer Sammelunterkunft. Bei einer Zimmerdurchsuchung werden bei ihr 500 EUR in bar und Schmuck (den B aus dem Heimatland gerettet hat) im Wert von 200 EUR gefunden und beschlagnahmt. Die zuständige Behörde erklärt B, es handelt sich um eine Sicherstellung nach § 7a AsylbLG, da für sie weiter Sachleistungen (Unterkunft, Heizung, Strom) erbracht werden.

Hätte die Behörde die Sicherstellung damit begründet, dass schon erbrachte Sachleistungen bzw. die daraus bestehenden Erstattungsansprüche gesichert werden sollen, wäre die Sicherstellung rechtswidrig gewesen. So ist die Sicherstellung dem Grunde nach rechtmäßig, da zukünftig zu erbringende Sachleistungen gesichert werden.

Für die zuständige Behörde besteht eine wirksame Nutzungsgebührenverordnung, wonach B monatlich 200 EUR für die Nutzung der Unterkunft schuldet.

Nach Abzug des Vermögensfreibetrages von 200 EUR ist eine Sicherstellung „nur" für die 500 EUR Bargeld rechtmäßig. Der Schmuck muss an B zurückgegeben werden. Die 500 EUR kann die Behörde dann für 2,5 Monate zur Begleichung der Nutzungsgebühren einsetzen.

Daraus ergibt sich zwingend: Wer in einer eigenen Wohnung lebt und daher keine Sachleistungen bezieht, kann nie von einer (legalen) Sicherstellung betroffen sein.

V. Womit wird gesichert?

Die Sicherung erfolgt durch „vorhandenes Vermögen". Es geht hier also nicht um „verfügbares Vermögen", wie bei der Vermögensanrechnung nach § 7 AsylbLG, sondern es genügt, dass das Vermögen vorhanden ist. Das bedeutet, dass auch Vermögensgegenstände beschlagnahmt werden dürfen, die nicht ohne weiteres zu Geld gemacht werden können.

Wie oben bereits gesagt, geht es hier ausschließlich um das Vermögen im Eigentum der Betroffenen (SG Stade vom 22.5.2014 – S 33 AY 22/12).

Beispiel: C ist grundsätzlich nach § 3 AsylbLG leistungsberechtigt und lebt mit drei weiteren Betroffenen in einem Zimmer in einer Sammelunterkunft. C hat eine abschließbare Geldkassette mit ihrem Namen darauf. Bei einer Zimmerdurchsuchung wird C gebeten, die Geldkassette zu öffnen, was sie auch freiwillig tut und darin befinden sich 800 EUR. Die zuständige Behörde beschlagnahmt davon 600 EUR und erklärt dies zu einer Sicherstellung nach § 7a AsylbLG.

C erklärt aber, dass sich die 800 EUR aus 4 x 200 EUR zusammensetzen, denn jeder Zimmerbewohnerin gehören davon je 200 EUR. Da C die einzige mit einer abschließbaren Geldkassette ist, haben ihr die drei anderen ihre 200 EUR zu treuen Händen anvertraut. Die drei Mitbewohnerinnen bestätigen das.

Die Sicherstellung ist rechtswidrig, da das Vermögen nicht im Eigentum von C stand. Die 200 EUR, die tatsächlich C gehören, sind vom Vermögensfreibetrag geschützt.

VI. Verfahren

VI.1 Verwaltungsakt

Die Sicherstellung bzw. deren Anordnung ist ein Verwaltungsakt. Eine bestimmte Form ist nicht vorgeschrieben, der Verwaltungsakt kann also auch mündlich oder auf sonstige Weise bekanntgegeben werden. Ohne schriftliche Rechtsbehelfsbelehrung gilt dann aber statt der Monatsfrist für einen Widerspruch die Jahresfrist.

VI.2 Ermessen

Ob eine Sicherstellung erfolgt, liegt im Ermessen der Behörde. Das heißt, es müssen entsprechende Ermessenserwägungen aktenkundig gemacht werden. Sind keine Ermessenserwägungen in der Akte zu finden, ist die Sicherstellung schon wegen eines Ermessensausfalls rechtswidrig. Die Behörde kann aber gegebenenfalls das fehlende Ermessen noch im Widerspruchsverfahren nachholen. Wenn auch der Widerspruchsbescheid keine Ermessenserwägungen enthält, dann ist die Rechtswidrigkeit nicht mehr heilbar, denn ein vollständig fehlendes Ermessen kann nicht im Klageverfahren erstmals nachgeholt werden[192].

Vor allem bei geldwerten Vermögensgegenständen wird besonders zu begründen sein, warum eine Sicherstellung sinnvoll und angemessen erscheint. Auch die Höhe der festgesetzten Sicherstellung muss abgewogen werden. Dabei wird natürlich maßgeblich sein, welche kommenden Erstattungsansprüche zu prognostizieren sind.

VI.3 Aufschiebende Wirkung von Widerspruch und Klage

Grundsätzlich haben hier Widerspruch und Klage aufschiebende Wirkung (Cantzler 2019: § 7a, Rn. 21). In der Regel wird die zuständige Behörde aber die sofortige Vollziehung der Sicherstellung anordnen. Diese Anordnung der sofortigen Vollziehung muss aber zwingend schriftlich erfolgen (§ 80 Abs. 3 VwGO).

Fehlt eine Anordnung der sofortigen Vollziehung, führen Widerspruch und Klage dazu, dass die Sicherheitsleistung nicht vollstreckt werden darf, solange das Widerspruchs- oder Klageverfahren noch läuft.

Liegt eine Anordnung der sofortigen Vollziehung vor, muss die Wiederherstellung der aufschiebenden Wirkung von Widerspruch oder Klage beim zuständigen Sozialgericht beantragt werden, um das Einbehalten des Vermögens (zunächst vorläufig) zu verhindern.

VII. Vollstreckung

§ 7a S. 2 AsylbLG sagt etwas dazu, wie die Sicherheitsleistung vollstreckt wird: „Die Anordnung der Sicherheitsleistung kann ohne vorherige Vollstreckungsandrohung im Wege des unmittelbaren Zwangs erfolgen." Das VG Stuttgart fand für diesen Satz folgende Umschreibung: „Der Wortlaut des AsylbLG § 7a S. 2 lässt

---

192   Nur eine Ergänzung unvollständiger Ermessenserwägungen wäre im Klageverfahren möglich.

nicht ohne Weiteres auf den Sinn schließen. Die wohl als missglückt zu bezeichnende und auch unter Beiziehung der Gesetzesbegründung (BT-Drs. 13/10155, 6) nur schwer verständliche sprachliche Fassung müsste daher im Wege der Auslegung auf ihren Inhalt hin untersucht werden." (VG Stuttgart vom 7.2.2000 – 9 K 5483/99) Hier soll nicht das daraus folgende juristische Klein-Klein dargestellt werden – hier soll es darum gehen, was das nun für die Praxis bedeutet:

VII.1 Sofortige Vollstreckung

Wenn ein Verwaltungsakt nicht freiwillig befolgt wird, kann er vollstreckt werden. Das Verfahren dazu regeln die Verwaltungsvollstreckungsgesetze (VwVG) des Bundes und der Länder, die jeweils folgende Vollstreckungsmittel vorsehen: a) Ersatzvornahme (die Behörde erledigt das, was der Verwaltungsakt verlangt, selbst); b) Zwangsgeld (wer nicht tut, was der Verwaltungsakt verlangt, muss ein Zwangsgeld zahlen); c) unmittelbarer Zwang (die Behörde setzt die Regelung aus dem Verwaltungsakt mit Gewalt durch).

Der Grundsatz ist, dass eine Vollstreckung im sogenannten gestreckten Verfahren durchgeführt werden muss. Dazu gehört vor allem auch eine schriftliche Androhung der Vollstreckung.[193] Bei einer Sicherstellung nach § 7a AsylbLG muss die zuständige Behörde dieses gestreckte Verfahren nicht einhalten. Es braucht also auch keine schriftliche Androhung – die Anordnung der Sicherstellung kann sofort vollstreckt werden.

Voraussetzung ist, dass der Verwaltungsakt zur Sicherstellung vollziehbar ist. Das ist immer dann der Fall, wenn die sofortige Vollziehung angeordnet wurde und die aufschiebende Wirkung eines Widerspruchs oder einer Klage noch nicht durch ein Gericht wiederhergestellt wurde. Fehlt eine Anordnung der sofortigen Vollziehung, darf die Behörde erst vollstrecken, wenn der Verwaltungsakt bestandskräftig geworden ist, sprich wenn keine Rechtsbehelfe mehr möglich sind.

> Beispiel 1: D ist grundsätzlich leistungsberechtigt nach § 3 AsylbLG und er hat vorhandenes Vermögen. Die zuständige Behörde übergibt ihm einen schriftlichen Bescheid, wonach sein Vermögen (unter Beachtung der Freigrenzen) sichergestellt werden soll – die sofortige Vollziehung wird mit dem Bescheid schriftlich angeordnet und begründet. D liest den Bescheid und weigert sich, seine Vermögensgegenstände herauszugeben. Daraufhin setzen die anwesenden Polizeibeamten (dazu im Folgenden mehr) Gewalt ein, um D seine Vermögensgegenstände abzunehmen.
>
> Hier handelt die Behörde rechtmäßig. Durch die schriftliche Anordnung der sofortigen Vollziehung ist der Verwaltungsakt wirksam und vollziehbar.
>
> Beispiel 2: E ist grundsätzlich leistungsberechtigt nach § 3 AsylbLG und sie hat vorhandenes Vermögen. Ein Vertreter der zuständigen Behörde und zwei Polizeibeamt:innen suchen E in ihrem Zimmer auf und ihr wird mündlich erklärt, dass ihr vorhandenes Vermögen sichergestellt wird und

---

193 § 13 VwVG-Bund

dass diese Anordnung sofort vollziehbar sei. Als E sich weigert, nimmt eine Polizistin E in den Polizeigriff und drückt sie an die Wand. Der Behördenvertreter nimmt die Vermögensgegenstände an sich.

Hier handelt die Behörde rechtswidrig. Die Anordnung der sofortigen Vollziehung wurde nicht wirksam, da eine schriftliche Begründung fehlte (§ 80 Abs. 3 VwGO). Diesen Fehler könnte die Behörde auch nicht dadurch beheben, dass sie eine schriftliche Begründung nachreicht (VGH Baden-Württemberg vom 27.9.2011 – 1 S 2554/11).

VII.2 Unmittelbarer Zwang

Unmittelbarer Zwang ist die Einwirkung auf Personen oder Sachen durch körperliche Gewalt (§ 2 Abs. 1 Gesetz über den unmittelbaren Zwang (UZwG) des Bundes). Dabei können auch Hilfsmittel[194] und Waffen[195] eingesetzt werden.

Die zuständige Leistungsbehörde ist hier aber nicht befugt, selbst Gewalt, also unmittelbaren Zwang, einzusetzen. Unmittelbarer Zwang darf nur von Vollzugsbeamt:innen des Bundes[196] und der Länder eingesetzt werden. Üblicherweise wird also die zuständige Leistungsbehörde die Polizei zur Hilfe holen.

Da die Polizei nicht in eigener Zuständigkeit handeln darf, braucht es hier, wie in II, schon gesagt, ein Amtshilfeersuchen.

Die Anwendung von unmittelbarem Zwang muss immer verhältnismäßig sein. Es muss also immer ein möglichst mildes Mittel eingesetzt werden, um den Zweck zu erreichen.

> Beispiel: Gegen F liegt eine vollziehbare Anordnung der Sicherstellung von Vermögensgegenständen vor. Die zuständige Behörde hat die Polizei um Amtshilfe für die Vollstreckung ersucht und F weigert sich, die Vermögensgegenstände herauszugeben, indem er sich mit verschränkten Armen vor den Polizist:innen aufbaut. Eine Ansprache, F möge zur Seite treten, wirkt nicht.
>
> Hier darf einfache körperliche Gewalt eingesetzt werden, beispielsweise der Polizeigriff, um F aus dem Geschehen zu nehmen.
>
> Ein Polizist tritt also auf F zu und ergreift ihn, um ihn per Polizeigriff zu sichern. F reißt sich aber los und fängt nun an, wild um sich zu schlagen und zu treten.
>
> Jetzt darf die Polizei beispielsweise auch gezielte Schläge einsetzen und Hilfsmittel wie Fesseln. Wichtig ist, dass die Gewalt nur so stark gesteigert wird, wie das zur Erreichung des Zwecks (Ermöglichung der Sicherstellung) erforderlich ist.

---

194 Insbesondere Fesseln, Wasserwerfer, technische Sperren, Diensthunde, Dienstpferde und Dienstfahrzeuge (§ 2 Abs. 3 UZwG-Bund)
195 Dienstlich zugelassene Hieb- und Schusswaffen, Reizstoffe und Explosivmittel (§ 2 Abs. 4 UZwG-Bund)
196 Siehe dazu § 6 UZwG-Bund.

Während des Handgemenges nutzt der Behördenvertreter die Chance und nimmt die Vermögensgegenstände an sich und ruft den Polizist:innen zu, dass die Sicherstellung erfolgreich war.

In diesem Moment haben die Polizeibeamt:innen sofort von F abzulassen und sich zurückzuziehen. Der Zweck ist erreicht – es gibt also keine Rechtfertigung mehr für den Einsatz von Gewalt.

VIII. Verwahrung des Vermögens

Wenn Vermögensgegenstände sichergestellt wurden, müssen sie ordnungsgemäß verwahrt werden (Cantzler 2019: § 7a, Rn. 22; Hammel 2016). Die Details dazu regeln die jeweiligen Gemeindekassenverordnungen der Bundesländer.

Selbstverständlich muss die zuständige Behörde jederzeit nachweisen können, wie und wofür das sichergestellte Vermögen eingesetzt wurde. Stellt sich die Sicherstellung im Nachhinein als rechtswidrig dar, ist das Vermögen vollständig herauszugeben. Wird das Vermögen nicht für Sachleistungen eingesetzt, weil beispielsweise gar keine Sachleistungen mehr gewährt werden oder ein Analogleistungsbezug einsetzt, oder die Anwendbarkeit des AsylbLG endet, so ist das verbleibende Vermögen herauszugehen.

Fragen zur Vertiefung und Diskussion:

1. In welchen Konstellationen kommt eine Sicherstellung von Vermögen nach § 7a AsylbLG infrage?
2. Welche Behörde ist für die Sicherstellung zuständig und unter welchen Umständen dürfen beispielsweise Polizeibeamt:innen die Sicherstellung vornehmen oder vollstrecken?
3. Unter welchen Umständen kann die Sicherstellung sofort mit Gewalt durchgesetzt werden?

Antworten:

Zu 1.
Es kann nur um die Sicherung zukünftiger Erstattungsansprüche nach § 7 Abs. 1 S. 3 AsylbLG gehen. Die Betroffenen beziehen also Sachleistungen (Unterkunft, Heizung, Strom), haben aber Vermögen. Dieses Vermögen kann zur Sicherung der zu erwartenden Sachleistungskosten beschlagnahmt werden.
Es müssen also zukünftig Sachleistungen erbracht werden und es muss zu erwarten sein, dass für die Erbringung dieser Sachleistungen rechtmäßige Erstattungsforderungen nach § 7 Abs. 1 S. 3 AsylbLG geltend gemacht werden können.

Zu 2.
Allein zuständig ist die Leistungsbehörde, die die Leistungen nach AsylbLG zu erbringen hat.
Polizeibeamt:innen können von der Leistungsbehörde zu Hilfe gerufen werden, wenn sie selbst verhindert ist. Dann muss aber zwingend ein Amtshilfeersuchen von der Leistungsbehörde an die Polizei gehen und dieses Amtshilfeersuchen muss zur Überprüfbarkeit aktenkundig gemacht werden.

Zu 3.

Die Durchsetzung des Verwaltungsaktes nennt man Vollstreckung – die dafür nötige Gewalt wird als unmittelbarer Zwang bezeichnet.

Es muss eine wirksame Anordnung der Sicherstellung vorliegen. Dafür genügt es, dass diese Anordnung dem:der Betroffenen bekanntgegeben wurde. Die Form (mündlich, schriftlich, auf sonstige Art) ist dabei egal.

Zusätzlich muss eine schriftlich begründete Anordnung der sofortigen Vollziehung der Sicherstellung vorliegen. Erst dadurch darf sofort vollstreckt werden.

Da die zuständige Leistungsbehörde nicht befugt ist, selbst unmittelbaren Zwang anzuwenden, muss sie (per Amtshilfeersuchen) Vollzugsbeamt:innen hinzuziehen.

Bei der Anwendung des unmittelbaren Zwangs muss der Verhältnismäßigkeitsgrundsatz streng beachtet werden.

Zitierte Literatur:

Cantzler, Constantin: Asylbewerberleistungsgesetz – Handkommentar, 2019.

Groth, Andy: juris Praxiskommentar – SGB XII, § 7a AsylbLG (Stand: 12.6.2020).

Hammel, Manfred: Sicherstellung und Einsatz von Vermögen der gem. § 1 Abs. 1 AsylbLG leistungsberechtigten Personen entsprechend den §§ 7 und 7a AsylbLG, ZFSH/SGB 2016, S. 171ff.

Vertiefende Literatur:

Filges, Sven: Zu den Voraussetzungen der Sicherstellung nach § 7a AsylbLG, Neue Zeitschrift für Sozialrecht (NZS) 2020, S. 277.

Kötter, Ute: Sicherheitsleistung und Kostenerstattungsanspruch aus Vermögen, info also 2020, S. 90.

Zeitler, Stefan: Darf die Polizei nach dem AsylbLG bei Asylbewerbern aufgefundene Geldbeträge sicherstellen?, Verwaltungsblätter für Baden-Württemberg (VBlBW) 2001, S. 296ff.

Teil X – AsylbLG und Ausbildung

Zusammenfassung

Während einer Berufsausbildung oder während eines Studiums greifen eigentlich vorwiegend die Leistungssysteme des BaföG, der Bundesausbildungsbeihilfe oder des Ausbildungsgeldes. Daher lohnt es sich, einen Blick auf die Frage zu werfen, ob und wie AsylbLG-Leistungen während einer Ausbildung oder eines Studiums bezogen werden können.

Am bekanntesten ist wahrscheinlich der Ausschluss von Auszubildenden und Studierenden aus dem SGB II (§ 7 Abs. 5 SGB II). Der Gesetzgeber geht davon aus, dass die Systeme des BaföG, der Berufsausbildungsbeihilfe (BAB)[197] und des Ausbildungsgeldes[198] für Auszubildende und Studierende abschließend sei (BSG vom 6.9.2007 – B 14/7b AS 28/06 R). Wer also in diesen Systemen keinen Leistungsanspruch hat, der:die soll auch nicht anderweitig mit Sozialleistungen versorgt werden. Diese Frage ist allerdings noch nicht abschließend geklärt. In einem Beschluss, mit dem eine Verfassungsbeschwerde nicht zur Entscheidung angenommen wurde, hat die 3. Kammer[199] des 1. Senats festgestellt, dass ein erzwungener Studienabbruch durch den Entzug von Sozialleistungen durchaus hinzunehmen sei (BVerfG vom 8.10.2014 – 1 BvR 886/11). In einem Beschluss von Ende 2019 wird dagegen – wieder von der 3. Kammer des 1. Senats – die Frage, ob es zulässig sein kann, durch einen Leistungsausschluss den Abbruch einer Ausbildung zu erzwingen, als zu klärende Frage bezeichnet (BVerfG, vom 17.12.2019 – 1 BvL 6/16, Rn. 26).

Die Betroffenen des AsylbLG haben wegen weitreichender Ausschlusstatbestände gegen Ausländer:innen nur unter extrem seltenen Konstellationen Zugang zum BaföG[200] oder zum BAB[201] oder zum Ausbildungsgeld[202]. Wenn also auch im AsylbLG der (umstrittene) Grundsatz gelten würde, dass eine Ausbildung oder ein Studium nur per BaföG oder SGB III gefördert werden dürfe, dann würde das einem faktischen Ausbildungs- und Studienverbot für Betroffene des AsylbLG bedeuten.

I. Leistungsbezug nach § 3 AsylbLG

Wird eine Ausbildung oder ein Studium während des Bezugs von Leistungen nach § 3 AsylbLG begonnen, so besteht auch während der Ausbildung ein Anspruch auf diese Leistungen. Es fehlt schlicht ein Ausschlusstatbestand im AsylbLG. Eine analoge Anwendung von Ausschlusstatbeständen aus anderen Existenzsicherungssystemen (SGB II/XII) kommt nicht in Betracht. Für einen so drastischen Grund-

---

197 §§ 56 ff SGB III
198 §§ 122 ff. SGB III
199 Das BVerfG besteht aus zwei Senaten mit je acht Richter:innen und die Senate bestehen aus mehreren Kammern mit jeweils drei Richter:innen.
200 § 8 Abs. 2–3 BaföG
201 §§ 60 Abs. 3, 448 SGB III
202 § 122 Abs. 2 iVm §§ 60 Abs. 3, 448 SGB III

rechtseingriff wie einen Leistungsausschluss braucht es zwingend eine klare und direkte Rechtsgrundlage – eine konstruierte Analogie kann dafür nicht ausreichen.

II. Leistungsbezug nach § 2 AsylbLG

II.1 Rechtslage bis zum 31.8.2019

Bei Analogleistungen nach § 2 AsylbLG greift dagegen § 22 SGB XII als Ausschlusstatbestand (dazu: LSG Schleswig-Holstein vom 24.11.2017 – L 9 AY 156/17 B ER). Nach alter Rechtslage konnten dann Leistungen nur in Härtefällen weiter nach § 2 AsylbLG gewährt werden. Wann ein Härtefall anzunehmen wäre, war sehr umstritten:

Allgemein anerkannt waren und sind Härtefälle beispielsweise bei Alleinerziehung, fortgeschrittener Schwangerschaft sowie bei dauerhaften und schwerwiegenden gesundheitlichen Beeinträchtigungen, sofern stets nach einem Abbruch der Ausbildung weiterhin Hilfebedürftigkeit bestehen würde und die aktuell absolvierte Ausbildung die einzige Zugangsmöglichkeit zum Arbeitsmarkt darstellt.

Sehr weitgehend wurde vertreten, dass bei Analogleistungsberechtigten stets ein Härtefall anzunehmen sei, wenn der Leistungsausschluss dazu führen würde, dass der Lebensunterhalt nicht gesichert ist (LSG Nds.-Bremen vom 13.2.2018 – L 8 AY 1/18 B ER; SG Hildesheim vom 19.10.2018 – S 42 AY 1/18).

Das SG Hamburg gewährte zumindest Leistungen nach § 2 AsylbLG weiter, wenn eine Förderung nach BaföG oder BAB wegen der Ausschlusstatbestände für Ausländer nicht gewährt wurde (SG Hamburg vom 7.9.2016 – S 28 AY 56/16 ER).

Nach anderer Auffassung war § 2 Abs. 1 AsylbLG dahingehend verfassungskonform auszulegen, dass beim Eingreifen des Ausschlusstatbestands nach § 22 SGB XII wieder die Leistungsberechtigung nach § 3 AsylbLG greife (SG Dresden vom 16.1.2018 – S 20 AY 46/17 ER).

II.2 Rechtslage seit 1.9.2019

Die Situation war also unbefriedigend, da es eine Art Lotterie war, in welchem Gerichtsbezirk die Auszubildenden oder Studierenden wohnten – je nach Wohnort gab es entweder weiter Leistungen oder nicht. Der Gesetzgeber hat mit einer Änderung des § 2 AsylbLG zum 1.9.2019 reagiert und damit die Förderungslücke weitgehend geschlossen (§ 2 Abs. 1 S. 2 und 3 AsylbLG; BT-Drs. 19/10052, 18f.).

Nun greift der Ausschluss nach § 22 SGB XII nicht mehr für folgende Konstellationen:

■ Betroffene mit Aufenthaltsgestattung:
  – Leistungen als Zuschuss[203]

---

203 Zuschuss bedeutet, dass die Leistungen nicht zurückgezahlt werden müssen.

- bei berufsvorbereitenden Bildungsmaßnahmen (§ 51 BaföG),
- bei Berufsausbildung (§ 57 BaföG).
- bei Berufsausbildung mit Ausbildungsteilen im Ausland (§ 58 BaföG).
- Leistungen als Zuschuss oder Darlehen
  - bei sonstiger Ausbildung, die dem Grunde nach nach BaföG förderungsfähig ist.
- Betroffene mit humanitärer Aufenthaltserlaubnis nach § 1 Abs. 1 Nr. 3 AsylbLG und Betroffene mit Duldung:
- Leistungen als Zuschuss
  - bei berufsvorbereitenden Bildungsmaßnahmen (§ 51 BaföG),
  - bei Berufsausbildung (§ 57 BaföG),
  - bei Berufsausbildung mit Ausbildungsteilen im Ausland (§ 58 BaföG),
  - bei sonstiger Ausbildung, die dem Grunde nach nach BaföG förderungsfähig ist
  - und sich die BaföG-Bedarfe nach § 12 oder § 13 Abs. 1 iVm Abs. 2 Nr. 1 oder § 13 Abs. 1 Nr. 1 iVm Abs. 2 Nr. 2 BaföG richten
  - und Leistungen nach BaföG tatsächlich bezogen werden.

Das sieht recht kompliziert aus – es bleibt nichts anderes übrig, als sich im Einzelfall durch die Normen zu graben, um herauszufinden, ob weiter Analogleistungen zu gewähren sind. Seit der Neuregelung gibt es jedenfalls in der Praxis keine größeren Probleme mehr, sodass der Gesetzgeber hier zwar eine komplizierte aber wirkungsvolle Norm für die meisten Praxisfälle geschaffen hat.

Für all die Ausbildungen, die dem Grunde nach nicht BaföG-förderungsfähig sind, greift § 22 SGB XII generell nicht, sodass hier auch keine besondere Regelung in § 2 AsylbLG nötig ist. Für diese Ausbildungen gilt, dass Analogleistungen weiter gewährt werden müssen, wenn die Ausbildungsvergütung die Bedarfe nicht vollständig deckt.

> Beispiel: A bezieht Leistungen nach § 2 AsylbLG und ist im Besitz einer Duldung. Nun beginnt A eine Ausbildung zum Altenpflegehelfer aufgrund eines Ausbildungsvertrages mit einer ausbildenden Pflegeeinrichtung. Das zuständige Sozialamt beendet den Leistungsbezug, da A keine förderungsfähige Ausbildung absolviert, wie sie in § 2 Abs. 1 S. 2 AsylbLG aufgezählt sind.
>
> Die Leistungsbeendigung ist rechtswidrig. Es ist zwar richtig, dass die Ausbildung des A keine von denen in § 2 Abs. 1 S. 2 AsylbLG aufgezählten Ausbildungstypen ist. Darauf kommt es aber auch nicht an. § 2 Abs. 1 S. 2 AsylbLG wird nur gebraucht, wenn sonst § 22 SGB XII zum Leistungsausschluss führen würde. Das ist aber nur der Fall, wenn die Ausbildung des A dem Grunde nach nach BaföG- oder BAB-förderungsfähig wäre. Das ist sie aber nicht.
>
> A hat also weiter Anspruch auf Analogleistungen (vgl. BT-Drs. 16/10810, 35).

1. Welche Auswirkungen hat ein Studium oder eine Ausbildung auf den Leistungsbezug nach § 3 AsylbLG?
2. Mit der Schaffung von § 2 Abs. 1 S. 2 und 3 AsylbLG wurde die Förderungslücke geschlossen, die durch die analoge Anwendung von § 22 SGB XII entstanden war. Warum gibt es eigentlich § 22 SGB XII (weitgehender Ausschluss von Auszubildenden und Studierenden von Leistungen nach SGB XII) und § 7 Abs. 5 SGB II (weitgehender Ausschluss von Auszubildenden und Studierenden von Leistungen nach SGB XII) weiter? Sollen Betroffene des AsylbLG nicht eigentlich schlechter gestellt werden, werden hier aber besser gestellt?
3. Was gilt für eine:n Betroffene:n, wenn sie oder er einen Asyl-Folgeantrag laufen hat, Leistungen nach § 2 AsylbLG bezieht und nun ein Studium an einer Hochschule beginnt?

Zu 1.
Es gibt keine Auswirkungen, da es an einer entsprechenden Norm im AsylbLG fehlt. Bestenfalls beeinflusst also eine Ausbildungsvergütung die Leistungen, als anrechenbares Einkommen.

Zu 2.
Erwägungen bei der Diskussion dieser Fragen können beispielsweise sein:

■ BaföG und BAB haben den Anspruch, eine berufsqualifizierende Ausbildung für jedermann zu ermöglichen, wobei der Gesetzgeber auch Grenzen setzt (beispielsweise mit der Altersgrenze von 45 Jahren[204]);
■ Der Zugang zu BaföG und BAB ist für Ausländer:innen (vor allem mit Aufenthaltsgestattung und Duldung) weitgehend ausgeschlossen;
■ Es besteht ein Interesse des Staates, dass Ausländer:innen sich beruflich qualifizieren (Stichwort: demografischer Faktor), daher müssen Anreize zum Studium und zur Ausbildung geschaffen und Blockaden müssen abgebaut werden;
■ § 7 Abs. 5 SGB II und § 22 SGB XII rechtfertigen sich vor allem aus der Überlegung, dass Auszubildende und Studierende, die von den eigentlich einschlägigen Fördersystemen (BaföG, BAB) nicht mehr als „förderungswert" ausgeschlossen sind[205], keine „versteckte Ausbildungsförderung" über das SGB II/XII erhalten sollen (BSG vom 17.2.2016 – B 4 AS 2/15 R, Rn. 23). Ausländer:innen, die aufgrund ihrer Staatsangehörigkeit und ihres Aufenthaltsstatus vom BaföG oder BAB ausgeschlossen sind, hätten ohne die AsylbLG-Leistungen keine Chance auf eine Ausbildung oder ein Studium.
■ Wer Leistungen nach § 3 AsylbLG bezieht, kann ohne Gefährdung der Leistungen ein Studium oder eine Ausbildung starten. Wenn dann aber der Wech-

---

204 § 10 Abs. 3 BaföG
205 Böse gesprochen: Die Betroffenen hatten ihre Chance und haben sie nicht genutzt.

sel zu Analogleistungen erfolgt, droht plötzlich der Wegfall der Existenzsicherung, obwohl Analogleistungen die Situation verbessern sollen.

Zu 3.
Grundsätzlich greift § 2 AsylbLG iVm § 22 SGB XII, sodass nur ein Härtefall oder eine Ausnahme nach § 22 Abs. 2 SGB XII helfen können. § 2 Abs. 1 S. 2 und 3 AsylbLG helfen hier nicht, weil der Asyl-Folgeantrag dazu führt, dass § 1 Abs. 1 Nr. 7 AsylbLG greift und davon Betroffene von den Privilegierungen nicht umfasst sind.

Vertiefende Literatur:

von Harbou, Frederik: Die Rechte Geflüchteter auf Zugang zu Arbeit und Bildung, Archiv für Wissenschaft und Praxis der sozialen Arbeit (ArchsozArb) 2020, Nr. 3, S. 10ff.

Hupke, Lea: Behördenpraxis und Rechtsprechung zur Lücke bei der Ausbildungsförderung, Asylmagazin 2019, S. 135ff.

Teil XI – Arbeits- und Integrationsmaßnahmen

Zusammenfassung

Mit Arbeits- und Integrationsmaßnahmen soll die Teilhabe am Leben: und die Integration für Geflüchtete erleichtert werden. Hier wird erklärt, unter welchen Umständen welche Maßnahmen in Betracht kommen, welche Probleme es eventuell geben kann und wie mit diesen Problemen umgegangen werden kann.

I. Arbeitsgelegenheiten

I.1 In Aufnahmeeinrichtungen und vergleichbaren Einrichtungen

a) Arbeitsgelegenheiten zur Aufrechterhaltung und Betreibung der Unterkunft

§ 5 Abs. 1 Fall 1 AsylbLG regelt die sogenannten Arbeitsgelegenheiten in Erstaufnahmeeinrichtungen und Gemeinschaftsunterkünften. Diese Arbeiten sollen vor allem der Aufrechterhaltung und Betreibung der Unterkunft dienen. Das erscheint grundsätzlich bedenklich. Schließlich werden den Betroffenen die Regelbedarfsleistungen für Reinigung, Instandhaltung etc. mit dem Argument vorenthalten, diese Bedarfe seien durch Sachleistungen gedeckt. Wenn nun also diese Bedarfsdeckung von den Betroffenen durch eigene Arbeitsleistung erbracht wird, dann kann das als doppelte Benachteiligung gesehen werden. Es ist daher im Einzelfall genau darauf zu achten, welchem Zweck die Maßnahme dient und ob damit Regelbedarfe betroffen sind, die angeblich durch Sachleistungen abgedeckt werden.

In der Praxis wird das Problem kaum als Problem gesehen. Die Betroffenen sind in der Regel froh, etwas zu tun zu haben und sie bekommen dafür auch etwas mehr Geld. Diese Vorteile überwiegen für die Betroffenen regelmäßig so stark, dass keine Kritik am System der Arbeitsgelegenheiten aufkommt.

Für diese Arbeitsgelegenheiten gilt die Maßgabe der sogenannten Zusätzlichkeit nicht. Die Zusätzlichkeit ist im „normalen" Sozialrecht stets eine Einschränkung zur Verhinderung von unzulässigen Eingriffen in den Arbeitsmarkt (§ 16d Abs. 1 und 2 SGB II). Zweck dieser Maßgabe ist es, Verdrängungs- und Mitnahmeeffekte zu verhindern. Es geht also um den Schutz privatwirtschaftlicher Unternehmer vor Konkurrenz.

Arbeiten sind zusätzlich, wenn dadurch Tätigkeitsfelder geschaffen werden, die bestehende Arbeitsplätze nicht verdrängen (BR-Drs. 313/11, 236). Die Arbeitsgelegenheiten sollen also keine reguläre Arbeit ersetzen bzw. verdrängen. Würde hier also für die Arbeitsgelegenheiten in Sammelunterkünften das Zusätzlichkeitskriterium gelten, wären keine Arbeitsgelegenheiten möglich. Insbesondere erforderliche Reinigungs-, Instandhaltungs- und Wartungsarbeiten sind grundsätzlich nie zusätzlich, da es dafür reguläre Arbeitskräfte gibt, die diese Leistungen anbieten (vergleiche Harks 2021: Rn. 42). Hier kommt noch dazu, dass die jeweilige Kommune verpflichtet ist, die besagten Arbeiten als Sachleistungen für die Betroffenen zu erbringen. Die Kommune erfüllt also ihre Pflicht gegenüber den Betroffenen, indem sie die Betroffenen selbst als „billige Arbeitskräfte" verpflichtet (Vießmann 2011).

Um all das zu umgehen, gilt für die hier fraglichen Arbeitsgelegenheiten das Kriterium der Zusätzlichkeit nicht.

> Beispiel: A bezieht Leistungen nach SGB II. Sein Vermieter verpflichtet sich, die Hausreinigung und Wohnungsinstandhaltung zu übernehmen. Das Jobcenter mindert daraufhin die Regelleistungen um die entsprechenden Bedarfsanteile. Um Kosten zu sparen, wendet sich der Vermieter an das Jobcenter, um für die Reinigungs- und Instandsetzungsarbeiten eine:n „1-EUR-Jobber:in" zu bekommen. Das Jobcenter verpflichtet daraufhin A, die Reinigungs- und Instandhaltungsarbeiten im Rahmen einer Arbeitsgelegenheit nach § 16d SGB II („1-EUR-Job") durchzuführen.

> Eine solche Praxis wäre im Bereich des SGB II absurd und offensichtlich rechtswidrig – im AsylbLG ist genau das die Realität, die weitgehend nicht infrage gestellt wird.

Generell verwundert die Schaffung von Arbeitsgelegenheiten im AsylbLG, denn im „normalen" Sozialrecht wurden Arbeitsgelegenheiten vor allem als Teil der Wiedereingliederung in den Arbeitsmarkt geschaffen. Leistungsberechtigte nach § 3 AsylbLG sollen aber ausdrücklich weder in das „normale" Sozialleistungssystem noch in den Arbeitsmarkt (für viele besteht ein Arbeitsverbot) integriert werden (BSG vom 13.11.2008 – B 14 AS 24/07 R). Auch Analogleistungsbeziehende nach § 2 AsylbLG werden auf Leistungen nach SGB XII und nicht nach SGB II verwiesen und von vielen Förderleistungen des SGB III sind sie ausgeschlossen. Das bedeutet, auch sie sollen überwiegend nicht bei der Eingliederung in Arbeit gefördert werden. Um nun also die Arbeitsgelegenheiten im AsylbLG irgendwie sinnvoll zu rechtfertigen, wird gesagt, dass die gesellschaftliche Teilhabe, der Spracherwerb und auch eine erste Heranführung an den Arbeitsmarkt gefördert werden soll (BT-Drs. 18/8615, 36).

Das AsylbLG ist hier also durchaus schizophren. Einerseits wird die Existenz des AsylbLG damit begründet, dass die Betroffenen nicht integriert werden sollen oder schon kein Integrationsbedarf bestünde, da der Aufenthalt regelmäßig nur vorübergehend sei – andererseits werden Maßnahmen zur gesellschaftlichen Teilhabe etc. geschaffen und sogar als Verpflichtung für die Betroffenen ausgestaltet. Zu verstehen ist das besser, wenn die ursprüngliche Begründung für die Schaffung von Arbeitsgelegenheiten angesehen wird. Der Gesetzgeber meinte, dass die Betroffenen eine Gegenleistung für die empfangenen Leistungen zu erbringen hätten. Egal, wie gruselig diese Haltung (die leider bis heute beim Gesetzgeber, bei Behörden, bei Gerichten etc. verbreitet ist) anmuten mag – mit dieser Begründung ergibt die Regelung des § 5 AsylbLG mehr Sinn, als mit der modernen Begründung der Teilhabeförderung.

Im Ergebnis erscheint es sehr zweifelhaft, ob die Schaffung von Arbeitsgelegenheiten („billige Arbeitskräfte" ohne Arbeitnehmerschutzrechte) wirklich der Teilhabe dient oder nicht eher dem alten Denken „Die Geflüchteten sollen dankbar sein und etwas zurückgeben" und vor allem auch der Kostenersparnis. Die jeweilige Kommune spart schließlich doppelt: Die Bedarfssätze aus dem Regelsatz für Wohnung und Instandhaltung müssen nicht ausgezahlt werden und die Reinigungs- und Instandhaltungsarbeiten müssen nicht „teuer" von regulären Arbeitskräften eingekauft werden. Wirkliche gesellschaftliche Teilhabe und Integration wäre wohl eher durch eine weitgehende Abschaffung des Systems von Sammelunterkünften zu erreichen. Dafür muss aber auf politischer Ebene gestritten werden. An den real existierenden Arbeitsgelegenheiten ändern diese Überlegungen erst einmal nichts.

b) Tätigkeiten der Selbstversorgung

Aus § 5 Abs. 1 Fall 2 AsylbLG ergibt sich die Verpflichtung der Betroffenen, die Tätigkeiten der Selbstversorgung selbst zu erledigen. Solche Tätigkeiten können nicht als Arbeitsgelegenheiten angeboten werden.

Es geht hier um Tätigkeiten, die letztlich ganz selbstverständlich von den Betroffenen selbst erledigt werden, wie beispielsweise die eigene Haushaltsführung, das Aufräumen und Reinigen des eigenen Zimmers etc. (BT-Drs. 12/5008, 16).

c) Weitere Arbeitsgelegenheiten

Im Übrigen sollen soweit wie möglich Arbeitsgelegenheiten bei staatlichen, bei kommunalen und bei gemeinnützigen Trägern zur Verfügung gestellt werden, sofern die zu leistende Arbeit sonst nicht – nicht in diesem Umfang oder nicht zu diesem Zeitpunkt – verrichtet werden würde (§ 5 Abs. 1 S. 2 AsylbLG).

Hier gilt das Kriterium der Zusätzlichkeit (→ siehe I.1.a)! Denn hier geht es vor allem um den Schutz von Planstellen im öffentlichen Dienst (Frerichs 2020: Rn. 41). Es dürfen also nur Arbeitsgelegenheiten angeboten werden, die Tätigkeiten betreffen, die von der üblichen Personalbesetzung nicht abgedeckt werden. Außerdem darf die Tätigkeit nicht unbedingt notwendig zur Aufgabenerfüllung der kommunalen und gemeinnützigen Träger sein.

Für Arbeitsgelegenheiten bleiben also nur Tätigkeiten übrig, die nicht unbedingt notwendig sind und die nicht zum Tätigkeitsfeld regulärer Arbeitskräfte gehören. Es kann sich beispielsweise um die nicht unbedingt nötige Reinigung von öffentlichen Wegen, Plätzen, Grün- und Sportanlagen, Friedhöfen oder Kinderspielplätzen handeln (OVG NRW vom 14.7.2000 – 16 B 605/00 und vom 19.7.1995 – 8 A 46/92).

Instandhaltungs-, Wartungs- oder Verwaltungsarbeiten sind in der Regel immer unbedingt notwendig, sodass sie regelmäßig nicht zusätzlich sein können (beispielsweise für Reinigungsarbeiten in einem Krankenhaus: OVG Niedersachsen vom 23.6.1983 – 4 B 95/83).

d) Zumutbarkeit

Die angebotene Arbeitsgelegenheit muss im Einzelfall zumutbar sein (§ 5 Abs. 3 iVm § 11 Abs. 4 SGB XII). Das ist insbesondere dann nicht der Fall, wenn sie die körperlichen, geistigen und/oder seelischen Kräfte der Betroffenen überfordern, die adäquate Betreuung eines Kindes bzw. die Versorgung eines pflegebedürftigen Angehörigen gefährdet wird oder die Betroffenen bereits das Rentenalter erreicht haben.

Weitere wichtige Gründe, die der Aufnahme einer Arbeitsgelegenheit entgegenstehen können, sind insbesondere die Aufnahme einer Beschäftigung auf dem allgemeinen Arbeitsmarkt, einer Berufsausbildung oder eines Studiums, aber auch die Teilnahme an einem Integrationskurs, an berufs- oder studienbezogener Deutschsprachförderung oder einer Maßnahme der aktiven Arbeitsförderung nach dem SGB III sowie Anpassungslehrgänge, berufsbezogene Weiterbildungsangebote und Vorbereitungskurse auf Kenntnis- oder Eignungsprüfungen (BT-Drs. 18/8615, 37).

Eine Arbeitsgelegenheit darf außerdem nicht den Umfang einer Vollzeitstelle erreichen (BT-Drs. 12/4451, 9). Wann die Grenze zur Vollzeitstelle überschritten sein soll, ist nicht abschließend geklärt – eine Wochenstundenzahl von 20–25 begegnet jedoch regelmäßig keinen Bedenken (OVG NRW vom 14.7.2000 – 16 B 605/00).

Grundsätzlich kann eine Arbeitsgelegenheit auch nur dann zumutbar sein, wenn das Ziel der Arbeitsgelegenheit überhaupt sinnvoll erreicht werden kann (für Analogleistungsberechtigte: Siefert 2020: § 5, Rn. 25). Wenn nun aber, wie in I.1.a dargestellt (→ oben: I.1.a), das Ziel der Maßnahme auch die gesellschaftliche Teilhabe sein soll, so sollte im Einzelfall geprüft werden, damit wenigstens ansatzweise eine solche Teilhabe erreicht werden kann.

e) Verpflichtung

Die Arbeitsgelegenheiten sind verpflichtend, wenn die Betroffenen nicht mehr im schulpflichtigen Alter sind und arbeitsfähig und nicht erwerbstätig sind (§ 5 Abs. 4 S. 1 AsylbLG).

Eine Arbeitsgelegenheit darf nicht abgelehnt werden, es sei denn, es liegt ein ausreichender Grund dafür vor. Zunächst muss also im Einzelfall geprüft werden, ob überhaupt eine willentliche Ablehnung vorliegt. Das ist nur der Fall, wenn eine bewusste Entscheidung getroffen wurde, die Arbeitsgelegenheit nicht anzutreten. Wer beispielsweise durch fehlende Sorgfalt nur vergessen hat, die Arbeitsgelegenheit anzutreten, hat schon nicht abgelehnt.

Wenn jemand eine Arbeitsgelegenheit ablehnt, hat die Leistungsbehörde von Amts wegen zu prüfen, ob ihr Gründe bekannt sind, die einen ausreichenden Grund darstellen können (beispielsweise der Beginn eines Integrationskurses). Will der:die Betroffene Gründe anführen, die nur er oder sie kennt, muss er oder sie die entsprechenden Umstände dazu vortragen und nachweisen.

Ob ein ausreichender Grund vorliegt, muss in jedem Einzelfall unter Beachtung aller besonderen Umstände dieses Falls geprüft werden. Es wird dabei vor allem um Gründe wie Arbeitsfähigkeit, Alter, Krankheit, bzw. generell um die Zumutbarkeit gehen. Aber auch die Frage der Zusätzlichkeit der weiteren Arbeitsgelegenheiten (→ siehe I.1.c) kann eine Rolle spielen. Wenn ein Verstoß gegen die Zusätzlichkeit vorliegt, stimmt schließlich etwas mit der Zielrichtung der Maßnahme nicht und niemand darf verpflichtet werden, eine fehlgeleitete Maßnahme anzutreten (BSG vom 27.8.2011 – B 4 AS 1/10 R und vom 22.8.2013 – B 14 AS 75/12 R).

Verfassungsrechtlich ist die Regelung der Arbeitsgelegenheiten durchaus bedenklich. Eine Pflicht, aktiv an Arbeitsgelegenheiten mitzuwirken, kann nur durch den Nachranggrundsatz (→ Teil VIII Anrechnung von Einkommen und Vermögen/Nachranggrundsatz, IV.) gerechtfertigt werden (BVerfG vom 5.11.2019 – 1 BvL 7/16). Das bedeutet, dass die Wirkung der Arbeitsgelegenheiten sein müsste, die Hilfebedürftigkeit zu überwinden. Das ist aber schon nicht der Anspruch der Arbeitsgelegenheiten. Die Verpflichtung zu einer Tätigkeit, für die eigentlich reguläre Arbeitskräfte einzusetzen wären (für die unter anderem das Mindestlohngesetz gelten würde) für 0,80 EUR/Stunde kann nicht ernsthaft als Hilfe zur Überwindung der Hilfebedürftigkeit angesehen werden. Angesichts der geringen praktischen Bedeutung, soll das Thema hier aber nicht vertieft werden.

f) Aufwandsentschädigung

Für die zu leistende Arbeit im Rahmen einer Arbeitsgelegenheit wird eine Aufwandsentschädigung von 0,80 EUR/Stunde ausgezahlt, soweit nicht im Einzelfall höhere notwendige Aufwendungen nachgewiesen werden, die durch die Wahrnehmung der Arbeitsgelegenheit entstehen.

g) Rechtsfolgen

Zur Rechtsfolge der Sanktion bei einer unbegründeten Ablehnung einer Arbeitsgelegenheit wird auf die Darstellungen zu Anspruchseinschränkungen (→ Teil IV Anspruchseinschränkungen, V.4) Bezug genommen.

Da die Arbeitsgelegenheiten kein Arbeitsverhältnis begründen, greifen auch Arbeitnehmer:innenrechte wie Kündigungsschutz oder Vergütungsansprüche nach Mindestlohn oder Tarif etc. nicht. Wenn aber eine Arbeitsgelegenheit nicht korrekt verfügt wurde (beispielsweise ohne Heranziehungsbescheid), dann kann im Einzelfall geprüft werden, ob nicht doch ein Arbeitsverhältnis mit regulären Vergütungsansprüchen entstanden ist. Das kann insbesondere bei Tätigkeiten in den Unterkünften gelten, wo die Tätigkeiten regulärer Arbeit entsprechen.

In jedem Fall gelten die Vorschriften zum Arbeitsschutz, inklusive Mutter- und Jugendschutz. Außerdem gelten die Grundsätze der Beschränkung der Arbeitnehmer:innenhaftung (§ 5 Abs. 5 S. 3 AsylbLG). Wenn also bei der Ausübung der Arbeitsgelegenheit Personen- oder Sachschäden entstehen, dann haften die Betroffenen nur bei Vorsatz (Wissen und Wollen) oder grober Fahrlässigkeit (grobe Außerachtlassung der üblichen und gebotenen Sorgfalt).

h) Rechtsnatur

Die Arbeitsgelegenheit begründet ein öffentlich-rechtliches Beschäftigungsverhältnis und keine reguläre Beschäftigung[206] oder ein Arbeitsverhältnis[207] (§ 5 Abs. 5

---

206 § 7 SGB IV
207 § 611a BGB

AsylbLG; BVerwG vom 13.10.1983 – 5 C 67/82; BAG vom 20.2.2008 – 5 AZR 290/07).

Daraus folgt unter anderem, dass keine Sozialversicherungspflicht besteht und damit auch kein Kranken-, Pflege-, Renten- und Arbeitslosenversicherungsschutz entsteht. Allein eine gesetzliche Unfallversicherung während der Tätigkeit besteht (§ 2 Abs. 2 S. 1 SGB VII). Wer also einen Unfall bei der Ausübung der Arbeitsgelegenheit oder auf dem Weg zur oder von dieser erleidet, der oder die hat Anspruch auf Versorgungsleistungen der gesetzlichen Unfallversicherung.

Ob während der Ausübung einer Arbeitsgelegenheit ein Anspruch auf Kindergeld oder Elterngeld entstehen kann, ist noch nicht abschließend geklärt (anhängige Revision beim BFH zum Aktenzeichen: III R 63/12).

i) Verfahren

Es muss ein Heranziehungsbescheid ergehen. Das heißt, die Arbeitsgelegenheit wird durch einen Verwaltungsakt zur Verfügung gestellt (Siefert 2020: § 5, Rn. 13; BSG vom 13.4.2011 – B 14 AS 101/10 R). Der Bescheid muss hinsichtlich der Art der zu leistenden Arbeit, ihres zeitlichen Umfangs sowie ihrer zeitlichen Verteilung und der Höhe der Mehraufwandsentschädigung hinreichend bestimmt sein (BVerwG vom 10.02.1983 – 5 C 115/81; BSG vom 16.12.2008 – B 4 AS 60/07 R).

Widerspruch und Klage gegen einen Heranziehungsbescheid haben aufschiebende Wirkung. Ausnahmsweise entfällt die aufschiebende Wirkung, wenn die Leistungsbehörde die sofortige Vollziehung anordnet. Diese Anordnung der sofortigen Vollziehung muss zwingend schriftlich begründet werden (§ 80 Abs. 3 VwGO). Für Arbeitsgelegenheiten zur Aufrechterhaltung einer Sammelunterkunft (→ siehe I.1.a) müsste also begründet werden, dass ohne die sofortige Verpflichtung des oder der jeweiligen Betroffenen zur Arbeitsgelegenheit der Bestand der Unterkunft gefährdet wäre. Das wird also nur selten zu begründen sein. Für weitere Arbeitsgelegenheiten (→ siehe I.1.c) wird regelmäßig eine Anordnung der sofortigen Vollziehung ausscheiden, weil die Tätigkeit schließlich nur dann zulässig sein kann, wenn sie nicht unbedingt notwendig erledigt werden muss.

Die Betroffenen sind vorab darüber zu belehren, welche Rechtsfolgen drohen, wenn sie die Arbeitsgelegenheit verweigern (§ 5 Abs. 4 S. 3 AsylbLG). Es bietet sich an, dass diese Belehrung mit dem Verwaltungsakt verbunden wird. Zwingend ist das aber nicht – die Belehrung kann also auch mündlich und/oder separat zum Verwaltungsakt erteilt werden. Wichtig ist, dass die Belehrung in einem engen zeitlichen Zusammenhang zur Heranziehung zur Arbeitsgelegenheit erfolgt. Wenn die Belehrung nicht schriftlich erfolgt, dann ist die Belehrung aktenkundig zu machen, sodass sich aus der Akte ergibt, wann wer worüber durch wen belehrt wurde.

II. Sonstige Maßnahmen zur Integration

Mit § 5b AsylbLG können die Leistungsbehörden unter bestimmten Umständen bestimmte Betroffene in einen Integrationskurs nach § 43 AufenthG zuweisen. Auch hier ist eine sanktionsbewehrte Verpflichtung vorgesehen.

Da diese sonstigen Integrationsmaßnahmen noch weniger praktische Bedeutung haben als die Arbeitsgelegenheiten, und dieses Lehrbuch praxisorientiert sein soll, wird auf eine detaillierte Darstellung der aus § 5b AsylbLG folgenden Regelungen verzichtet.

Fragen zur Vertiefung und Diskussion:

1. Warum haben Arbeitsgelegenheiten im AsylbLG eine so geringe praktische Bedeutung?
2. Wie hat sich die Rechtfertigung für die Schaffung von Arbeitsgelegenheiten seit 1993 (Einführung des AsylbLG) geändert? Was könnten die Gründe für diese Änderung sein?
3. Was ist zu beachten, wenn jemand bei der Ausübung einer Arbeitsgelegenheit einen Unfall erleidet?

Antworten:

Zu 1.
Belastbare Erkenntnisse gibt es dazu nicht. Es dürften hier auch regional sehr unterschiedliche Befunde zu erheben sein. In einigen Unterkünften werden viele Leistungsbeziehende regelmäßig zu Arbeitsgelegenheiten herangezogen – in anderen Unterkünften gibt es keine Arbeitsgelegenheiten und dazwischen gibt es alle denkbaren Abstufungen.
Betroffene berichten aber, dass es keine Probleme mit den Arbeitsgelegenheiten gibt, da die meisten Betroffenen die Arbeitsgelegenheiten gern annehmen. Wer wirklich keine Arbeitsgelegenheiten annehmen will, wird meist auch nicht ernsthaft von den Behörden behelligt. Offenbar verläuft die Vergabe von Arbeitsgelegenheiten überwiegend einvernehmlich. Daher gibt es dazu keine Streitigkeiten.
Selbst wenn eine Behörde Arbeitsgelegenheiten zwangsweise gegen Widerstände durchsetzen wollte, wäre das kaum möglich, da Widerspruch und Klage aufschiebende Wirkung haben und die Anordnung der sofortigen Vollziehung nur in extremen Ausnahmefällen gerechtfertigt sein dürfte. Im Ernstfall können Betroffene eine Arbeitsgelegenheit also sehr einfach (und ganz legal) „sabotieren". Der Aufwand für die Behörde würde sich also schlicht „nicht lohnen".

Zu 2.
Am Anfang hieß es, es dürfe von den Leistungsbeziehenden erwartet werden, dass sie etwas zurückgeben, dafür, dass sie hier Leistungen empfangen, ohne etwas für Deutschland geleistet zu haben. Diese Haltung ist leider bis heute noch oft anzutreffen.
Heute wird aber eher konstruiert, dass die Arbeitsgelegenheiten für die Betroffenen ein Weg sein sollen, am Leben teilzuhaben. Dahinter steht auch der Gedanke, dass Würde und Arbeit untrennbar miteinander verbunden seien.

Teilweise hört und liest man auch immer wieder, dass die Arbeitsgelegenheiten schon deshalb gerechtfertigt seien, da erwartet werden könne, dass sich die Betroffenen um ihre Selbstversorgung selbst kümmern. Das kann aber nicht überzeugen, da damit verkannt wird, dass es einen Unterschied zwischen der Selbstversorgung (§ 5 Abs. 1 S. 1 Fall 2 AsylbLG) und den Arbeitsgelegenheiten (§ 5 Abs. 1 S. 1 Fall 1 AsylbLG) gibt.

Beide Rechtfertigungsgründe („etwas zurückgeben" und „Teilhabe") stehen heute nebeneinander. Das spiegelt den seit Jahren andauernden Kampf im Migrationsrecht zwischen „altem Denken" (Zuwanderung und Integration muss abgewehrt werden) und „neuem Denken" (Zuwanderung ist eine hinzunehmende Tatsache und Integration ist anzustreben) wider. Immer wieder wurden und werden mühsam Verbesserungen für die Integration durchgesetzt und immer wieder gibt es Rückschläge, wo diese Verbesserungen wieder relativiert werden. Im Migrationsrecht zeigt sich das vor allem bei der Gestaltung des Zugangs zum Arbeitsmarkt – hier ging es in der Vergangenheit immer wieder „rauf und runter".

Die Arbeitsgelegenheiten und sonstigen Integrationsmaßnahmen sind ebenfalls Ausdruck dieses „Rauf und Runter". Eigentlich soll das AsylbLG die Betroffenen schlechter stellen und Integration ausdrücklich blockieren – aber mit §§ 5–5b AsylbLG gibt es dennoch Elemente, die typischerweise der Integration dienen. Der Kampf zwischen „altem" und „neuem" Denken führte hier aber zu überwiegend praxisuntauglichen Regelungen. Es werden einerseits Integrationsmöglichkeiten eröffnet, andererseits wird daraus ein Zwang gemacht und gleichzeitig wird der Anwendungsbereich so eng gezogen, dass kaum jemand davon profitieren kann. Mit § 5a AsylbLG wurden beispielsweise Flüchtlingsintegrationsmaßnahmen eingeführt, die kurz nach ihrer Einführung schon für gescheitert erklärt werden mussten und seit 1.1.2021 komplett abgeschafft wurden.

Zu 3.

Betroffene, die eine Arbeitsgelegenheit absolvieren, sind während dieser Tätigkeit (für Handlungen, die sich im Rahmen der angeordneten Arbeiten bewegen) gesetzlich unfallversichert.

Bei einem Unfall handelt es sich also um einen versicherten Arbeits(wege)unfall und die zuständige Unfallversicherung übernimmt die Gesundheitsversorgung. Damit erlangen die Betroffenen eine optimale Gesundheitsversorgung und sind nicht auf das unzureichende System von §§ 4, 6 AsylbLG angewiesen. Auch für Analogleistungsbeziehende ist die Gesundheitsversorgung über die Unfallversicherung besser als die über das SGB XII.

Zitierte Literatur:

Frerichs, Konrad. In: Schlegel/Voelzke, juris-Praxiskommentar SGB XII, § 5 AsylbLG (Stand: 10.9.2020).

Harks, Thomas. In: Schlegel/Voelzke, juris-Praxiskommentar SGB II, § 16d (Stand: 1.10.2021).

Vießmann, Thomas: Zum subjektiven Schutzzweck der „Zusätzlichkeit" von „Ein-Euro-Jobs" aus der Sicht des erwerbsfähigen Hilfeempfängers, Neue Zeitschrift für Sozialrecht (NZS) 2011, S. 128ff.

Vertiefende Literatur:

Deutscher Verein für Öffentliche und Private Fürsorge, Zur Hilfe zur Arbeit für Asylbewerber – Gutachten G 71/81, 2610 vom 25. März 1981, Nachriftendienst des Deutschen Vereins für öffentliche und private Fürsorge (NDV) 1981, S. 170ff.

Friehe, Heinz-Josef: Rechtliche Probleme um den „Arbeitseinsatz" von Asylbewerbern, Neue Verwaltungsrechtszeitschrift (NVwZ) 1983, S. 382ff.

Kepert, Jan: Das Integrationsgesetz – Ein Überblick zum Inkrafttreten weiterer Anspruchseinschränkungen im Asylbewerberleistungsgesetz, Zeitschrift für die sozialrechtliche Praxis (ZFSH/SGB) 2016, S. 530ff.

Teil XII – Verfahrensregeln

Zusammenfassung

Das AsylbLG ist kein Teil des Sozialgesetzbuches (SGB). Dadurch entstehen diverse Komplikationen, da die allgemeinen Teile des SGB (SGB I und X) nicht anwendbar sind. Stattdessen sind die jeweiligen Verwaltungsverfahrensgesetze der Länder anwendbar, die aber nicht auf Verfahren zu existenzsichernden Sozialleistungen ausgelegt sind. In diesem Kapitel wird daher erklärt, welche Verfahrensregeln nach welchen gesetzlichen Grundlagen bei der Anwendung des AsylbLG gelten.

I. Beratung und Aufklärung

I.1 Allgemeine Beratungs- und Aufklärungspflichten

Im „normalen" Sozialrecht sind die Beratungs- und Aufklärungspflichten im SGB I[208] geregelt (Schilz 2021: 676ff.). Diese Beratungs- und Aufklärungspflichten sind sehr umfassend und weitgehend (beispielsweise: BGH vom 2.8.2018 – III ZR 466/16: Sozialhilfeträger muss rentenrechtlich beraten, wenn Anhaltspunkte für rentenrechtliche Ansprüche erkennbar sind).

Für das AsylbLG gilt jedoch nicht das SGB I, sondern die Verwaltungsverfahrensgesetze der Bundesländer[209]. Die einzige Norm im VwVfG, die etwas über Beratungs- und Auskunftspflichten sagt, ist § 25 VwVfG. Dort heißt es:

> „Die Behörde soll die Abgabe von Erklärungen, die Stellung von Anträgen oder die Berichtigung von Erklärungen oder Anträgen anregen, wenn diese offensichtlich nur versehentlich oder aus Unkenntnis unterblieben oder unrichtig abgegeben oder gestellt worden sind. Sie erteilt, soweit erforderlich, Auskunft über die den Beteiligten im Verwaltungsverfahren zustehenden Rechte und die ihnen obliegenden Pflichten. Die Behörde erörtert, soweit erforderlich, bereits vor Stellung eines Antrags mit dem zukünftigen Antragsteller, welche Nachweise und Unterlagen von ihm zu erbringen sind und in welcher Weise das Verfahren beschleunigt werden kann. Soweit es der Verfahrensbeschleunigung dient, soll sie dem Antragsteller nach Eingang des Antrags unverzüglich Auskunft über die voraussichtliche Verfahrensdauer und die Vollständigkeit der Antragsunterlagen geben."

Aus diesen Vorgaben für die Behörden kann abgeleitet werden, dass die Leistungsbehörden bei Anhaltspunkten für sozialrechtliche Bedarfe die Betroffenen über eventuell bestehende Leistungsansprüche informieren und beraten müssen. Unterbleibt eine erforderliche Beratung und entsteht daraus ein Schaden für die Betroffen, hat die Behörde diesen Schaden unter bestimmten Umständen zu er-

---

208 §§ 14; 15 Abs. 1 und 2; 17 Abs. 1 SGB I
209 Im Folgenden wird auf die Normen des Bundes-Verwaltungsverfahrensgesetz (VwVfG) Bezug genommen; die Landes-VwVfG enthalten jeweils gleichlautende Regelungen.

statten. Hier kommt entweder ein sozialrechtlicher Herstellungsanspruch[210] oder ein Amtshaftungsanspruch[211] in Betracht.

I.2 Besondere Beratungs- und Aufklärungspflichten während dem Asylverfahren

Für Betroffene im Asylverfahren (mit Aufenthaltsgestattung) gilt auch hier die Aufnahmerichtlinie (AufnRL)[212].

Aus der Präambel (21) und Art. 5 Abs. 1 AufnRL ergibt sich zunächst, dass die Leistungsbehörde über unabhängige Rechtsberatungsmöglichkeiten informieren muss. Es geht hier um Rechtsberatung zu Rechten, die sich aus der AufnRL ergeben, also hier vor allem um die soziale Absicherung[213], inklusive der Gesundheitsversorgung[214].

Art. 5 Abs. 1 AufnRL verlangt, dass die Betroffenen innerhalb von 15 Tagen ab Asylantragstellung über die vorgesehenen Sozialleistungen zu informieren sind. Diese Informationen haben grundsätzlich schriftlich und in einer für die Betroffenen verständlichen Sprache zu erfolgen.

Für Minderjährige, die Opfer irgendeiner Form von Missbrauch, Vernachlässigung, Ausbeutung, Folter, grausamer, unmenschlicher oder erniedrigender Behandlung gewesen sind oder unter bewaffneten Konflikten gelitten haben, greift (neben der Pflicht zu Rehabilitationsmaßnahmen und gegebenenfalls einer psychologischen Betreuung) eine besondere Beratungspflicht (Art. 23 Abs. 4 AufnRL).

II. Kenntnisnahmegrundsatz statt Antragsgrundsatz

Im AsylbLG muss die Leistungsbehörde Leistungen ab dem Zeitpunkt erbringen, ab dem ihr die Hilfebedürftigkeit bekannt wird – anders als im SGB II, wo Leistungen erst ab Antragstellung erbracht werden dürfen[215].

II.1 Kenntnis

Die Betroffenen müssen also nicht erst einen Antrag stellen, um leistungsberechtigt zu werden. Es genügt, dass der Leistungsträger Kenntnis von der Hilfebedürftigkeit erlangt. Für Leistungsberechtigte nach § 3 AsylbLG ergibt sich das aus § 6b AsylbLG und für Analogleistungsberechtigte nach § 2 AsylbLG ergibt es sich aus § 18 SGB XII.

Der Kenntnisnahmegrundsatz gilt nicht nur für die Grund- und Regelleistungen (LSG Berlin-Brandenburg vom 16.7.2020 – L 10 AS 886/19, Rn. 61), sondern für alle Leistungen, die nach dem AsylbLG erbracht werden können (SG Schleswig

---

210 Im Zweifel vor den Sozialgerichten (gerichtskostenfrei) durchzusetzen.
211 Im Zweifel vor dem zuständigen Landgericht durchzusetzen (hohes Kostenrisiko durch Gerichtskosten und Anwaltszwang für Kläger:in und Beklagte:n).
212 RL 2013/33/EU
213 Art. 17 AufnRL
214 Art. 19 AufnRL
215 § 37 SGB II

vom 16.6.2022 – S 15 AY 113/19: Leistungen für Krankenbehandlung; Sächsisches LSG vom 18.5.2022 – L 8 AY 4/21: Pflegeleistungen).

Wie der Leistungsträger Kenntnis erlangt, ist egal. In der Praxis wird die Kenntnis sicher oft durch einen Antrag ausgelöst werden, aber das ist eben nicht Voraussetzung.

> Beispiel: A bezieht bereits Leistungen nach § 3 AsylbLG. Als er krank wird, übersendet sein Arzt einen Behandlungs- und Kostenplan an die Leistungsbehörde. Nach Abschluss der Behandlung reicht A die Rechnung für die Behandlung bei der Behörde ein. Die Behörde lehnt die Kostenübernahme ab, weil A den Antrag zu spät gestellt habe und Leistungen zur Gesundheit stets vor Entstehen zu beantragen seien.

> Die Ablehnungsentscheidung ist rechtswidrig, weil die Behörde den Kenntnisnahmegrundsatz nicht beachtet hat. Mit dem Eingang des Behandlungs- und Kostenplans (vor Behandlungsbeginn) hatte die Behörde die nötige Kenntnis.

Die Kenntnis muss sich nicht auf alle Umstände des Falls beziehen – es genügt, dass die Hilfebedürftigkeit, die Behandlungsbedürftigkeit, die Pflegebedürftigkeit etc. bekannt werden (BSG vom 10.11.2011 – B 8 SO 18/10 R und vom 2.2.2012 – B 8 SO 5/10 R). Dafür genügt es wiederum, dass Umstände bekannt werden, die einen Bedarf, der durch Leistungen zu decken wäre, nahelegen.

> Beispiel: B bezieht Leistungen nach § 3 AsylbLG. B reicht bei der Leistungsbehörde im Januar einen Krankenhausbericht ein, in dem es unter anderem heißt: „Bei B besteht ein Pflegebedarf." Tatsächlich organisieren ehrenamtliche Helfer:innen die Pflege für B, weil niemand auf die Idee kommt, dass hier Pflegeleistungen von der Behörde erbracht werden könnten. Erst im Juli erkennt ein Rechtsanwalt, dass die Behörde hier schon im Januar den Pflegebedarf durch Festlegung eines Pflegegrades hätte erheben müssen, um dann Leistungen zu erbringen. Die Behörde wird nun auf Drängen des Rechtsanwalts endlich tätig, weigert sich aber, Leistungen für die Vergangenheit auch nur zu prüfen, da B nie irgendwelche Bedarfe geltend gemacht habe und das Krankenhaus schon nicht wissen könne, ob hier sozialrechtlich relevanter Pflegebedarf bestünde.

> Auch hier verkennt die Behörde den Kenntnisnahmegrundsatz. Mit Eingang des Krankenhausberichts hatte die Behörde Kenntnis von einem möglichen Pflegebedarf und damit hätte ein entsprechendes Verfahren eingeleitet werden müssen und gegebenenfalls hätten auch Leistungen ab Januar erbracht werden müssen.

Wenn die Leistungsbehörde zwar keine Kenntnis hat, aber bei pflichtgemäßer Beratung des:der Betroffenen Kenntnis haben müsste, kann auch dieses Kennen-Müssen ausreichen, um die Leistungspflicht auszulösen (Coseriu/Filges 2021: Rn. 21). Beim Kennen-Müssen geht es allein um die Leistungsbehörde – eine sachlich nicht zuständige Behörde muss nicht zu sozialrechtlichen Leistungsmöglichkeiten aufklären und beraten (LSG Hamburg vom 13.4.2017 – L 4 AY 4/16: Ausländerbehörde muss nicht sozialrechtlich beraten).

II.2 Leistungsträger

Leistungsträger ist hier nicht nur die zuständige Leistungsbehörde, sondern grundsätzlich die Kommune. Entscheidend ist also, wann eine Behörde der jeweiligen Kommune Kenntnis erlangt.

> Beispiel: C hatte bisher eine Aufenthaltserlaubnis als Studentin. Bei der letzten Vorsprache bei der Ausländerbehörde erhielt C nur noch eine Duldung ohne Arbeitserlaubnis. C schilderte der Ausländerbehörde, dass sie keine Einkünfte (mehr) hat und auch kein Vermögen und dass sie nicht wisse, wovon sie leben solle. Erst viel später erfährt C, dass für Sozialleistungen das Sozialamt zuständig ist und sie beantragt dort Leistungen. Das Sozialamt erbringt Leistungen ab der Antragstellung.

> Hier muss sich das Sozialamt die Kenntnis der Ausländerbehörde zurechnen lassen, denn beide Behörden gehören zum gleichen Leistungsträger (Kommune).

Aber selbst wenn ein komplett unzuständiger Leistungsträger Kenntnis von einer Bedarfslage erhält, löst diese Kenntnis den eventuellen Leistungsbeginn aus. Der unzuständige Leistungsträger muss dann die zuständige Behörde über die erlangte Kenntnis informieren.[216]

II.3 Europarecht

Für besonders schutzbedürftige Geflüchtete schreibt das Europarecht vor, dass die Mitgliedstaaten von Amts wegen die besonderen Bedarfe der Betroffenen zu erheben haben.

Besonders schutzbedürftig sind insbesondere Minderjährige, unbegleitete Minderjährige, Behinderte, ältere Menschen, Schwangere, Alleinerziehende mit minderjährigen Kindern, Opfer des Menschenhandels, Personen mit schweren körperlichen Erkrankungen, Personen mit psychischen Störungen und Personen, die Folter, Vergewaltigung oder sonstige schwere Formen psychischer, physischer oder sexueller Gewalt erlitten haben, wie z.B. Opfer der Verstümmelung weiblicher Genitalien.[217]

Da nicht alle Eigenschaften, die einen besonderen Schutzbedarf auslösen, offensichtlich erkennbar sind, muss von Amts wegen ermittelt werden, ob entsprechende Eigenschaften bestehen (vor allem Behinderung, Schwangerschaft, Erkrankungen). Wenn besonderer Schutzbedarf erkannt wird, ist weiter zu ermitteln, welche konkreten Bedarfe im Einzelfall bestehen (beispielsweise: Pflegebedarf, Eingliederungshilfebedarf, Betreuungsbedarf, Behandlungsbedarf). Das alles hat „innerhalb einer angemessenen Frist" ab Asylantragstellung zu erfolgen. Ergeben sich erst

---

216 § 6b AsylbLG iVm § 18 Abs. 2 SGB XII
217 Art. 21 AufnRL

im laufenden Asylverfahren Anhaltspunkte für einen besonderen Schutzbedarf, so sind zu diesem späteren Zeitpunkt in angemessener Zeit die besonderen Bedarfe zu ermitteln. Die zuständigen Behörden haben dafür Sorge zu tragen, „dass die Unterstützung, die Personen mit besonderen Bedürfnissen bei der Aufnahme nach dieser Richtlinie gewährt wird, ihren Bedürfnissen während der gesamten Dauer des Asylverfahrens Rechnung trägt und ihre Situation in geeigneter Weise verfolgt wird."[218]

Das bedeutet für das AsylbLG, dass die Bundesländer (die für die Aufnahme für Geflüchtete zuständig sind) verpflichtet sind, die besonderen Bedarfe insbesondere von Menschen mit Behinderung von Amts wegen zu erheben. Diese Kenntnis wiederum ist der zuständigen Leistungsbehörde zuzurechnen und muss ein Verfahren zur Prüfung entsprechender Leistungen auslösen.

Bisher erfüllt Deutschland, vertreten durch die Bundesländer, diese europarechtlichen Vorgaben nicht. Was folgt aber daraus? Für den Kenntnisnahmegrundsatz ist allein die positive Kenntnis entscheidend – ein Kennen-Müssen kann nicht geltend gemacht werden. Aber es könnte in geeigneten Fällen geprüft werden, ob Entschädigungsansprüche geltend gemacht werden können. Tritt ein Schaden dadurch ein, dass die zuständigen Behörden gegen ihre Pflichten verstoßen, so kann unter Umständen ein sozialrechtlicher Herstellungsanspruch oder ein Amtshaftungsanspruch geltend gemacht werden. In beiden Fällen ginge es um eine Entschädigung in Geld.

> Beispiel: D kommt als Geflüchteter im Februar 2022 nach Deutschland, nachdem er im Herkunftsland und auf der Flucht dramatische, traumatisierende Erlebnisse hatte. D weint oft plötzlich und ohne Anlass und immer wieder verletzt er sich auch selbst oder setzt sich gefährlichen Situationen aus. Er beschwert sich ab und zu (als einziger) über geschmackloses Essen – offenbar schmeckt er ab und zu einfach nichts. Außerdem fehlen D oft Erinnerungen, er vernachlässigt seine Körperpflege und fühlt sich isoliert. Von den Mitbewohnern in der Unterkunft hält er sich fern, Hilfe kann er kaum annehmen, weil er allen misstraut. Er beklagt oft Schmerzen, wobei ärztliche Untersuchungen nichts ergeben.

> Im Dezember schaffen es ehrenamtliche Helfer endlich, D bei einem Psychiater vorzustellen, der nach einigen Terminen eine komplexe Posttraumatische Belastungsstörung feststellt. Der Arzt stellt auch fest, dass diese kPTBS sicher schon mindestens seit Februar 2022 besteht und dass eine rechtzeitige Behandlung verhindert hätte, dass sich die Krankheit chronifiziert, was nun aber eingetreten ist.

> Hätten die zuständigen Behörden hier pflichtgemäß gehandelt, wäre die kPTBS schon im Februar 2022 festgestellt worden und die Chronifizierung hätte verhindert werden können. Wenn – wie hier – der Schaden dokumentiert ist und auch die Ursächlichkeit der behördlichen Pflichtverletzung für

---

diesen Schaden gut begründbar ist, dann kann es sich anbieten, Entschädigungsforderungen geltend zu machen.

In der Praxis scheitern solche Überlegungen freilich meist an der fehlenden Dokumentation und Nachweisbarkeit. Zudem bergen solche Verfahren in der Regel ein erhebliches Kostenrisiko. Daher sehen die Bundesländer hier auch keinen Handlungsbedarf, da ihre andauernde Pflichtvergessenheit schlicht ohne Konsequenzen bleibt.

III. Meldepflicht bei Aufnahme einer Erwerbstätigkeit

Leistungsberechtigte, die eine unselbstständige oder selbstständige Erwerbstätigkeit aufnehmen, haben dies spätestens am dritten Tag nach Aufnahme der Erwerbstätigkeit der zuständigen Behörde zu melden (§ 8a AsylbLG). Eine Erwerbstätigkeit ist dabei jede Tätigkeit gegen Geld, also beispielsweise auch ein entgeltliches Praktikum.

Welchen Inhalt die Meldung haben muss, ist (mal wieder) nicht im AsylbLG geregelt und damit unklar. Aus § 8a AsylbLG ergibt sich, dass nur die bloße Aufnahme der Tätigkeit zu melden ist. Aber aus § 13 AsylbLG ergibt sich, dass die Meldung auch vollständig und richtig sein muss. Daraus wird überwiegend geschlussfolgert, dass die Meldung mindestens folgenden Inhalt haben muss: a) Beginn der Tätigkeit; b) Art und Dauer; c) Höhe des Entgelts; d) Name und Anschrift des Arbeitgebers oder der Arbeitgeberin, oder bei selbstständiger Tätigkeit die Art des Gewerbes und der Unternehmenssitz (Groth 2020: Rn. 15; Siefert 2020: § 8a, Rn. 23). Es gibt aber auch Stimmen, die Angaben zur (voraussichtlichen) Dauer der Tätigkeit und zum Entgelt für entbehrlich halten (Cantzler 2019: § 8a, Rn. 10).

In der Praxis genügt es im Ergebnis aber regelmäßig, wenn die bloße Aufnahme der Tätigkeit angezeigt wird. Wenn die Behörde dann mehr Informationen für erforderlich hält, muss sie die Betroffenen im Wege der Beratungspflicht darauf hinweisen (→ siehe I.1; § 25 VwVfG).

Die Meldung muss gegenüber der zuständigen Behörde erfolgen, also gegenüber der Behörde, die für die Leistungen nach AsylbLG zuständig ist. Grundsätzlich wird also ausschließlich die Meldung bei dieser Behörde gelten können (VG Ansbach vom 23.1.2002 – AN 4 S 01.01612, Rn. 14: Kenntnis der Ausländerbehörde kann Meldung bei Sozialamt nicht ersetzen; Cantzler 2019: § 13, Rn. 9).

Wenn gegen die Meldepflicht verstoßen wird, kann daraus ein Bußgeld folgen (§ 13 AsylbLG).

IV. Mitwirkungspflichten

Hier gelten die Regeln der §§ 60–67 SGB I analog (§ 9 Abs. 3 S. 1 AsylbLG) (dazu: Schilz 2021: 769ff.).

Folgende Mitwirkungspflichten ergeben sich:

- Angabe aller Tatsachen, die für die Leistung erheblich sind (§ 60 Abs. 1 S. 1 Nr. 1 SGB I);

- Zustimmung zur Erteilung erforderlicher Auskünfte durch Dritte auf Verlangen des Leistungsträgers (§ 60 Abs. 1 S. 1 Nr. 1 SGB I);

- unverzügliche Mitteilung von Änderungen in den Verhältnissen, die für die Leistung erheblich sind und/oder über die im Zusammenhang mit den Leistungen Erklärungen abgegeben wurden (§ 60 Abs. 1 S. 1 Nr. 2 SGB I);

- Bezeichnung von Beweismitteln (§ 60 Abs. 1 S. 1 Nr. 3 SGB I);

- Vorlage von Beweisurkunden und Zustimmung zur Vorlage von Beweisurkunden, jeweils auf Verlangen des Leistungsträgers (§ 60 Abs. 1 S. 1 Nr. 3 SGB I);

- auf Verlangen des Leistungsträgers haben die Leistungsberechtigten persönlich zur mündlichen Erörterung des Begehrens oder zur Vornahme anderer für die Entscheidung über die Leistung notwendiger Maßnahmen zu erscheinen (§ 61 SGB I);

- soweit für die Entscheidung ärztliche und psychologische Untersuchungsmaßnahmen erforderlich sind, haben sich die Leistungsberechtigten diesen Maßnahmen zu unterziehen (§ 62 SGB I);

- soweit eine Heilbehandlung erforderlich ist und zu erwarten ist, dass sie eine Besserung des Gesundheitszustands herbeiführen oder eine Verschlechterung verhindern wird, haben sich die Leistungsberechtigten dieser Behandlung zu unterziehen (§ 63 SGB I);

- Duldung der Abnahme von Fingerabdrücken, wenn das zur Identitätsklärung erforderlich ist (§ 9 Abs. 3 S. 2 AsylbLG) – gilt nur für Leistungsberechtigte nach § 1 Abs. 1 Nr. 1 (Aufenthaltsgestattung), Nr. 2 (Flughafenverfahren), Nr. 4 (Duldung), Nr. 5 (vollziehbar ausreisepflichtig ohne Duldung), Nr. 7 (Asylfolgeantrag).

Wenn die zuständige Behörde für die erforderlichen Angaben Vordrucke verwendet, sind diese Vordrucke in der Regel zu verwenden (§ 60 Abs. 2 SGB I; BSG vom 28.10.09 – B 14 AS 56/08 R).

Zu beachten sind weiter die Grenzen der Mitwirkungspflichten (§ 65 SGB I):

- keine Mitwirkungsobliegenheit, wenn ihre Erfüllung nicht in einem angemessenen Verhältnis zu der in Anspruch genommenen Sozialleistung oder ihrer Erstattung steht;

- keine Mitwirkungsobliegenheit, wenn ihre Erfüllung aus einem wichtigen Grund nicht zumutbar ist;

- keine Mitwirkungsobliegenheit, wenn der Leistungsträger sich durch einen geringeren Aufwand als die Betroffenen die erforderlichen Kenntnisse selbst beschaffen kann (beispielsweise durch Beiziehung der Ausländerakte);

- medizinische Behandlungen oder Untersuchungen können folgenlos abgelehnt werden, wenn im Einzelfall ein Schaden für Leben oder Gesundheit nicht mit hoher Wahrscheinlichkeit ausgeschlossen werden kann oder mit ihnen erhebliche Schmerzen bzw. ein erheblicher Eingriff in die körperliche Unversehrtheit verbunden sind;

- Angaben, die die Betroffenen oder ihnen nahestehende Personen[219] der Gefahr der Strafverfolgung aussetzen, können verweigert werden.

Die Rechtsfolge eines Verstoßes gegen eine (zumutbare) Mitwirkungsobliegenheit ist die vollständige oder teilweise Versagung oder Entziehung der Leistung (§ 66 SGB I), soweit durch den Mitwirkungsverstoß die Sachverhaltsaufklärung erheblich erschwert wird.

Von einer Versagung wird gesprochen, wenn noch keine Entscheidung über die Leistungsbewilligung getroffen wurde und die Leistungsbewilligung gerade durch die fehlende Mitwirkung unmöglich ist. Die Versagung wirkt bis zur ausreichenden Nachholung der Mitwirkung.

Sind bereits Leistungen bewilligt, spricht man von der Entziehung der Leistungen, wenn durch den Mitwirkungsverstoß nicht aufklärbar ist, ob die Leistungsvoraussetzungen entfallen sind. Die Entziehung kann nicht rückwirkend, sondern nur für die Zukunft verfügt werden.

Wird die Mitwirkung nachgeholt, besteht ein Anspruch auf ermessensfehlerfreie Entscheidung darüber, ob die versagten oder entzogenen Leistungen nachträglich zu erbringen sind.

Diese Rechtsfolgen können nur eingreifen, wenn die Leistungsbehörde die Hinweispflicht erfüllt hat (§ 66 Abs. 3 SGB I). Der Hinweis soll sicherstellen, dass die Betroffenen in Kenntnis der drohenden Folgen ihre Haltung überdenken und durch die spätere Entscheidung (Versagung oder Entziehung) nicht überrascht werden. Der Hinweis darf sich daher nicht auf die Wiederholung des Gesetzeswortlauts oder Belehrungen allgemeiner Art beschränken. Er muss vielmehr unmissverständlich und konkret die geforderte Mitwirkung und die Entscheidung bezeichnen, die im Einzelfall beabsichtigt ist, wenn dem Mitwirkungsverlangen nicht nachgekommen wird (Sächsisches LSG vom 23.5.2013 – L 7 AS 804/12). Schließlich muss eine angemessene Frist zur Erledigung der Mitwirkung gesetzt werden.

> Beispiel: E bezieht Leistungen nach § 3 AsylbLG und leidet unter einer schweren psychischen Erkrankung. Daher beantragt E beim zuständigen Sozialamt Leistungen der Eingliederungshilfe nach § 6 Abs. 1 AsylbLG und reicht dazu ein Attest ein, aus dem die aktuellen Diagnosen erkennbar sind. Das Sozialamt übersendet daraufhin ein Mitwirkungsaufforderungsschreiben: „Bitte füllen Sie anliegenden Gesundheitsfragebogen aus; unterschreiben Sie die beigefügten Schweigepflichtsentbindungserklärungen und teilen Sie uns Ihre behandelnden Ärzt:innen mit. Sollten Sie dieser Aufforderung bis zum (angemessene Frist) nicht nachkommen, können Ihnen die Leistungen ganz oder teilweise versagt oder entzogen werden." E reagiert nicht

---

219 Verlobte, Ehegatten/Lebenspartner, in gerader Linie Verwandte oder (Ex-)Verschwägerte, in der Seitenlinie bis zum dritten Grad Verwandte oder bis zum zweiten Grad (Ex-)Verschwägerte.

fristgerecht, sodass die Geldleistungen nach § 3 AsylbLG ganz entzogen werden.

Hier liegen gleich mehrere Fehler der Behörde vor. Zum einen besteht kein Zusammenhang zwischen den Geldleistungen nach § 3 AsylbLG und den geforderten Mitwirkungshandlungen – bestenfalls hätten Leistungen der Eingliederungshilfe versagt werden können.

Auch der Hinweis (§ 66 Abs. 3 SGB I) führt hier zur Rechtswidrigkeit der Entscheidung. Es wird lediglich der Gesetzestext wiedergegeben und es fehlt ein Bezug zum konkreten Einzelfall. Da noch keine Leistungen der Eingliederungshilfe bewilligt sind, kommt ausschließlich eine Leistungsversagung in Betracht, sodass der Hinweis auf eine mögliche Entziehung falsch ist.

Der Hinweis muss also immer die Umstände des Einzelfalls beachten. Hier hätte er beispielsweise lauten müssen: „Sollten Sie dieser Aufforderung ohne Nennung eines wichtigen Grundes bis zum (angemessene Frist) nicht nachkommen, werden Ihnen die begehrten Eingliederungsleistungen ganz versagt werden, bis Sie die Mitwirkungsaufforderung erfüllen." Hier ist der Hinweis auf den Einzelfall angepasst und E weiß danach ausreichend genau, welche Folgen drohen, wenn der Aufforderung nicht nachgekommen wird.

Soweit Leistungsminderungen nach § 1a AsylbLG an migrationsrechtliche Mitwirkungsverstöße anknüpfen, ist dafür das sozialrechtliche Verfahren zu Mitwirkungsverstößen (§ 9 Abs. 3 S. 1 AsylbLG iVm §§ 60–67 SGB I) nicht einzuhalten (OVG NRW vom 22.8.2007 – 16 A 1158/05; OVG Mecklenburg-Vorpommern vom 15.4.2009 – 1 L 229/04).

V. Überprüfung von bestandskräftigen rechtswidrigen, belastenden Verwaltungsakten

Unter bestimmten Umständen können bestandskräftige rechtswidrige, belastende Verwaltungsakte überprüft, aufgehoben oder korrigiert werden (§ 9 Abs. 4 S. 1 Nr. 1; S. 2 AsylbLG iVm § 44 SGB X). Bestandskräftig ist ein Verwaltungsakt, wenn kein Widerspruch oder keine Klage erhoben wurden und die Widerspruchs- bzw. Klagefrist schon abgelaufen ist. Ein Verwaltungsakt wird außerdem bestandskräftig, wenn ein Widerspruch oder eine Klage zurückgenommen wurden. Belastend ist ein Verwaltungsakt, wenn Leistungen nicht vollständig bewilligt wurden oder wenn die Erstattung von Leistungen gefordert wird.

Es können also alle belastenden Verwaltungsakte – auch nachdem sie bestandskräftig geworden sind – korrigiert oder aufgehoben werden, wenn sie sich als rechtswidrig herausstellen. Wenn in einem solchen Überprüfungsverfahren die Rechtswidrigkeit des Verwaltungsaktes festgestellt wird, besteht für die Behörde kein Ermessen: der Verwaltungsakt ist dann zwingend zu korrigieren oder aufzuheben.

Beispiel: F hält sich seit dem 15.8.2022 18 Monate in Deutschland auf. Mit Bescheid vom 10.8.2022 wurden die Leistungen also (taggenau) zum 16.8.2022 von Leistungen nach § 3 AsylbLG auf Leistungen nach § 2 AsylbLG umgestellt. Obwohl F alleinerziehend ist, werden aber keine Mehrbedarfsleistungen (§ 30 Abs. 3 SGB XII) gewährt.

Erst am 20.12.2022 legt F ihren Leistungsbescheid vom 10.8.2022 ihrer Sozialarbeiterin vor und diese erklärt F erstmals, dass sie schon seit dem 16.8.2022 einen Mehrbedarf wegen Alleinerziehung erhalten müsste. F schreibt daraufhin an das zuständige Sozialamt und beschwert sich über den fehlenden Mehrbedarf.

Das zuständige Sozialamt antwortet F und teilt mit, dass der Bescheid vom 10.8.2022 leider bestandskräftig geworden ist, man aber im Amt prüfe, ob ihr ein Mehrbedarf ab 1.1.2023 bewilligt werden könne im Zuge der Anpassung der Regelsatzhöhe.

Die Reaktion des Sozialamtes ist hier falsch. Das Schreiben von F musste als Überprüfungsantrag ausgelegt werden. Dass der Bescheid vom 10.8.2022 schon bestandskräftig ist, ändert nichts an der Pflicht der Behörde, diesen Bescheid nun nochmal zu prüfen. Dann muss festgestellt werden, dass die Nichtgewährung des Mehrbedarfs offensichtlich rechtswidrig war und ist. F muss also dann mit einem Überprüfungsbescheid (der den Bescheid vom 10.8.2022 korrigiert) der Mehrbedarf rückwirkend ab dem 16.8.2022 gewährt werden.

V.1 Zeitliche Begrenzung der rückwirkenden Korrektur

Aus § 44 Abs. 4 SGB X ergibt sich, dass nach einem erfolgreichen Überprüfungsantrag rückwirkende Nachzahlungen maximal 4 Jahre rückwirkend erlangt werden können. Für die rückwirkende Überprüfung von Aufhebungs- und Erstattungsbescheiden – wo es nicht um Nachzahlungen, sondern um eine Forderungsabwehr geht – gibt es überhaupt keine zeitliche Begrenzung in § 44 Abs. 4 SGB X.

Hier gelten aber im AsylbLG verschärfte Regeln:

Die Nachzahlung von Leistungen beschränkt sich, nach erfolgreichem Überprüfungsverfahren, auf den 1. des Vorjahres (§ 9 Abs. 4 S. 2 Nr. 2 AsylbLG).

Beispiel 1: G ist alleinstehend, bezieht Leistungen nach § 2 AsylbLG und er bewohnt eine eigene Wohnung. Mit Bescheid vom 23.8.2021 wurden ihm seit 1.9.2021 lediglich Leistungen nach Regelbedarfssatz 2 bewilligt, obwohl ihm Leistungen nach Regelbedarfssatz 1 zustehen. Erst am 20.12.2022 begreift G den Fehler, nachdem er erstmals dazu beraten wurde. Noch am selben Tag beantragt er die Überprüfung des Bescheides vom 23.8.2021.

Hier wird G seinen Anspruch durchsetzen können und eine Nachzahlung für die Zeiten seit dem 1.9.2021 erhalten. Da er den Überprüfungsantrag noch im Jahr 2022 gestellt hat, kann eine Nachzahlung bis maximal ab dem 1.1.2021 erreicht werden.

Beispiel 2: Alles ist wie in Beispiel 1, doch G beantragt erst am 2.1.2023 die Überprüfung des Bescheides vom 23.8.2021.

Hier kann mit dem Überprüfungsantrag maximal eine Nachzahlung seit dem 1.1.2022 erreicht werden – die Ansprüche für die Zeiten von September bis Dezember 2021 sind also verloren.

Die rückwirkende Überprüfung eines Aufhebungs- und/oder Erstattungsbescheides wird hier auf den 1. des Jahres vor 4 Jahren begrenzt (§ 9 Abs. 4 S. 2 Nr. 1 AsylbLG).

Beispiel: H bezieht seit Jahren Leistungen nach § 3 AsylbLG. Mit Bescheid vom 10.9.2018 (übersandt per einfacher Post) hob das zuständige Sozialamt die Leistungen für den Zeitraum April bis September 2018 auf und forderte die Erstattung der erbrachten Leistungen, da H wegen eigenen Einkommens nicht mehr hilfebedürftig gewesen sei. Im Dezember 2022 bekommt H nun eine Mahnung, dass er die ausstehende Forderung endlich begleichen solle.

Variante 1: H beantragt noch im Dezember 2022 die Überprüfung des Bescheides vom 10.9.2018, den er schon völlig vergessen hatte.

Variante 2: H beantragt im Januar 2023 die Überprüfung des Bescheides vom 10.9.2018 und trägt umfangreich vor, dass er von April bis September 2018 kein Einkommen hatte und ihm damals auch jegliche Erwerbstätigkeit verboten war.

Variante 3: wie Variante 2; H trägt aber vor, dass er durch die Mahnung im Dezember 2022 erstmals von einem Bescheid vom 10.9.2018 erfahren hat.

Zu Variante 1: 2022 minus 4 Jahre = 2018; Der Überprüfungsantrag kann also maximal bis zum 1.1.2018 zurückwirken und der Bescheid vom 10.9.2018 ist daher ohne Weiteres noch überprüfbar und wird im Ergebnis aufgehoben werden. H muss also nichts zahlen.

Zu Variante 2: Der Überprüfungsantrag kommt zu spät. Hier kann der Überprüfungsantrag maximal zum 1.1.2019 zurückwirken, sodass der Bescheid vom 10.9.2018 nicht mehr erfasst ist. Die Erstattungsforderung ist damit zwar offensichtlich rechtswidrig, aber vollstreckbar und unangreifbar. Die zuständige Behörde könnte die Forderung nur noch im „Gnadenwege" erlassen oder auf die Forderung verzichten.

Zu Variante 3: Hier gibt es zwar einen Bescheid vom 10.9.2018 – dieser Bescheid wurde H aber nie bekanntgegeben, sodass der Bescheid schlicht gar nicht existent ist. Durch die Mahnung hat H nun erstmals von dem Bescheid erfahren und er geht bereits gegen den Bescheid vor – letztlich ist hier aber der Überprüfungsantrag sogar als Widerspruch auszulegen, da die Widerspruchsfrist erst mit der Bekanntgabe anfängt.

Die Behörde kann auch nicht einwenden, dass sie einen Aktenvermerk habe, wonach der Bescheid am 10.9.2018 zur Post gegeben wurde und somit nach 3 Tagen am 13.9.2018 die Bekanntgabe fingiert werden könne (§ 41 Abs. 2 S. 2 VwVfG) und außerdem auch kein Postrücklauf zu verzeichnen war. Diese 3-Tages-Fiktion gilt schließlich nicht, wenn der Bescheid tatsächlich nicht oder erst später zugegangen ist. Wenn Zweifel an dem Zugang bestehen, muss die Behörde den Zugang beweisen. Hier erklärt H, er habe den Bescheid nie erhalten. Da die Behörde nicht beweisen kann, dass H damals den Bescheid doch erhalten hat, gilt der Bescheid als nicht bekanntgegeben (Sächsisches LSG vom 28.5.2020 – L 3 AS 64/18).

V.2 Nachzahlungen nach Wegfall der Hilfebedürftigkeit?

Nach der bisherigen Rechtsprechung des BSG entfallen alle rückwirkenden Nachzahlungsansprüche für die Vergangenheit, wenn bei den Betroffenen die Hilfebedürftigkeit entfallen ist, wobei auch kurzzeitige Unterbrechungen der Hilfebedürftigkeit ausreichen (BSG vom 9.6.2011 – B 8 AY 1/10 R und vom 20.12.2012 – B 7 AY 4/11 R und vom 26.6.2013 – B 7 AY 3/12 R; vergleiche auch BVerfG vom 7.2.2012 – 1 BvR 1263/11).

Diese BSG-Rechtsprechung dürfte aber veraltet sein, sodass eventuell bei einer aktuellen Entscheidung des BSG nicht mehr daran festgehalten würde. In der juristischen Literatur wird weitgehend dafür plädiert, Nachzahlungsansprüche auszuzahlen, egal, wie sich die Hilfebedürftigkeit nach dem streitigen Zeitraum entwickelt hat (Coseriu/Filges 2021: Rn. 59; Siefert 2020: § 9, Rn. 30; Groth 2020: Rn. 67). Das erscheint auch dringend notwendig, denn es kann nicht sein, dass die Frage der Erfüllung von Nachzahlungsansprüchen von der Dauer der Gerichtsverfahren abhängt.

> Beispiel: I lebt in Brandenburg und beantragt 2023 die Überprüfung eines offensichtlich rechtswidrigen Verwaltungsaktes aus 2022, aus dem I erhebliche Nachzahlungen zustehen. Die Sache geht vor Gericht und muss durch zwei Instanzen geklagt werden, was insgesamt 6 Jahre (2029) dauert.
>
> J ist in exakt der gleichen Situation wie I, klagt aber im Bayern, wo er nach 2 Jahren (2025) ein zusprechendes LSG-Urteil erhält.
>
> I und J beginnen beide eine Erwerbstätigkeit im Jahr 2026 und werden frei von Leistungen (Hilfebedürftigkeit entfällt).
>
> Nach der aktuellen BSG-Rechtsprechung würde J seine Nachzahlung erhalten – I dagegen hätte keine Chance, seinen Nachzahlungsanspruch durchzusetzen.

Teilweise behelfen sich Gerichte hier damit, dass sie nicht mehr auf den Zeitpunkt der letzten gerichtlichen Entscheidung abstellen, sondern auf den Zeitpunkt des Überprüfungsantrags (LSG Nds.-Bremen vom 4.9.2014 – L 8 AY 70/12: die Revision [B 7 AY 3/14 R] endete mit einem Vergleich). Das Hessische LSG hat zu dieser Frage beispielsweise die Berufung zugelassen, weil diese Frage grundsätzliche Bedeutung hat (Hessisches LSG vom 10.6.2021 – L 4 AY 30/20 NZB: Kläger befindet sich mittlerweile im Ausland). Hier lohnt es sich also, zu kämpfen!

V.3 Zuständige Behörde

Für das Überprüfungsverfahren ist grundsätzlich die Behörde zuständig, die den angegriffenen Verwaltungsakt erlassen hat, auch wenn zwischenzeitlich eine andere Behörde die laufenden Leistungen erbringt (BSG vom 23.5.2012 – B 14 AS 133/11 R).

VI. Rücknahme eines bestandskräftigen rechtswidrigen, begünstigenden Verwaltungsaktes

Die Rücknahme von bestandskräftigen begünstigenden Verwaltungsakten, die ursprünglich rechtswidrig waren, hat nach den Regeln des § 45 SGB X zu erfolgen (§ 9 Abs. 4 S. 1 Nr. 1 AsylbLG).

Grundsätzlich können sich Betroffene auf Vertrauensschutz berufen, da sie die zu Unrecht erlangten Leistungen in der Regel bereits verbraucht haben (§ 45 Abs. 2 S. 1 und 2 SGB X). Aber es gibt Ausnahmen:

- Die Betroffenen haben den Verwaltungsakt durch arglistige Täuschung, Drohung oder Bestechung erwirkt (§ 45 Abs. 2 S. 3 Nr. 1 SGB X);
- Der Verwaltungsakt beruht auf Angaben, die die Betroffenen vorsätzlich (mit Wissen und Wollen) oder grob fahrlässig (Verletzung der gebotenen Sorgfalt in besonders schwerem Maße) in wesentlicher Beziehung unrichtig oder unvollständig gemacht haben (§ 45 Abs. 2 S. 3 Nr. 2 SGB X);
- Die Betroffenen kannten die Rechtswidrigkeit oder sie kannten die Rechtswidrigkeit wegen grober Fahrlässigkeit nicht (§ 45 Abs. 2 S. 3 Nr. 3 SGB X).

Wenn eine dieser Ausnahmen vorliegt, darf die zuständige Behörde – nach Ausübung von Ermessen – den Verwaltungsakt zurücknehmen und im Ergebnis auch die Überzahlung zurückfordern. Sobald die Behörde Kenntnis von einer der drei Ausnahmen erhält, beginnt eine Jahresfrist, innerhalb der der Verwaltungsakt zurückzunehmen ist (§ 45 Abs. 4 S. 2 SGB X). Allerdings beginnt die Jahresfrist erst, wenn die Behörde alle Umstände des Einzelfalls kennt – das ist in der Regel erst der Fall, wenn der:die Betroffene von der Behörde angehört wurde. Die Jahresfrist beginnt also regelmäßig erst dann, wenn ein entsprechendes Anhörungsverfahren abgeschlossen wurde.

Auch hier ist die Behörde für die Rücknahme zuständig, die auch den zurückzunehmenden Verwaltungsakt erlassen hat.

VII. Aufhebung eines bestandskräftigen Dauer-Verwaltungsaktes bei Änderung der Verhältnisse

Wenn Leistungen für einen längeren Zeitraum bewilligt wurden, der Bescheid dazu bestandskräftig geworden ist und nun leistungsrelevante Änderungen eintreten, dann muss die Korrektur im laufenden Leistungsbezug nach § 48 SGB X erfolgen (§ 9 Abs. 4 S. 1 Nr. 1 AsylbLG).

Grundsätzlich soll die Aufhebung nur für die Zukunft (also ab Erlass des Aufhebungsbescheides) gelten (§ 48 Abs. 1 S. 1 SGB X). Aber es gibt auch Konstellationen, wo die Aufhebung rückwirkend, ab der Änderung der Umstände verfügt werden soll:

- Änderung wirkt zugunsten der Betroffenen (§ 48 Abs. 1 S. 2 Nr. 1 SGB X);
- Die Betroffenen haben die gesetzlich vorgeschriebene Pflicht zur Mitteilung der Veränderung vorsätzlich oder grob fahrlässig verletzt (§ 48 Abs. 1 S. 2 Nr. 2 SGB X);
- Einkommen oder Vermögen wurde erzielt und das hat zum Wegfall oder zur Minderung des Leistungsanspruchs geführt (§ 48 Abs. 1 S. 2 Nr. 3 SGB X);
- Die Betroffenen wussten, dass die Veränderung zum Ruhen oder zum (teilweisen) Wegfall des Leistungsanspruchs führte oder sie wussten es grob fahrlässig nicht (§ 48 Abs. 1 S. 2 Nr. 4 SGB X).

Soweit die Aufhebung zulasten der Betroffenen geht, gilt auch hier eine Jahresfrist (§ 48 Abs. 4 S. 1 iVm § 45 Abs. 4 S. 2 SGB X). Sobald also die Behörde Kenntnis von der Veränderung erlangt, die die Aufhebungsentscheidung rechtfertigt, muss innerhalb eines Jahres die Aufhebung erfolgen. Auch hier beginnt die Frist erst, wenn alle Umstände des Einzelfalls bekannt sind.

> Beispiel: L bezieht Leistungen nach § 3 AsylbLG. Die Leistungen wurden mit Bescheid vom 15.8.2021 für die Zeit ab 1.9.2021 bewilligt. Nun beginnt L ab Oktober 2022 zu arbeiten und übersendet dem zuständigen Sozialamt den Arbeitsvertrag. Aus dem Arbeitsvertrag ergibt sich, dass L monatlich 450 EUR verdienen wird und dass die Lohnauszahlung jeweils zum 15. des Folgemonats erfolgen wird – die erste Lohnzahlung wird also am 15.11.2021 erfolgen. L reicht dann auch stets pünktlich die Lohnabrechnungen für Oktober bis November 2021 ein. Mit Bescheid vom 20.12.2021 werden die Leistungen ab 1.1.2023 neu und unter Anrechnung des Einkommens bewilligt.
>
> Mit Schreiben vom 24.10.2022 teilt die Behörde L mit, dass es wegen des Einkommens in den Monaten November/Dezember 2021 zu Überzahlungen kam und L wird Gelegenheit bis zum 18.11.2022 gegeben, dazu Stellung zu nehmen (Anhörung). L reagiert nicht und am 9.1.2023 ergeht ein entsprechender Aufhebungs- und Erstattungsbescheid.
>
> L wendet schriftlich ein, dass sie doch alles rechtzeitig mitgeteilt hatte und dass sie nicht verstehen könne, warum nach so langer Zeit nun ein Aufhebungs- und Erstattungsbescheid ergeht. Die Behörde teilt L mit, dass sie Ls Schreiben als Widerspruch versteht und dass die Jahresfrist, auf die sie sich möglicherweise berufen will, erst ab dem 18.11.2022 begann (Ende des Anhörungsverfahrens).

Hier liegt die Behörde falsch! L hatte alle wichtigen Daten bereits 2021 mitgeteilt. Schon die Übersendung des Arbeitsvertrages genügte hier, da sich daraus alles für eine Korrektur der Leistungsberechnung ergab. Jedenfalls mit Vorlage der Lohnabrechnungen waren der Behörde aber alle Umstände bekannt. In solchen Fällen beginnt die Jahresfrist mit dem Eingang der Daten bei der Behörde. Die Jahresfrist war hier also am 9.1.2023 schon abgelaufen, sodass der Bescheid rechtswidrig ist. Der Widerspruch wird erfolgreich sein und L kann die Überzahlungen behalten.

VIII. Auskunftspflichten von Angehörigen, Unterhaltspflichtigen oder sonstigen Personen

Das AsylbLG eröffnet für die zuständige Leistungsbehörde zwei Möglichkeiten, Auskünfte von Angehörigen, Unterhaltspflichtigen oder sonstigen Personen zu verlangen. Zum einen wird § 99 SGB X für anwendbar erklärt (§ 9 Abs. 4 S. 1 Nr. 2 AsylbLG) und zum anderen wird § 117 SGB XII ebenfalls für anwendbar erklärt (§ 9 Abs. 5 AsylbLG). Beide Auskunftspflichten stehen nebeneinander – keine der beiden Normen ist vorrangig.

VIII.1 § 99 SGB X

§ 99 SGB X sagt, dass Personen, deren Einkommen oder Vermögen für die Leistungsberechtigung herangezogen werden darf (→ siehe Teil VIII Anrechnung von Einkommen und Vermögen/Nachranggrundsatz, I.1.a), zur Auskunft gegenüber der zuständigen Behörde verpflichtet sind. Außerdem kann auch von Unterhaltspflichtigen Auskunft verlangt werden, wenn der Unterhalt leistungsrelevant ist. Leistungsrelevant kann aber ein Unterhaltsanspruch nur sein, wenn der Unterhalt tatsächlich gezahlt wird oder wenn ein vollstreckbarer Titel über den bestehenden Unterhaltsanspruch besteht (→ siehe Teil VIII Anrechnung von Einkommen und Vermögen/Nachranggrundsatz, IV.3).

Im Ernstfall (wenn die Auskunftspflicht verweigert wird) bleibt § 99 SGB X „zahnlos", da die Leistungsbehörde nichts tun kann. Eine Sanktion gegen den:die Leistungsberechtigte:n scheidet aus. § 99 nimmt ausdrücklich nur auf die Normen der Mitwirkung und der Mitwirkungsgrenzen (§§ 60 Abs. 1 Nr. 1 und 3; § 65 Abs. 1 SGB I) Bezug und nicht auf die Norm, die eine Versagung oder Entziehung der Leistung ermöglichen würde (§ 66 SGB I). Damit darf auch keine Versagung oder Entziehung erfolgen, wenn Dritte eine Auskunftspflicht verletzen (Groth 2020: § 9, Rn. 83).

VIII.2 § 117 SGB XII

Auch nach § 117 SGB XII kann die zuständige Leistungsbehörde Auskünfte von Personen verlangen, deren Einkommen oder Vermögen auf die Leistungen angerechnet werden könnte (§ 117 Abs. 1 SGB XII).

Aber auch, wer – ohne dazu verpflichtet zu sein – einem oder einer Leistungsberechtigten freiwillig Leistungen erbringt, ist zur Auskunft verpflichtet. Die Auskunftspflicht erstreckt sich dann aber ausschließlich auf Art und Höhe dieser Leistungen (§ 117 Abs. 2 SGB XII).

Beispiel: M ist vor dem Krieg in der Ukraine geflüchtet und bezieht Leistungen nach AsylbLG. Der deutsche Staatsangehörige N nimmt M bei sich auf und verlangt dafür keine Miete und auch keine sonstigen Wohnkosten.

Hier besteht kein irgendwie geartetes Familienverhältnis, wonach N mit seinem Einkommen oder Vermögen für M einstehen müsste. Aber N erbringt hier freiwillig Leistungen für N (Kosten der Unterkunft, Heizung, Strom, Gas etc.). Die zuständige Leistungsbehörde darf also N zur Auskunft auffordern, welche Leistungen er genau erbringt. Auskünfte zum Einkommen oder Vermögen von N dürfen nicht verlangt werden.

Auch Dritte, gegen die Leistungsberechtigte Ansprüche auf Leistungen haben, können zur Auskunft gegenüber der zuständigen Leistungsbehörde verpflichtet sein (§ 117 Abs. 3 SGB XII). Dazu zählen aber ausdrücklich nicht Verpflichtungsgeber:innen von Verpflichtungserklärungen nach § 68 AufenthG, da hier die Leistungsberechtigten gerade keinen Anspruch gegen die Verpflichtungsgeber:innen haben (→ siehe Teil VIII Anrechnung von Einkommen und Vermögen/Nachranggrundsatz, IV.2).

Wenn ein Arbeitsverhältnis besteht, hat die zuständige Leistungsbehörde einen Auskunftsanspruch gegen den:die Arbeitgeber:in (§ 117 Abs. 4 SGB XII). Die Auskünfte können hier Art und Dauer der Beschäftigung, die Arbeitsstätte und das Arbeitsentgelt betreffen. Dabei geht es gegebenenfalls nicht nur um Arbeitsverhältnisse der Leistungsberechtigten selbst, sondern auch um Arbeitsverhältnisse von Dritten, deren Einkommen oder Vermögen auf die Leistungen anzurechnen ist.

Wer zur Auskunft verpflichtet ist, darf die Auskunft verweigern, wenn dadurch eine Gefahr der Strafverfolgung für sich selbst oder nahestehende Personen drohen würde (§ 117 Abs. 5 SGB XII).

Im Gegensatz zu den Auskunftspflichten nach § 99 SGB X droht hier auch eine Sanktion, wenn Auskünfte vorsätzlich oder fahrlässig nicht, nicht richtig, nicht vollständig oder nicht rechtzeitig erteilt werden (§ 117 Abs. 6 SGB XII). Die Sanktion besteht dann in einem Bußgeld (Ordnungswidrigkeit). Ob und in welcher Höhe ein Bußgeld verhängt wird, steht im Ermessen der zuständigen Behörde. Der Rahmen für ein Bußgeld beträgt wegen vorsätzlicher Auskunftspflichtverletzung 5 bis 1.000 EUR und wegen fahrlässige Verletzungen 5 bis 500 EUR (§ 17 Ordnungswidrigkeitsgesetz).

IX. Erstattungsansprüche von Leistungsbehörden untereinander

Dadurch, dass die §§ 102–114 SGB X für anwendbar erklärt werden, gelten auch im AsylbLG die Regeln zu Erstattungsansprüchen zwischen Leistungsbehörden. Das bedeutet, dass die Leistungsbeziehenden nicht damit belastet werden dürfen, wenn es Unklarheiten bei Zuständigkeiten von Behörden gibt (§ 9 Abs. 4 S. 1 Nr. 3 AsylbLG).

Vor allem geht es um folgende Konstellationen: a) Eine Behörde leistet vorläufig und nachträglich stellt sich heraus, dass eine andere Behörde leisten muss; b) Wegen eines Zuständigkeitswechsels zahlt die ursprünglich zuständige Behörde weiter Leistungen aus, obwohl dafür längst eine andere Behörde zuständig wäre; c) Eine nachrangige Behörde hat Leistungen erbracht und nachträglich stellt sich heraus, dass eigentlich eine vorrangige Behörde hätte leisten müssen.

Beispiel 1: O bezog Leistungen nach AsylbLG, weil sie eine Aufenthaltsgestattung hatte. Im Dezember 2022 erging der Bescheid des Bundesamtes für Migration und Flüchtlinge (BAMF), mit dem für O der Flüchtlingsstatus anerkannt wurde (→ siehe Teil I Allgemeines, II.). O beantragt noch im Dezember 2022 beim zuständigen Jobcenter Leistungen nach SGB II ab 1.1.2023. Das bisher zuständige Sozialamt zahlt noch bis Februar 2023 weiter Leistungen nach AsylbLG. Das Jobcenter braucht seine Zeit für die Leistungsantragsbearbeitung – bis Februar 2023 liegt noch kein Leistungsbescheid vor.

O erhält nun im Februar 2023 vom Sozialamt einen Aufhebungs- und Erstattungsbescheid für die Zeit von Januar bis Februar 2023, weil kein Anspruch mehr auf AsylbLG-Leistungen bestand.

Der Bescheid vom Sozialamt ist rechtswidrig. Das Sozialamt hat sich an das Jobcenter zu wenden, denn es gelten die Regeln für die Erstattung zwischen den Behörden. Das Jobcenter hat dem Sozialamt die ausgezahlten AsylbLG-Leistungen für Januar und Februar 2023 zu erstatten und diese Erstattungen werden dann bei der Leistungsberechnung nach SGB II berücksichtigt. O erhält also vom Jobcenter für Januar und Februar 2023 nur noch die Differenz zwischen AsylbLG- und SGB-II-Leistungen.

Beispiel 2: Bei P verhält sich zunächst alles, wie in Beispiel 1 – das Jobcenter hat aber die Leistungen pünktlich bewilligt und ausgezahlt, sodass P für Januar und Februar 2023 doppelt Leistungen bezogen hat.

Hier muss das Sozialamt natürlich nicht vom Jobcenter, sondern von P die Erstattung verlangen.

X. Automatisierter Datenabgleich

Mit der Anwendbarkeit des § 118 SGB XII werden den zuständigen Leistungsbehörden automatisierte Datenabgleiche für verschiedene Konstellationen ermöglicht (§ 9 Abs. 5 AsylbLG). Darauf soll hier, mangels ausreichender Praxisrelevanz, nicht näher eingegangen werden (zu verfassungsrechtlichen Bedenken: Krahmer 2020: Rn. 1).

XI. Landesrechtliche Regelungen für die Durchführung des AsylbLG

Für die Durchführung des Bundesgesetzes AsylbLG sind die Bundesländer zuständig. Die Bundesländer können also grundsätzlich Landesgesetze erlassen, in denen Näheres zur Durchführung des AsylbLG geregelt ist. Darüber hinaus dürfen die Landesregierungen oder von ihnen beauftragte oberste Landesbehörden weitere Regeln für die Bestimmung der zuständigen Behörden und Kostenträger treffen und sie können Näheres zum Verfahren festlegen (§ 10 S. 1 AsylbLG). Und schließlich darf auch geregelt werden, dass die bestimmten zuständigen Behörden und Kostenträger ihrerseits ihre Aufgaben auf weitere Behörden übertragen dürfen (§ 10 S. 2 AsylbLG).

Hier ein Überblick über die entsprechenden Landesregelungen (Groth 2020: § 10, Rn. 5; Siefert 2020: § 10, Rn. 8ff):

- Baden-Württemberg: Gesetz über die Aufnahme von Flüchtlingen (Flüchtlingsaufnahmegesetz – FlüAG) vom 19.12.2013, zuletzt geändert durch Gesetz vom 12.6.2018;

- Bayern: Verordnung zur Durchführung des Asylgesetzes, des Asylbewerberleistungsgesetzes, des Aufnahmegesetzes und des § 12a Aufenthaltsgesetzes (Asyldurchführungsverordnung – DVAsyl) vom 16.8.2016, zuletzt geändert durch VO vom 01.10.2019;

- Berlin: Gesetz zur Ausführung des Asylbewerberleistungsgesetzes (AsylbLGAG) vom 10.6.1998, zuletzt geändert durch Gesetz vom 13.7.2011 und Ausführungsvorschriften über die Zuständigkeit für die Leistungsgewährung nach dem Asylbewerberleistungsgesetz (AV ZustAsylbLG) vom 12.12.2019;

- Brandenburg: Gesetz über die Aufnahme von Flüchtlingen, spätausgesiedelten und weiteren, aus dem Ausland zugewanderten Personen im Land Brandenburg sowie zur Durchführung des Asylbewerberleistungsgesetzes (LAufnG) vom 15.3.2016, zuletzt geändert durch Gesetz vom 19.6.2019;

- Bremen: Verordnung über die für die Durchführung des Asylbewerberleistungsgesetzes zuständigen Behörden und Kostenträger (AsylbLGZustVO) vom 19.3.1993, zuletzt geändert durch Änderungsbekanntmachung vom 2.8.2016;

- Hamburg: Anordnung zur Durchführung des Asylbewerberleistungsgesetzes vom 31.1.1994, zuletzt geändert durch Anordnung vom 21.7.2017;

- Hessen: Verordnung zur Durchführung des Asylbewerberleistungsgesetzes (AsylbLGDV HE) vom 16.11.1993, zuletzt geändert durch VO vom 5.7.1994;

- Mecklenburg-Vorpommern: Ausführungsgesetz zum Asylbewerberleistungsgesetz (AsylbLG-AG) vom 28.6.1994;

- Niedersachsen: Gesetz zur Aufnahme von Flüchtlingen und zur Durchführung des Asylbewerberleistungsgesetzes (Aufnahmegesetz – AufnG) vom 11.3.2004, zuletzt geändert durch Gesetz vom 15.9.2016;

- Nordrhein-Westfalen: Gesetz zur Ausführung des Asylbewerberleistungsgesetzes (AG AsylbLG) vom 29.11.1994, zuletzt geändert durch Gesetz vom 19.12.2019;

■ Rheinland-Pfalz: Landesaufnahmegesetz (AufnG RP) vom 21.12.1993, zuletzt geändert durch Gesetz vom 19.12.2019;

■ Saarland: Gesetz zur Ausführung des Asylbewerberleistungsgesetzes (AGAsyl-bLG) vom 13.10.1993, zuletzt geändert durch Gesetz vom 21.11.2007;

■ Sachsen: Gesetz zur Aufnahme und Unterbringung von Flüchtlingen im Freistaat Sachsen (SächsFlüAG) vom 25.6.2007, zuletzt geändert durch Gesetz vom 14.12.2018;

■ Sachsen-Anhalt: Allgemeine Zuständigkeitsverordnung für die Gemeinden und Landkreise zur Ausführung von Bundesrecht (AllgZustVO-Kom) vom 7.5.1994, zuletzt geändert durch VO vom 16.2.2017;

■ Schleswig-Holstein: Gesetz zur Ausführung des Asylbewerberleistungsgesetzes (AsylbLGAG) vom 11.10.1993, zuletzt geändert durch VO vom 16.1.2019;

■ Thüringen: Thüringer Verordnung zur Durchführung des Asylbewerberleistungsgesetzes (ThürDVOAsylbLG) vom 5.5.2000.

XII. Örtliche Zuständigkeit

XII.1 Zuständigkeit nach Verteilung oder Zuweisung

Wenn Betroffene nach dem AsylG oder dem AufenthG verteilt oder zugewiesen wurden und/oder eine Wohnsitzauflage besteht, dann ist die Behörde an dem Ort der Verteilung/Zuweisung/Wohnsitzauflage zuständig (§ 10a Abs. 1 S. 1 und 2 AsylbLG).

> Beispiel: Q reist nach Deutschland ein, um hier ein Asylverfahren zu betreiben. Zunächst wird Q dem Bundesland Brandenburg zugewiesen und dort von Januar bis März der Aufnahmeeinrichtung Eisenhüttenstadt. Ab April wird Q dann auf den Landkreis Oberhavel verteilt und dort der Gemeinschaftsunterkunft in Fürstenberg zugeteilt. Q bekommt eine Wohnsitzauflage für den Ort Fürstenberg.[220]
>
> Für die Monate Januar bis März ergibt sich hier die örtliche Zuständigkeit aus der Zuweisung zur Aufnahmeeinrichtung. Aus den landesrechtlichen Regelungen ergibt sich, dass für die Aufnahmeeinrichtung Eisenhüttenstadt die Zentrale Ausländerbehörde (ZABH) für die Durchführung des AsylbLG zuständig ist.
>
> Ab April ist dann der Landkreis Oberhavel zuständig geworden, da dieser Landkreis nach den landesrechtlichen Regelungen für den Ort der Wohnsitzauflage (Fürstenberg) zuständig ist. Konkret wird das AsylbLG vom Sozialamt des Landkreises durchgeführt.

Durch die Koppelung der örtlichen Zuständigkeit an die formalen Akte der Zuweisung, Verteilung oder Wohnsitzauflage kommt es allein auf das wirksame Bestehen dieser formalen Akte an und nie auf den tatsächlichen Aufenthaltsort (zum Streit, was gilt, wenn der tatsächliche Aufenthaltsort vom Ort der Wohnsitz-

---

220   § 60 Abs. 1 S. 1 iVm § 50 Abs. 4 AsylG

auflage oder dem Bereich der räumlichen Beschränkung abweicht: → siehe Teil IV Anspruchseinschränkungen, V.2 und V.3).

XII.2 Zuständigkeit nach tatsächlichem Aufenthaltsort

Nur, wenn es keine Zuweisung, keine Verteilentscheidung oder -vereinbarung und auch keine Wohnsitzauflage gibt, greift die Auffangzuständigkeit des tatsächlichen Aufenthalts (§ 10a Abs. 1 S. 3 AsylbLG). Teilweise wird dagegen vertreten, dass, wenn sich Betroffene tatsächlich außerhalb des Ortes der Zuweisung, der Verteilung oder der Wohnsitzauflage aufhalten, dann zusätzlich die Leistungsbehörde am Ort des tatsächlichen Aufenthalts zuständig würde. Die eigentlich zuständige Behörde (am Ort der Zuweisung, der Verteilung oder der Wohnsitzauflage) bliebe dann leistungspflichtig; diese Leistungspflicht würde aber vorübergehend von der Behörde am tatsächlichen Aufenthaltsort erfüllt (sowohl Siefert 2020: § 10b, Rn. 8). Dagegen sprechen aber der Wortlaut der Norm und die Gesetzesbegründung. Der Gesetzgeber erklärt eindeutig, dass die Zuständigkeit am Ort des tatsächlichen Aufenthaltes nur dann greift, wenn es keine Zuweisung, Verteilung oder Wohnsitzauflage gibt – muss die Behörde am tatsächlichen Aufenthaltsort mit einer Bargeldauszahlung „einspringen", weil kein Bankkonto vorhanden ist, so bleibt trotzdem ausdrücklich die Behörde am Ort der Zuweisung, Verteilung oder Wohnsitzauflage zuständig (BT-Drs. 13/2746, 18); Siefert 2020: § 10a, Rn. 11; Groth 2020: § 10a, Rn. 37).

Wenn eine bisher zuständige Behörde, nach einem Wechsel des tatsächlichen Aufenthaltsortes, weiter Leistungen erbringt, bleibt die Zuständigkeit dieser Behörde solange bestehen, bis sie die Leistungen einstellt (§ 10a Abs. 1 S. 4 AsylbLG).

> Beispiel: R bezieht Leistungen nach AsylbLG und für ihn gilt weder eine Zuweisung noch eine Verteilung und es besteht auch keine Wohnsitzauflage. Bisher hat er sich im Landkreis AB aufgehalten und dort vom Sozialamt des Landkreises Leistungen erhalten. Nun verlegt R seinen tatsächlichen Aufenthalt in die kreisfreie Stadt XY. Das Sozialamt des Landkreises AB gewährt aber weiter Leistungen.
>
> Hier wäre also eigentlich das Sozialamt der kreisfreien Stadt XY zuständig geworden, als R seinen Aufenthalt dorthin verlegt hat. Die Weitergewährung der Leistungen durch das Sozialamt AB blockiert aber diesen Zuständigkeitswechsel solange, bis AB nicht mehr leistet.

XII.3 Zuständigkeit bei Aufenthalt in Einrichtungen

Die Zuständigkeit während eines Aufenthalts in einer Einrichtung ist in § 10a Abs. 2 AsylbLG geregelt. Die Norm will vor allem erreichen, dass Leistungsbehörden an Standorten von solchen Einrichtungen nicht über Gebühr beansprucht werden.

a) Einrichtungen

Der Begriff der Einrichtung ist im AsylbLG nur ansatzweise erklärt (§ 10a Abs. 2 S. 1 AsylbLG). Im Ergebnis versteht man aber unter Einrichtungen vor allem stationäre Einrichtungen zur Krankenbehandlung. Es geht also in den meisten Fällen um einen stationären Krankenhausaufenthalt. Maßgeblich ist, dass die Einrichtung für einen gewissen Zeitraum die Gesamtverantwortung für die tägliche Lebensführung übernimmt (Siefert 2020: § 10a, Rn. 18).

Teilweise werden auch teilstationäre Einrichtungen als Einrichtungen im Sinne des § 10a Abs. 2 AsylbLG angesehen (LSG NRW vom 23.6.2016 – L 20 AY 38/16 B ER, Rn. 39; Groth 2020: Rn. 45).

Aber es kann auch um Einrichtungen gehen, die „anderen Maßnahmen" nach dem AsylbLG dienen. Es geht also um Einrichtungen, in denen Leistungen nach dem AsylbLG erbracht werden. Das können vor allem Pflegeheime, Entbindungseinrichtungen und Säuglingsstationen sein, wenn dort entsprechende Leistungen nach AsylbLG[221] erbracht werden. Aber auch Frauenhäuser werden als Einrichtungen in diesem Sinne angesehen (LSG NRW vom 23.6.2016 – L 20 AY 38/16 B ER).

Auch Einrichtungen zum Vollzug richterlich angeordneter Freiheitsentziehung sind Einrichtungen im hier gegenständlichen Sinn (§ 10a Abs. 2 S. 4 AsylbLG). Darunter können diverse Einrichtungen fallen: Straf- und Untersuchungshaft, Maßregelvollzug, geschlossene Anstalten nach den landesrechtlichen Bestimmungen zu Hilfen und Schutzmaßnahmen bei psychischen Krankheiten, Absonderung nach dem Infektionsschutzgesetz, Abschiebungshaft[222], Ausreisegewahrsam[223].

b) Gewöhnlicher Aufenthalt

Der Grundsatz ist, dass während des Aufenthalts in einer Einrichtung die Behörde zuständig ist, wo die Betroffenen zum Zeitpunkt der Aufnahme in die Einrichtung oder in den letzten 2 Monaten vor Aufnahme in die Einrichtung ihren gewöhnlichen Aufenthalt hatten. Was unter gewöhnlichem Aufenthalt zu verstehen ist, regelt § 10a Abs. 3 AsylbLG[224].

Der Grundsatz für den gewöhnlichen Aufenthalt lautet, dass es der Ort ist, an dem sich jemand unter Umständen aufhält, die erkennen lassen, dass er oder sie an diesem Ort oder in diesem Gebiet nicht nur vorübergehend verweilt. Besteht eine Zuweisung, Verteilung oder Wohnsitzauflage, gilt wieder der Bereich, der sich aus diesem formalen Akt ergibt, also der gewöhnliche Aufenthalt. Für Neugeborene richtet sich der eigene gewöhnliche Aufenthalt nach dem gewöhnlichen Aufenthalt der Mutter.

---

221 Beispielsweise Pflegeleistungen nach § 2 AsylbLG iVm §§ 61 SGB XII oder § 6 Abs. 1 AsylbLG; Leistungen bei Schwangerschaft und Geburt nach § 2 AsylbLG iVm § 50 SGB XII oder § 4 Abs. 2 AsylbLG.
222 § 62 AufenthG
223 § 62b AufenthG
224 Für das „normale" Sozialrecht: § 30 SGB I

c) Wechsel der Einrichtung

Findet ein Wechsel der Einrichtung statt, bleibt es bei der Zuständigkeit nach dem gewöhnlichen Aufenthalt bei Aufnahme in die erste Einrichtung.

> Beispiel: S ist leistungsberechtigt nach AsylbLG. Es besteht eine Wohnsitzauflage für den Landkreis AB. S hält sich aber schon länger tatsächlich bei seiner Freundin in der kreisfreien Stadt XY auf. S geht es gesundheitlich immer schlechter (ein Grund, warum er sich lieber bei seiner Freundin aufhält, die sich um ihn kümmert). Schließlich muss S im Januar in das Krankenhaus der Stadt XY eingeliefert werden. Im Februar wird er dann in eine Spezialklinik in ZA verlegt.
>
> Wegen der Wohnsitzauflage war zunächst der Landkreis AB zuständig (der Streit um die Leistungsgewährung bei tatsächlichem Aufenthalt außerhalb des Bereichs der Wohnsitzauflage, § 11 Abs. 2 AsylbLG, soll hier außen vor bleiben).
>
> Bei der Einlieferung in das Krankenhaus in XY war der gewöhnliche Aufenthalt zum Zeitpunkt der Einlieferung entscheidend. Wegen der Wohnsitzauflage muss nicht geprüft werden, ob der tatsächliche Aufenthalt in XY einen gewöhnlichen Aufenthalt begründet hat – der formale Akt der Wohnsitzauflage bestimmt den gewöhnlichen Aufenthalt im Landkreis AB, sodass der Landkreis AB auch während des Krankenhausaufenthalts zuständig bleibt.
>
> Die Verlegung in das Krankenhaus in ZA ändert nichts an der bestehenden Zuständigkeit.

d) Vorläufiges Eintreten im Eilfall

Wenn es schwierig ist, die Zuständigkeit während eines Aufenthalts in einer Einrichtung zu klären, oder wenn sich zwei Behörden streiten, wo der gewöhnliche Aufenthalt bei Aufnahme in die Einrichtung anzunehmen sei, dann muss die Leistungsbehörde zunächst vorläufig Leistungen erbringen, die für den Ort der Zuweisung, Verteilung oder Wohnsitzauflage (§ 10a Abs. 1 AsylbLG) zuständig ist (§ 10a Abs. 2 S. 3 AsylbLG).

Die Behörde am Ort der Zuweisung, Verteilung oder Wohnsitzauflage muss unverzüglich (also ohne schuldhaftes Zögern) entscheiden, spätestens aber 4 Wochen nach Aufnahme in die Einrichtung oder nach Kenntnis davon bei der Behörde.

Sinn und Zweck der Regelung ist es unter anderem, dass ein Streit zwischen Behörden über ihre örtliche Zuständigkeit nicht zu einer fehlenden Bedarfsdeckung führen darf (BSG vom 24.3.2015 – B 8 SO 20/13 R). Ansonsten dient die Regelung dem verfassungsrechtlichen Grundsatz, dass das Existenzminimum jederzeit zu decken ist. Unklarheiten über die örtliche Zuständigkeit sollen grundsätzlich nie ein Grund sein, Leistungen nicht zu gewähren oder gar abzulehnen.

Im „normalen" Sozialrecht findet sich eine identische Regelung in § 98 Abs. 2 S. 3 SGB XII. Ähnlich ist auch die Regelung des § 43 SGB I, der ebenfalls bei einem Streit mehrerer Behörden um die Zuständigkeit vorschreibt, dass die zuerst angegangene Behörde die Leistungen vorläufig zu erbringen hat.

XII.4 Kostenerstattung zwischen zuständiger und unzuständiger Behörde

Hat eine Leistungsbehörde vorläufig Leistungen erbracht, weil nach der Aufnahme in eine Einrichtung die Zuständigkeit zunächst unklar blieb, und stellt sich im Nachhinein heraus, dass eine andere Behörde zuständig war, hat die tatsächlich zuständige Behörde der vorläufig leistenden Behörde die bisher vorläufig erbrachten Leistungen zu erstatten (§ 10b Abs. 1 AsylbLG). Außerdem hat die nun endgültig zuständige Behörde die Leistungen endgültig zu bewilligen und gegebenenfalls Differenzen zwischen den vorläufig erbrachten Leistungen und dem tatsächlichen Leistungsanspruch an die Betroffenen auszuzahlen.

Wenn sich der gewöhnliche Aufenthalt bei der Aufnahme in die Einrichtung nicht abschließend feststellen lässt, wird die vorläufig leistende Behörde endgültig zuständig (Siefert 2020: § 10b, Rn. 5).

Wenn Betroffene nach der Entlassung die Einrichtung verlassen, sich aber weiter am Ort der Einrichtung aufhalten, dann wird es verwirrend (§ 10b Abs. 2 AsylbLG). Für 1 Monat (ab der Entlassung) soll die Leistungsbehörde am Ort des tatsächlichen Aufenthalts (also am Ort der Einrichtung) Leistungen erbringen und diese Leistungen sollen dann von der eigentlich zuständigen Leistungsbehörde (am Ort der Zuweisung, Verteilung oder Wohnsitzauflage) erstattet werden. Diese Regelung wurde 1997 eingeführt, als es noch selbstverständlich war, dass die AsylbLG-Betroffenen ganz überwiegend kein Bankkonto hatten und die Leistungsgewährung durch Barauszahlung erfolgen musste. So war klar, dass die Behörde am tatsächlichen Aufenthaltsort die Barauszahlung vorzunehmen hat und die eigentlich zuständige Behörde diese Auszahlung zu erstatten hat. Heute sind a) viel mehr Betroffenengruppen vom AsylbLG erfasst und b) haben alle Betroffenengruppen grundsätzlich Zugang zu einem Bankkonto (zumindest Basiskonto[225]). Daher verbleiben kaum noch Anwendungsfälle – sobald ein Bankkonto besteht, kann die eigentlich zuständige Leistungsbehörde die Leistungen erbringen.

XIII. Ergänzende Bestimmungen

XIII.1 Rückführungs- und Weiterwanderungsprogramme

Die Leistungsbehörden sollen (in geeigneten Fällen) auf bestehende Leistungen von Rückführungs- und Weiterwanderungsprogrammen hinweisen (§ 11 Abs. 1 Halbsatz 1 AsylbLG). Die Hinweise können mündlich, durch Merk- oder Informationsblätter, durch Aushänge in den Sammelunterkünften etc. erfolgen. Aus der Akte muss erkennbar sein, in welcher Form und mit welchem Inhalt Hinweise erteilt wurden.

---

225 §§ 38ff. Zahlungskontengesetz: zur Identifizierung genügen insbesondere Ankunftsnachweis, Aufenthaltsgestattung, Duldungsbescheinigung.

Beispiel: T ist mit ihrem minderjährigen Sohn aus Afghanistan geflohen. Die beiden wurden nach NRW verteilt und landeten in einer Aufnahmeeinrichtung in Bochum. Anhaltspunkte dafür, dass T und ihr Sohn in einen anderen Staat weiterwandern könnten oder wollten, gibt es nicht.

Hier wäre es erkennbar sinnlos, T über Rückführungs- und Weiterwanderungsprogramme zu informieren. Sinnlose Maßnahmen sind von Behörden aber grundsätzlich zu unterlassen.

Darüber hinaus sind die Leistungsbehörden (in geeigneten Fällen) verpflichtet, auf die Inanspruchnahme von Rückführungs- und Weiterwanderungsprogrammen hinzuwirken (§ 11 Abs. 1 Halbsatz 2 AsylbLG). Das Hinwirken muss über bloße Hinweise hinausgehen, darf aber die Betroffenen in keiner Weise zwingen oder verpflichten. Es wird in der Regel also auf eine einzelfallbezogene Beratung hinauslaufen.

XIII.2 Datenabgleich mit der Ausländerbehörde und dem Ausländerzentralregister

Die Leistungsbehörde ist verpflichtet, die Daten der Leistungsberechtigten mit den Daten bei der Ausländerbehörde abzugleichen (§ 11 Abs. 3 AsylbLG). Der Datenabgleich darf nur Betroffene umfassen, die auch tatsächlich Leistungen nach AsylbLG erhalten. Es geht dabei um folgende Daten: Name, Vorname, Geburtsdatum, Geburtsort, Staatsangehörigkeit, Geschlecht, Familienstand, Anschrift, Aufenthaltsstatus, Aufenthaltszeiten und Verpflichtungen nach § 68 AufenthG. Bezüglich dieser Daten müssen sich Leistungsbehörde und Ausländerbehörde auch über Änderungen der Daten austauschen.

Aus § 11 Abs. 3a AsylbLG ergibt sich, dass die Daten aus dem Ausländerzentralregister abgerufen werden. Durch diesen Datenabgleich ist jede Leistungsbehörde insbesondere darüber informiert, wie lange sich Betroffene bereits in Deutschland aufhalten, woraus unter anderem folgt, dass die taggenaue Umstellung von Grundleistungen (§ 3 AsylbLG) auf Analogleistungen (§ 2 AsylbLG) nach Ablauf von 18 Monaten erfolgen kann und zu erfolgen hat (→ siehe Teil III Analogleistungen, I.2.c.aa).

Wenn auch nach einem Datenabgleich Zweifel an der Identität einer Person bestehen, erhebt die Leistungsbehörde Fingerabdrücke und verwendet diese zur weiteren Abklärung. Das Verfahren dazu richtet sich nach § 11 Abs. 3a AsylbLG.

XIII.3 Keine aufschiebende Wirkung von Widerspruch und Klage

Grundsätzlich haben Widersprüche und Klagen gegen Verwaltungsakte aufschiebende Wirkung, wenn mit den Verwaltungsakten etwas Belastendes verfügt wird. Das bedeutet: Solange das Widerspruchs- oder Klageverfahren andauert, darf die Behörde den angegriffenen Verwaltungsakt nicht vollziehen.

§ 11 Abs. 4 AsylbLG regelt Ausnahmen von dieser Regel. In folgenden Fällen haben daher Widerspruch und Klage keine aufschiebende Wirkung:

- Leistung nach AsylbLG wird ganz oder teilweise entzogen oder die Leistungsbewilligung wird aufgehoben;
- Leistungsanspruch wird nach § 1a oder § 11 Absatz 2a eingeschränkt.

XIV. Ausgewählte sozialrechtliche Regeln, die im AsylbLG nicht gelten

XIV.1 Vorläufige Leistungsbewilligung

Das AsylbLG sieht nur in einem Fall eine vorläufige Leistungsbewilligung vor:
Im Fall des Zuständigkeitsstreits bei Leistungen während des Aufenthalts in einer
Einrichtung (→ siehe XI.3.d; § 10a Abs. 2 S. 3 AsylbLG). Das betrifft lediglich
sehr seltene Sonderfälle.

Im „normalen" Sozialrecht gibt es verschiedene Regelungen zu vorläufigen Leistungen:

- § 43 SGB I: Wenn es einen Zuständigkeitsstreit zwischen zwei Behörden gibt,
hat die zuerst angegangene Behörde vorläufig die Leistungen zu erbringen;
- § 41a SGB II / § 44a SGB XII: Wenn dem Grunde nach ein Leistungsanspruch
sehr wahrscheinlich ist, die Klärung der endgültigen Leistungshöhe aber länger
dauern würde, dann hat die Leistungsbehörde zunächst vorläufige Leistungen
zu gewähren;

Dadurch, dass im AsylbLG solche weitreichenden Regelungen zu vorläufigen Leistungen fehlen, dürfen Leistungen auch nicht vorläufig bewilligt werden. Bewilligt
eine Leistungsbehörde dennoch vorläufig Leistungen und daraus folgen Nachteile,
kann gegen die rechtswidrige Vorläufigkeit gesondert vorgegangen werden (BSG
vom 10.5.2011 – B 4 AS 139/10 R).

> Beispiel: U bezog bisher Leistungen nach § 3 AsylbLG. Ab 15. Januar hält
> sich U bereits länger als 18 Monate in Deutschland auf, sodass grund-
> sätzlich auf Leistungen nach § 2 AsylbLG umzustellen ist. Die zuständige
> Leistungsbehörde hat bisher nicht geprüft, ob U seine Aufenthaltsdauer
> rechtsmissbräuchlich verlängert hat und so die höheren Leistungen nach
> § 2 Abs. 1 S. 1 AsylbLG ausgeschlossen sein könnten. Zunächst will die
> Behörde also mit der Ausländerbehörde Rücksprache halten, dann gegebe-
> nenfalls die Ausländerakte beiziehen und ganz in Ruhe einen möglichen
> Rechtsmissbrauch prüfen. U erhält also einen Bewilligungsbescheid für die
> Zeit ab 15. Januar mit folgendem Text: „Ihnen werden vorläufig Leistun-
> gen bewilligt. Nach Abschluss weiterer Prüfungen wird gesondert ein ab-
> schließender Bescheid ergehen."

> Hier kann U mit sicherer Erfolgsaussicht gegen den Bescheid mit Wider-
> spruch und Klage vorgehen, um aus der vorläufigen Bewilligung eine end-
> gültige Bewilligung zu machen. Es fehlt schlicht die Rechtsgrundlage für
> eine vorläufige Bewilligung.

> Der Nachteil durch die Vorläufigkeit liegt darin, dass die Behörde vorläu-
> fige Leistungen jederzeit rückwirkend neu und endgültig festsetzen kann.
> Ohne die Vorläufigkeit muss die Behörde die Regeln nach § 9 AsylbLG

iVm §§ 44ff. SGB X einhalten und damit vor allem auch den Vertrauens-schutz der Betroffenen respektieren. Vorläufige Leistungen können dage-gen nie ein schutzwürdiges Vertrauen auslösen, weil jedem verständigen Menschen klar ist, dass etwas Vorläufiges erst noch abschließend geklärt werden muss.

In der Praxis tauchen immer wieder rechtswidrige vorläufige Bewilligungen auf. Es kam sogar schon zu vorläufigen §-1a-Bescheiden. Gegen solche Praktiken muss dringend vorgegangen werden.

XIV.2 Verzinsung von Nachzahlungen

Im „normalen" Sozialrecht sind Nachzahlungen, die die Behörde zu leisten hat, nach Ablauf eines Kalendermonats nach dem Eintritt ihrer Fälligkeit mit 4 % zu verzinsen (§ 44 SGB I). Bei den Verfahrensdauern vor einigen Sozialgerichten kann der Zinsanspruch durchaus erhebliche Beträge erreichen. Die Zinsen sind von Amts wegen auszuzahlen, müssen also nicht extra beantragt werden. Besonders Jobcenter „vergessen" oft die Zahlung der Zinsen.

Im AsylbLG findet sich keine Regelung zur Verzinsung und § 44 SGB I ist nicht anwendbar. Daher kann hier nur auf die allgemeinen Regeln des Bürgerlichen Gesetzbuches (BGB) zurückgegriffen werden (§ 291 BGB). Danach sind „nur" Nachzahlungen zu verzinsen, die im Klageverfahren durchgesetzt wurden. Beginn der Verzinsung ist dann der Tag, an dem die Klage erhoben wurde und die Höhe beträgt 5 % über dem jeweiligen Basiszinssatz (BSG vom 25.10.2018 – B 7 AY 2/18 R, Rn. 23). Auch hier kommen also angesichts der Dauer von Gerichtsver-fahren gelegentlich erhebliche Summen zusammen.

XIV.3 Verzicht

Es kommt vor, dass eigentlich nach AsylbLG Leistungsberechtigte (aus diversen Gründen) keine Leistungen haben wollen. Dann stellt sich die Frage, ob auf AsylbLG-Leistungen verzichtet werden darf. Im „normalen" Sozialrecht regelt § 46 SGB I den Verzicht. Diese Norm gilt hier aber nicht.

Ob ein Verzicht auf materielle Leistungsansprüche auch ohne gesetzliche Norm möglich ist, ist nicht geklärt. Grundsätzlich möglich ist es jedenfalls, auf den Anspruch der Existenzsicherung zu verzichten. Schließlich gilt vor allem im SGB II der Antragsgrundsatz, sodass materiell Hilfebedürftige selbst entscheiden können, ob sie existenzsichernde Leistungen beziehen wollen oder nicht. Der besagte § 46 SGB I lässt den Verzicht auf Sozialleistungen ausdrücklich zu. Der Gesetzgeber will also offensichtlich nicht alle Hilfebedürftigen „zwingen", Leistungen zu bezie-hen.

Wenn ein Verzicht auf AsylbLG-Leistungen möglich wäre, bestünde in jedem Fall folgende Einschränkung: Es kann nie auf bereits erbrachte Leistungen verzichtet werden – der Verzicht ist also immer nur in die Zukunft gerichtet.

Ein Verzicht ist eine einseitige, gestaltende, empfangsbedürftige Willenserklärung. Diese Erklärung muss eindeutig sein! Es darf kein Zweifel daran bestehen, dass der:die Erklärende in Kenntnis der Folgen der Erklärung in vollem Bewusstsein einen Verzicht erklärt. Gegebenenfalls ist aufzuklären, ob diese Voraussetzungen vorliegen. Insbesondere wird über die zustehenden Leistungen zu beraten sein, da nur mit dem Wissen, welche Leistungen eigentlich beansprucht werden können, überhaupt wirksam verzichtet werden kann.

Der Verzicht kann ausschließlich für den:die Erklärende:n selbst gelten! Weitere Mitglieder der Haushaltsgemeinschaft müssen selbst eine Verzichtserklärung abgeben; für minderjährige Hilfebedürftige muss ein gesetzlicher Vertreter verzichten, wobei freilich das Kindeswohl zu beachten ist.

Wenn ein Verzicht auf Leistungen nach AsylbLG grundsätzlich zulässig wäre, wäre auch ein Verzicht auf einen Teilanspruch grundsätzlich möglich. Es muss sich aber um einen abgrenzbaren Teil handeln. Daher wäre es denkbar, dass auf Ansprüche aus §§ 3, 3a AsylbLG (Grundleistungen) verzichtet wird, aber die Ansprüche aus §§ 4, 6 AsylbLG (Gesundheitsleistungen) aufrechterhalten werden.

Der Verzicht auf AsylbLG-Leistungen betrifft, wenn, dann nur die einzelnen Auszahlungsansprüche, nicht aber das sogenannte Stammrecht (BSG vom 27.11.1991 – 4 RA 10/91). Das Stammrecht ist sozusagen der Anspruch dem Grunde nach, der grundsätzlich bezüglich Dauer und Höhe feststeht – es wird also „nur" auf die Auszahlung verzichtet, nicht auf den Anspruch als solchen. So bleiben vor allem die diversen Ausschlusstatbestände in den SGB für Leistungsberechtigte nach dem AsylbLG wirksam.

Der Verzicht kann jederzeit für die Zukunft widerrufen werden. Letztlich führt der Verzicht also zu einem Ruhen des Auszahlungsanspruchs und dieses Ruhen kann durch einseitige Erklärung beendet werden.

XIV.4 Aufrechnung

Im „normalen" Sozialrecht finden sich diverse Normen, die die Aufrechnungen im Existenzsicherungsrecht regeln (§ 51 SGB I; §§ 42a, 43 SGB II; §§ 26, 44b SGB XII). Im AsylbLG findet sich nichts zur Aufrechnung. Daher gelten hier grundsätzlich die allgemeinen Regeln der Aufrechnung aus dem BGB (§§ 387ff. BGB; BVerwG vom 20.11.2008 – 3 C 13/08).

Es ist nach wie vor ungeklärt, ob und unter welchen Umständen in welcher Höhe mit Leistungen nach AsylbLG aufgerechnet werden darf. Die Regel ist die Aufrechnung mit früheren Überzahlungen.

> Beispiel: V hat für den Zeitraum Oktober bis Dezember insgesamt Leistungen in Höhe von 150 EUR zu viel erhalten. Im Bewilligungsbescheid für den Zeitraum ab Januar des Folgejahres taucht daher eine Aufrechnung über jeweils 50 EUR für Januar, Februar, März auf.

Ob das zulässig sein kann, ist – wie gesagt – noch ungeklärt. Im „normalen" Sozialrecht gibt es dazu diverse Beschränkungen:

- durch die Aufrechnung mit Sozialleistungen darf keine Hilfebedürftigkeit im Sinne der Sozialhilfe entstehen (§ 51 Abs. 2 SGB I);

- eine Begrenzung der Aufrechnung auf 10 % des maßgeblichen Regelsatzes bei Rückzahlung von Darlehen (§ 42a Abs. 2 SGB II);

- eine Begrenzung der Aufrechnung auf 10 % oder 30 % des maßgeblichen Regelsatzes bei Erstattungsforderungen (§ 43 Abs. 2 SGB II);

- keine oder nur eine gedeckelte Aufrechnung bei laufenden Sanktionen (§ 43 Abs. 3 SGB II);

- maximaler Aufrechnungszeitraum: 3 Jahre (§ 43 Abs. 4 SGB II; §§ 26 Abs. 2, 44b Abs. 2 SGB XII);

- eine Aufrechnung muss das im Einzelfall „Unerlässliche" belassen (§ 26 Abs. 2 SGB XII);

- eine Begrenzung der Aufrechnung auf 5 % des maßgeblichen Regelsatzes (§ 44b Abs. 2 SGB XII);

- eine Aufrechnung muss eine Unterdeckung existenznotwendiger Bedarfe vermeiden (BSG vom 28.11.2018 – B 14 AS 31/17 R, Rn. 39ff.).

Aus all dem muss gefolgert werden, dass im AsylbLG eine Aufrechnung grundsätzlich ausgeschlossen ist. Wenn die allgemeinen BGB-Regeln zur Aufrechnung angewendet würden, könnten die AsylbLG-Leistungen faktisch vollständig entzogen werden. Das würde offensichtlich dem verfassungsrechtlichen Gebot zuwiderlaufen, dass die existenznotwendigen Bedarfe jederzeit zu sichern sind (BVerfG vom 9.2.2010 – 1 BvL 1/09; BSG vom 28.11.2018 – B 14 AS 31/17 R, Rn. 39ff.). Es muss also eine Grenze eingezogen werden, wie hoch ein Aufrechnungsbetrag maximal sein darf. Eine solche Grenze muss aber der Gesetzgeber vorgeben – solche existenzsicherungsrelevanten Fragen dürfen nicht der Behördenpraxis überlassen werden.

Zu beachten ist auch, dass im SGB-II/XII-Bereich der Regelsatz sogenannte Ansparbeträge enthält, die nicht unbedingt jeden Monat anfallen. So wird es gerechtfertigt, dass vorübergehend auf Beträge in Höhe von bis zu 30 % des Regelsatzes verzichtet werden könne. Schon diese Rechtfertigung kann angesichts der niedrigen Regelsätze kritisch gesehen werden. Bei den Grundbedarfen nach §§ 3, 3a AsylbLG gibt es aber keine Ansparbeträge, sodass AsylbLG-Betroffene unmöglich vorübergehend auf irgendwelche Leistungsauszahlungen verzichten könnten. Etwas anderes kann nur gelten, wenn Einkommen aus einer Erwerbstätigkeit besteht. Gegen eine Aufrechnung in Höhe der Einkommensfreibeträge könnte kaum etwas eingewendet werden.

Im Ergebnis kann also festgehalten werden, dass Aufrechnungen im AsylbLG stets problematisch sind und gute Argumente dafür sprechen, dass solche Aufrechnungen grundsätzlich rechtswidrig sind. In der Praxis kommt es durchaus vor, dass Betroffene Aufrechnungen in geringer Höhe (beispielsweise 10 EUR monatlich) als angenehm empfinden, da sie sich mit „Schulden" unwohl fühlen. Hier können Behörden und Betroffene ohne Weiteres öffentlich-rechtliche Verträge abschließen, wonach bestimmte Beträge für eine bestimmte Zeit unter bestimmten Umständen aufgerechnet werden dürfen. In der Regel erfolgt das durch Vereinbarungen über Ratenzahlungen.

Um hier eine Klärung herbeizuführen, sollte in geeigneten Fällen (kein Einkommen vorhanden bei Bezug von Grundleistungen) gegen Aufrechnungen vorgegangen werden. Die Aufrechnung stellt einen Verwaltungsakt dar, sodass dagegen Widerspruch und Klage erhoben werden können.

> Beispiel: Im vorherigen Beispiel kann V also gegen den Bewilligungsbescheid ab Januar Widerspruch erheben und den Widerspruch auf die Aufrechnung beschränken. So wird die Leistungsbewilligung bestandskräftig und die Aufrechnung wird isoliert angegriffen.

Die Aufrechnung dürfte im Beispiel schon deshalb rechtswidrig sein, weil keine begründete, gesonderte Aufrechnungsentscheidung erkennbar ist. In der Praxis tauchen solche Aufrechnungen ausschließlich im Berechnungsbogen des Bescheides auf. Der Bescheid muss aber eine ausdrückliche Aufrechnungsverfügung enthalten und diese muss auch begründet werden. Vor allem die Höhe der monatlich aufgerechneten Beträge muss begründet werden. Natürlich muss auch erklärt werden, auf welche Rechtsgrundlage die Aufrechnung gestützt wird (im Zweifel §§ 387ff. BGB) und warum die Voraussetzungen dieser Rechtsgrundlage erfüllt sind.

Vor allem muss die Behörde auch zunächst dafür sorgen, dass es überhaupt eine Forderung gibt, mit der aufgerechnet werden kann: Sie muss also zuerst einen Aufhebungs- und Erstattungsbescheid erlassen (damit entsteht eine Erstattungsforderung für die Behörde gegen V), bevor überhaupt an eine Aufrechnung gedacht werden kann. Auch das wird in der Praxis immer wieder „vergessen".

XIV.5 Verrechnung

Bei der Verrechnung geht es – anders als bei der Aufrechnung – um Forderungen anderer Behörden.

> Beispiel: W bezieht Leistungen nach § 3 AsylbLG. Wegen einer Straftat wurde W zu einer Geldstrafe von 30 Tagessätzen à 15 EUR (also 450 EUR) verurteilt. Die Staatsanwaltschaft, die die Geldstrafe vollstreckt, teilt der zuständigen Leistungsbehörde den Sachverhalt mit und bittet um „Einziehung" der Geldstrafe. Die Leistungsbehörde behält daraufhin monatlich für die Dauer von 9 Monaten 50 EUR von den Leistungen an W ein und führt sie an die Staatsanwaltschaft ab.

> Als W eine Sozialarbeiterin fragt, warum er nur noch so wenig Geld bekommt, sieht die Sozialarbeiterin im Berechnungsbogen des letzten Bewilligungsbescheides: „abweichender Zahlungsempfänger: Staatsanwaltschaft ... 50 EUR".

Im „normalen" Sozialrecht ist die Verrechnung in § 52 SGB I geregelt. Letztlich ist die Verrechnung nur eine besondere Form der Aufrechnung, sodass auch hier die BGB-Regeln analog gelten (BSG vom 31.8.2011 – GS 2/10). Das zuvor gesagte gilt hier also auch (→ siehe XIII.4).

Hier kommt allerdings der Datenschutz ins Spiel, wenn andere Behörden die AsylbLG-Leistungsbehörde als „Hilfsvollstreckungsorgan" nutzen. Nach Datenschutzgrundsätzen muss entweder eine gesetzliche Regelung existieren, die den Datenaustausch erlaubt, oder es braucht eine Einwilligung der Betroffenen.

> Beispiel: Im vorherigen Beispiel ist keine Rechtsgrundlage erkennbar, wonach die Staatsanwaltschaft die Leistungsbehörde über die strafrechtliche Verurteilung informieren durfte. Schon deshalb ist die Verrechnung hier rechtswidrig. Zudem fehlt es an einer erkennbaren und begründeten Verrechnungsentscheidung unter Angabe der Rechtsgrundlage, der maßgeblichen (erfüllten) Voraussetzungen und Angaben zur Höhe des monatlichen Aufrechnungsbetrages.

> Eine Verrechnung wäre hier nur dann legal möglich, wenn W mit der Staatsanwaltschaft eine Vereinbarung über Ratenzahlungen trifft und W zudem einwilligt, dass sich die Staatsanwaltschaft wegen der Verrechnung an die Leistungsbehörde wendet. Die Leistungsbehörde müsste schließlich im entsprechenden Bescheid erklären, dass die rechtliche Grundlage für diese Verrechnung die Vereinbarung von W mit der Staatsanwaltschaft ist.

> Natürlich müsste die Staatsanwaltschaft W auch darüber informieren, dass er seine Geldstrafe abarbeiten kann.

Fragen zur Vertiefung und Diskussion:

1. A bezieht seit Jahren Leistungen nach § 2 AsylbLG. Nun erhält A am 9.1.2023 eine Mahnung über 1.234 EUR und aus der Mahnung geht hervor, dass ein Aufhebungs- und Erstattungsbescheid vom 5.2.2019 vollstreckt wird. A erinnert sich dunkel, dass sie tatsächlich einen solchen Aufhebungs- und Erstattungsbescheid erhalten hatte. Da sie dann aber so lange nichts mehr davon gehört hatte, war sie davon ausgegangen, das hätte sich erledigt – zumal die Forderung von 1.234 EUR aus ihrer Sicht offensichtlich falsch und unbegründet war.

   Kann A hier noch gegen die Forderung der Behörde vorgehen?

2. B wohnt in einer Gemeinschaftsunterkunft und erhält im Dezember einen Aufhebungs- und Erstattungsbescheid, da ihm versehentlich schon nach 8 Monaten (statt nach 18 Monaten) Analogleistungen nach § 2 AsylbLG gewährt wurden und sich auch weitere Fehler eingeschlichen hatten. So kam es für 6 Monate zu einer Überzahlung von insgesamt 500 EUR. Wenig später erhält B für den Zeitraum ab Januar des Folgejahres einen Bewilligungsbescheid. Neben der Leistungsbewilligung liest B dort auch: „Aufgrund der bestehenden Erstattungsforderung in Höhe von 500 EUR (Bezeichnung des Aufhebungs- und Erstattungsbescheides) wird mit Ihren laufenden Leistungsauszahlungen wie folgt aufgerechnet: monatlich 100 EUR für den Zeitraum Januar bis Mai." In der Begründung heißt es: „Für Leistungsberechtigte nach dem AsylbLG gilt das unabweisbare Existenzminimum nach § 1a Abs. 1 S. 2 AsylbLG (Bett-Brot-Seife-Leistungen) als unterste Grenze des Existenz-

minimums. Außerdem ergibt sich aus der Rechtsprechung des BVerfG vom 5.11.2019 (1 BvL 7/16), dass existenzsichernde Leistungen bis zu 30 % gekürzt werden dürfen. Die Höhe der Aufrechnung ist daher auf keinen Fall überhöht, da Ihnen nach den aufgezeigten Grundsätzen ausreichende Mittel zur Existenzsicherung verbleiben."

Ist die verfügte Aufrechnung rechtmäßig?

3. C ist alleinerziehende Mutter eines Kleinkindes und erhielt über 2 Jahre zu Unrecht nur Leistungen nach § 1a AsylbLG, obwohl ihr Analogleistungen nach § 2 AsylbLG zugestanden haben. Das Sozialgericht brauchte 5 Jahre, um C die entsprechende Nachzahlung zuzusprechen. Wegen der Differenz der Bett-Brot-Seife-Leistungen zum Regelsatz und wegen des Mehrbedarfs für Alleinerziehende summiert sich die Nachzahlung auf 8.000 EUR.

C will wissen, ob ihr hier zusätzlich noch etwas zusteht, weil das Verfahren so lange gedauert hat.

Antworten:

Zu 1.

Ja, A kann hier noch gegen den Aufhebungs- und Erstattungsbescheid vom 5.2.2019 vorgehen. Dazu muss ein Überprüfungsantrag bei der Leistungsbehörde gestellt werden (§ 9 Abs. 4 S. 1 Nr. 1 AsylbLG iVm § 44 SGB X). Dass der Bescheid so lange zurückliegt, steht dem Überprüfungsantrag nicht entgegen. Die Begrenzung der rückwirkenden Überprüfung auf den 1. des Vorjahres (§ 9 Abs. 4 S. 2 Nr. 2 AsylbLG) gilt nur für Nachzahlungsbegehren (es sollen mehr Leistungen erreicht werden, als bewilligt wurden) – für die Anfechtung von belastenden Verwaltungsakten, die einfach nur aufgehoben werden sollen, um die Belastung entfallen zu lassen (hier: Aufhebungs- und Erstattungsbescheid), gilt eine 4-Jahresfrist (rückwirkende Überprüfung bis zum 1. des Jahres vor 4 Jahren möglich). Im Jahr 2023 können also Aufhebungs- und Erstattungsbescheide rückwirkend bis zum 1.1.2019 mit dem Überprüfungsantrag angegriffen werden (§ 9 Abs. 4 S. 2 Nr. 1 AsylbLG).

Zu 2.

Die Rechtslage ist hier nicht geklärt, sodass offen ist, was ein Widerspruchs- und/oder Klageverfahren bringen würde. Es spricht aber viel dafür, dass die Aufrechnung so nicht rechtmäßig sein kann.

Grundsätzlich ist eine Aufrechnung möglich (§§ 387ff. BGB analog). Es muss aber beachtet werden, dass die Aufrechnung die Sicherung des Existenzminimums nicht gefährden darf.

Hier wird mit Leistungen nach §§ 3, 3a AsylbLG aufgerechnet. Diese Geldleistungen sind bereits extrem niedrig berechnet und liegen für A ca. 26,5 % unterhalb der Geldleistungen des Regelsatzes (Stand 2022: 449 EUR gegenüber 330 EUR; ab 1.1.2023: 502 EUR gegenüber 369 EUR). Die Grundleistungen enthalten keine Beträge, auf die vorübergehend verzichtet werden könnte – jede weitere Kürzung greift daher zwangsläufig in das Grundrecht auf ein menschenwürdiges Existenzminimum ein und das ist unzulässig.

Das Argument der Behörde, im AsylbLG würden die Bett-Brot-Seife-Leistungen des § 1a AsylbLG das unbedingt zu sichernde Existenzminimum definieren, sodass alle Leistungen darüber hinaus entbehrlich seien, ist offensichtlich abwegig (vergleiche aber: SG Berlin vom 18.5.2020 – S 145 AY 51/20 ER; vom

4.12.2019 – S 47 AY 159/19 ER; vom 13.12.2019 – S 88 AY 182/19 ER; vom 13.1.2020 – S 95 AY 176/19 ER; vom 11.5.2020 – S 146 AY 60/20 ER: jeweils in unterschiedlicher Ausprägung: Leistungsminderungen bis zur Grenze der Bett-Brot-Seife-Leistungen sind ohne Weiteres hinzunehmen).

Die Bett-Brot-Seife-Leistungen bilden die Grenze zur Folter, da ein Unterschreiten dieser Grenze gegen das Folterverbot bzw. das Verbot der menschenunwürdigen Behandlung verstoßen würde (Art. 3 EMR; Art. 4 Grundrechte-Charta-EU; EuGH vom 13.11.2019 – C-540/17 und C-541/17). Diese absolute Untergrenze, die nur noch das physische Existieren ermöglicht, kann unmöglich das menschenwürdige Existenzminimum im Sinne des Grundgesetzes darstellen, denn hier gilt, dass alle Bedarfe des physischen und des soziokulturellen Existenzminimums jederzeit als Einheit zu sichern sind (beispielsweise: BVerfG vom 12.5.2021 – 1 BvR 2682/17, Rn. 24 mit Bezug auf: BVerfG vom 5.11.2019 – 1 BvL 7/16).

Auch das Argument (das ebenfalls in der Praxis auftaucht), das BVerfG habe erklärt, dass 30 %-Kürzungen jederzeit hinzunehmen seien, ist schlicht falsch. In seiner Sanktionsentscheidung vom 5.11.2019 (1 BvL 7/16) hat das BVerfG sehr hohe Anforderungen für jedwede Leistungskürzung aufgestellt und vor allem auch festgestellt, dass Leistungskürzungen von bis zu 30 % des Regelsatzes eine „außerordentliche Belastung" darstellen.

Im Ergebnis muss auch bei Aufrechnungen im AsylbLG stets sichergestellt werden, dass das menschenwürdige Existenzminimum jederzeit gesichert ist. Da bei den Grundleistungen nach § 3, 3a AsylbLG schon umstritten ist, ob die vollen Leistungen überhaupt verfassungskonform sind, kann damit zumindest bei Grundleistungen kein Anwendungsbereich für Aufrechnungen bleiben. Bei Analogleistungen nach § 2 AsylbLG wird darauf zu achten sein, ob Schonvermögen und/oder Einkommensfreibeträge zur Verfügung stehen, mit denen die Aufrechnungsabzüge ausgeglichen werden können. Daneben ist bei Analogleistungen freilich auch § 26 SGB XII analog zu beachten.

Zu 3.

C kann hier zusätzlich Zinsen verlangen (§ 291 BGB analog). Der Zinsanspruch muss nicht extra beantragt werden – es empfiehlt sich aber, schon im Klageantrag den Zinsanspruch mit aufzunehmen. Hier würde C so immerhin ca. 650 EUR zusätzlich erhalten.

Im „normalen" Sozialrecht gilt ein Zinssatz von 4 % (§ 44 SGB I). Da diese Norm aber im AsylbLG nicht anwendbar ist, gelten die allgemeinen Regeln des BGB und damit ein Zinssatz von 5 % über dem jeweiligen Basiszinssatz.

Zitierte Literatur:

Coseriu, Pablo/Filges, Sven. In: juris Praxiskommentar – SGB XII, § 6b AsylbLG (Stand: 4.2.2021) und § 18 SGB XII (Stand: 28.7.2021).

Groth, Andy. In: Schlegel/Voelzke, juris-Praxiskommentar SGB XII, § 9 AsylbLG (Stand: 30.3.2020) und § 10 AsylbLG (Stand: 4.3.2020) und § 10a AsylbLG (Stand: 4.3.2020).

Krahmer, Utz. In: Bieritz-Harder, Renate/Conradis, Wolfgang/Thie, Stephan, LPK-SGB XII, § 118 SGB XII, 2020.

Schilz, Florian. In: Thomé, Harald: Leitfaden ALG II / Sozialhilfe von A-Z, 2021, Beratung, S. 676ff. und Mitwirkungspflichten, S. 769ff.

Siefert, Jutta: Asylbewerberleistungsgesetz – Kommentar, 2020.

Vertiefende Literatur:

Deibel, Klaus: Bestandskraft und Nachzahlung im Asylbewerberleistungsrecht, Sozialrecht aktuell 2013, S. 63.

Farahat, Anuscheh: Rechtsunsicherheiten beim Zugang zur Gesundheitsversorgung von Migranten, Zeitschrift für europäisches Sozial- und Arbeitsrecht (ZESAR) 2014, S. 269.

Henrich, Dietmar: Die Zuständigkeit für die Rücknahme von Verwaltungsakten nach § 44 Abs. 3 SGB X im Anwendungsbereich des AsylbLG, Zeitschrift für das Fürsorgewesen (ZfF) 2012, S. 228ff.

Mester, Julia: Umfang und Grenzen von Mitwirkungspflichten nach dem SGB I für Leistungsberechtigte nach dem SGB XII, Zeitschrift für das Fürsorgewesen (ZfF) 2020, S. 265ff.

Treichel, Stefan: Verwaltungsrechtliche Defizite im reformierten AsylbLG, Zeitschrift für die sozialrechtliche Praxis (ZFSH/SGB) 2018, S. 385ff.

Wahrendorf, Volker: Nachträgliche Gewährung von Analogleistungen gemäß § 2 AsylbLG iVm § 44 SGB X, Zeitschrift für die sozialrechtliche Praxis (ZFSH/SGB) 2011, S. 260ff.

Weichert, Thilo: Asylbewerberleistungsgesetz und sozialrechtliche Vertraulichkeit, Zeitschrift für die sozialrechtliche Praxis (ZFSH/SGB) 2022, S. 202ff.

Teil XIII – Rechtsschutz

Zusammenfassung

Wenn rechtswidrige Bescheide ergehen oder sonstige behördliche Maßnahmen rechtswidrig erscheinen, stellt sich stets die Frage nach dem Rechtsschutz. Wann, wie, unter welchen Voraussetzungen und mit welchen Kostenrisiken kann Rechtsschutz erlangt werden? Dazu bietet dieses Kapitel einen Überblick.

In der Arbeit mit Geflüchteten tauchen in der Sozialen Arbeit immer wieder Rechtsschutzfragen auf. Daher sollten Sozialarbeiter:innen einen Überblick über die vorhandenen Rechtsschutzmöglichkeiten haben. Es bietet sich jedoch an, sich einen Pool vertrauenswürdiger Rechtsanwält:innen zuzulegen, die im Bedarfsfall die Rechtsschutzverfahren übernehmen können. Dabei sollten nicht nur die sehr komplizierten Verfahren oder die Verfahren, die bereits „gegen die Wand gefahren" sind, den Rechtsanwält:innen überlassen werden! Auch die vermeintlich einfachen Verfahren bergen oft genug Fallstricke, die nur spezialisierte Rechtsanwält:innen erkennen können. Grundsätzlich sollten daher Widerspruchsverfahren und alle gerichtlichen Verfahren in die Hände vertrauenswürdiger Rechtsanwält:innen gelegt werden. Nur so kann eine gute Qualitätssicherung im Sinne der Betroffenen erreicht werden. Die Soziale Arbeit hat dabei die nicht zu unterschätzende Aufgabe, zu erkennen, wann ein Fall zum Rechtsschutzfall werden sollte.

Bei den Betroffenen herrschen oft vier Hauptbeweggründe in verschiedener Ausprägung vor: a) Angst, dass Rechtsschutzverfahren eine Gefahr bedeuten könnten (für die eigene Sicherheit, den Aufenthaltsstatus); b) Hoffnung, dass in Deutschland der Rechtsstaat allen den effektiven Zugang zum Recht bietet (anders als meist im Herkunftsland); c) Angst vor möglichen Kosten; d) Motivation, alle Energie in die schnelle Sicherung des Aufenthaltsstatus zu legen – keine Belastung mit „Nebenschauplätzen", wie sozialrechtlichen Streitigkeiten. Hier besteht die Aufgabe der Sozialen Arbeit darin, Aufklärung zu betreiben und so Ängste abzubauen und das Vertrauen in den Rechtsstaat zu stärken. Diese Aufgabe kommt freilich auch den Behörden, der Justiz, den Rechtsanwält:innen, den Beratungsstellen etc. zu – doch meist sind die Sozialarbeiter:innen am engsten an den Betroffenen dran und können hier am meisten bewirken.

I. Ausgangsverfahren

Von einem Ausgangsverfahren wird gesprochen, wenn die Behörde ein Begehren erstmals prüft. Am Ende des Ausgangsverfahrens steht immer ein Verwaltungsakt. Solange gesetzlich keine spezielle Form vorgeschrieben ist, kann ein Verwaltungsakt per schriftlichem Bescheid aber auch mündlich, telefonisch oder auf sonstige Weise (beispielsweise bloße Auszahlung oder Überweisung) ergehen.

Eine spezielle Form des Verwaltungsaktes ist der Dauerverwaltungsakt. Ein Dauerverwaltungsakt liegt vor, wenn der Verwaltungsakt in die Zukunft wirkt und damit über eine einmalige Gestaltung der Rechtslage hinaus für eine gewisse zeitliche Dauer in der Zukunft wirkt. Sobald also ein Bewilligungsbescheid den

Leistungszeitraum über mehrere Monate erstreckt, liegt ein Dauerverwaltungsakt vor. Erst recht liegt ein Dauerverwaltungsakt vor, wenn es keine zeitliche Begrenzung der Leistungsbewilligung für die Zukunft gibt.

I.1 Anhörung

Bevor ein Verwaltungsakt ergeht, muss grundsätzlich eine Anhörung durchgeführt werden (§ 28 VwVfG[226]). Ausnahmsweise darf eine Anhörung in folgenden Fällen unterbleiben:

- eine sofortige Entscheidung wegen Gefahr im Verzug oder im öffentlichen Interesse erscheint notwendig;
- durch die Anhörung würde die Einhaltung einer für die Entscheidung maßgeblichen Frist infrage gestellt;
- von den tatsächlichen Angaben eines:einer Beteiligten, die diese:r in einem Antrag oder einer Erklärung gemacht hat, soll nicht zu seinen:ihren Ungunsten abgewichen werden;
- die Behörde will eine Allgemeinverfügung oder gleichartige Verwaltungsakte in größerer Zahl oder Verwaltungsakte mithilfe automatischer Einrichtungen erlassen;
- es sollen Maßnahmen in der Verwaltungsvollstreckung getroffen werden.

Hier dürfte vor allem die Variante praxisrelevant sein, dass eine Anhörung entbehrlich ist, wenn die Behörde die Angaben und Erklärungen der Betroffenen ihren Bescheiden zugrunde legt. Wenn also angegeben wird, dass kein Einkommen und kein Vermögen vorhanden ist und daher volle Leistungen bewilligt werden, muss davor nicht extra eine Anhörung erfolgen.

Auch die Ausnahme der Massenbescheide ist hier relevant. Vor allem, wenn zum Jahresanfang die Bescheide zur Anpassung der Regelleistungssätze und Grundleistungssätze ergehen, ist eine Anhörung entbehrlich, weil es sich um Massenbescheide handelt. Immer öfter werden solche Bescheide ohne Beteiligung einer lebendigen Person rein automatisch erstellt und versandt.

I.2 Bekanntgabe

Ein Verwaltungsakt wird durch seine Bekanntgabe wirksam (§ 41 Abs. 1 VwVfG). Die Bekanntgabe erfolgt grundsätzlich durch den Zugang bei den Adressat:innen. Der Zugang wiederum ist erfolgt, wenn der Verwaltungsakt bzw. die getroffene Regelung zur Kenntnis genommen werden kann. Bei einem mündlichen Verwaltungsakt ist dieser also zugegangen und bekanntgegeben, wenn der:die Adressat:in den Inhalt hören und verstehen konnte. Ergeht der Verwaltungsakt durch Kontoüberweisung, so ist der Zahlungseingang auf dem Konto der Zugang und damit die Bekanntgabe, da ab diesem Zeitpunkt per Kontoauszug oder Online-Banking

---

[226] Und entsprechende Regelungen der jeweiligen Landes-Verwaltungsverfahrensgesetze – im Folgenden steht VwVfG für das Verwaltungsverfahrensgesetz des Bundes und die jeweils entsprechenden Landesgesetze.

Kenntnis erlangt werden kann. Beim schriftlichen Bescheid kommt es auf den Einwurf im Briefkasten an.

Eine gewisse Berühmtheit hat die sogenannte 3-Tages-Fiktion erlangt. Wenn ein schriftlicher Bescheid mit einfacher Post von der Behörde versandt wird, dann gilt dieser Bescheid 3 Tage nach der Aufgabe zur Post als bekanntgegeben (§ 41 Abs. 1 S. 1 VwVfG). Die 3 Tage gelten absolut – das heißt, es ist egal, ob die fiktive Bekanntgabe auf ein Wochenende oder einen gesetzlichen Feiertag fällt. Wenn sich eine Behörde auf diese 3-Tages-Fiktion berufen will, muss sie im Zweifel nachweisen, wann genau der Bescheid zur Post gegeben wurde. In der Regel muss dieser Nachweis durch einen „Ab-Vermerk" in der Akte erfolgen. Der in der Akte abgelegte Bescheid muss also einen Vermerk enthalten, wann er von wem zur Post aufgegeben wurde. Ein kurzer Vermerk (beispielsweise: „Post ab 9.1.23, Müller]") genügt.

Aber: Wenn der Bescheid später zugeht, dann ist der Verwaltungsakt erst zu dem späteren (Zugangs-)Zeitpunkt zugegangen und wenn der Bescheid tatsächlich gar nicht zugeht, dann fehlt es vollständig an der Bekanntgabe (§ 41 Abs. 2 S. 3 VwVfG). Wenn Betroffene behaupten, der Bescheid sei später oder gar nicht zugegangen, dann muss die Behörde beweisen, dass der Bescheid tatsächlich zugegangen ist. Dieser Beweis wird nur selten gelingen, beispielsweise, wenn sich Betroffene bereits mit Bezug auf den Bescheid bei der Behörde geäußert haben und später behaupten, den Bescheid nicht erhalten zu haben. Der bloße Nachweis der Behörde, dass der Bescheid zur Post gegeben wurde und kein Postrücklauf erfolgte, genügt nicht (Sächsisches LSG vom 28.5.2020 – L 3 AS 64/18).

Wenn die 3-Tages-Fiktion greift (der Bescheid wurde also per einfacher Post aufgegeben und die Behörde hat darüber auch einen Ab-Vermerk in der Akte) und der Bescheid geht tatsächlich früher zu, dann gilt die Bekanntgabe trotzdem erst 3 Tage nach der Aufgabe zur Post.

Die 3-Tages-Fiktion gilt außerdem auch für elektronisch übermittelte Bescheide (§ 41 Abs. 2 VwVfG). Praxisrelevant ist hier vor allem, dass auch ein Fax als elektronische Übermittlung gilt, sodass ein gefaxter Bescheid erst 3 Tage nach Versand als bekanntgegeben gilt (Pattar 2020: Rn. 100).

I.3 Rechtsbehelfsbelehrung

Ein schriftlicher oder elektronischer Verwaltungsakt ist mit einer Rechtsbehelfsbelehrung zu versehen (§ 37 Abs. 6 VwVfG). Zwingende Bestandteile der Rechtsbehelfsbelehrung sind nach dem Gesetz:

- die Bezeichnung des Rechtsbehelfs (Widerspruch oder Klage);
- die Bezeichnung der Behörde oder des Gerichts (und Anschrift), bei denen der Rechtsbehelf einzulegen ist;
- die Bezeichnung der einzuhaltenden Frist.

Im „normalen" Sozialrecht muss zudem auch über die Form belehrt werden, in der der Rechtsbehelf einzulegen ist (§ 36 SGB X). Da diese Vorschrift für das

AsylbLG nicht gilt, sind Rechtsbehelfsbelehrungen, die keine Angaben zur Form des Rechtsbehelfs enthalten, grundsätzlich trotzdem vollständig. Allerdings hat das BSG bereits entschieden, dass im Sozialrecht auch dann über die Form eines Rechtsbehelfs zu belehren ist, wenn das gesetzlich nicht ausdrücklich vorgeschrieben ist (BSG vom 14.3.2013 – B 13 R 19/12 R). Ob diese Rechtsprechung auch auf die Fälle von AsylbLG-Bescheiden übertragbar ist, ist ungeklärt.

Die gesetzlich vorgeschriebenen Mindestinhalte der Rechtsbehelfsbelehrung müssen vollständig, richtig und verständlich sein.

Beispiel: Rechtsbehelfsbelehrung (Brandenburg): Gegen diesen Bescheid kann innerhalb eines Monats nach Bekanntgabe Widerspruch erhoben werden. Der Widerspruch ist bei der gemäß §§ 10, 10a Abs. 1 Asylbewerberleistungsgesetz in der Fassung der Bekanntmachung vom 5.8.1997 (BGBl. I S. 2022), das zuletzt durch Artikel 4 des Gesetzes vom 23.5.2022 (BGBl. I S. 760) geändert worden ist, in Verbindung mit § 3 Abs. 1 Landesaufnahmegesetz in der Fassung vom 15.3.2016 (GVBl.I/16, [Nr. 11]) zuletzt geändert durch Artikel 1 des Gesetzes vom 17.12.2021 (GVBl.I/21, [Nr. 40]) in Verbindung mit § 84 Abs. 1 S. 1 Sozialgerichtsgesetz in der Fassung der Bekanntmachung vom 23.9.1975 (BGBl. I S. 2535), das zuletzt durch Artikel 13 des Gesetzes vom 5.10.2021 (BGBl. I S. 4607) geändert worden ist, zuständigen Behörde zu erheben.

Hier liegen mindestens drei Fehler vor: 1) Die Behörde, bei der Widerspruch zu erheben ist, ist nicht bezeichnet. Ein Verweis auf die gesetzlichen Zuständigkeitsregeln ist nicht ausreichend; 2) Selbst wenn angenommen würde, dass ein Verweis auf Gesetze ausreichen könnte, wäre die gewählte Form zu verwirrend und damit unverständlich; 3) Die Anschrift der Behörde fehlt.

Wenn die Ansicht vertreten wird, dass auch über die Form des Rechtsbehelfs belehrt werden muss, dann würde hier diese Belehrung fehlen.

Da viel dafür spricht, dass auch hier in der Rechtsbehelfsbelehrung über die Form des Rechtsbehelfs belehrt werden muss, tun das die meisten Behörden auch. Mittlerweile ist auch geklärt, dass zur Belehrung über die Form zwingend auch die Belehrung über die Möglichkeit der elektronischen Form gehört (LSG Nds.-Bremen 9.9.2021 – L 13 AS 345/21 B ER, Schleswig-Holsteinisches LSG vom 20.12.2018 – L 6 AS 202/18 B ER und vom 6.5.2021 – L 6 AS 64/21 B ER; SG Hildesheim vom 3.9.2020 – S 12 AS 13/19; SG Berlin vom 22.1.2020 – S 51 KR 2926/19 ER; SG Darmstadt vom 23.5.2018 – S 19 AS 209/18 ER).

Beispiel: Rechtsbehelfsbelehrung des Berliner Landesamtes für Flüchtlingsangelegenheit: Gegen diesen Bescheid ist der Widerspruch zulässig. Er ist innerhalb eines Monats nach Bekanntgabe dieses Bescheides schriftlich beim Landesamt für Flüchtlingsangelegenheiten, Postfach 301409, 10721 Berlin, oder zur Niederschrift beim Landesamt für Flüchtlingsangelegenheiten – Leistungsgewährung –, Dienstgebäude in der Darwinstraße 14–18 in 10589 Berlin, zu erheben, oder auf elektronischem Weg per E-Mail (post@laf.berlin.de) mit qualifizierter elektronischer Signatur nach der Verordnung (EU) Nr. 910/2014 des Europäischen Parlaments und des Rates vom 23.7.2014 über elektronische Identifizierung und Vertrauens, für elektronische Transaktionen im Binnenmarkt und zur Aufhebung der Richtlinie 1999/93/EG (eIDAS-Verordnung) sowie dem Vertrauensdienstegesetz vom 18.7.2017 an die oben genannte E-MailAdresse für die elektronische Zugangsöffnung zu erheben.

Die Angaben zur Form des Widerspruchs sind nicht notwendig – da sie aber gemacht werden, müssen sie auch vollständig, richtig und verständlich sein.

Hier wird erklärt, dass ein elektronisch erhobener Widerspruch ausschließlich per E-Mail mit qualifizierter elektronischer Signatur möglich sei. Das ist bereits falsch und unvollständig. Der Widerspruch kann schließlich auch durch einen Rechtsanwalt per besonderem elektronischen Anwaltspostfach (beA) versandt werden oder durch sonstige sichere und zugelassene Verfahren (§ 84 Abs. 1 S. 1 SGG iVm § 36a Abs. 2 SGB I).

Der Hinweis auf die eIDAS-Verordnung und das Vertrauensdienstegesetz zur Konkretisierung des Begriffs der qualifizierten elektronischen Signatur dürfte zwar eher sinnlos und vielleicht auch verwirrend sein, aber noch nicht zur Fehlerhaftigkeit der Belehrung führen. Besser wäre freilich ein einfacherer und verständlicherer Hinweis.

Zu der Frage, wie die Belehrung über elektronische Rechtsbehelfe zu erfolgen hat, wird noch einiges durch die Gerichte zu klären sein.

In der Praxis füllen die Behörden Rechtsbehelfsbelehrungen auch mit nicht unbedingt notwendigen Inhalten auf. Auch hier gilt: Wenn Angaben gemacht werden, müssen diese vollständig, richtig und verständlich sein. Bei Fehlern kann sich die Behörde nicht darauf zurückziehen, dass dieser Inhalt gar nicht notwendig war. Zudem kann auch das Überfrachten der Rechtsbehelfsbelehrung zur Unverständlichkeit führen, wenn es schlicht zu unübersichtlich wird. In der Praxis tauchten durchaus schon Rechtsbehelfsbelehrungen auf, die sich über mehrere Seiten erstreckten. Im Grundsatz gilt also: schlanke Rechtsbehelfsbelehrungen sind meist weniger Fehlerhaft als ausufernde Belehrungen.

II. Widerspruchsverfahren

Ist ein Verwaltungsakt ergangen, der rechtswidrig erscheint, kann dagegen in der Regel Widerspruch erhoben werden.

II.1 Widerspruchsfrist

Egal, welche Frist gilt, der Widerspruch ist grundsätzlich bei der Behörde zu erheben, die den Bescheid erlassen hat, der angegriffen werden soll. Aber die Frist gilt auch als gewahrt, wenn die Widerspruchsschrift bei einer anderen inländischen

Behörde eingegangen ist (§ 84 Abs. 2 SGG). Die unzuständige Behörde hat dann den Widerspruch unverzüglich an die zuständige Behörde weiterzuleiten.

a) Monatsfrist

Grundsätzlich gilt die Frist von 1 Monat (§ 84 Abs. 1 S. 1 SGG). Oft hört man auch von der 4-Wochen-Frist – das ist falsch! Ein Monat entspricht nicht 4 Wochen! Die Frist endet am gleichen Tag des Folgemonats (Bekanntgabe: 14. August = Fristende: 14. September). Fällt das Fristende auf ein Wochenende oder einen gesetzlichen Feiertag, verschiebt sich das Fristende auf den nächst folgenden Werktag.

> Beispiel: A erhält am 30.8.2022 einen Bescheid, der auf den 29.8.2022 datiert ist und mit einfacher Post versandt wurde.

> Der Zugang erfolgte am 30.8.2022. Da der Bescheid aber mit einfacher Post versandt wurde und davon auszugehen ist, dass die Behörde pflichtgemäß den Postausgang unverzüglich mit der Bescheiderstellung veranlasst hat, gilt hier die 3-Tages-Fiktion. Der Bescheid wurde am 29.8.2022 zur Post aufgegeben und gilt damit erst am 1.9.2022 als bekanntgegeben. Der frühere Zugang bei A ist irrelevant.

> Die Frist endet also grundsätzlich am 1.10.2022. Dieser Tag ist aber ein Samstag, also Wochenende. Das Fristende verschiebt sich also auf den nächsten Werktag. Da der nächste Montag auf den 3.10.2022 fällt und somit ein gesetzlicher Feiertag ist, endet die Frist erst am Dienstag, den 4.10.2022.

b) 3-Monatsfrist

Wird ein Verwaltungsakt im Ausland bekanntgegeben, dann gilt als Widerspruchsfrist die 3-Monatsfrist (§ 84 Abs. 1 S. 2 SGG).

c) Jahresfrist

Wenn keine Rechtsfolgenbelehrung erfolgte (vor allem bei mündlichen oder auf sonstige, nicht schriftliche Weise bekanntgegebenen Verwaltungsakten) oder wenn die Rechtsfolgenbelehrung fehlerhaft war, dann gilt die Jahresfrist (§ 84 Abs. 2 S. 3 iVm § 66 Abs. 2 SGG).

> Beispiel: B erhielt einmal für den Monat Januar 2022 einen schriftlichen Leistungsbescheid. In dem Bescheid hieß es unter anderem: „Dieser Bescheid gilt nur für den Monat Januar 2022. Ändert sich nichts an Ihrer Hilfebedürftigkeit, werden Leistungen für die Folgemonate ohne gesonderte Bescheide durch Auszahlung monatlich bewilligt." B erhielt darauf auch für die Monate Februar bis Juli 2022 jeweils eine Überweisung mit dem Leistungsbetrag, der für Januar 2022 bewilligt wurde.

Hier gilt für den schriftlichen Bescheid für den Leistungszeitraum Januar 2022 die Monatsfrist (vorausgesetzt, die Rechtsbehelfsbelehrung war fehlerfrei).

Die Überweisungen für die folgenden Monate stellen jeweils Verwaltungsakte dar, die durch die Überweisung bekanntgegeben wurden. Eine Rechtsbehelfsbelehrung enthielten diese Verwaltungsakte nicht. Daher gilt jeweils die Jahresfrist.

II.2 Richtige Form

Der Widerspruch ist schriftlich, in elektronischer Form oder zur Niederschrift bei der Behörde zu erheben, die den anzugreifenden Bescheid erlassen hat.

a) Schriftlich

Das Erfordernis der Schriftlichkeit verlangt vor allem eine eigenhändige Unterschrift. Der Widerspruch kann also noch so „schriftlich" im alltäglichen Sinne sein, wenn die Unterschrift fehlt, liegt keine juristische Schriftlichkeit vor.

Praxisrelevant ist vor allem, dass eine einfache E-Mail nicht schriftlich ist. Widersprüche mit einfacher E-Mail sind daher stets unwirksam (LSG Hessen vom 11.7.2007 – L 9 AS 161/07 ER). Allerdings ist zu fordern, dass eine Behörde einen formunwirksamen E-Mail-Widerspruch nicht einfach sehenden Auges während der laufenden Widerspruchsfrist hinnehmen darf, um dann nach Fristablauf den Widerspruch als unzulässig verwirft. Solange die Widerspruchsfrist noch läuft, muss die Behörde darauf hinweisen, dass die E-Mail nicht ausreichend ist – den Betroffenen muss die Chance eingeräumt werden, ihren Fehler zu beheben (LSG NRW vom 30.10.2020 – L 13 VG 57/20). Lässt die Behörde also einen E-Mail-Widerspruch einfach unkommentiert, bis die Widerspruchsfrist abgelaufen ist, handelt sie pflichtwidrig. Die Konsequenz ist, dass auch noch nach Ablauf der Widerspruchsfrist ein formgerechter Widerspruch noch wirksam nachgeholt werden darf (Wiedereinsetzung in den vorigen Stand). Was passiert, wenn kein formgerechter Widerspruch nachgeholt wird, bis die Behörde den Widerspruch als unzulässig verwirft, ist noch nicht geklärt. Das pflichtwidrige Verhalten der Behörde darf aber nicht zulasten der Betroffenen gehen. Empfehlenswert ist daher beispielsweise:

- So schnell wie möglich nun einen formwirksamen Widerspruch nachholen und sich darauf berufen, dass man das auch schon rechtzeitig (also noch vor Erlass des Widerspruchsbescheides) getan hätte, wenn die Behörde auf die Formunwirksamkeit des E-mail-Widerspruchs hingewiesen hätte, und
- Klage erheben und auch hier erklären, dass ein formwirksamer Widerspruch rechtzeitig nachgeholt worden wäre, wenn die Behörde einen Hinweis gegeben hätte.

Beispiel 1: C erhält am 2.1.2023 einen Bescheid mit Postzustellungsurkunde. Der Bescheid enthält eine fehlerfreie Rechtsbehelfsbelehrung. Die Widerspruchsfrist läuft also am 1.2.2023 ab. Am 24.1.2023 sendet C einen Widerspruch per einfacher E-Mail. Am 3.2.2023 spricht C bei der Behörde vor und erkundigt sich nach seinem Widerspruch. Dabei erklärt ihm die Behörde, dass der Widerspruch als formunwirksam und damit unzulässig verworfen werden wird – C wird gefragt, ob er den Widerspruch zurücknehmen will. C will den Widerspruch aber aufrechterhalten und zückt daher einen Ausdruck seiner E-Mail, unterschreibt diesen und überreicht ihn der Behörde. Der Widerspruch wird dann am 6.2.2023 als unzulässig verworfen.

Hier hat eine Klage Aussicht auf Erfolg (zumindest bezüglich der rechtswidrigen Zurückweisung des Widerspruchs als unzulässig). Die Nachholung eines formwirksamen Widerspruchs am 3.2.2023 war wirksam. Auch wenn diese Nachholung nach Fristablauf erfolgte, war die Frist im Wege der Wiedereinsetzung in den vorigen Stand gewahrt. Die Behörde hatte bei Eingang der E-Mail noch ausreichend Zeit (bis zum Ablauf der Widerspruchsfrist), C darauf hinzuweisen, dass seine E-Mail nicht ausreichend ist.

Beispiel 2: Wie zuvor, aber nun versendet C seine E-Mail erst am 2.2.2023 um 22:00 Uhr.

Hier hatte die Behörde keine Chance mehr, C (vor Ablauf der Widerspruchsfrist) auf irgendetwas hinzuweisen. In solchen Konstellationen wird die Verwerfung des Widerspruchs als unzulässig nicht zu vermeiden sein.

b) Elektronisch

Welche elektronischen Übermittlungswege es gibt, um wirksam einen Widerspruch zu erheben, ergibt sich aus § 84 Abs. 1 S. 1 SGG iVm § 36a SGB I. Darauf soll hier nicht näher eingegangen werden.

c) Zur Niederschrift

Der Widerspruch kann auch zur Niederschrift bei der Behörde, die den anzugreifenden Bescheid erlassen hat, erhoben werden. Das heißt, dass die Betroffenen persönlich bei der Behörde vorsprechen, dort den Widerspruch mündlich entäußern und die Behörde diese Entäußerung niederschreibt.

II.3 Begründung und Streitgegenstand

Ein Widerspruch muss nicht begründet werden. Er muss auch nicht als Widerspruch bezeichnet werden. Es genügt, dass deutlich wird, dass eine nochmalige Überprüfung der Entscheidung gewünscht wird.

Es empfiehlt sich aber, den Widerspruch zu begründen und zu erklären, was genau als falsch empfunden wird. In der Regel kann die Behörde nur so ein sinnvolles Widerspruchsverfahren durchführen.

Auch der Streitgegenstand sollte geklärt werden. Es geht dabei um die Frage, welche konkreten Leistungen bezüglich wem für welchen Zeitraum im Streit stehen. Wenn also in einem Bescheid für eine Familie Leistungen bewilligt werden und gleichzeitig Grundleistungen und Geldleistungen zur Bildung und Teilhabe bewilligt werden, ist es sinnvoll, klarzustellen, dass nur gegen die fehlerhaften Grundleistungen Widerspruch erhoben wird und nicht gegen die Leistungen zur Bildung und Teilhabe. So wird der Bescheid bezüglich der Leistungen zur Bildung und Teilhabe bestandskräftig und kann nur noch unter sehr engen Voraussetzungen von der Behörde aufgehoben werden. Wird pauschal gegen den gesamten Bescheid Widerspruch erhoben, stehen auch die Leistungen zur Bildung und Teilhabe weiter auf dem Prüfstand.

> Beispiel: D erhält einen AsylbLG-Leistungsbescheid. In dem Bescheid finden sich verschiedene Aussagen zum Leistungszeitraum: a) Ihnen werden Leistungen für den Zeitraum 17.1.2023 bis 23.3.2023 bewilligt; b) Sie erhalten daher Leistungen ab 1.1.2023 in Höhe von ...; c) Im Berechnungsbogen sind die Leistungen für Januar bis April 2023 aufgeschlüsselt. Tatsächlich werden D die neu festgesetzten Leistungen ab dem 1.1.2023 und nicht erst ab dem 17.1.2023 ausgezahlt.

> Hier drängt es sich auf, die wirren Angaben zum Leistungszeitraum zu rügen und zu erklären, dass davon ausgegangen wird, dass Leistungen ab dem 1.1.2023 (ohne zeitliche Begrenzung) im Streit stehen. Widersprüchliche Aussagen in einem Bescheid gehen stets zulasten der Behörde und es gilt das, was für die Betroffenen am günstigsten ist (SG Bremen vom 23.4.2021 – S 39 AY 44/21 ER; LSG Berlin-Brandenburg vom 17.12.2020 – L 15 AY 25/20 B ER; BSG vom 17.12.2015 – B 2 U 2/14 R, Rn. 12). Hier ist es am günstigsten, wenn für D Leistungen per Dauerverwaltungsakt ohne zeitliche Begrenzung ab 1.1.2023 bewilligt sind.

> In Berlin sind solche wirren Bescheide tatsächlich Standard. Hier gilt leider der Grundsatz: Behörden agieren so, wie es das regionale Sozialgericht zulässt. Das SG Berlin hat bisher in dieser Praxis kein Problem erkannt und geht davon aus, dass in diesem Beispiel der Leistungszeitraum ganz eindeutig der 17.1.2023 bis 23.3.2023 sei.

II.4 Abhilfe- oder Widerspruchsbescheid

a) Abhilfebescheid

Ist der Widerspruch erfolgreich, ergeht ein Abhilfebescheid. Damit ist das Verfahren dann beendet.

b) Widerspruchsbescheid

Scheitert der Widerspruch ergeht ein Widerspruchsbescheid.

Auch zwischen Widerspruchserhebung und Widerspruchsbescheid können Bescheide ergehen, die den Streitgegenstand abändern. Im Extremfall kann sogar ein Änderungsbescheid im laufenden Widerspruchsverfahren ergehen, der genau das gibt, was mit dem Widerspruch erreicht werden soll und danach ergeht ein Widerspruchsbescheid. Der Widerspruchsbescheid erklärt dann, dass seit dem Änderungsbescheid keine Belastung/Schlechterstellung mehr besteht und der Widerspruch deshalb erfolglos bleiben müsse. Solche „Spielereien" können den Betroffenen egal sein – sie haben erreicht, was sie erreichen wollten.

c) Rechtsbehelfsbelehrung

Für die Rechtsbehelfsbelehrung gilt hier das Gleiche, wie für den Verwaltungsakt. Wenn die Rechtsbehelfsbelehrung Details zur elektronischen Klageerhebung enthält, so ist zu beachten, dass für die Klageerhebung per besonderem elektronischem Anwaltspostfach (beA) keine qualifizierte elektronische Signatur (qeS) erforderlich ist. Behauptet die Belehrung also, dass eine elektronische Klageerhebung in jedem Fall einer qeS bedürfe, so ist das falsch.

d) Kosten

Widerspruchsverfahren im AsylbLG sind grundsätzlich nicht kostenfrei. Im „normalen" Sozialrecht ergibt sich zwar eine Kostenfreiheit aus § 64 SGB X. Diese Norm ist aber in AsylbLG-Sachen nicht anwendbar und auch eine analoge Anwendung scheidet aus (BSG vom 16.1.2019 – B 7 AY 2/17 R).

Im Ergebnis können die Bundesländer Kostenordnungen erlassen, wonach für Widerspruchsverfahren im AsylbLG-Bereich Gebühren zu erheben wären. Allerdings würden solche landesrechtlichen Regelungen wohl gegen den Grundsatz der Gleichbehandlung[227] (Art. 3 Abs. 1 GG) und den Grundsatz der Rechtswahrnehmungsgleichheit[228] (Art. 3 Abs. 1 GG iVm Art. 20 GG) verstoßen (LSG Nds.-Bremen vom 25.2.2021 – L 8 AY 19/18). Zu guter Letzt kommt für AsylbLG-Betroffene auch eine Übernahme eventueller Widerspruchsgebühren durch die Leistungsbehörde nach § 6 Abs. 1 AsylbLG in Betracht (zumindest, wenn der Widerspruch Aussicht auf Erfolg hatte, also nicht völlig sinnfrei war: Frerichs 2021: Rn. 48; Krauß 2020: § 6 AsylbLG, Rn. 32; BSG vom 16.1.2019 – B 7 AY 2/17 R, Rn. 9).

III. Überprüfungsverfahren

Wenn ein Bescheid bestandskräftig geworden ist, also nicht mehr mit Widerspruch oder Klage angegriffen werden kann, dann kommt das Überprüfungsverfahren ins Spiel (§ 9 Abs. 4 AsylbLG iVm § 44 SGB X). Warum der Bescheid bestandskräftig geworden ist (Widerspruchs-/Klage-/Berufungs-/Revisionsfrist verpasst oder Widerspruch/Klage/Berufung/Revision zurückgenommen oder Widerspruch/Klage/Berufung/Revision verloren), ist egal.

Für die rückwirkende Überprüfung von Bescheiden gibt es Grenzen (→ siehe Teil XII Verfahrensregeln, V.1): Wenn mit dem Überprüfungsverfahren eine Nachzahlung der Behörde an die Betroffenen erreicht werden soll, dann kann eine Nachzahlung maximal ab dem 1. des Vorjahres erreicht werden – Überprüfungs-

---

227 Gleichbehandlung mit Betroffenen in Widerspruchsverfahren zu anderen existenzsichernden Systemen (insbesondere SGB II/XII).

228 Gleichbehandlung beim Zugang zum Recht im Vergleich zu finanzkräftigen Rechtsuchenden – wenn objektive Dritte in gleicher Lage Rechtsschutz in Anspruch nehmen würden, dürfen Kostenfragen den Zugang zum Recht für Hilfebedürftige nicht erschweren.

anträge im Jahr 2023 können also ab dem 1.1.2022 Nachzahlungen erreichen; alle Zeiträume bis zum 31.12.2021 sind „verloren". Wenn dagegen eine Forderung der Behörde abgewehrt werden soll (beispielsweise ein Aufhebungs- und Erstattungsbescheid), dann können Bescheide bis zum 1. des Jahres von vor 4 Jahren angegriffen werden – Überprüfungsanträge im Jahr 2023 können also insbesondere Aufhebungs- und Erstattungsbescheide bis zum 1.1.2019 erfassen.

Im Gegensatz zum Widerspruch muss der Überprüfungsantrag begründet werden (BSG vom 3.2.1988 – 9/9a RV 18/86; LSG Mecklenburg-Vorpommern vom 13.2.2019 – L 8 AS 450/13 NZB, Rn. 47). Es muss also dargelegt werden, aus welchen Gründen der angegriffene Bescheid rechtswidrig sein soll. Wenn keine Begründung erfolgt, die darlegt, warum der zu überprüfende Bescheid rechtswidrig sein könnte, darf die Behörde den Überprüfungsantrag ohne inhaltliche Prüfung ablehnen.

Wichtig: Der angegriffene Bescheid bleibt während des gesamten Überprüfungsverfahrens (inklusive anschließendem Widerspruchs- und Klageverfahren) bestandskräftig und damit voll wirksam. Das kann vor allem dann sehr bedeutend werden, wenn es um verfassungsrechtliche Fragen geht (was im AsylbLG nicht selten der Fall ist). Wenn das BVerfG eine Norm für verfassungswidrig erklärt und sich daraus höhere Leistungsansprüche für die Betroffenen der besagten Norm für die Vergangenheit ergeben, dann verfügt das BVerfG regelmäßig, dass nur diejenigen eine Nachzahlung erhalten, bei denen die Leistungsbescheide nicht bestandskräftig geworden sind. Wer also „nur" Überprüfungsverfahren laufen hatte, wird dann keine Nachzahlungen erhalten. Auch für das gerichtliche Eilverfahren ergeben sich Nachteile (→ siehe VI.2.e).

Das Überprüfungsverfahren wird durch einen Überprüfungsbescheid abgeschlossen. Dabei handelt es sich um einen Verwaltungsakt. Wie jeder Verwaltungsakt kann dagegen mit Widerspruch und Klage vorgegangen werden. Im Widerspruchs- und Klageverfahren wird das Überprüfungsverfahren fortgesetzt.

IV. Untätigkeitsklage

Im Sozialrecht gibt es die Besonderheit einer echten Untätigkeitsklage. Das heißt, dass eine Bescheiderteilung, die von der zuständigen Behörde nicht vorgenommen wird, erzwungen werden kann. Ziel der Untätigkeitsklage ist dabei allein der Erlass eines Bescheides – ein bestimmter Inhalt kann nicht begehrt werden.

Für Ausgangs- und Überprüfungsverfahren gilt dabei eine 6-Monatsfrist (§ 88 Abs. 1 SGG). Wenn also ein Antrag nicht innerhalb von 6 Monaten beschieden wird, dann kann Klage auf Erlass eines Bescheides (Untätigkeitsklage) erhoben werden.

Für Widerspruchsverfahren gilt eine 3-Monatsfrist (§ 88 Abs. 2 SGG).

Natürlich gibt es (gerade im Sozialrecht, wenn es um medizinische Sachverhalte geht) auch Verfahren, die aus berechtigten Gründen länger dauern als 6 oder 3 Monate. Daher darf die Untätigkeitsklage nicht erhoben werden, wenn zwar die gesetzlich vorgegebene Frist abgelaufen ist, die Behörde aber einen zureichenden Grund für die lange Verfahrensdauer hat. Die Behörde muss diesen zureichenden Grund mitteilen. Ob der angegebene Grund wirklich zureichend ist, klärt im Zweifel das Sozialgericht. Der pauschale Verweis auf das Bestehen einer Pandemie genügt beispielsweise nicht (SG Berlin vom 25.9.2020 – S 90 AY 58/20).

V. Klageverfahren

Wenn ein Widerspruch scheitert und die Begründung des Widerspruchsbescheides nicht überzeugt, dann steht die Klage als weiterer Rechtsbehelf zur Verfügung.

V.1 Klagefrist

Die Klagefrist beträgt 1 Monat (§ 87 Abs. 1 S. 1 SGG) oder, wenn der (Widerspruchs-)Bescheid im Ausland bekanntgegeben wurde, 3 Monate (§ 87 Abs. 1 S. 2 SGG). Auch hier verlängert sich die Klagefrist auf ein Jahr, wenn die Rechtsbehelfsbelehrung fehlt oder fehlerhaft ist (§ 66 Abs. 2 SGG).

Wenn „nur" die Feststellung der Rechtswidrigkeit eines Verwaltungsaktes oder einer sonstigen Verwaltungsmaßnahme begehrt wird, dann gibt es keine Klagefrist (§ 89 SGG).

V.2. Wo muss geklagt werden?

Im Sozialrecht gilt, dass die Klage am Wohnort des:der Kläger:in zu erheben ist. In anderen Gerichtsbarkeiten kommt es meist auf den Wohnort oder Sitz des:der Beklagten an.

> Beispiel: E bezog Leistungen vom Landkreis Havelland in Brandenburg. Für den Landkreis Havelland ist das SG Potsdam zuständig. Mittlerweile ist E aber nach Hamburg umgezogen und erhält dort einen Aufhebungs- und Erstattungsbescheid für länger zurückliegende Zeiträume. Das Widerspruchsverfahren war erfolglos. E will nun klagen.
>
> Das zuständige Gericht ist das SG Hamburg, weil E im Hamburg wohnt.

Wenn versehentlich eine Klage beim falschen Gericht eingereicht wird, ist das kein Drama. Das Gericht, bei dem die Klage eingegangen ist, wird seine örtliche Unzuständigkeit feststellen und die Klage per Beschluss an das richtige Gericht verweisen.

V.3 Klageform

Die Klage muss grundsätzlich schriftlich oder zur Niederschrift erhoben werden (§ 90 SGG). Auch hier besteht die Möglichkeit der elektronischen Klageerhebung (§ 65a SGG).

V.4 Inhalte der Klageschrift

Die Klageschrift muss zwingend folgende Inhalte enthalten (§ 92 Abs. 1 SGG):

- Bezeichnung des Klägers mit ladungsfähiger Anschrift;
- Bezeichnung des Beklagten (Bezeichnung der Behörde, die den angegriffenen Bescheid erlassen hat, genügt);
- Bezeichnung des Gegenstands des Klagebegehrens (Was soll mit der Klage erreicht werden?).

Daneben sollen (nicht zwingend) zudem folgende Inhalte enthalten sein:

- bestimmter Antrag oder bestimmte Anträge;
- Unterschrift mit Orts- und Zeitangabe;
- Angabe der zur Begründung dienenden Tatsachen und Beweismittel;
- Abschrift der angefochtenen Verfügung (in der Regel: Bescheid) und des Widerspruchsbescheides.

Wenn Inhalte in der Klageschrift fehlen, ist damit noch nichts verloren – das Gericht wird dann darauf hinweisen und Gelegenheit zur Nachbesserung geben (§ 92 Abs. 2 SGG).

V.5 Kein Wegfall von Ansprüchen durch Wegfall der Bedürftigkeit

Immer wieder taucht das Problem auf, dass Gerichte und Behörden behaupten, Nachzahlungsansprüche (wegen früherer rechtswidriger Nicht- oder Minderleistung) würden erlöschen, wenn Betroffene nach dem streitigen Zeitraum irgendwann mal frei von Leistungen geworden sind oder aus Deutschland ausgereist sind.

Dass das falsch ist, ist seit Jahren geklärt – zuletzt durch das Urteil des BSG vom 24.6.2021 (B 7 AY 2/20 R). Im Ergebnis ist es also irrelevant, wie sich das Leben eines:einer Betroffenen entwickelt – wenn über einen bestimmten Zeitraum zu wenig AsylbLG-Leistungen gewährt wurden, kann die daraus folgende Nachzahlung in jedem Fall durchgesetzt werden.

> Beispiel: E bezog von 2018 bis 2020 AsylbLG. Mit einer seit 2019 anhängigen Klage macht E Nachzahlungsansprüche geltend. Seit 2021 hat E eine Aufenthaltserlaubnis und ist erwerbstätig mit einem sehr hohen Einkommen.
>
> Im Klageverfahren trägt die Leistungsbehörde vor, es könne nicht sein, dass E, der nun über viel Geld verfüge, noch einen Anspruch auf Sozialleistungen durchsetzen wolle. Das Sozialgericht leitet diesen Schriftsatz an E weiter und bittet um Stellungnahme und regt an, eine Klagerücknahme in Erwägung zu ziehen.
>
> E sollte an der Klage festhalten, da es keine Rolle spielt, wie seine aktuelle Einkommenssituation ist. Er hat einen Anspruch auf Nachzahlungen, auf die er in der Zeit der Not verzichten musste. Verletzungen des Rechts auf

ein menschenwürdiges Existenzminimum können nur durch Nachzahlung rechtswidrig unterlassener Leistungen „geheilt" werden.

V.6 Schriftliches Verfahren

Nach Klageerhebung beginnt das schriftliche Verfahren. Zwischen Kläger:in und Beklagtem:Beklagter werden Schriftsätze ausgetauscht. Gelegentlich gibt das Gericht bereits schriftliche Hinweise, zu welchen Fragen noch ergänzend vorgetragen werden sollte oder Ähnliches.

V.7 Erörterungstermin und/oder mündliche Verhandlung

Der oder die Vorsitzende der zuständigen Kammer des Sozialgerichts kann einen Erörterungstermin ansetzen. Dieser Termin ist keine mündliche Verhandlung und dient, wie der Name sagt, lediglich der Erörterung der Sache. Hier sind die Gepflogenheiten regional extrem verschieden. Einige Richter:innen setzen nie Erörterungstermine an, andere regelmäßig und wieder andere nur, wenn sie Potenzial sehen, den Rechtsstreit durch ein Gespräch zu beenden (beispielsweise durch einen Vergleich). Der Erörterungstermin ist nicht öffentlich und es ist nur der:die Vorsitzende Richter:in anwesend (keine ehrenamtlichen Richter:innen). Da die ehrenamtlichen Richter:innen fehlen, kann in einem Erörterungstermin nie ein Urteil gesprochen werden. Wenn der Erörterungstermin nicht zum Ende des Verfahrens führt, geht das Verfahren einfach weiter.

Am Ende des Verfahrens muss sich das Gericht überlegen, ob eine mündliche Verhandlung notwendig ist. Wenn ja, wird eine mündliche Verhandlung anberaumt. Wenn nein, wird der:die Vorsitzende die Parteien (Kläger:in und Beklagte:n) fragen, ob auf eine mündliche Verhandlung verzichtet werden kann.

Wenn eine mündliche Verhandlung stattfindet, ist der Ladung zu entnehmen, ob das Gericht das persönliche Erscheinen von bestimmten Personen angeordnet hat. Kläger:innen sollten hier vor allem bedenken, dass sie nur dann Auslagen und Fahrtkosten zum Gericht erstattet bekommen, wenn ihr persönliches Erscheinen angeordnet wurde.

V.8 Entscheidung des Gerichts

a) Urteil nach mündlicher Verhandlung

Nach der mündlichen Verhandlung ergeht ein Urteil. In der Regel wird in der mündlichen Verhandlung der Urteilstenor verkündet und das schriftliche Urteil folgt später. Das Gericht kann aber auch verkünden, dass das Urteil (auch der Tenor) später schriftlich ergehen wird.

Wenn der Urteilstenor verkündet wurde, hat das Gericht maximal 5 Monate Zeit, das schriftliche Urteil abzufassen (Gemeinsamer Senat der obersten Gerichtshöfe des Bundes vom 27.4.1993 – GmS-OGB 1/92).

Das Urteil ist von dem:der Vorsitzenden und zwei ehrenamtlichen Richter:innen zu erlassen. Alle drei Beteiligten haben jeweils eine Stimme in der Kammer, sodass es auch vorkommen kann, dass die ehrenamtlichen Richter:innen den:die Vorsitzende:n überstimmen und als Ergebnis ein Urteil steht, das gegen geltendes Recht verstößt.

b) Urteil ohne mündliche Verhandlung

Das Gericht kann auch ohne mündliche Verhandlung ein Urteil erlassen (§ 124 Abs. 2 SGG). Dazu muss das Gericht jedoch das Einverständnis aller Beteiligten einholen. Wenn der:die Kläger:in also auf die mündliche Verhandlung besteht, dann darf nicht ohne mündliche Verhandlung durch Urteil entschieden werden.

Auch hier ergeht das Urteil aufgrund einer Beratung und Abstimmung unter dem:der Vorsitzenden und den beiden ehrenamtlichen Richter:innen.

Ein Verzicht auf die mündliche Verhandlung kann sinnvoll sein, wenn nur noch über Rechtsfragen gestritten wird und dazu schriftlich alles ausgetauscht wurde.

c) Gerichtsbescheid

Wenn der Sachverhalt geklärt und die Sache gleichzeitig keine besonderen Schwierigkeiten tatsächlicher oder rechtlicher Art aufweist, kann der:die Vorsitzende allein (ohne die ehrenamtlichen Richter:innen) durch Gerichtsbescheid entscheiden. Hier müssen die Parteien nur dazu angehört werden – eine Zustimmung ist nicht erforderlich. Der oder die Vorsitzende kann also gegen den erklärten Willen einer Partei oder sogar beider Parteien ohne mündliche Verhandlung entscheiden.

Während der Corona-Pandemie ist es an einigen Sozialgerichten zur Unsitte geworden, nahezu alle Klageverfahren durch Gerichtsbescheide zu beenden, weil das einfach ist und viel Zeit spart. Selbst Klageverfahren zu schwierigen offenen Rechtsfragen wurden so per Gerichtsbescheid entschieden. Das stellt regelmäßig einen Verstoß gegen das Recht auf den:die gesetzliche:n Richter:in (Art. 101 Abs. 1 S. 2 GG) dar, da von Gesetz wegen die ehrenamtlichen Richter:innen hinzuzuziehen wären.

V.9 Berufung

Ist eine Klage ganz oder teilweise verloren gegangen, steht grundsätzlich die Möglichkeit der Berufung zur Verfügung. Für Berufungsverfahren sind die Landessozialgerichte (LSG) zuständig. Spätestens hier sollte ein Anwalt oder eine Anwältin eingeschaltet werden – einen Zwang, einen Anwalt oder eine Anwältin einzuschalten, gibt es aber nicht.

a) Beschwerdewert

Wenn die Sache, um die sich der Streit dreht, mehr als 750 EUR wert ist, dann ist die Berufung ohne Weiteres möglich (§ 144 Abs. 1 S. 1 Nr. 1 SGG). Bei einem Wert von bis zu 750 EUR muss die Berufung extra zugelassen werden.

> Beispiel: E ist alleinstehend, erwachsen, bezieht Leistungen nach dem AsylbLG und wohnt in einer Gemeinschaftsunterkunft. Da er schon länger

als 18 Monate in Deutschland war und immer noch Leistungen nach § 3 AsylbLG statt nach § 2 AsylbLG erhielt, klagte er dagegen. Im Klageverfahren ging es um einen Zeitraum von 6 Monaten.

Im Klageverfahren besagt nun das Urteil: E erhält Leistungen nach § 2 AsylbLG, allerdings nur nach dem Regelsatz 2 (also 404 EUR statt 449 EUR; Stand: 2022; ab 1.1.2023: 451 EUR statt 502 EUR).

E möchte Leistungen nach Regelsatz 1 durchsetzen, also eine weitere Nachzahlung von 6 x 45 EUR = 270 EUR erreichen.

Damit ist der Beschwerdewert von 750 EUR nicht erreicht, sodass E auf die Zulassung der Berufung angewiesen ist (dazu siehe → V.9.c).

b) Wiederkehrende oder laufende Leistungen für mehr als ein Jahr

Neben dem Beschwerdewert gibt es auch die streitige Leistungsdauer als Kriterium für die Frage der Möglichkeit der Berufung. Wenn es im Klageverfahren um wiederkehrende oder laufende Leistungen für mehr als 1 Jahr geht, dann ist die Berufung möglich, egal, wie hoch der Beschwerdewert ist.

Nicht ausreichend ist, dass in einer Klage mehrere Leistungszeiträume zusammen geltend gemacht werden. Daher wird diese Option im AsylbLG-Bereich kaum praxisrelevant, da sehr selten Leistungen mit einem Bescheid für mehr als 1 Jahr bewilligt werden.

c) Zulassung der Berufung

Liegt der Beschwerdewert unterhalb von 750 EUR und geht es nicht um wiederkehrende oder laufende Leistungen für mehr als 1 Jahr, dann muss die Berufung zugelassen werden. Wird die Berufung nicht zugelassen, ist das Urteil unanfechtbar und das Verfahren ist beendet.

Zuständig für die Entscheidung über die Zulassung der Berufung ist das Sozialgericht. Daher sollten sich Kläger:innen vor der mündlichen Verhandlung oder vor der Entscheidung ohne mündliche Verhandlung Gedanken machen, ob die Berufung der Zulassung bedarf. Wenn ja, sollte versucht werden, das Sozialgericht davon zu überzeugen, dass die Berufung zugelassen werden muss; wenn denn ein Interesse am Berufungsverfahren besteht.

aa) Grundsätzliche Bedeutung

Die Berufung ist zuzulassen, wenn die Rechtssache grundsätzliche Bedeutung hat. Das ist der Fall, wenn die zu entscheidende Rechtsfrage über den Einzelfall hinaus Bedeutung für eine Vielzahl von weiteren Fällen hat. Außerdem muss die Rechtsfrage überhaupt klärungsbedürftig sein – es darf also vor allem noch keine obergerichtliche Rechtsprechung dazu geben und die Rechtsfrage muss auch aktuelles Recht betreffen[229]. Und schließlich muss die Rechtsfrage überhaupt entscheidungserheblich sein.

> Beispiel: F hat gegen einen Bescheid geklagt, der ihn für 3 Monate auf Leistungen nach § 1a AsylbLG gesetzt hatte. Das Sozialgericht hatte die Klage abgewiesen, da die Klage schon unzulässig war. Der Beschwerdewert ist nicht erreicht.

> Hier kann man für diverse Rechtsfragen rund um die Anwendung von § 1a AsylbLG gut begründen, dass eine grundsätzliche Bedeutung vorliegt. F wird dennoch keine Zulassung der Berufung erhalten, da keine der grundsätzlichen Rechtsfragen rund um § 1a AsylbLG entscheidungserheblich ist, denn: egal, wie diese Rechtsfragen beantwortet würden, die Klage bliebe unzulässig und damit erfolglos.

Wann eine grundsätzliche Bedeutung vorliegt, kann im Einzelfall juristisch sehr schwierig zu beantworten sein. Hier soll daher ein grober Überblick dazu genügen.

bb) Divergenz

Ein weiterer Grund, warum eine Berufung zuzulassen ist, ist die sogenannte Divergenz. Das bedeutet, dass die Entscheidung des Sozialgerichts von einer obergerichtlichen Entscheidung abweicht. Als Obergerichte in diesem Sinne gelten:

- das eigene Landessozialgericht – die Sozialgerichte müssen also „nur" ihrem eigenen Landessozialgericht folgen; von Entscheidungen anderer Landessozialgerichte können sie durchaus abweichen, ohne dass dadurch die Berufung zuzulassen wäre;
- das Bundessozialgericht;
- der Gemeinsame Senat der obersten Gerichtshöfe des Bundes;
- das Bundesverfassungsgericht.

Wenn eine Divergenz geltend gemacht werden soll, liegt die Schwierigkeit oft darin, einen eindeutigen Rechtssatz eines Obergerichts zu finden, von dem die Entscheidung des Sozialgerichts abweicht. Und auch hier muss die Entscheidung des Sozialgerichts auf dieser Divergenz beruhen. Wenn die Klage auch aus anderen Gründen erfolglos geblieben ist, dann hilft auch eine glasklare Divergenz nichts.

cc) Verfahrensmangel

Der letzte Grund, warum eine Berufung zugelassen werden muss, ist ein Verfahrensmangel oder mehrere Verfahrensmängel. Die Berufung ist hier nur zuzulassen, wenn ein Verfahrensmangel vorliegt, welcher der Beurteilung des Berufungsgerichts unterliegt; wenn der Verfahrensmangel vor dem Sozialgericht geltend gemacht wurde; wenn der Verfahrensmangel auch tatsächlich vorliegt und wenn der Verfahrensmangel auch entscheidungserheblich ist.

---

229 Bei dem sich oft ändernden AsylbLG ist das kein unwesentliches Kriterium.

Spätestens hier ist juristische Kür gefragt und Laien sind nicht in der Lage, den Zulassungsgrund „Verfahrensmangel" sicher zu beurteilen. In der Praxis wird es zudem selten vorkommen, dass ein Sozialgericht die Berufung zulässt, weil es selbst Verfahrensmängel einräumt.

dd) Bindungswirkung

Wenn ein Sozialgericht die Berufung zugelassen hat, ist das Landessozialgericht daran gebunden. Selbst wenn also ein Landessozialgericht meint, dass die Berufung auf keinen Fall hätte zugelassen werden dürfen, muss es das Berufungsverfahren durchführen.

d) Beschwerde gegen die Nichtzulassung der Berufung

Wenn das Sozialgericht die Berufung nicht zulässt, dann steht dagegen die Beschwerde gegen die Nichtzulassung offen (Nichtzulassungsbeschwerde: NZB). Eine NZB ist sehr anspruchsvoll und aufwendig. Vor allem muss bereits im Verfahren vor dem Sozialgericht stets an die Zulassung der Berufung gedacht werden. Es muss bedacht werden, dass erwartet wird, dass auch von Klägerseite alles getan wird, um die Klage in einer Instanz zu erledigen.

> Beispiele: Im Verfahren vor dem Sozialgericht wurde einer Entscheidung durch Gerichtsbescheid zugestimmt. Damit wurde auch der Einschätzung zugestimmt, dass die zu entscheidenden Rechtsfragen besonders einfach seien. Es wird nun also schwierig, dem Landessozialgericht zu erklären, warum die Sache jetzt grundsätzliche Bedeutung haben soll. Rechtsfragen von grundsätzlicher Bedeutung sind nicht einfach, da sie noch ungeklärt sind.

> Ergebnis: Die Zustimmung zum Gerichtsbescheid war ein Fehler.

> Die Klage geht vor dem Sozialgericht verloren und die Berufung wird nicht zugelassen. Die nun beauftragte Anwältin findet schnell heraus, dass das Urteil des Sozialgerichts ganz eindeutig von einem Rechtssatz aus einer BSG-Entscheidung abweicht – es liegt also Divergenz vor. Aber die Landessozialgerichte erwarten in der Regel, dass die Divergenz im Verfahren vor dem Sozialgericht geltend gemacht wird. Es würde hier also schwer werden, aus der Divergenz auch die Zulassung der Berufung abzuleiten. Ergebnis: Es war ein Fehler, die mündliche Verhandlung vor dem Sozialgericht nicht ordentlich vorbereitet zu haben und schon dort die entscheidende BSG-Entscheidung anzubringen.

> Die Klägerin hatte im Klageverfahren sehr umfangreich vorgetragen, warum sie einen bestimmten unabweisbaren Mehrbedarf habe. Die Klägerin hatte auf die mündliche Verhandlung verzichtet. Im abweisenden Urteil des Sozialgerichts heißt es nun, dass jeglicher Vortrag zur Notwendigkeit des Mehrbedarfs fehle und auch keine Gründe für einen Mehrbedarf erkennbar seien. Das schreit nach dem Verfahrensfehler des Gehörverstoßes – wenn der Vortrag vom Gericht ignoriert wird, ist das ein Verstoß gegen

das Grundrecht auf rechtliches Gehör. Allerdings hatte die Klägerin auf die mündliche Verhandlung verzichtet und oft wird das als Verzicht auf das rechtliche Gehör ausgelegt. In der mündlichen Verhandlung hätte sich schließlich gezeigt, welchen Vortrag das Sozialgericht wahrgenommen hat und in der mündlichen Verhandlung hätte dann gerügt werden müssen, dass das Gericht den Vortrag der Klägerin nicht beachten will.

Ergebnis: Der Verzicht auf die mündliche Verhandlung war ein Fehler.

Daher sollte anwaltliche Hilfe in Klageverfahren von Anfang an in Anspruch genommen werden. Die spätere Einschaltung eines Anwalts oder einer Anwältin (beispielsweise erst, wenn es um die NZB geht) ist nicht selten zu spät.

e) Besonderheit: Gerichtsbescheid

Wenn ein Gerichtsbescheid erlassen wurde, dann kann statt der Berufung[230] auch die mündliche Verhandlung beantragt werden. Es wird dann einfach beantragt, eine mündliche Verhandlung durchzuführen und damit gilt der Gerichtsbescheid als gegenstandslos und das Verfahren ist fortzuführen, als ob es den Gerichtsbescheid nie gab.

f) Das Berufungsverfahren

Wenn es zu einem Berufungsverfahren kommt, werden erneut der gesamte Sachverhalt und alle Rechtsfragen neu verhandelt. Diesmal erfolgt die Verhandlung vor einem Senat des Landessozialgerichts. Ein solcher Senat besteht aus drei Berufsrichter:innen und zwei ehrenamtlichen Richter:innen.

V.10 Revision

Wenn auch die Berufung gescheitert ist, dann bleibt nur noch die Revision zum Bundessozialgericht. Hier besteht Anwaltszwang. Ohne einen Anwalt oder eine Anwältin kann also keine wirksame Revision eingelegt werden.

Die Revision muss vom Landessozialgericht zugelassen werden. Es gelten die gleichen Zulassungsgründe, wie für die Berufungszulassung.[231] Eine Besonderheit ist die Sprungrevision, die vom Sozialgericht zugelassen werden kann – damit wird dann die Berufungsinstanz übersprungen und es geht vom Sozialgericht direkt zum Bundessozialgericht. Wichtig ist, zu wissen, dass der Sprungrevision der:die Beklagte schriftlich zustimmen muss.

Auch hier gilt, dass gegen die Nichtzulassung der Revision eine NZB möglich ist. Und auch hier gilt, dass eine NZB extrem schwierig und aufwendig ist.

Wenn ein Revisionsverfahren durchgeführt wird, darf sich das Bundessozialgericht nur noch mit den Rechtsfragen befassen. Der Sachverhalt gilt so, wie er vom Landessozialgericht im Berufungsurteil festgestellt wurde.

---

230 Wenn denn der Beschwerdewert erreicht ist oder es um wiederkehrende oder laufende Leistungen für mehr als ein Jahr geht.
231 Bei der Divergenz entfallen natürlich Abweichungen von Entscheidungen des LSG.

VI. Eilrechtsschutzverfahren

Über den Eilrechtsschutz im Sozialrecht wurden ganze Bücher geschrieben. Hier soll nur ein ganz grober Überblick gegeben werden.

VI.1 Anordnung oder Wiederherstellung der aufschiebenden Wirkung

Grundsätzlich haben Widerspruch und Klage eine aufschiebende Wirkung. Das heißt, dass solange das Widerspruchs- oder das Klageverfahren laufen, der angegriffene Bescheid nicht umgesetzt werden darf.

§ 11 Abs. 4 AsylbLG regelt aber, dass in folgenden Konstellationen Widerspruch und Klage keine aufschiebende Wirkung haben:

- eine Leistung nach AsylbLG wird ganz oder teilweise entzogen oder die Leistungsbewilligung wird aufgehoben;
- eine Einschränkung des Leistungsanspruchs nach § 1a oder § 11 Abs. 2a AsylbLG wird festgestellt.

In diesen Fällen darf die Behörde also den Bescheid auch dann umsetzen, wenn dagegen ein Widerspruch oder eine Klage laufen. Daher muss gegebenenfalls die Anordnung der aufschiebenden Wirkung beantragt werden. Wenn das Sozialgericht die aufschiebende Wirkung anordnet, darf der entsprechende Bescheid nicht mehr umgesetzt werden. Im laufenden Widerspruchs- oder Klageverfahren kann dann (ganz in Ruhe) geklärt werden, ob der Bescheid rechtswidrig ist.

In anderen Fallkonstellationen als denen des § 11 Abs. 4 AsylbLG hat die Behörde die Möglichkeit, die sofortige Vollziehung des Bescheides anzuordnen (§ 86a Abs. 2 Nr. 5 SGG). Die Anordnung der sofortigen Vollziehung muss schriftlich begründet werden. Dabei muss die Behörde erklären, warum die sofortige Umsetzung des Bescheides im öffentlichen Interesse ist.

In den Fällen der Anordnung der sofortigen Vollziehung ist im Eilantrag beim Sozialgericht die Wiederherstellung der aufschiebenden Wirkung zu beantragen.

> Beispiel: G wurden Leistungen nach § 3 AsylbLG für den Zeitraum vom 1.11.2022 bis 30.4.2023 bewilligt. Nun meint die zuständige Leistungsbehörde aber, es lägen die Voraussetzungen für eine Leistungsminderung nach § 1a Abs. 3 AsylbLG vor. Daher ergeht ein Bescheid vom 20.12.2022, womit die Leistungen für den Zeitraum 1.1.2023 bis 30.4.2023 auf Leistungen nach § 1a Abs. 3 AsylbLG abgesenkt werden. Der ursprüngliche Leistungsbescheid nach § 3 AsylbLG wird ab dem 1.1.2023 aufgehoben. G erhebt sofort dagegen Widerspruch und wundert sich, dass er trotzdem für Januar 2023 nur Leistungen nach § 1a AsylbLG ausgezahlt bekommt. Was muss G tun?
>
> G muss einstweiligen Rechtsschutz beim Sozialgericht beantragen. Der erhobene Widerspruch hat wegen § 11 Abs. 4 AsylbLG keine aufschiebende Wirkung. Die Behörde darf also den Bescheid vom 20.12.2022 umsetzen. Der Antrag beim Sozialgericht muss lauten: Die aufschiebende Wirkung des Widerspruchs gegen den Bescheid vom 20.12.2022 wird angeordnet.

Wenn das Sozialgericht dem Antrag stattgibt, verliert der Bescheid vom 20.12.2022 vorläufig seine Wirkung und damit lebt der ursprüngliche Bewilligungsbescheid nach § 3 AsylbLG wieder auf. Die Behörde muss also weiter Leistungen nach § 3 AsylbLG auszahlen, so lange der Widerspruch noch läuft. Eine anschließende Klage würde diese Wirkung fortsetzen.

VI.2 Einstweilige Anordnung

Im AsylbLG-Bereich geht es meist um die einstweilige Anordnung. Das ist immer dann der Fall, wenn es nicht um die Anordnung oder Wiederherstellung der aufschiebenden Wirkung geht.

Die Wirkung einer einstweiligen Anordnung ist, dass die zuständige Leistungsbehörde vorläufig zur Gewährung bestimmter Leistungen verpflichtet wird. Oft wird vom Gericht auch eine zeitliche Begrenzung verfügt – im besten Fall wirkt die einstweilige Anordnung bis zur Entscheidung in der Hauptsache, also bis zum Abschluss des Widerspruchs- und anschließenden Klageverfahrens.

Um eine einstweilige Anordnung zu erreichen, müssen Anordnungsanspruch und Anordnungsgrund glaubhaft gemacht werden und es darf grundsätzlich keine Vorwegnahme der Hauptsache vorliegen.

a) Glaubhaftmachung

Unter Glaubhaftmachung ist zu verstehen, dass Nachweise für den Vortrag im Eilverfahren zu erbringen sind. Das Verfahren ist eilig und soll also schnell gehen – es muss also auf aufwendige Beweiserhebungen oder Ähnliches verzichtet werden. In der Regel findet auch keine mündliche Verhandlung statt. Im Klageverfahren müssen Dinge abschließend geklärt, also bewiesen werden. Im Eilverfahren genügt es, wenn das Gericht den Vortrag für überwiegend wahrscheinlich hält.

Zur Glaubhaftmachung stehen grundsätzlich folgende Mittel zur Verfügung: Zeug:innen, Urkunden, Sachverständigen-Stellungnahmen oder -Gutachten, Augenschein, Parteivernehmung, Eidesstattliche Erklärung. Da es, wie gesagt, im Eilverfahren schnell gehen soll, entfallen alle Mittel, die dem Gericht nicht sofort und ohne Aufwand präsentiert werden können. Daher spielen Zeug:innen, der Augenschein und die Parteivernehmung in der Praxis des Eilverfahrens kaum eine Rolle.

Es bleiben also vor allem Urkunden, Sachverständigen-Stellungnahmen oder -Gutachten und die Eidesstattliche Erklärung. Es muss also alles, was im Eilantrag vorgetragen wird, mit Urkunden oder Sachverständigen-Stellungnahmen oder -Gutachten belegt werden. Der Vortrag, der nicht auf diese Art belegt werden kann, muss mit einer oder mehreren Eidesstattlichen Erklärungen belegt werden. Der Inhalt einer Eidesstattlichen Erklärung ist vom Gericht als wahr hinzunehmen, wenn sich nicht aus der Akte oder anderen Anhaltspunkten ergibt, dass der Inhalt nicht richtig sein kann. Diese Wirkung ist dadurch gerechtfertigt, dass sich der:die Erklärende strafbar macht, wenn in einer Eidesstattlichen Erklärung etwas Falsches erklärt wird.

Die Eidesstattliche Erklärung muss einen Passus enthalten, aus dem sich ergibt, dass sich der:die Erklärende über die strafrechtlichen Konsequenzen falscher Erklärungen im Klaren ist. Ein Bespiel für einen passenden Einleitungssatz wäre: Hiermit erkläre ich (Name und Anschrift einfügen) in Kenntnis der Strafbarkeit falscher Angaben, Folgendes an Eides statt.

Wichtig ist, dass in der Eidesstattlichen Erklärung nur Tatsachen angegeben werden – die Darstellung von Rechtsansichten wäre verfehlt.

b) Anordnungsanspruch

Der Anordnungsanspruch ist der rechtliche Anspruch der geltend gemacht wird. Hier muss vor allem eine Rechtsgrundlage benannt oder zumindest umschrieben werden. Dann muss begründet werden, warum die Voraussetzungen der Rechtsgrundlage bestehen.

Die Darstellung des Anordnungsanspruchs in der Antragsschrift entspricht im Wesentlichen dem, was auch in einem Widerspruch oder einer Klage an Begründung geliefert werden sollte.

c) Anordnungsgrund

Der Anordnungsgrund umschreibt das Eilbedürfnis. Das ist eine Besonderheit des Eilverfahrens – im Widerspruchs- oder Klageverfahren kommt es auf eine Eilbedürftigkeit nicht an.

Hier liegt auch oft der Knackpunkt in der Praxis. Nicht selten „stürzen" sich Sozialgerichte auf die Prüfung des Anordnungsgrundes, denn wenn schon die Eilbedürftigkeit abgelehnt werden kann, muss der Anordnungsanspruch gar nicht mehr geprüft werden.

Eilbedürftig ist eine Sache, wenn durch das Abwarten einer Entscheidung in der Hauptsache (Widerspruch/Klage) schwere Beeinträchtigungen zu befürchten sind, die nicht mehr behoben werden könnten. Was darunter konkret zu verstehen ist, wird von Sozialgericht zu Sozialgericht sehr unterschiedlich beantwortet. In den meisten Fällen geht es um Geldleistungen, sodass zu klären ist: Auf wieviel Geld kann jemand vorübergehend verzichten, ohne dass dadurch schwere Beeinträchtigungen entstehen? Dazu ein paar Beispiele aus der Rechtsprechung:

- Sobald eine Unterschreitung des menschenwürdigen Existenzminimums droht, liegt stets ein Eilbedürfnis vor (SG Bremen vom 20.3.2019 – S 39 AY 95/18 ER; SG Landshut vom 5.2.2019 – S 11 AY 164/18 ER; LSG Nds.-Bremen vom 12.9.2019 – L 8 AY 12/19 B ER);
- Eine Unterschreitung des menschenwürdigen Existenzminimums lediglich in Höhe von Bagatellbeträgen lässt das Eilbedürfnis entfallen (SG Bremen vom 24.5.2019 – S 39 AY 46/19 ER: Unterschreitung des Existenzminimums um weniger als 5 EUR monatlich begründet kein Eilbedürfnis; SG Lüneburg vom 28.8.2019 – S 26 AY 12/19 ER: Unterschreitung des Existenzminimums um 7 EUR rechtfertigt Eilbedürfnis);

- Bei Leistungskürzungen um bis zu 25 % des eigentlichen Leistungsanspruchs kann ein Eilbedürfnis nur im Ausnahmefall anerkannt werden (SG Berlin vom 3.8.2020 – S 145 AY 69/20 ER);
- Im AsylbLG-Bereich bilden die Bett-Brot-Seife-Leistungen des § 1a AsylbLG das unterste Existenzminimum, sodass ein Eilbedürfnis regelmäßig entfalle, wenn noch mehr als Bett-Brot-Seife-Leistungen gewährt werden (SG Berlin vom 4.12.2019 – S 47 AY 159/19 ER; vom 13.12.2019 – S 88 AY 182/19 ER; vom 13.1.2020 – S 95 AY 176/19 ER; vom 11.5.2020 – S 146 AY 60/20 ER).

Bei Leistungen nach § 3 AsylbLG ist zu beachten, dass hier schon die volle Leistungshöhe Zweifeln begegnet, ob damit das menschenwürdige Existenzminimum gedeckt ist. Zudem ist regelmäßig zu bedenken, dass das „vorübergehende Hinnehmen" der Leistungseinschränkungen „bis zur Entscheidung in der Hauptsache" Jahre dauern kann (je nach Verfahrensdauer für Klageverfahren am jeweiligen Sozialgericht).

Wichtig ist hier auch, dass einige Gerichte großen Wert darauf legen, dass Eilrechtsschutz schnell beantragt wird. Wenn eine Rechtsverletzung lange hingenommen wird und erst spät Eilrechtsschutz begehrt wird, wird oft gesagt, dass das lange Warten zeige, dass die geltend gemachte Rechtsverletzung den:die Antragsteller:in nicht so sehr belaste, als das nicht auch weiter auf die Entscheidung in der Hauptsache gewartet werden könnte. Daher muss in solchen Fällen möglichst detailliert und nachvollziehbar erklärt und glaubhaft gemacht werden, warum erst so spät Eilrechtsschutz beantragt wird.

Ein weiterer Punkt ist, dass viele Gerichte extrem genau auf die Kontoauszüge (in der Regel der letzten 3 Monate) schauen. Nur wenn sich daraus ergibt, dass wirklich kein Einkommen oder Vermögen vorhanden ist, wird ein Eilbedürfnis bejaht. Wenn also auf Kontoauszügen Bareinzahlungen enthalten sind oder Überweisungseingänge, die keine Leistungsauszahlungen sind, dann muss jeder einzelne dieser Posten erklärt und die Erklärung muss glaubhaft gemacht werden. Am Sozialgericht Berlin wurde beispielsweise einmal moniert, dass sich die Antragstellerin im laufenden Asyl-Klageverfahren eine Anwältin genommen hatte und dieser Anwältin monatlich 50 EUR überwies. Die Vorsitzende Richterin meinte, wer sich eine Anwältin im Asylverfahren leisten könne, könne nicht geltend machen, dass der Rechtsschutz eilig sei.[232]

d) Vorwegnahme der Hauptsache

Grundsätzlich darf der Eilrechtsschutz die Hauptsache nicht vorwegnehmen. Daher können immer nur vorläufige Leistungen erreicht werden, die unter dem Vorbehalt stehen, dass sie zurückerstattet werden müssen, wenn die Hauptsache verloren geht.

Eine grundsätzlich unzulässige Vorwegnahme der Hauptsache liegt vor, wenn mit dem Eilrechtsschutz zwangsläufig auch der Widerspruch oder die Klage erledigt wird. Wann von einer Vorwegnahme der Hauptsache auszugehen ist, ist durchaus

---

232 Im ablehnenden Beschluss stützte sich die Richterin dann jedoch auf andere Gründe.

kompliziert zu beantworten. Hier genügt es, dass auf die Problematik hingewiesen wird.

Selbst wenn von einer Vorwegnahme der Hauptsache auszugehen ist, kann im Einzelfall trotzdem eine einstweilige Anordnung gerechtfertigt sein, wenn sonst irreparable schwere Nachteile drohten. Das wird in der Regel zu bejahen sein, wenn es um existenzsichernde Leistungen geht, um die es aber im AsylbLG-Bereich immer geht.

e) Rechtsschutzbedürfnis

Mit dem Rechtsschutzbedürfnis ist gemeint, dass geltend gemacht werden muss, dass überhaupt ein berechtigtes Interesse an dem Eilrechtsschutz besteht. Das ist vor allem dann nicht der Fall, wenn es gar keine Hauptsache gibt, also weder ein Widerspruchs- noch ein Klageverfahren anhängig ist und wegen Fristablauf auch nicht mehr anhängig gemacht werden könnte. Das Eilverfahren soll schließlich vorläufig Ansprüche sichern, die sehr wahrscheinlich endgültig in einem Hauptsacheverfahren zugesprochen werden. Fehlt die Hauptsache, fehlt damit auch das Rechtsschutzbedürfnis.

Schwierig kann es werden, wenn die Hauptsache ein Überprüfungsverfahren nach § 44 SGB X ist. Wichtig: Auch wenn gegen den Überprüfungsbescheid Widerspruch und Klage erhoben wird, bleibt es bis zum Schluss ein Überprüfungsverfahren.

Einig sind sich die meisten Sozialgerichte darin, dass bei einem Überprüfungsverfahren als Hauptsacheverfahren höhere Anforderungen an die Glaubhaftmachung des Anordnungsanspruchs und des Anordnungsgrundes zu stellen sind. Was das konkret bedeuten soll, ist durchaus unterschiedlich in der Praxis verschiedener Sozialgerichte. Die Bandbreite geht von kaum einem Unterschied zu Fällen mit Widerspruch und Klage als Hauptsache bis zur Forderung, dass der Erfolg des Überprüfungsverfahrens offensichtlich sein muss und sich auch das Eilbedürfnis geradezu aufdrängen muss.

Wichtig ist, dass man weiß, dass es mit einem Überprüfungsverfahren als Hauptsache schwieriger wird und noch mehr Sorgfalt bei der Glaubhaftmachung des Vortrags aufgewendet werden muss. Vor allem sollte auch erklärt werden, warum es zum Überprüfungsverfahren kam (warum wurden Fristen versäumt) und dieser Vortrag muss natürlich auch glaubhaft gemacht werden, meist mit einer Eidesstattlichen Erklärung.

> Beispiel: H bezieht seit über 1 Jahr Leistungen nach § 1a AsylbLG. Ein Sozialarbeiter wird auf H aufmerksam und hilft ihr, einen Überprüfungsantrag gegen die bestandskräftigen Bescheide zu schreiben. Die letzte 1a-Bewilligung erfolgte wieder für 6 Monate und die Widerspruchsfrist ist gerade knapp abgelaufen. Der Sozialarbeiter recherchiert und erfährt von einer Kollegin aus der Unterkunft von H, dass H schon lange sehr isoliert lebt, ihre Post nicht beachtet und zunehmend verwahrlost ist. Wegen massiven

Personalmangels konnte man sich in der Unterkunft aber nicht weiter um H kümmern.

Hier muss dringend ein Eilantrag auf Erlass einer einstweiligen Anordnung gestellt werden, da die Leistungsbewilligung nach § 1a AsylbLG mit an Sicherheit grenzender Wahrscheinlichkeit rechtswidrig ist. Eventuell wurden hier auch die Bedarfe für Eingliederungshilfe und Gesundheitsbedarfe pflichtwidrig ignoriert, das wäre gesondert zu prüfen.

Da in der Hauptsache ein Überprüfungsverfahren läuft und die Rechtsverletzung schon seit über 1 Jahr von H hingenommen wird, kann es Probleme mit dem Rechtsschutzbedürfnis und dem Anordnungsgrund (Eilbedürfnis) geben. Wenn keine ärztlichen Befunde zur Glaubhaftmachung der Hintergründe vorgelegt werden können, müssten Eidesstattliche Erklärungen aushelfen. In Betracht kommt natürlich vor allem eine Eidesstattliche Erklärung von H selbst, aber auch von der Sozialarbeiterin der Unterkunft und/oder vom Sozialarbeiter, der H nun hilft.

VI.3 Beschwerde

Wenn ein Eilantrag erfolglos bleibt, ist eventuell eine Beschwerde beim Landessozialgericht möglich. Dafür muss der Beschwerdewert von mehr als 750 EUR erreicht sein oder es muss um wiederkehrende oder laufende Leistungen für mehr als ein Jahr gehen.

Wenn die Voraussetzungen für die Beschwerde nicht vorliegen, gibt es hier keine Zulassung der Beschwerde. Dann ist das Verfahren endgültig nach der ersten Instanz beendet.

Das Beschwerdeverfahren beim Landessozialgericht ist die definitiv letzte Möglichkeit, die Entscheidung des Sozialgerichts zu korrigieren. Ein weiteres Rechtsmittel zum Bundessozialgericht gibt es nicht. Man wird also keine Entscheidungen im Eilrechtsschutz vom Bundessozialgericht finden.

VII. Verzögerungsentschädigung

An vielen (Landes-)Sozialgerichten besteht das Problem sehr langer Verfahrenszeiten. Das ist ein ernsthaftes Problem, da der Staat die Pflicht hat, effektiven Rechtsschutz zu gewähren und dazu gehört auch, dass Rechtsuchende in angemessener Zeit eine Entscheidung bekommen.

Wenn es also zu überlangen Verfahrenszeiten kommt, liegt eine Pflichtverletzung des Staates vor. Hier soll § 198 Gerichtsverfassungsgesetz (GVG) Abhilfe schaffen.

a) Überlange Verfahrensdauer

Ab wann ist aber ein Verfahren überlang? Hier werden zunächst die Monate zusammengerechnet, in denen im Verfahren nichts passiert. Wenn diese Monate dann eine bestimmte Dauer überschreiten, kann von einer überlangen Verfahrensdauer gesprochen werden. Dabei ist den Gerichten eine gewisse Vorbereitungs- und Bedenkzeit einzuräumen – es gilt dafür:

- Im Klageverfahren gelten 12 Monate als hinzunehmende Vorbereitungs- und Bedenkzeit (ständige Rechtsprechung; zuletzt: BSG vom 24.3.2022 – B 10 ÜG 2/20 R).

- Bei einer Untätigkeitsklage reduziert sich die hinzunehmende Vorbereitungs- und Bedenkzeit auf 6 Monate (LSG Berlin-Brandenburg vom 9.6.2021 – L 37 SF 271/19 EK AS), wobei hier sicher auch deutlich kürzere Zeiten sachgerecht wären, da schlicht nur die Frage im Raum steht, ob die Behörde (ohne ausreichende Rechtfertigung) untätig war. Warum ein Gericht über diese einfache Frage 6 Monate sinnieren dürfen soll, erscheint nicht nachvollziehbar. Hinzu kommt, dass die Gerichte Anwält:innen im Kostenverfahren stets erklären, dass Untätigkeitsklagen extrem einfach seien und daher die Gebühren auch extrem niedrig sein müssten.

- In Verfahren zu Nichtzulassungsbeschwerden (NZB wegen nicht zugelassener Berufung) stehen dem Gericht 6 Monate Vorbereitungs- und Bedenkzeit zur Verfügung (LSG Berlin-Brandenburg vom 26.4.2018 – L 37 SF 38/17 EK AS).

- Im Eilverfahren kann von einer Vorbereitungs- und Bedenkzeit von 3 Monaten ausgegangen werden (LSG Berlin-Brandenburg vom 9.6.2021 – L 37 SF 271/19 EK AS, Rn. 50; LSG Mecklenburg-Vorpommern vom 22.10.2019 – L 11 SF 11/19 EK AY (PKH)), wobei hier der Einzelfall besonders stark zu berücksichtigen ist.

Diese Werte für Vorbereitungs- und Bedenkzeiten gelten nicht absolut – es handelt sich eher um Richtwerte zur Orientierung. Im Einzelfall kann es Abweichungen nach oben oder unten geben; entscheidend bleibt also der konkrete Einzelfall (BVerfG vom 27.9.2011 – 1 BvR 232/11, Rn. 16 und vom 20.7.2000 – 1 BvR 352/00; BGH vom 14.11.2013 – III ZR 376/12; BFH vom 7.11.2013 – X K 13/12; BT-Drs. 17/3802, 1 und 15; EGMR vom 24.6.2010, Beschwerde Nr. 21423/07 und vom 21.4.2011, Beschwerde Nr. 41599/09).

> Beispiel: I klagt vor dem SG XY. Die Klage wurde im Januar 2019 erhoben. Im Februar 2019 erfolgte eine Klageerwiderung des Beklagten und der Kläger wurde vom Gericht aufgefordert, weitere Unterlagen zu übersenden und ergänzend vorzutragen. Der Aufforderung des Gerichts kam I erst im Juni 2019 nach. Ab Juli 2019 hörte I nichts mehr vom Gericht und im Januar 2020 bat sie um eine Sachstandsnachricht. Das SG XY erklärte darauf, dass die Sache zur Terminierung für eine mündliche Verhandlung vorgesehen sei, aber wegen zahlreicher älterer Verfahren noch nicht absehbar sei, was terminiert werden könnte. Im Januar 2021 erhob I Verzögerungsrüge beim SG XY. Darauf kam im Februar 2021 eine Terminladung für eine mündliche Verhandlung im April 2021. I hatte aber mittlerweile eine Aufenthaltserlaubnis nach § 25 Abs. 2 AufenthG (subsidiärer Schutz) und eine Arbeit und war zum Termin im April 2021 wegen eines Betriebsausflugs verhindert. Im März 2021 wurde der Termin zur mündlichen Verhandlung daher aufgehoben und I hörte nichts mehr vom SG XY. Nach

einer weiteren Sachstandsanfrage kam im Januar 2022 eine Terminladung für März 2022. Im März 2022 fand dann auch die mündliche Verhandlung statt. Am Ende erklärte die Vorsitzende Richterin, dass sie nun noch einmal gründlich nachdenken müsse und ein Urteil würde dann schriftlich später ergehen. Seitdem hat I wieder nichts vom SG XY gehört. Im Dezember 2022 kommt dann endlich das Urteil, verbunden mit einem Anschreiben, worin erklärt wird, dass die letzte Verzögerung wegen einer Erkrankung der Richterin verursacht wurde.

Hier liegt auf jeden Fall eine überlange Verfahrensdauer vor – aber wie viele Monate gelten als überlange Verzögerung?

Januar bis Juni 2019: Hier wurde das Verfahren betrieben und die Verzögerung war zumindest nicht vom SG XY, sondern von I selbst verschuldet. Hier liegt also keine Verzögerung vor.

Juli 2019 bis Januar 2021: Hier geschah schlicht nichts, sodass ohne Weiteres von einer Verzögerung auszugehen ist (19 Monate Verzögerung).

Februar bis März 2021: Hier wurde das Verfahren vom Gericht durch die Terminierung zur Verhandlung betrieben. Es liegt keine Verzögerung vor.

April bis Dezember 2021: Hier ist wieder keine Aktivität des SG XY erkennbar, sodass eine weitere Verzögerungszeit vorliegt (9 Monate Verzögerung).

Januar bis März 2022: Hier wurde das Verfahren wieder betrieben – es ist davon auszugehen, dass die mündliche Verhandlung vorbereitet wurde. Verzögerungszeiten sind hier also nicht entstanden.

April bis November 2022: Hier liegt wieder eine Verzögerungszeit vor, da keine Aktivität des Gerichts erkennbar ist (8 Monate Verzögerung). Dass hier die Richterin erkrankt war, ändert daran nichts, da das Gericht für eine effektive Vertretung zu sorgen hat (BSG vom 24.3.2022 – B 10 ÜG 2/20 R).

Dezember 2022: Durch den Erlass des Urteils liegt hier keine Verzögerungszeit mehr vor.

Insgesamt kam es also zu 19 + 9 + 8 = 36 Monaten Verzögerung. Da das Klageverfahren keine Besonderheiten aufwies, sind 12 Monate Vorbereitungs- und Bedenkzeit in Abzug zu bringen – es verbleiben also 36 – 12 = 24 Monate als überlange Verzögerungszeit.

Bei der Berechnung der überlangen Verzögerung werden immer nur volle Monate berücksichtigt.

b) Verzögerungsrüge

Wenn ein Verfahren so lange dauert, dass eine überlange Verfahrensdauer droht, dann muss Verzögerungsrüge erhoben werden. Nur durch die Verzögerungsrüge wird eine spätere Geltendmachung eines Verzögerungsschadens eröffnet. Wer keine Verzögerungsrüge erhebt, kann auch keine Entschädigung erhalten.

Die Verzögerungsrüge sollte kurz begründet werden. Ein Beispiel für eine Verzögerungsrüge könnte sein:

Hiermit erhebe ich Verzögerungsrüge im Sinne des § 198 GVG. Das Klageverfahren dauert nun bereits X Wochen/Monate (Verfahrensdauer eintragen). Insgesamt ist für mindestens 12 Monate keine gerichtliche Aktivität erkennbar, sodass ein überlanges Verfahren droht.

Es wird davon ausgegangen, dass die Verfahrensverzögerung auf die mangelhafte materielle und personelle Ausstattung des Gerichts zurückzuführen ist. Dieser Umstand kann aber die Verzögerungen nicht rechtfertigen, da der Staat verpflichtet ist, seine Gerichte so auszustatten, dass effektiver und zeitnaher Rechtsschutz ermöglicht wird.

c) Verzögerungsschaden

§ 198 GVG sieht eine pauschale Entschädigung von 100 EUR pro Verzögerungsmonat vor. Davon kann im Einzelfall nach oben oder unten abgewichen werden. Es empfiehlt sich also, bei der Geltendmachung des Schadens kurz zu erklären, welcher Schaden durch die Verzögerung bei dem:der Kläger:in entstanden ist (materielle Schäden und/oder immaterielle Schäden, insbesondere psychische Belastungen).

Beispiel: Im obigen Beispiel kann I also, bei 24 Monaten Verfahrensverzögerung, 2.400 EUR Verzögerungsschaden erhalten.

Für die Höhe der Entschädigung ist es egal, worum es im Klageverfahren ging. Selbst wenn also „nur" um 500 EUR gestritten wurde, kann die Entschädigung deutlich 4-stellig ausfallen. Entschädigt wird schließlich allein das Versagen des Staates, ein zeitlich angemessenes Klageverfahren ermöglicht zu haben.

Der Verzögerungsschaden muss zunächst außergerichtlich geltend gemacht werden. Welche Behörde dafür zuständig ist, ist regional sehr unterschiedlich. Ist die zuständige Behörde nicht bekannt, sollte die Geltendmachung bei der Leitung des Gerichts erfolgen, das für die Verzögerung verantwortlich ist, mit der Bitte, die Sache gegebenenfalls an die zuständige Stelle weiterzuleiten.

Kann außergerichtlich keine Einigung erzielt werden, muss Klage erhoben werden. Achtung: Hier fallen Gerichtskosten an! Die Klagefrist beträgt 6 Monate ab Rechtskraft[233] der Gerichtsentscheidung.

VIII. Strategische Prozessführung

Der Begriff der strategischen Prozessführung kann wie folgt definiert werden (https://www.ecchr.eu/glossar/strategische-prozessfuehrung/):

---

233 Rechtskraft tritt ein, wenn gegen eine Gerichtsentscheidung kein Rechtsmittel mehr möglich ist.

„Strategische Prozessführung (*strategic litigation*) hat das Ziel, weitreichende gesellschaftliche Veränderungen über die Einzelklage hinaus zu bewirken.

Es geht darum, Unrecht, mit dem sich Justiz und Politik bisher gar nicht oder zu wenig beschäftigt haben, juristisch aufzuarbeiten und dadurch Gerechtigkeit zu schaffen. Die Betroffenen sollen gesehen und gehört werden, wenig beachtete Menschenrechtsverletzungen sollen öffentlich bekannt und diskutiert werden, Schwächen und Lücken im Gesetz sollen offensichtlich werden.

Idealerweise gelingt es, nachhaltige politische, wirtschaftliche oder soziale Veränderungen anzustoßen und das Recht fortzubilden. Durch eine begleitende Öffentlichkeitsarbeit, die den Kontext eines Verfahrens darstellt, werden juristische Vorgehensweisen erklärt. So können Verfahren eine bahnbrechende oder vorbildhafte Wirkung erlangen."

Es geht also darum, weitgehend unbearbeitete Ungerechtigkeiten aufzugreifen, einen geeigneten Fall zu finden, der dann gerichtlich durchgefochten wird. Gleichzeitig wird – mit dem Gerichtsverfahren als Aufhänger – intensive Öffentlichkeitsarbeit betrieben.

Im AsylbLG gibt es zahlreiche schreiende Ungerechtigkeiten, die bis heute von der Mehrheitsgesellschaft kaum beachtet werden. Der AsylbLG-Bereich ist daher sehr gut geeignet für strategische Prozessführung. Beispielsweise die Vorlageentscheidung des SG Düsseldorf (vom 13.4.2021 – S 17 AY 21/20; Az. beim BVerfG: 1 BvL 3/21) ist ein Ergebnis strategischer Prozessführung der Gesellschaft für Freiheitsrechte (GFF).[234]

IX. Verfassungsbeschwerdeverfahren

Wenn alle Instanzen durchlaufen sind, die Klage endgültig gescheitert ist und dennoch die Überzeugung herrscht, dass das Ergebnis falsch ist, weil Grundrechte verletzt werden, dann kann über eine Verfassungsbeschwerde nachgedacht werden.

Jede:r kann Verfassungsbeschwerde erheben – es besteht kein Anwaltszwang. Um aber eine sinnvolle und vor allem auch zulässige Verfassungsbeschwerde zu schreiben, braucht es einiges an Know-how. Die Einschaltung eines Anwalts oder einer Anwältin ist hier unbedingt ratsam.

X. Kosten des Rechtsschutzes

Wenn es um Rechtsschutz geht, kommt eher früher als später die Frage auf: Und was kostet das?

---

[234] https://freiheitsrechte.org/themen/soziale-teilhabe/existenzminimum/mustervorlage-asylblg, zuletzt abgerufen am 20.10.2022.

a) Gerichtskostenfreiheit

Die Verfahren der Sozialgerichtsbarkeit sind grundsätzlich gerichtskostenfrei – im AsylbLG-Bereich können daher nie Gerichtskosten anfallen.

Einzige Ausnahme sind die Klageverfahren zur Geltendmachung von Verzögerungsschäden nach § 198 GVG (→ siehe VII.c).

b) Anwaltskosten

Das einzige Kostenrisiko bei AsylbLG-Verfahren liegt in den Anwaltskosten für den:die eigene:n Anwalt:Anwältin. Kosten für Anwält:innen, die von der Beklagtenseite beauftragt werden, trägt im sozialrechtlichen Verfahren stets der:die Beklagte selbst.

aa) Ausgangsverfahren

Wird eine Leistung bei der Behörde erstmals geltend gemacht oder wird ein Überprüfungsantrag gestellt, spricht man von Ausgangsverfahren. Ausgangsverfahren sind also all die Verfahren, die erstmals zu einem Verwaltungsakt führen, der dann mit Widerspruch und Klage angegriffen werden kann.

Beauftragt jemand für ein solches Ausgangsverfahren einen Anwalt oder eine Anwältin, trägt dieser jemand immer die Kosten selbst, egal wie das Verfahren ausgeht. Die meisten Amtsgerichte gewähren für solche Verfahren auch keine Beratungshilfe.

bb) Widerspruchsverfahren

Im Widerspruchsverfahren trägt der:die Betroffene nur dann die Anwaltskosten selbst, wenn der Widerspruch verloren geht.[235] Ist der Widerspruch erfolgreich, trägt die Behörde die Anwaltskosten.

Die Höhe der Anwaltskosten richtet sich vor allem nach Bedeutung, Umfang und Schwierigkeit der Sache. Für ein durchschnittliches Widerspruchsverfahren (für eine Person) fallen Kosten von 452,20 EUR (brutto) an.

cc) Klageverfahren

Für das Klageverfahren gilt das, was bereits zum Widerspruchsverfahren gesagt wurde: Wer die Anwaltskosten trägt, bestimmt sich danach, wer die Klage verliert.

Wie hoch die Anwaltskosten hier am Ende werden, kann nicht beziffert werden. Entscheidende Faktoren sind vor allem: Bedeutung, Umfang, Schwierigkeit, war der Anwalt oder die Anwältin schon im Widerspruchsverfahren aktiv, gab es eine mündliche Verhandlung, endete das Verfahren durch Anerkenntnis oder Vergleich oder Klagerücknahme etc. Die Spannbreite der Kosten für eine:n Kläger:in in der

---

235 Ausnahmen bestätigen diese Regel, was hier aber vernachlässigt werden kann.

ersten Instanz vor dem Sozialgericht bei einem durchschnittlichen Verfahren ohne Besonderheiten erstreckt sich von 238 EUR bis 1.291,15 EUR (brutto).

X.1 Beratungshilfe

Da im AsylbLG-Bereich in der Regel Betroffene Rechtsschutz suchen, die hilfebedürftig sind, ist die Beratungshilfe die übliche Bezahlung für die Anwält:innen. Für ein Widerspruchsverfahren kann der Anwalt oder die Anwältin dann 111,27 EUR (brutto) abrechnen. Zusätzlich dürfen 15 EUR von dem:der Betroffenen verlangt werden.

Die Beratungshilfe kann eine bloße Beratung zu einem Rechtsproblem oder aber die Vertretung in einem Widerspruchsverfahren umfassen. Die Vertretung in Ausgangsverfahren ist von der Beratungshilfe grundsätzlich nicht umfasst.

Für die Gewährung der Beratungshilfe ist das Amtsgericht am Wohnort der Betroffenen zuständig.

X.2 Prozesskostenhilfe

In allen gerichtlichen Verfahren kann Prozesskostenhilfe (PKH) beantragt werden.

a) Bedürftigkeit

Voraussetzung für den Nachweis der Bedürftigkeit ist die Einreichung eines Formulars[236] über die persönlichen und wirtschaftlichen Verhältnisse nebst Nachweisen. Dieses Formular besteht aus Abschnitten von A bis K. Im AsylbLG ist es grundsätzlich ausreichend, wenn die Abschnitte A bis D und der Abschnitt K ausgefüllt werden und der aktuelle AsylbLG-Bescheid beigefügt wird.

Dennoch gibt es Sozialgerichte, die einen erheblichen Aufwand betreiben, um diverse Unterlagen zur Prüfung des PKH-Anspruchs anzufordern und diese dann intensiv zu prüfen (vor allem Kontoauszüge). Nicht selten verebbt der Tatendrang bei solchen Gerichten, sobald es irgendwann um die eigentliche Sache gehen müsste.

Daher muss immer wieder erklärt werden: Wenn es in der Sache um Leistungen nach AsylbLG geht und ein aktueller AsylbLG-Bescheid[237] vorliegt, müssen die Abschnitte E bis J des PKH-Formulars nicht ausgefüllt werden (OVG NRW vom 16.4.2012 – 18 E 871/11). Das BVerfG hatte bereits am 11.2.1999 (2 BvR 229/98, Rn. 14) festgestellt: „Wer [...] Prozesskostenhilfe beantragt und dabei dem [PKH-Formular] einen Bescheid des Sozialamts über ihm gewährte Leistungen zum Lebensunterhalt beifügt, ist davon befreit, seine persönlichen und wirtschaftlichen Verhältnisse im Einzelnen darzulegen und nachzuweisen".[238] Daran hat sich bis heute nichts geändert. In einer neueren Entscheidung vom 20.2.2020 betont das BVerfG (1 BvR 1975/18) außerdem, dass Lücken im PKH-Formular

---

236 https://justiz.de/service/formular/dateien/zp1a.pdf, zuletzt abgerufen am 20.10.2022.
237 Darunter fallen auch Bescheide, die Analogleistungen nach § 2 AsylbLG iVm SGB XII gewähren.
238 § 2 Abs. 2 Prozesskostenhilfevordruckverordnung

nicht zur PKH-Ablehnung führen dürfen, wenn sich die Angaben ohne Weiteres aus beigefügten Nachweisen ergeben.

Wenn bekannt ist, dass das regionale Sozialgericht bei AsylbLG-Betroffenen stets verborgene Werte vermutet, die die Leistungsbehörde bisher nicht entdeckt haben könnte, können natürlich dem PKH-Antrag aktuelle Kontoauszüge etc. beigefügt werden, um das Verfahren gegebenenfalls nicht von Anfang an konfliktreich zu gestalten.

b) Ausreichende Erfolgsaussichten

Neben der Bedürftigkeit verlangt die PKH-Bewilligung auch ausreichende Erfolgsaussichten in der Sache.

Der Maßstab dafür, wann ausreichende Erfolgsaussichten vorliegen, ist weit zu verstehen (Beispielsweise: BVerfG vom 28.10.2019 – 2 BvR 1813/18, Rn. 24–26). Im Wesentlichen wird gesagt: Wenn nichtbedürftige Rechtsuchende in der gleichen Situation vernünftigerweise Klage erheben oder einen Eilantrag stellen würden, dann muss PKH bewilligt werden, da die Verwirklichung des Rechtsschutzes nicht an der Bedürftigkeit scheitern darf.

Im Ergebnis kann gesagt werden: Wenn das Rechtsmittel auch nur entfernte Aussichten auf Erfolg hat, dann ist eine PKH zu bewilligen (LSG Ba-Wü vom 27.2.2020 – L 3 AS 520/20 ER-B: PKH ist zu bewilligen, wenn sich die Klage auf eine vertretbare Auffassung stützt, selbst wenn kein Gericht in Deutschland diese Auffassung vertritt).

Nach diesen Kriterien ist für alle gerichtlichen Verfahren gegen Bescheide nach § 1a AsylbLG eine ausreichende Erfolgsaussicht zu bejahen (LSG Nds.-Bremen vom 19.5.2022 – L 8 AY 38/19; anders aber: Thüringisches LSG vom 8.6.2022 – L 8 AY 721/18 und 722/18: leider ohne Begründung). Gleiches gilt für alle Rechtsfragen, die hier als „offen" bezeichnet wurden. Im AsylbLG-Bereich sind kaum Fälle denkbar, in denen die ausreichenden Erfolgsaussichten verneint werden könnten.

c) Zeitpunkt der PKH-Entscheidung

Über den PKH-Antrag ist zu entscheiden, sobald alle PKH-Unterlagen eingereicht sind und der:die Beklagte Gelegenheit zur Äußerung hatte (BayVGH vom 28.10.2019 – 10 C 19.1785, Rn. 9).

Leider ist es an einigen Sozialgerichten nach wie vor eine Unsitte, über PKH-Anträge erst kurz vor einer mündlichen Verhandlung oder sogar erst mit dem Urteil oder dem Gerichtsbescheid zu entscheiden. Hier können die Gerichte nur an eine rechtzeitige PKH-Entscheidung erinnert werden.

Fragen zur Vertiefung und Diskussion:

1. A bezieht seit Jahren Leistungen nach § 2 AsylbLG. Nun erhält A am 9.1.2023 eine Mahnung über 1.234 EUR und aus der Mahnung geht hervor, dass ein Aufhebungs- und Erstattungsbescheid vom 5.2.2019 vollstreckt

wird. A erinnert sich dunkel, dass sie tatsächlich einen solchen Aufhebungs- und Erstattungsbescheid erhalten hatte. Da sie dann aber so lange nichts mehr davon gehört hatte, war sie davon ausgegangen, das hätte sich erledigt – zumal die Forderung von 1.234 EUR aus ihrer Sicht offensichtlich falsch und unbegründet war.

Kann A hier noch gegen die Forderung der Behörde vorgehen?

2. B wohnt in einer Gemeinschaftsunterkunft und erhält im Dezember einen Aufhebungs- und Erstattungsbescheid, da ihm versehentlich schon nach 8 Monaten (statt nach 18 Monaten) Analogleistungen nach § 2 AsylbLG gewährt wurden und sich auch weitere Fehler eingeschlichen hatten. So kam es für 6 Monate zu einer Überzahlung von insgesamt 500 EUR. Wenig später erhält B für den Zeitraum ab Januar des Folgejahres einen Bewilligungsbescheid. Neben der Leistungsbewilligung liest B dort auch: „Aufgrund der bestehenden Erstattungsforderung in Höhe von 500 EUR (Bezeichnung des Aufhebungs- und Erstattungsbescheides) wird mit Ihren laufenden Leistungsauszahlungen wie folgt aufgerechnet: monatlich 100 EUR für den Zeitraum Januar bis Mai." In der Begründung heißt es: „Für Leistungsberechtigte nach dem AsylbLG gilt das unabweisbare Existenzminimum nach § 1a Abs. 1 S. 2 AsylbLG (Bett-Brot-Seife-Leistungen) als unterste Grenze des Existenzminimums. Außerdem ergibt sich aus der Rechtsprechung des BVerfG vom 5.11.2019 (1 BvL 7/16), dass existenzsichernde Leistungen bis zu 30 % gekürzt werden dürfen. Die Höhe der Aufrechnung ist daher auf keinen Fall überhöht, da Ihnen nach den aufgezeigten Grundsätzen ausreichende Mittel zur Existenzsicherung verbleiben."

Ist die verfügte Aufrechnung rechtmäßig?

3. C ist alleinerziehende Mutter eines Kleinkindes und erhielt über 2 Jahre zu Unrecht nur Leistungen nach § 1a AsylbLG, obwohl ihr Analogleistungen nach § 2 AsylbLG zugestanden haben. Das Sozialgericht brauchte 5 Jahre, um C die entsprechende Nachzahlung zuzusprechen. Wegen der Differenz der Bett-Brot-Seife-Leistungen zum Regelsatz und wegen des Mehrbedarfs für Alleinerziehende summiert sich die Nachzahlung auf 8.000 EUR.

C will wissen, ob ihr hier zusätzlich noch etwas zusteht, weil das Verfahren so lange gedauert hat.

Antworten:

Zu 1.
Ja, A kann hier noch gegen den Aufhebungs- und Erstattungsbescheid vom 5.2.2019 vorgehen. Dazu muss ein Überprüfungsantrag bei der Leistungsbehörde gestellt werden (§ 9 Abs. 4 S. 1 Nr. 1 AsylbLG iVm § 44 SGB X). Dass der Bescheid so lange zurückliegt, steht dem Überprüfungsantrag nicht entgegen. Die Begrenzung der rückwirkenden Überprüfung auf den 1. des Vorjahres (§ 9 Abs. 4 S. 2 Nr. 2 AsylbLG) gilt nur für Nachzahlungsbegehren (es sollen mehr Leistungen erreicht werden, als bewilligt wurden) – für die Anfechtung von belastenden Verwaltungsakten, die einfach nur aufgehoben werden sollen, um die Belastung entfallen zu lassen (hier: Aufhebungs- und Erstattungsbescheid), gilt eine 4-Jahresfrist (rückwirkende Überprüfung bis zum 1. des Jahres vor 4 Jahren möglich). Im Jahr 2023 können also Aufhebungs- und Erstattungsbescheide

rückwirkend bis zum 1.1.2019 mit dem Überprüfungsantrag angegriffen werden (§ 9 Abs. 4 S. 2 Nr. 1 AsylbLG).

Zu 2.

Die Rechtslage ist hier nicht geklärt, sodass offen ist, was ein Widerspruchs- und/oder Klageverfahren bringen würde. Es spricht aber viel dafür, dass die Aufrechnung so nicht rechtmäßig sein kann.

Grundsätzlich ist eine Aufrechnung möglich (§§ 387 ff. BGB analog). Es muss aber beachtet werden, dass die Aufrechnung die Sicherung des Existenzminimums nicht gefährden darf.

Hier wird mit Leistungen nach §§ 3, 3a AsylbLG aufgerechnet. Diese Geldleistungen sind bereits extrem niedrig berechnet und liegen für A ca. 26,5 % unterhalb der Geldleistungen des Regelsatzes (Stand 2022: 449 EUR gegenüber 330 EUR; ab 1.1.2023: 502 EUR gegenüber 369 EUR). Die Grundleistungen enthalten keine Beträge, auf die vorübergehend verzichtet werden könnte – jede weitere Kürzung greift daher zwangsläufig in das Grundrecht auf ein menschenwürdiges Existenzminimum ein und das ist unzulässig.

Das Argument der Behörde, im AsylbLG würden die Bett-Brot-Seife-Leistungen des § 1a AsylbLG das unbedingt zu sichernde Existenzminimum definieren, sodass alle Leistungen darüber hinaus entbehrlich seien, ist offensichtlich abwegig (vergleiche aber: SG Berlin vom 18.5.2020 – S 145 AY 51/20 ER; vom 4.12.2019 – S 47 AY 159/19 ER; vom 13.12.2019 – S 88 AY 182/19 ER; vom 13.1.2020 – S 95 AY 176/19 ER; vom 11.5.2020 – S 146 AY 60/20 ER: jeweils in unterschiedlicher Ausprägung: Leistungsminderungen bis zur Grenze der Bett-Brot-Seife-Leistungen sind ohne Weiteres hinzunehmen). Die Bett-Brot-Seife-Leistungen bilden die Grenze zur Folter, da ein Unterschreiten dieser Grenze gegen das Folterverbot bzw. das Verbot der menschenunwürdigen Behandlung verstoßen würde (Art. 3 EMR; Art. 4 Grundrechte-Charta-EU; EuGH vom 13.11.2019 – C-540/17 und C-541/17). Diese absolute Untergrenze, die nur noch das physische Existieren ermöglicht, kann unmöglich das menschenwürdige Existenzminimum im Sinne des Grundgesetzes darstellen, denn hier gilt, dass alle Bedarfe des physischen und des soziokulturellen Existenzminimums jederzeit als Einheit zu sichern sind (beispielsweise: BVerfG vom 12.5.2021 – 1 BvR 2682/17, Rn. 24 mit Bezug auf: BVerfG vom 5.11.2019 – 1 BvL 7/16).

Auch das Argument (das ebenfalls in der Praxis auftaucht), das BVerfG habe erklärt, dass 30 %-Kürzungen jederzeit hinzunehmen seien, ist schlicht falsch. In seiner Sanktionsentscheidung vom 5.11.2019 (1 BvL 7/16) hat das BVerfG sehr hohe Anforderungen für jedwede Leistungskürzung aufgestellt und vor allem auch festgestellt, dass Leistungskürzungen von bis zu 30 % des Regelsatzes eine „außerordentliche Belastung" darstellen.

Im Ergebnis muss auch bei Aufrechnungen im AsylbLG stets sichergestellt werden, dass das menschenwürdige Existenzminimum jederzeit gesichert ist. Da bei den Grundleistungen nach § 3, 3a AsylbLG schon umstritten ist, ob die vollen Leistungen überhaupt verfassungskonform sind, kann damit zumindest bei Grundleistungen kein Anwendungsbereich für Aufrechnungen bleiben. Bei Analogleistungen nach § 2 AsylbLG wird darauf zu achten sein, ob Schonvermögen und/oder Einkommensfreibeträge zur Verfügung stehen, mit denen die Aufrechnungsabzüge ausgeglichen werden können. Daneben ist bei Analogleistungen freilich auch § 26 SGB XII analog zu beachten.

Zu 3.

C kann hier zusätzlich Zinsen verlangen (§ 291 BGB analog). Der Zinsanspruch muss nicht extra beantragt werden – es empfiehlt sich aber, schon im Klageantrag den Zinsanspruch mit aufzunehmen. Hier würde C so immerhin ca. 650 EUR zusätzlich erhalten.

Im „normalen" Sozialrecht gilt ein Zinssatz von 4 % (§ 44 SGB I). Da diese Norm aber im AsylbLG nicht anwendbar ist, gelten die allgemeinen Regeln des BGB und damit ein Zinssatz von 5 % über dem jeweiligen Basiszinssatz.

Zitierte Literatur:

Pattar, Andreas. In: Schlegel/Voelzke, juris-Praxiskommentar SGB X, § 37 SGB X (Stand: 21.12.2020).

Frerichs, Konrad. In: Schlegel/Voelzke, juris-Praxiskommentar SGB XII, § 6 AsylbLG (Stand: 5.7.2021).

Krauß, Karen. In: Siefert, Jutta: Asylbewerberleistungsgesetz – Kommentar, 2020.

Vertiefende Literatur:

Deibel, Klaus: Bestandskraft und Nachzahlung im Asylbewerberleistungsrecht, Sozialrecht aktuell 2013, S. 63.

Farahat, Anuscheh: Rechtsunsicherheiten beim Zugang zur Gesundheitsversorgung von Migranten, Zeitschrift für europäisches Sozial- und Arbeitsrecht (ZESAR) 2014, S. 269.

Greger, Reinhard: 10 Jahre Schutz vor überlangen Gerichtsverfahren – Kein Grund zum Feiern Die Verfahrensdauer als Dauerproblem – Warum das ÜGRG nicht präventiv wirkt, Anwaltsblatt 2022, S. 96ff.

Henrich, Dietmar: Die Zuständigkeit für die Rücknahme von Verwaltungsakten nach § 44 Abs. 3 SGB X im Anwendungsbereich des AsylbLG, Zeitschrift für das Fürsorgewesen (ZfF) 2012, S. 228ff.

Mester, Julia: Umfang und Grenzen von Mitwirkungspflichten nach dem SGB I für Leistungsberechtigte nach dem SGB XII, Zeitschrift für das Fürsorgewesen (ZfF) 2020, S. 265ff.

Treichel, Stefan: Verwaltungsrechtliche Defizite im reformierten AsylbLG, Zeitschrift für die sozialrechtliche Praxis (ZFSH/SGB) 2018, S. 385ff.

Wahrendorf, Volker: Nachträgliche Gewährung von Analogleistungen gemäß § 2 AsylbLG iVm § 44 SGB X, Zeitschrift für die sozialrechtliche Praxis (ZFSH/SGB) 2011, S. 260ff.

Weichert, Thilo: Asylbewerberleistungsgesetz und sozialrechtliche Vertraulichkeit, Zeitschrift für die sozialrechtliche Praxis (ZFSH/SGB) 2022, S. 202ff.

Stichwortverzeichnis

Die Angaben verweisen auf die Seitenzahlen des Buches.

Akute Erkrankung 178, 179, 181

Analogleistungen 87–90, 98–103, 109,
125, 140, 155, 172, 182, 199, 200,
205, 210, 213, 216, 231, 237, 244,
249, 252, 253, 255, 258, 260, 264,
268, 290, 296–298, 331, 333, 334
– Befristung 97, 98, 151–153, 161–163,
188
– Rechtsmissbrauch 89, 90, 94–97, 102,
125, 126, 131, 291
– Sachleistungen 25, 35, 37–40, 43–45,
56, 73–76, 100–103, 108, 112, 121,
124, 135, 138, 148, 161, 215, 230,
235–237, 243–245, 249, 257
– Taggenauer Übergang von § 3 zu § 2
AsylbLG 95
– Wartezeit 88, 89, 95, 96
– Zwangsverpartnerung 58, 78, 79, 98,
99, 101, 102, 107

Anhörung 122, 123, 127, 132, 134, 152,
158, 209, 210, 212, 231, 237, 279,
280, 302

Ankunftsnachweis 26, 38, 154, 155, 159,
183, 195, 198, 289

Anspruchseinschränkung (§ 1a
AsylbLG) 66, 97, 98, 105, 122, 162,
164, 261, 286
– Aufenthaltsbeendende Maßnah-
men 107, 124, 125, 136
– Ausreisemöglichkeit 119–121
– Ausreisetermin 119–121
– Befristung 97, 98, 151–153, 161–163,
188
– Dublin III 136
– Duldung light 26, 96, 126
– Ehrenerklärung 90, 97, 131
– Einreise 28, 30, 43, 90, 93, 122, 123,
140, 160, 164, 197
– Kirchenasyl 90, 125, 238
– Mitwirkung 36, 95, 96, 105, 111, 125,
127–129, 133, 134, 143, 274, 281
– Mitwirkungsverstöße 128, 275
– Rechtsfolgen 69, 71, 90, 105, 107, 108,
112, 127, 128, 132, 134, 138, 146–
149, 158, 159, 161, 182, 213, 261,
262, 274, 306
– Rechtsfolgenbelehrung 90, 127, 132,
134, 138, 147, 148, 158, 306

– Rechtsmissbrauch 89, 90, 94–97, 102,
125, 126, 131, 291
– Vertreten-Müssen 125, 127, 134, 145
– Weitere Bedarfe im Einzelfall 116

Antragserfordernis 34, 41, 82, 117, 173

Anwaltskosten 330

Anwendungsbereich 25, 30, 53, 118, 119,
121–124, 126, 134–136, 138–141, 144,
147, 148, 154, 159, 160, 164, 172,
189, 243, 264, 298, 334

Arbeitsgelegenheiten 35, 159, 257–264

Asylfolgeantrag 27, 122, 124, 273

Asylgesuch 26, 28, 43, 90, 93, 140, 141

Asylverfahrensbeschleunigungsgesetz 54

Aufenthaltsgestattung 25–27, 31, 32, 38,
43, 82, 102, 118, 136, 140, 142, 144,
146, 149, 164, 172, 183, 188, 195,
196, 198, 230, 252, 254, 268, 273,
283, 289

Aufhebung (Verwaltungsakt) 279, 280,
305

Aufnahmeeinrichtung 35–38, 40, 45, 58,
59, 61, 68, 88, 140, 154, 235–237,
257, 285, 290

Aufnahmerichtlinie 141–146, 148, 150,
158, 159, 162, 177, 183, 186, 188,
195–198, 201, 214, 268

Aufrechnung 293–295, 297, 333, 334

Aufschiebende Wirkung 150, 246, 247,
262, 263, 290, 320

Ausbildung 36, 122, 233, 251–254

Auskunftspflichten 142, 143, 267, 281,
282

Bedarfsermittlung 53, 72, 73, 76–78

Bekanntgabe 32, 277, 278, 302–304, 306

Beratung und Aufklärung 267

Beratungshilfe 330, 331

Berufung 67, 200, 278, 310, 315–319,
326

Besonders Schutzbedürftige 162, 163, 198

Bestandskraft / bestandskräftig 32, 33,
143, 247, 275, 276, 279, 295, 309–311

Bildung und Teilhabe 87, 171–173, 175,
208, 238, 242, 308, 309

Datenübermittlungen 192

Duldung 26–29, 31, 36, 43, 82, 91–94, 96, 97, 101, 107, 118, 119, 124–126, 129, 130, 136, 144, 149, 154, 159, 160, 163, 164, 178, 189, 194, 205, 221, 253, 254, 270, 273

Eilrechtsschutz 66, 320, 323–325

Eingliederungshilfe 87, 103, 186, 187, 195, 197, 199–202, 274, 275, 325

Einkommen 42, 68, 79, 148, 172, 176, 219–221, 223–231, 234–236, 241, 243, 254, 261, 277, 280–282, 294, 295, 302, 313, 323
– Erwerbseinkommen 226, 240, (siehe auch Taggenauer Übergang § 3 zu § 2 AsylbLG)
– Nichterwerbseinkommen 224
– Privilegiertes Einkommen 223, 234
– steuerfreie Einnahmen 227

Einkommens- und Verbrauchsstichprobe (EVS) 53

Elektronische Gesundheitskarte 192, 200

Ermessen 76, 81, 83, 100, 117, 151, 171, 182, 183, 186–188, 194, 195, 200–202, 213, 214, 216, 235, 246, 275, 279, 282
– Ermessensreduzierung auf Null 213

Erstattungen für Sachleistungen 235

Familienangehörige 30, 31, 42, 107, 122, 135, 220–222, 235, 240, 241

Geflüchtete aus der Ukraine 30, 34, 43

Gemeinschaftsunterkunft 35–37, 40, 59, 61, 74, 76, 101, 112, 178, 181, 189, 209, 215, 221, 222, 225, 227, 230, 232, 233, 285, 296, 315, 333

Gemischte Bedarfsgemeinschaft 228, 230

Gerichtskostenfreiheit 330

Grenzübertrittsbescheinigung 28, 92, 118, 125, 164

Grundbedarf 47, 51, 52, 58, 64, 66, 71–73, 76, 78–80, 83, 107, 113, 114, 172, 187, 188, 205, 206, 216, 228, 233
– Entwicklung des Grundbedarfs 51
– Gesondert zu gewährende Bedarfe 47
– Grundsatz der persönlichen Leistungsaushändigung 81
– Junge Erwachsene im Haushalt der Eltern 70
– Leistungszeitraum 81–83, 220, 302, 307, 309

– Notwendiger Bedarf 37, 47, 51, 59
– Notwendiger persönlicher Bedarf 47, 51, 59, 84
– Übergangsregelung des BVerfG 53
– Verfassungsrechtliche Bedenken gegen die §§ 3, 3a AsylbLG 70, 193
– Zwangsverpartnerung 58, 78, 79, 98, 99, 101, 102, 107

Gutscheine 25, 37, 39, 40, 112

Haushaltsenergie / Strom 38, 40, 48, 56–58, 73, 80, 84, 101, 117, 236, 244, 249, 282

Haushaltsgemeinschaft 33, 41, 222, 227, 228, 230, 232, 293

Hausrat / Gebrauchs- und Verbrauchsgüter des Haushalts 38, 40, 47, 48, 53, 56–58, 71, 80, 84, 108, 116, 161, 207, 232, 236

Kenntnisgrundsatz 41, 87, 173

Klageverfahren 32, 184, 223, 246, 290, 292, 297, 311–313, 315, 316, 318–324, 326–328, 330, 334

Maßnahmen zur Integration 159, 263

Mehrbedarf 44, 47, 73, 99, 107, 121, 124, 135, 138, 148, 206, 207, 215, 216, 276, 297, 318, 333

Meldepflicht bei Aufnahme einer Erwerbstätigkeit 272

Menschenwürdiges Existenzminimum 43, 107, 110, 132, 163, 214, 297, 314, 334

Mitwirkungspflichten 111, 127, 128, 133, 155, 158, 166, 209, 210, 212–214, 272, 273

Nachranggrundsatz 25, 42, 111, 148, 176, 219, 237, 238, 243, 261, 281, 282

Nachzahlungen nach Wegfall der Hilfebedürftigkeit 278

Notfallversorgung 189

Pflege 87, 103, 156, 161, 180, 185, 197, 199, 200, 208, 237, 262, 269

Prozesskostenhilfe 331

Rechtsbehelfsbelehrung 246, 303–305, 307, 310, 312

Rechtskreiswechsel 31, 33–35, 43

Rechtsschutz 38, 165, 166, 224, 301, 310, 320, 323, 325, 328, 329, 331

Regelbedarf / Regelsatz 47, 51, 52, 57, 60, 71, 72, 76, 77, 80, 83, 98, 100–102, 107, 115, 153, 161, 162, 187, 214, 216, 224, 228, 259, 294, 297, 316, 333

Regelbedarfsstufen-Fortschreibungsverordnung 55

Revision 61, 163, 262, 278, 310, 319

Rücknahme (Verwaltungsakt) 90, 133, 279

Sachleistungen 25, 35, 37–40, 43–45, 56, 73–76, 100–103, 108, 112, 121, 124, 135, 138, 148, 161, 215, 230, 235–237, 243–245, 249, 257

Schmerzzustand 179

Schwangere 195, 222, 270

Schwerbehinderung 188, 196, 201, 206

Sicherheitsleistungen 243

Sofortige Vollstreckung 247

Sonstige Leistungen 99, 107, 181, 205, 213
– Besondere Bedürfnisse von Kindern 208, 209
– unerlässlich 109, 181, 207, 213
– Verwaltungsrechtliche Mitwirkungspflichten 209, 213
– Zur Sicherung der Gesundheit 208
– Zur Sicherung des Lebensunterhalts 205, 207, 215

Studium 251, 254

Teilhabe am Leben 257

Überbrückungsleistungen 159, 161–163

Überlange Verfahrensdauer 325, 327

Überprüfungsverfahren 275, 276, 279, 310, 311, 324, 325

Unmittelbarer Zwang 147, 247, 248, 250

Untätigkeitsklage 311, 326

Unterbringung 35–37, 40, 45, 56, 61, 63, 64, 68, 98, 137, 209, 236, 285

Unterkunft und Heizung, Kosten der 47, 69, 80, 105, 107, 161, 236

Vermögen 42, 79, 148, 164, 176, 212, 219, 220, 225, 231–237, 241, 243–245, 247, 249, 261, 270, 280–282, 302, 323

Verpflichtungserklärung 42, 239–241

Verrechnung 34, 295, 296

Verzicht 41, 42, 61, 292, 293, 315, 319

Verzinsung 292

Verzögerungsentschädigung / Verzögerungsrüge 325–328

Vollziehbar ausreisepflichtig 27, 31, 119, 125, 129, 149, 273

Vorläufige Leistungsbewilligung 291

Wegfall der Leistungsvoraussetzungen 31–33

Widerspruchsverfahren 246, 301, 305, 308–312, 330, 331

Wohnsitzauflage 159, 285–289

Wohnung 35–37, 40, 57–60, 64, 70, 80, 113, 156, 207, 221, 222, 226, 228, 230, 231, 245, 259, 276

Wohnungsinstandhaltung / Instandhaltung 38, 40, 48, 56–58, 73, 74, 76, 77, 80, 84, 100, 117, 257–259

Zuständigkeit 137, 156, 157, 248, 284–286, 288, 289

Bereits erschienen in der Reihe
KOMPENDIEN DER SOZIALEN ARBEIT

Das Asylbewerberleistungsgesetz für die Soziale Arbeit
Von RA Volker Gerloff
2022, 341 Seiten, broschiert, ISBN 978-3-8487-6718-2

Schuldnerberatung für die Soziale Arbeit
Von Prof. Dr. Carsten Homann und Malte Poppe
2022, 327 Seiten, broschiert, ISBN 978-3-8487-6302-3

Einladung zur Sozialen Arbeit
Von Prof. Dr. Peter Löcherbach und Prof. Dr. Ria Puhl
2. Auflage 2022, 251 Seiten, broschiert, ISBN 978-3-8487-8185-0

Migration und Integration in der Sozialen Arbeit
Von Prof. Dr. Beate Aschenbrenner-Wellmann und Lea Geldner
2022, 251 Seiten, broschiert, ISBN 978-3-8487-6832-5

Beratung und Beratungswissenschaft
Herausgegeben von Prof. Dr. Tanja Hoff und Prof. Dr. Renate Zwicker-Pelzer
2. Auflage 2022, 239 Seiten, broschiert, ISBN 978-3-8487-7846-1

Jungen als Opfer sexueller Gewalt
Von Clemens Fobian, Prof. Dr. Michael Lindenberg und Rainer Ulfers
2. Auflage 2022, 181 Seiten, broschiert, ISBN 978-3-8487-7259-9

Pflegekinderhilfe für die Soziale Arbeit
Von Prof. Dr. Klaus Wolf
2022, 227 Seiten, broschiert, ISBN 978-3-8487-6707-6

Soziale Arbeit nach traumatischen Erfahrungen
Von Prof. Dr. Julia Gebrande
2021, 245 Seiten, broschiert, ISBN 978-3-8487-6412-9

Recht für die Kindheitspädagogik
Von Prof. Dr. Christopher Schmidt und Prof. Dr. Annette Rabe
2021, ca. 227 Seiten, broschiert, ISBN 978-3-8487-8076-1

Sozialleistungsansprüche für Flüchtlinge und Unionsbürger
Von Prof. Dr. Gabriele Kuhn-Zuber
2018, 304 Seiten, broschiert, ISBN 978-3-8487-3206-7